HEYNE BÜCHER
SPHINX

In uns allen steckt die Kraft, der Mensch zu werden, der wir sein wollen. Noch immer haben wir gegen große Hindernisse anzukämpfen, nämlich gegen die uns seit Kindheit auferlegten Gefühlsmuster. Hier hat sich nun ein bekannter Therapeut darangemacht, uns auf lebhafte Weise zu erklären, wie es uns gelingt, die Fesseln der Kindheitserfahrungen zu entwirren und abzustreifen und sie mutig zu überwinden.

Cosmopolitan

Durch dieses Programm gelingt es Führungskräften und Unternehmern, festgefahrene Strukturen zu durchbrechen, die Kreativität und geschäftlichem Erfolg im Wege stehen. Dieser Prozeß hat mein Leben nicht nur verbessert, sondern von Grund auf geändert.

Michael Ray, Ph. D., Professor für Kreativität und Innovation, Absolvent der School of Business der Stanford Universität, Autor von Creativity in Business und The Creative Spirit

Der Hoffman-Quadrinity-Prozeß ist ein kraftvolles und wirksames Werkzeug, um Veränderungen herbeizuführen.

Edgar Mitchell, Astronaut der Apollo 14 (der als sechster Mensch den Mond betrat), Gründer des Instituts für Noetic Wissenschaften

Nachdem ich weit über neunzig Klienten in den Hoffmann-Quadrinity-Prozeß geschickt habe, habe ich die Erfahrung gemacht, daß er aus der Sackgasse herauszuführen hilft und den Heilungsprozeß enorm beschleunigt. Im Gegensatz zu traditionellen Therapiemethoden (mit denen es Jahre dauern kann), sind hier die Erfolge sofort sichtbar.

Gary Lapid, M.D., Professor für Psychiatrie und Verhaltensforschung, Medizinische Fakultät der Stanford University

Nach einer komplizierten Scheidung, die mittlerweile einige Jahre zurückliegt, distanzierten sich meine beiden erwachsenen Söhne von mir, und wir lebten uns buchstäblich auseinander. Ein weiser Freund überzeugte sie, sich dem Fischer-Hoffman-Prozeß zu unterziehen (Anm. des Autors; mittlerweile unter der Bezeichnung Hoffman-Quadrinity-Prozeß bekannt), und es passierte etwas sehr Schönes. Meine beiden Söhne fanden zu mir zurück. Sie kamen unabhängig voneinander, und jeder versicherte mir, mich zu lieben und zu verstehen. Beide hatten sie sowohl mir als auch ihrer Mutter verziehen. Sie machten den Eindruck, als seien sie selbständiger und unabhängiger geworden. Derart beeindruckt, folgte ich der Einladung zum Prozeß, an der eine Gruppe von Psychotherapeuten teilnahm. Der Prozeß hat mein Leben bereichert, ihm eine zusätzliche Tiefe gegeben und dazu beigetragen, Probleme zwischen mir und meinen mittlerweile verstorbenen Eltern aufzuarbeiten. Ich kann diesen Prozeß jedem empfehlen.

Bob Hoffman

Entfaltung der Liebe

Der Quadrinity-Prozeß zur Aussöhnung mit dem inneren Kind

Mit einem Vorwort von Rüdiger Dahlke

WILHELM HEYNE VERLAG
MÜNCHEN

SPHINX BEI HEYNE
Herausgegeben von Michael Görden
Nr. 13/3034

Aus dem Amerikanischen von
Susanne G. Seiler und Esther Breger

Umwelthinweis:
Dieses Buch wurde auf
chlor- und säurefreiem Papier gedruckt.

Die Originalausgabe erschien unter dem Titel
WHEN LOVE IS THE VICTOR THE DARK SIDE IS THE LOOSER
Die deutschsprachige Ausgabe erschien zuerst 1994 im Sphinx Verlag, Basel

Genehmigte Taschenbuchlizenzausgabe 1998 by
Wilhelm Heyne Verlag GmbH & Co. KG, München
Printed in Germany 1998
Umschlaggestaltung: Atelier Adolf Bachmann, Reischach
Umschlagabbildung: Atelier Adolf Bachmann, Reischach
Technische Betreuung: Sibylle Hartl
Satz: Pinkuin Satz- und Datentechnik, Berlin
Druck und Bindung: Elsnerdruck, Berlin

ISBN 3-453-14117-2

Inhalt

Dieses Buch ist der Hoffnung gewidmet, daß die Menschheit im einundzwanzigsten Jahrhundert sich entwickeln und eine höhere Stufe des Bewußtseins erreichen wird als jemals zuvor in der Geschichte. Das Ergebnis wäre dauerhafter innerer und weltweiter liebevoller Frieden. Wenn alle die Reise, die Sie nun im Begriff sind anzutreten, erlebt haben, wird uns das diesem Tag sehr schnell näher bringen.

Erst lieben Kinder ihre Eltern;
wenn sie älter sind, verurteilen sie sie;
manchmal vergeben sie ihnen.
Oscar Wilde

Stimmt, Oscar, aber warum nur »manchmal«?

Der Quadrinity-Prozeß bietet
jedem Menschen die Möglichkeit,
seinen Eltern zu vergeben
und Selbstliebe zu finden.
Bob Hoffman

Vorwort zur deutschen Ausgabe

Als ich, ein Jahr nachdem ich den Quadrinity-Prozeß absolviert hatte, um dieses Vorwort gebeten wurde, freute ich mich zum einen – und zum anderen war ich gespannt, wie ein so emotional gefärbtes Konzept in ein Buch passen würde. Bob Hoffman hat es gewagt, seine Methode in einfachen und persönlichen Zeugnissen von Teilnehmern darzustellen und ein lebendiges Abbild des Prozesses mit seinen Möglichkeiten zu geben. Herausgekommen ist ein Buch über die Liebe, ihre Verirrungen und ihre Chancen. Trotz dieses gelungenen Unternehmens ist das *Erleben* des Prozesses von noch ganz unvergleichlich tieferer Qualität. Es hat mir Spaß gemacht, das Manuskript nach dem Prozeß zu lesen; für mich war das der richtige Zeitpunkt. Es bleibt zu hoffen, daß es denjenigen, die die Aufgabe noch vor sich haben, sowohl Lust als auch Mut macht und nicht etwa die Illusion vermittelt, sie hätten mit dem Lesen schon das Wesentliche hinter sich gebracht.

Im weltweit boomenden Psychomarkt ist der Quadrinity-Prozeß mehr als nur eine weitere Methode. Mit der Aufarbeitung der Beziehungsmuster, die uns mit unseren Eltern verbinden, leistet er einen wesentlichen Beitrag zur persönlichen Aussöhnung mit der Vergangenheit und sorgt so für Freiheit in der Gegenwart und Offenheit gegenüber der Zukunft. In einer Zeit und *Kultur*, die das Bewußtsein für Rituale des Übergangs, wie beispielsweise Pubertätsriten, verloren und obendrein ihren *verbindlichen* Kult bis zur Unkenntlichkeit entwertet hat, wird es immer schwerer, die *not*wendigen Übergangskrisen zu bewältigen. Der Quadrinity-Prozeß ermöglicht Nachreifung, indem er den Kindern dieser Gesellschaft, die sich in verschiedensten Erwachsenenpositionen auf allen möglichen Ebenen ängstlich verschanzt haben, die Chance bietet, zu wachsen und zu guter Letzt – und sei es im fortgeschrittenen Alter – doch noch erwachsen zu werden. Nur wer im Leben gelernt hat, »Nein« zu sagen, kann auch wirklich »Ja« sagen. Beides lehrt der Prozeß in dieser Reihenfolge. Uralten Gesetzmäßigkeiten folgend, konfrontiert er zuerst mit den Schattenseiten, bevor er Zugang zum Licht ermöglicht. – Mehr als wir uns träumen lassen, sind wir in den von unseren Eltern übernommenen Mustern gefangen. Den allermeisten Menschen bleiben nur zwei Alternativen: freiwillig Bäcker zu werden wie der Vater oder aber ein Leben lang »Nicht-Bäcker« zu sein. In beiden Fällen bestimmt der Wunsch des Vaters das Leben. Der Quadrinity-Prozeß deckt solche Zusammenhänge auf und eröffnet die Möglichkeit, sich aus diesen Fesseln zu lösen und einen dritten Weg, nämlich den eigenen, zu gehen, frei von unterwürfigem Gehorchen und kämpferischer Rebellion. Insofern liefert der Prozeß einen Beitrag zur Selbsterkenntnis und Befreiung aus ältesten Fesseln. Selbst Teilnehmer, die ihre Eltern nicht kennen, erleben über ihre Projektionen und Wünsche die einschränkende Macht der Elternbilder.

Der Ausdruck »Prozeß« ist insofern stimmig, als es tatsächlich um eine Art Gerichtsverhandlung geht. Auf heftige Anklage und Wutausbrüche folgen Verteidigung und Rechtfertigung. Anders aber als in üblichen Verhandlungen endet alles in einer umfassenden Vers*öh*nung. Überraschenderweise kommt dabei jeder zu seinem Recht, die Eltern und die Kinder – und in den Kindern deren vier Anteile: das emotionale kindliche Wesen und der vernünftige Intellekt, der Körper und das spirituelle Wesen.

Als ich meinen Prozeß begann, lag einiges mehr als die für Psychotherapeuten übliche Sammlung von Therapien und Seminaren hinter mir. Mit der Reinkarnationstherapie hatte ich darüber hinaus die für mich stimmigste und weitreichendste Therapierichtung gefunden. Daraus ergab sich eine Mischung aus Arroganz und Neugierde gegenüber dem Prozeß. Die Kompetenz des Betreuerteams, die überzeugende Einfachheit der Übungen und das überaus stimmige Feld, das sich daraus in kurzer Zeit ergab, ließen mich schnell landen – direkt in meiner ganz persönlichen Problematik. Der Aufbau der Prozeßelemente ist geeignet, auch hartgesottene Kandidaten an ihre Grenzen bzw. zu ihren Elternmustern zu bringen. Bei aller Strenge und Struktur ermöglicht der Prozeß mit seinen not*wendigen* Tiefen und Höhen über die eigenen Eltern sich selbst näher zu kommen. Die Therapeuten und ihr Konzept waren so hart, daß sie wenig durchgehen ließen, und andererseits so weich, daß kaum ein Teilnehmer unberührt blieb.

Wer mit sich ins reine kommen will, findet hier Chance und kompetente Hilfe. Glaube niemand, er habe keine Elternprobleme und deshalb den Prozeß nicht nötig. Bereits der erste Tag wird – einen Funken Ehrlichkeit vorausgesetzt – eines Besseren belehren. Nach dem Pars-pro-toto-Gesetz findet sich in jedem Detail das Ganze. So wie sich in der Geburt die ganze Fülle der eigenen Muster erleben läßt, in jeder Zelle die Information für den ganzen Menschen steckt, liegt in den Beziehungen zu unseren Eltern alles, was wir brauchen, um uns kennenzulernen. Der Quadrinity-Prozeß ist, so wie ich ihn erlebte, nicht die einzige, aber eine der besten mir bekannten Möglichkeiten, den Weg der Selbsterkenntnis zu beginnen. In einer Zeit, die keine Zeit hat, liefert er in kürzester Zeit Möglichkeiten, die weit über die Beschränkung des momentanen Zeitgeistes hinausweisen. Diese eine Woche schien mir phasenweise endlos lang zu dauern, und sie ist andererseits wie im Fluge vergangen – und das wichtigste: sie dauert noch an.

Rüdiger Dahlke

Vorwort von Claudio Naranjo

Ich kam mit Bob Hoffmans Arbeit ganz am Anfang in Kontakt, 1971, als er nur mit Einzelpersonen arbeitete. In der Folge fühlte ich mich dazu inspiriert, die ersten gruppentherapeutischen Anwendungsformen dieser Ideen zu entwerfen sowie, seit kurzem, eine verdichtete Form von Bobs siebentägigem, geschlossenem Quadrinity-Prozeß anzubieten, einen viertägigen Workshop. Ich bin froh darüber, gesehen zu haben, wie Bob seinen Prozeß zu einer derart effektiven Form verfeinerte, daß ich ihn bereits anläßlich meiner Eröffnungsrede am zweiten Jahrestreffen der Gestalt-Konferenz empfohlen habe sowie auf einem kürzlich veranstalteten Treffen der Europäischen Vereinigung für Humanistische Psychologie.

Ich kann bedenkenlos sagen, daß der intensive, geschlossene Hoffman-Quadrinity-Prozeß mit vom Besten ist, das jemand in einer Woche für sich tun kann. Der Prozeß hat nicht nur unzähligen Klienten aus allen Lebensbereichen geholfen; diese persönlichkeitsbildende Erfahrung hat oft auch zur Heilung und Reifung von Menschen mit langjähriger therapeutischer Erfahrung geführt und kann sogar ein wichtiges Ausbildungselement für Menschen in helfenden und heilenden Berufen sein.

In einem wissenschaftlichen Essay über den Hoffman-Quadrinity-Prozeß in meinem Buch *Coming into Wholeness (Ganz werden)* vergleiche ich den Prozeß in mancher Hinsicht mit der Psychoanalyse und lobe ihn für die Integration, die er erreicht zwischen dem traditionellen Schwerpunkt mit der Kultivierung von Liebe und dem heutigen Schwerpunkt, den die Psychotherapie in der Katharsis negativer Gefühle setzt. Ich bezeichne den Quadrinity-Prozeß als eine Form geführter, begleiteter und strukturierter Selbsttherapie, bei der die Fähigkeit des Individuums gefördert wird, sich zu erinnern, Gefühle darzustellen, zu visualisieren und sein Verhalten zu verändern.

Während diese Vielfalt andeuten könnte, daß der Prozeß das Resultat von Eklektizismus und das Endprodukt einer Zusammenfügung bestehender Teile in ein neues Ganzes sein könnte, stelle ich ebenfalls fest, daß dem nicht so ist: Er entstand als eine naive, spontane Frucht der Inspiration, nicht als die Arbeit eines Gelehrten, sondern als die eines modernen Schamanen, dessen Erfahrung des Heilens auf einer Interaktion mit einer spirituellen Kraft beruht. Seine Fähigkeit, andere anzuleiten, entspringt viel mehr seiner persönlichen Erfahrung als einer traditionellen Erziehung und Gelehrsamkeit. Bob Hoffmans Beitrag stellt somit eine wahre Synthese dar, Spiegel eines lebendigen Arbeitsprozesses statt einer kulturellen Synthese von bestehenden Methoden. Der Quadrinity-Prozeß ist demnach nicht etwas Abgeleitetes, sondern völlig ursprünglich.

Weil dysfunktionelle Beziehungen zwischen uns selbst und unseren (äußeren und inneren) Eltern eine Störung unserer Fähigkeit zu Liebe und Glück darstellen, hat der Hoffman-Quadrinity-Prozeß vielen Menschen geholfen, mehr inneren Frieden, Zufriedenheit und die Überwindung negativer Programme aus der Kindheit zu erreichen. Ich vermute jedoch, daß der Prozeß verspricht, seine wichtigste Anwendung auf dem Gebiet der Didaktik der Zukunft zu finden. Nicht nur scheint eine affektive Erziehung überfällig; dieser besondere Beitrag zur psychologischen Erziehung, der die Beziehung Vater/Mutter/Kind betont, scheint von bedeutsamer Verheißung in einer Zeit, in der man beginnt, die patriarchale Gesellschaft und ihre Voraussetzungen als überholt und als Kern unserer »Weltproblematik« zu erkennen.

Dr. med. Claudio Naranjo

Danksagungen

Die erste Gelegenheit für mich, den Quadrinity-Prozeß in gedruckter Form zu erläutern, kam 1976, als E. P. Dutton, Inc. »Getting Divorced from Mother and Dad« (Scheidung von Mutter und Vater) veröffentlichte. Geschrieben in Zusammenarbeit mit Dennis Briskin, dem nach wie vor meine Dankbarkeit gilt, wurde dieses Buch 1979 von Science and Behavior Books als Taschenbuch herausgebracht unter dem Titel »No One is to Blame«. Ich möchte mich bei diesen Verlegern bedanken für ihre Hilfe bei der Verfassung einer frühen Darstellung des Quadrinity-Prozesses und der menschlichen Probleme, mit denen er sich befaßt.

Seither hat sich viel verändert in bezug auf die ursprüngliche Form des Prozesses. (Sehen Sie dazu die kurze Zusammenfassung unter »Die Zentren des Hoffman Instituts«.) Ich habe in den 18 Jahren, die inzwischen vergangen sind, viel dazugelernt und habe nicht nur in den USA mit Klienten und Lehrer/innen gearbeitet, sondern mittlerweile auf der ganzen Welt. Auch wenn es das Originalmanuskript aus dem Jahre 1976 immer wieder zitiert, spiegelt das vorliegende Buch diese späteren Veränderungen in der Praxis und im Verständnis.

Bei der Ausarbeitung dieses neuen Buches habe ich eng mit Craig Comstock zusammengearbeitet, einem Autor und Herausgeber, der, seit er 1985 seinen eigenen Prozeß absolvierte, zu uns zurückgekehrt ist, um ihn als Observer zu wiederholen, was er sehr einfühlsam und mit tiefem Verständnis tat. Craig hat mir geholfen, meine eigene Vision des Quadrinity-Prozesses zu präsentieren, vor allem bei der Übersetzung meiner ganz besonderen Sprache ins gedruckte Wort. (Die Ansichten, die dieses Buch vertritt, sind selbstverständlich die meinen.) Craig hat mich auch beraten, wie ich Teile des Quadrinity-Prozesses dem Leser so unmittelbar wie möglich zugänglich machen könnte, ohne den Unterschied zu verwischen, der zwischen der Lektüre darüber und der eigentlichen Erfahrung besteht. Ich kenne niemanden, der mir besser hätte helfen können, mein Lebenswerk zu beschreiben.

Über den unmittelbaren Anlaß dieses Buches hinaus möchte ich einigen Menschen Anerkennung und Dank aussprechen, die die Arbeit unterstützt haben, die Gegenstand dieses Buches ist. Seit die Saat des Quadrinity-Prozesses vor über fünfundzwanzig Jahren im Raum von San Francisco zu keimen begann, haben viele Kollegen und Freunde geholfen, den daraus enstandenen Baum zu wässern, zu nähren und zu beschneiden, und ihm in neuerer Zeit auch dazu verholfen, in vielen Teilen der Welt Ableger zu entwickeln.

Aus Gründen der Schweigepflicht, aber auch wegen ihrer großen Zahl ist es unmöglich, den Tausenden Teilnehmerinnen und Teilnehmern namentlich für das zu danken, was ich von ihnen im Lauf der Jahre gelernt habe. Ihnen ist dieses Buch gewidmet. Doch zumindest möchte ich meinen Dank einigen Kollegen aussprechen, die sich mir in dieser Arbeit angeschlossen haben, vor allem denjenigen, die seit 1985 mit dem siebentägigen, in sich geschlossenen Quadrinity-Prozeß gearbeitet haben.

Zuallererst danke ich jedoch ganz besonders meinem langjährigen Freund Claudio Naranjo, Psychiater und Universitäts-Professor, der den Quadrinity-Prozeß in einer frühen Form 1971 erlebte. Seither hat er meine Arbeit unerschütterlich und von ganzem Herzen unterstützt. Ich bin Claudio und seiner Assistentin Rosalyn Schaffer viel Dank schuldig, weil sie mir 1972 die Gelegenheit gegeben haben, eine von ihren experimentellen Gruppen zu übernehmen. Dies erlaubte mir, die wirkungs- und machtvolle Gruppenarbeit, die Claudio entworfen und angefangen hatte, weiterzuentwickeln und zu verfeinern. Unsere lange Freundschaft hat sich sehr positiv auf mich und meine Arbeit ausgewirkt.

In den ersten Jahren des Quadrinity-Prozesses wurde ich auch angeregt durch Gespräche mit meinem Freund, dem Psychotherapeuten Ron Kane. Es war eines dieser Gespräche, das zur Entwicklung der »Reise ins Licht« führte (siehe Kapitel 5).

Auch der Gedankenaustausch mit Dr. Ernest Pecci war sehr hilfreich, vor allem für die Erhellung der Konzepte des Widerstands und der Übertragung. Dieses Wissen hat mir geholfen, mit dem Phänomen der Übertragung im Quadrinity-Prozeß auf eine Weise umzugehen, daß die Nachteile für den Klienten vermieden werden und ihm schnell gezeigt werden kann, sie zu sehen, was seinen Widerstand verringert. Unsere Gespräche waren besonders schön wegen der Mahlzeiten, die Norma, seine Frau, für uns kochte.

Von den Lehrern, die sich der Arbeit früh angeschlossen haben und ihr auf brillante Weise dienten und die heute nicht mehr Teil des Teams sind, möchte ich ganz besonders Miriam und Julius Brandstetter für ihre Unterstützung danken. Mein herzlicher Dank geht an alle amerikanischen Lehrer und ihre Assistenten, die in der Vergangenheit und Gegenwart dazu beigetragen haben, daß sich die Arbeit in Amerika und auf der ganzen Welt etablieren konnte.

Der Hoffman-Quadrinity-Prozeß hat das Glück, von verschiedenen hervorragenden Ärzten unterstützt worden zu sein. Bis zu seinem Tod im Oktober 1993 war mein Freund und langjähriger Förderer Jack Downing M.D. achtzehn Jahre lang unser Berater und Team-Psychiater. Wir vermissen ihn schmerzlich. Einer unserer besten Berater in neuerer Zeit ist Dr. med. Gary Lapid gewesen, ein Psychiater, der mit der medizinischen Fakultät der Stanford University in Verbindung steht. Aus Australien kam Dr. med. William McLeod, dessen internationale Auszeichnungen auf dem Gebiet der Psychiatrie im Who's Who in the World zu finden sind. Bill hat sich die Mühe gemacht, den Quadrinity-Prozeß nicht nur in Australien zu beobachten und zu kommentieren, sondern auch in Europa und den Vereinigten Staaten, und er hat das Nachwort zu diesem Buch geschrieben. Seine Frau, Dr. Margaret McLeod, hat sich unterdessen zur Hoffman-Quadrinity-Lehrerin ausbilden lassen.

Bis 1986 wurde der Hoffman-Quadrinity-Prozeß fast ausschließlich im Gebiet der Bucht von San Francisco abgehalten. Den Geschwistern Barbara und Kani Comstock, die im Lehrerteam aktiv sind und gemeinsam mit Raz und Liza Ingrasci die Zweigniederlassung des Hoffman Instituts International leiten, möchte ich für ihre fleißige Unterstützung danken. Bis heute haben sie die Zweigniederlassungen in Massachusetts (die von meinem guten Freund John Quinn geleitet wird), in Virginia (geleitet von Stacy und James Flaherty und Melissa McNair) und in Wisconsin (unter der Leitung von Ingrid Dilley) gegründet. Ich möchte mich ebenfalls bei Rinaldo Brutoco bedanken, der unsere Aktivitäten in der Bucht von San Francisco hilfreich unterstützt hat.

Mein ganz besonderer Dank gebührt Tim Lawrence, einem Hoffman-Quadrinity-Dozenten, der mich bei der Überarbeitung des Teaching Guides unterstützt hat, und Nancy Carlton, für ihre zusätzliche Lektoratsarbeit.

Der amerikanische Prozeß ist aus vielen Quellen mit Teilnehmern gespeist worden, aber keine davon hat mir soviel Freude bereitet wie Mutter Oberin Ambrosia, die uns in den letzten zehn Jahren mehr als sechzig Mitglieder ihres Ordens vermittelt hat.

Es bedeutete eine große Befriedigung für mich, in so viele andere Länder gerufen zu werden, um den Prozeß dort zu etablieren. In den letzten Jahren habe ich meine glücklichsten Zeiten bei der Ausbildung von neuen Lehrerinnen und Lehrern im In- und Ausland erlebt. Brasilien war das erste Land, das den Prozeß einführte. Gilda Grillo in Rio de Janeiro und Aloar Passos und Suzy Igel in Belo Horizonte haben ihre Arbeit seit 1975 mit großer Hingabe ausgeführt. Ihnen und ihrem Team möchte ich ganz herzlich danken. Mein besonderer

Dank geht an Dr. Marisa Thame aus São Paulo, der die Leitung für ganz Brasilien unterstellt ist. Ihrem Engagement seit 1980 ist zu verdanken, daß in ihrem Land die Mitgliederzahlen kontinuierlich gestiegen sind. In ihren Bemühungen wurde sie durch ihre Assistentin Clarita Maia tatkräftig unterstützt.

In den vergangenen Jahren haben wir in Australien, Kanada und in vielen verschiedenen europäischen Ländern Fuß fassen können. In diesem Zusammenhang möchte ich mich ganz besonders bei Margo Anand Naslednikov, einer weltbekannten Tantra-Lehrerin und Quadrinity-Prozeß-Absolventin, bedanken, die als Referentin den ersten Quadrinity-Prozeß in Deutschland geleitet hat, der 1986 im Schwarzwald abgehalten wurde. Ausgehend von diesem Prozeß konnte die Arbeit in Deutschland, Österreich, der Schweiz, Italien, Spanien und Frankreich fortgesetzt werden.

An dieser Stelle möchte ich nun die Kollegen und Kolleginnen im Ausland erwähnen, die die Initiative auf sich genommen haben, den Quadrinity-Prozeß in ihrem Land einzuführen.

AUSTRALIEN: Ruth Rich, Rene Ben Rubi, Volker Krohn und Ian Mcdonald;

ÖSTERREICH: Carmel Lee Paul und ihre Gruppe und vormalig Michael Plappert;

KANADA: Peter und Maureen Kolassa, Paddy Welles, Ph. D., für die Ausbildung der ersten kanadischen Gruppe, und Lale Doetsch, die das Zentrum in Vancouver, B.C. gegründet hat;

FRANKREICH: Dr. Karin Reuter, Wolf Wies und Max LaMande;

DEUTSCHLAND: Die ursprüngliche Gruppe der sechs Gesellschafter umfaßte Martin Kremer und Dr. Helga Kremer, Karin Reuter, Dieter Schmidt, Dr. Werner Middendorf und Joachim Windhausen (die mit ihrer Hingabe und ihrem professionellen Netzwerk dem Quadrinity-Prozeß zu einem sichtbaren Erfolg in Deutschland verholfen haben, woher auch der Impuls zur Übersetzung dieses Buches kam). Ich danke ihnen und ihrem Team;

ITALIEN: Lisa Wenger und ihr Bruder Michael;

SPANIEN: Dr. Marly Calderon, Gründerin des spanischen Zentrums, und ihren Mitarbeitern Ofelia Cotoalegre und Dr. Ramon Carballo;

SCHWEIZ: Beatrice Wenger und ihr Partner Michael Harlacher.

Herzlichen Dank auch den Lehrerinnen und Lehrern und Büroangestellten in all diesen Ländern. Zusammen mit den Veranstaltern haben sie alle großartige Arbeit geleistet, und es ist ihnen zu verdanken, daß wir auch in ihren Ländern Klienten zeigen können, wie sie sich selbst heilen können.

In memoriam danke ich den großartigen Lehrern Wayne Ennis und Christophe Wenger, die zum »Licht« zurückgekehrt sind.

Auch der Übersetzerin dieses Buches, Susanne G. Seiler, sowie dessen Lektor, W. Michael Harlacher (der dem Prozeß in Deutschland als Journalist zum Durchbruch verhalf und inzwischen ebenfalls Quadrinity-Lehrer ist), möchte ich für die deutsche Fassung dieses Buches danken.

Von meinen persönlichen Freunden, die mir ihre wertvolle Unterstützung haben angedeihen lassen, möchte ich mich besonders bei Rabbi Zalmon Schachter, Rabbi Joseph Schonwald und seiner Frau Rolinda, Dr. Henry Lutrin, Harold Oemke, Kevin Patterson, Ken Ireland, Michael Ray und Geraldine Loscialpo bedanken. Lisa Picar half mir, den Unterschied zwischen Hingabe und Unterwerfung zu klären. Danke, Lisa.

Meine große Anerkennung gilt Cynthia Merchant, eine Lehrerin, durch deren Umsicht der geschäftliche Zweig des Hoffman Institut International im Januar 1990 weiter ausgebaut werden konnte.

Leider ist es aus Platzgründen nicht möglich, all den Lehrern und Freunden für ihre langjährige Unterstützung zu danken. Wer sich angesprochen fühlt, mag meine Dankbarkeit annehmen und meinen Stolz auf den Hoffman-Quadrinity-Prozeß mit mir teilen.

Abschließend danke ich meiner Verwaltungsmitarbeiterin am Hoffman Institut International, Beryleen Andrea, für ihre unermüdliche Kooperationsbereitschaft und Energie und für das Redigieren des Manuskriptes dieses Buches.

Eine besondere Würdigung gilt John Bradshaw für seine liebevolle Unterstützung, seine wertvollen Hinweise und seine Verbundenheit mit dem Hoffman-Quadrinity-Prozeß ...

Joan Borysenko, der Autorin von »Guilt is the Teacher«, »Love is the Lesson«, »Minding the Body«, »Mending the Mind« und »Fire in the Soul« und ihrem Ehemann Myrin gilt meine Liebe und Anerkennung für ihren Beitrag, durch den dem Hoffman-Quadrinity-Prozeß in vielen Nationen zu Ansehen und Verbreitung verholfen wurde.

All diesen Freunden und Kollegen gilt mein herzlicher Dank für ihre wertvolle Unterstützung, durch die die Arbeit ein Wachstum erfahren hat, das sich niemand hätte träumen lassen. Ich bin zuversichtlich, daß auch in Zukunft viele Anhänger des Hoffman-Quadrinity-Prozesses ihren Beitrag leisten werden, um den Weltfrieden voranzutreiben, indem sie die Klienten bei der Suche nach innerem Frieden, Mitgefühl, Anerkennung und Versöhnlichkeit unterstützen, damit sie lernen, erst sich selbst und dann ihre Eltern zu lieben.

Bob Hoffman

Vorwort des Autors

Was ist der Hoffman-Quadrinity-Prozeß?

Der Hoffman-Quadrinity-Prozeß ist ein siebentägiges abgeschlossenes Programm zur Selbstfindung (Umerziehung) mit folgender Zielsetzung:

1. Wiedererlangung der Liebe, die unser Geburtsrecht ist. Das positive Selbst, die gute Seite, wird gestärkt, damit es die negative, die Dunkle Seite, überwinden und kontrollieren kann.
2. Uns zu reinigen von verdecktem oder offenem Haß gegen uns selbst, gegen unsere Eltern (ob wir sie kennen oder nicht) oder andere Menschen, um so die Projektion dieser Gefühle auf die Gesellschaft zurückzunehmen.
3. Uns Verständnis, Mitgefühl, Vergebung, Akzeptanz und Liebe, uns selbst, unseren Eltern und anderen Menschen gegenüber zu lehren.
4. Familien liebevoll zu vereinigen.
5. Stabilen, dauerhaften inneren Frieden, Selbstachtung und Wachstum auf allen Ebenen des Daseins zu erreichen.
6. Körper und »Geist« (emotionale, intellektuelle und spirituelle Aspekte) zu harmonisieren und zusammenzuschließen, um Selbstheilung sowohl auf der physischen als auch auf der geistigen Ebene zu erreichen.
7. Alle Formen von Abhängigkeit und unsozialem Verhalten zu beenden, indem die ihnen zugrundeliegenden Ursachen angesprochen werden.

Beim Hoffman-Quadrinity-Prozeß (nachstehend kurz HQP genannt) handelt es sich nicht um ein Verfahren, über das man nur in Büchern nachlesen kann, sondern er bietet die Möglichkeit einer aktiven Teilnahme. Dies wird durch ein international verzweigtes Netzwerk und ein autorisiertes Lehrerteam ermöglicht. Häufig behaupten Außenstehende, sie ließen sich durch den HQP inspirieren und/oder griffen dessen Methodik auf oder böten etwas Vergleichbares an. Es muß gesagt werden, daß der HQP in seiner ursprünglichen Form ausschließlich bei den weltweit lizenzierten Niederlassungen des Hoffman Instituts International absolviert werden kann. (Die Adressen im In- und Ausland sind am Ende dieses Buches angegeben.) In diesen Instituten werden Lehrer ausgebildet, die mit Erfolg ein fundiertes Ausbildungsprogramm durchlaufen haben.

Zunächst ein paar Angaben zur Entstehungsgeschichte: Der HQP wurde 1967 ins Leben gerufen. Ursprünglich hatte er eine Dauer von dreizehn Wochen und schloß ein wöchentliches Gruppentreffen von vier bis fünf Stunden ein, das wahlweise als Einzelsitzung für einzelne Teilnehmer oder als Sitzung zwischen Lehrer und Klient konzipiert war.

Unter Berücksichtigung der ursprünglichen Inhalte und Zielsetzungen wurde der HQP 1985 in die bis heute gültige siebeneinhalbtägige abgeschlossene Form umgewandelt. Dadurch konnten Kontinuität und Intensität des Prozesses optimiert und ein leichterer Übergang vom HQP in das Alltags- und Familienleben gewährleistet werden. Auf diese Weise soll all jenen ein Erfolg garantiert werden, die sich dazu entschlossen haben, lang bestehende Probleme im emotionalen, persönlichen und beruflichen Bereich zu bearbeiten. Darüber hinaus hat die abgeschlossene Form den Vorteil, daß zeitliche und verkehrsbedingte Probleme kein Hindernis mehr darstellen und der HQP weltweit vielen Menschen zugänglich geworden ist.

Folglich haben Klienten aus allen Teilen der USA, aus Kanada, Lateinamerika, Europa und Australien teilgenommen. Es waren sämtliche Berufssparten vertreten: Ärzte, Anwälte, Unternehmer, Arbeiter, Priester, Nonnen, Rabbiner, Politiker,

Psychiater, Psychologen, Professoren, Schriftsteller, Musiker, Künstler, Tänzer, Hausmänner und -frauen, Teenager und Rentner. Unter ihnen waren Workaholics, Perfektionisten, Versager und übermäßig leistungsorientierte Menschen, die ihrem eigenen Erfolg mit Mißtrauen begegneten; ebenso Alkoholiker, Drogenabhängige und deren Angehörige, Kindesmißhandler, Opfer emotionaler, körperlicher und sexueller Mißhandlungen während der Kindheit und andere, die bislang unglücklich waren und nach positiven Inhalten suchten. Sie haben entdeckt, daß sämtliche negativen Verhaltensweisen und Zwänge vom Syndrom negativer Liebe herrühren, (siehe Kapitel 4, Seiten 64 ff. und 70) von dem sie sich schließlich befreien und die wahre Liebe wiederentdekken konnten. Es handelt sich bei diesem Buch nicht um ein Buch über positives Denken oder Verhaltensänderung (den Seelenmüll unter den Teppich kehren). Hier soll es darum gehen, den Müll zutage zu fördern und zu recyceln und das innere Chaos aufzuräumen, um auf diese Weise den Weg in eine positive Zukunft zu bereiten.

1

Wie es ist, sich nicht liebenswert zu fühlen

Wenn Ihre Eltern sich wirklich liebten und Sie wollten und Ihre Erziehung bis in die Pubertät von beständigem Fließen bedingungsloser, nicht besitzergreifender Liebe geprägt war, fühlen Sie sich heute wahrscheinlich liebenswert. Sie genießen Selbstachtung ohne Egoismus und schaffen keine subtilen oder weniger subtilen Begrenzungen für Ihre Liebesfähigkeit. Sie akzeptieren Ihre Eltern, wie sie sind, und machen ihnen weder bewußt noch unbewußt Vorwürfe. Ihre Beziehungen sind tief, befriedigend und von Dauer. Sie sind nicht kritik- oder rachsüchtig. All Ihr Tun kommt von Herzen, während Sie Ihre Dunkle Seite zurückhalten oder kontrollieren.

Die meisten von uns hatten nicht so viel Glück. Wir können etwas Hilfe brauchen, um die Auswirkungen der negativen Programmierung unserer Kindheit zu überwinden.

Meine Erfahrung bei der Begründung, der Entwicklung und der Durchführung des Quadrinity-Prozesses hat Erkenntnisse mit sich gebracht, die Ihnen helfen können, sich wirklicher Liebe anzunähern, erst für Sie selbst und dann für andere. Diese Erkenntnisse folgen einem anderen Pfad als das meiste, was Sie gelesen oder gehört haben mögen.

Beginnen Sie damit, Ihre Situation als Kind zu überdenken. Damals waren wir völlig abhängig von unseren Eltern (oder deren Ersatz) in bezug auf Nahrung, Hilfe, Führung und Liebe. Sie waren unsere Vorbilder. Leider hatten wir alle Eltern, die verschiedene negative Muster aufwiesen (die sie in ihrer eigenen Kindheit erlernt hatten). Da wir ihre Anerkennung suchten, lernten wir ihre negativen Muster ganz natürlich. Wir übernahmen sie oder lehnten sie durch Rebellion ab.

So oder so war das schreckliche Resultat, daß wir lernten, uns nicht liebenswert zu fühlen. Genau wie die negativen Lektionen in uns als Kinder unbewußt wurden, so erschien mit der Zeit der Schmerz, nicht liebenswert zu sein, als etwas Natürliches, als würde uns nichts fehlen.

Doch litten wir auf tausendfache Weise. Wir litten damals, und auch wenn wir es leugnen, wir leiden noch heute. Der Grund für unseren Schmerz ist, daß offene oder versteckte negative Programme unseren grundsätzlich positiven Wesenskern verdunkelt haben, der aus Selbstliebe und innerem Frieden besteht. Zum Glück können erlernte negative Lektionen als das erkannt werden, was sie sind, nämlich »erlernt«, und könnten deshalb auch wieder »verlernt« werden, statt mit Platitüden vom positiven Denken überlagert zu werden.

Der erste Schritt besteht darin, mit der unausgelebten Wut umzugehen. Manche Teilnehmer, mit denen wir im Quadrinity-Prozeß arbeiten, haben in offenem Zorn und Rebellion gegen die Eltern gelebt, die sie als Kinder kannten. Andere leugnen zunächst die Tiefe ihres Schmerzes. Bald sind sie auf einer tiefen Ebene ihres Seins jedoch so weit, Wut zu spüren darüber, daß sie als Kind nicht beständig und bedingungslos geliebt wurden.

Im Quadrinity-Prozeß ist es jedoch nur der erste Schritt, Wut auszudrücken. Ist diese Wut empfunden worden im Zusammenhang mit einem genauen sie umklammernden, negativen Muster, lernen die Teilnehmer, ihre Einstellung grundlegend zu verändern, den Eltern, die die Ursache ihrer Neurose waren, zu vergeben und dadurch sich selbst zu befreien. Sie lernen ihre Eltern zu verstehen, ohne sie zu verurteilen, Mitgefühl für sie zu haben, sie als die Kinder zu akzeptieren, die sie einst waren. Indem sie dies tun, befreien sie sich selbst von zwanghaftem Verhalten, finden Selbstannahme, Selbstvergebung und Selbstliebe und setzen so der Rebellion, Scham, Schuld und Selbstbestrafung ein Ende.

Dieses Buch ersetzt nicht die Teilnahme am Quadrinity-Prozeß. Wie wäre das möglich? Der Prozeß dauert sieben

Tage in einer geschlossenen Umgebung und ermöglicht es Klienten innerhalb einer sicheren und unterstützenden Struktur, tiefe emotionale und spirituelle Erfahrungen zu machen. Doch dieses Buch kann Ihnen helfen, mehr Klarheit zu gewinnen in bezug auf Ihre eigene negative Programmierung und das Leid, das daraus entstanden ist.

Dieses Buch beschreibt auch grundlegende Elemente des Prozesses selbst, darunter die Lichtreise. Wenn Sie die Anweisungen genau befolgen, können Sie teilhaben an dieser initiatischen Erfahrung und von ihren Früchten kosten. Besonders aber zeigt dieses Werk über die Entfaltung der Liebe einen Ausweg aus dem Labyrinth der Gefühle von Minderwertigkeit, Unwürdigkeit und Lieblosigkeit. Es offenbart, wie Sie als Erwachsener Ihr ursprüngliches Geburtsrecht, Ihre Liebenswürdigkeit wiedererlangen können.

Der Einsatz ist hoch. Der Schmerz, sich nicht liebenswert zu fühlen, beeinträchtigt nicht nur Individuen, sondern ganze gesellschaftliche und politische Bewegungen. Er ist der Grund für das unmenschliche Verhalten von Menschen gegenüber anderen Menschen.

Im Quadrinity-Prozeß lehren wir etwas, das zunächst in doppelter Hinsicht schockieren mag, nämlich daß jeder schuldig, aber keineswegs zu verurteilen ist. Unser Ziel ist nicht, die schlechten Gefühle unserer Klienten auf deren Eltern oder sonstwen zu verlagern. Das würde das Muster der Verurteilung lediglich weiterführen. Statt dessen helfen wir den Teilnehmern, das Ausmaß des ihnen und durch sie zugefügten Schadens zu verstehen; dann zeigen wir ihnen, wie sie sich durch tiefes Mitgefühl, durch Vergebung und Liebe befreien können.

Diese Reise stellt eine Herausforderung dar. Diverse Wachstumsbewegungen fordern, wir sollten »Verantwortung für unser Verhalten übernehmen«, in unserem Leben »das Negative loslassen« und das Positive betonen. Wir können erst dann wirklich Verantwortung übernehmen, wenn wir uns der Konditionierungen unserer Kindheit und ihrer bewußten und unbewußten Auswirkungen lebhaft gewahr sind. Das gilt für alles, was wir fühlen, wünschen, denken, beschließen und tun. Eine weitere Bedingung ist, daß wir Mitgefühl entwickeln für die Kinder, die unsere Eltern waren, ehe sie aufwuchsen und uns als Erwachsene zu dem machten, was wir sind. Erst dann können wir inneren Frieden finden.

Dies verlangt uns einiges mehr ab als ein Picknick in der Landschaft der Positivität. Es braucht dazu etwas wie die Reise des Helden, von der Homer schrieb, eine Reise in die Ganzheit.

Die gute Nachricht ist, daß im Quadrinity-Prozeß Tausende diese Reise unternommen haben und davon triumphierend zurückgekehrt sind, mit dem Grundgefühl, liebenswert zu sein. Erlauben Sie mir jetzt, Ihr Pfadfinder zu sein und Sie einzuführen in die Beschreibung dieses heilenden Abenteuers in seiner gegenwärtigen, intensiven Form.

Es ist an der Zeit, zu klären, wer oder was sich hinter unserer Dunklen Seite verbirgt.

Bob Hoffman

2

Die Dunkle Seite des Bewußtseins

Der Fluch der Menschheit läßt sich bezwingen

Ein positiver, freier Wille kann erst dann Feindschaft und Gewalt beenden und menschlichen Frieden bringen, wenn vorher die Fähigkeit erworben wurde, die bösartige und opportunistische Dunkle Seite des Bewußtseins zu überwältigen. Um dies zu bewerkstelligen und um einen konstanten inneren Frieden und die Liebe zu sich selbst und anderen zu erreichen, muß man beim Entdecken und Erlernen von Mitgefühl, Verständnis, Akzeptanz, Vergebung und wahrer Liebe, die sich im tiefsten Innern verborgen hält, nicht nur sich selbst, sondern auch den Eltern gegenüber äußerst engagiert vorgehen. Dabei ist es wichtig, mit sich selbst, seiner Herkunft und Familie (egal ob zerrüttet oder nicht) einen inneren Frieden zu schließen. Erst dann kann der Verstand (Gefühle, Intellekt und Geist) zum Körper eine Harmonie herstellen. Die notwendige geistige und körperliche Heilung wird sich auf allen Ebenen organisch einstellen.

Die Dunkle Seite ist die Verkörperung aller negativen Verhaltensweisen, die man gegen sich selbst und andere an den Tag legt und die uns durch Rollenverhalten während der Kindheit anerzogen wurden. (Vielleicht sogar während der Kindheit früherer Leben.) Die monströse Persönlichkeit der Dunklen Seite ist ein extrem machtvoller, hochintellektueller, teuflischer und parasitärer Aspekt der Gefühle und des Intellekts. Sie ist eine negative Kontrollinstanz, die die wohlgesonnene und ehrbare positive Seite dominieren kann und will und dadurch einen verheerenden Schaden anrichtet.

Wie oft hört und gehorcht man einer inneren Stimme, die einem diktiert, auf eine Weise zu handeln, die für sich selbst und andere nur Nachteile hat? Das ist die Stimme der Dunklen Seite!

Obwohl man ganz genau weiß, daß man falsch handelt, gerät man doch häufig durch die betrügerische Vernunft ins Wanken, läßt sich in ihren Bann ziehen und hat überdies auch noch die Konsequenzen zu tragen. Bei der Verteidigung und Rechtfertigung dieser Machenschaften geht die Dunkle Seite sehr geschickt vor. Mit dieser Verführungskunst überzeugt sie die positive Seite von ihrer Rechtschaffenheit und ebnet dadurch dem negativen freien Willen den Weg, entsprechende Verhaltensweisen zu diktieren.

Sehr häufig agiert die Dunkle Seite unter einem scheinheiligen, spirituellen und/oder philosophischen Deckmantel. Die Dunkle Seite macht die leichte Beeinflußbarkeit des Durchschnittsbürgers für sich nutzbar und setzt auf diese Art ihre Autorität ein, mit der sie uns ihren Willen aufzwingt. Daraus resultieren Lügen, Habsucht, Gewalt, Völkermorde, Schmerz, Feindschaft, Kriege, Fremdenhaß und ethnische Säuberungen, Inquisition und unzählige Tode. Nie hat es dem Individuum oder der Welt zu Glück, Frieden oder Freude verholfen. Schande? Ja! Schuld? Ja! Liebe? Nein!

In einem Brief an Romain Rolland schrieb Sigmund Freud am 29. Januar 1926: »Ich persönlich war stets ein Verfechter der menschlichen Liebe, nicht so sehr aus einer Sentimentalität oder einem Idealismus heraus, sondern eher aus einer nüchternen ökonomischen Überlegung, denn angesichts unserer instinktiven Triebe und einer sachlichen Anschauung der Welt, drängt es sich mir geradezu auf, die Liebe als ebenso unentbehrlich für den Erhalt der menschlichen Spezies anzusehen als, sagen wir, die Technologie.« Damit hatte Freud absolut recht. Denn, ist es nicht bemerkenswert, wie weit wir es bislang auf dem technologischen Sektor gebracht haben? Und doch haben wir, von Anfang an, völlig verkannt, daß die Menschheit eigentlich zu unvoreingenommener Liebe und Akzeptanz sich selbst gegenüber imstande sein sollte.

Bis zum heutigen Tag, im sogenannten Zeitalter der Aufklärung, haben wir noch keinen allgemeinverbindlichen Konsens gefunden, der uns einen friedlichen, von Liebe geprägten Rückzug auf uns selbst, losgelöst von anderen, ermöglicht. Unglücklicherweise regieren in allen Ländern, Völkern und Gesellschaftsschichten ungehindert Haß, Vorurteile, Intoleranz und Konkurrenzdenken. »Ich bin besser als du.« Das hassenswerteste auf dieser Welt ist der Haß selbst. »Ich hasse den Haß«, sollte die Devise des 21. Jahrhunderts lauten. Wenn es Ihnen gelingt, stellen Sie sich statt dessen eine Welt vor, die von individueller Freiheit, innerem Frieden und Selbstliebe geprägt ist. Gemeinsam könnten wir dazu beitragen, eine Welt zu schaffen, die durch eine mitfühlende, verständnisvolle und liebevolle Gesellschaft regiert wird. Das muß kein Wunschtraum bleiben. Es ist sehr wohl möglich, und müßte nicht länger eine Utopie bleiben, wenn es uns im Kollektiv gelänge, die Dunkle Seite unter Kontrolle zu bekommen. Das nötige Rüstzeug ist in jedem Fall vorhanden.

Ich verurteile all jene, die glauben, daß eine derart utopische und idealistische Vorstellung das Leben langweilig erscheinen läßt. Langweilig? Was soll denn an einem Leben, das von Frieden und aufrichtiger Liebe geprägt ist, langweilig sein? In einer Gesellschaft, in der alle destruktive Energie gegen sich selbst und andere gerichtet wird, sollte die Energie kanalisiert werden, um den spannenden Herausforderungen und Grenzen des 21. Jahrhunderts gegenüberzutreten. Damit dieser Traum Wirklichkeit werden kann, wird es nötig sein, uns selbst zu ändern und die festgefügten emotionalen und intellektuellen Strukturen der Vergangenheit zu durchbrechen.

Bevor wir uns auf eine höhere Daseinsebene hin entwikkeln können, müssen wir zuerst lernen, all das zu vergessen, was uns über das Leben und die Liebe durch die Familie vermittelt wurde. Dazu gehört, daß man der Welt und seinen

Nächsten eine betrügerische (sic) Fassade bietet. Selbstbetrug, ganz gleich ob offen oder versteckt, trägt nur zu unserem Unglück bei. Vor allem anderen ist eine Form der Um-Erziehung gefragt, um endlich in einen persönlichen und gesellschaftlichen Zustand der Gnade gelangen zu können.

Als ersten und wichtigsten Schritt müssen wir lernen, als Individuen den Weg des Verständnisses ohne Verurteilung zu beschreiten. Bei unserer Selbsteinschätzung ist absolute Ehrlichkeit oberstes Gebot, und wir müssen aufhören, nur zu versuchen, »erleuchtet« zu werden. Nur ein einfacher Versuch wäre Energieverschwendung. Wir können leicht lernen, erleuchtet zu »sein«. Es ist wesentlich lohnender und befriedigender, zu »sein«, statt nur zu versuchen, zu sein.

Bitte lassen Sie sich von dem Begriff »Erleuchtung« nicht irritieren. Es ist naheliegender und einfacher zu realisieren, als Sie denken. Zuerst müssen wir die Fähigkeit entwickeln, Mitgefühl, Verständnis, Akzeptanz, Vergebung und Liebe nicht nur uns selbst, sondern auch unseren Eltern gegenüber zu entwickeln. Als nächstes müssen wir lernen, der Dunklen Seite unserer Gedanken Paroli zu bieten, um sie kampfunfähig zu machen. Leider reicht ein ausschließlich intellektuelles Vorgehen dafür nicht aus. Trotzdem kann man durch Umerziehung, auf emotionaler Ebene, die Dunkle Seite, die von anerzogenem Rollenverhalten herrührt, als den Ursprung unserer persönlichen Dunklen Seite und unseres negativen Verhaltens erkennen.

Erst nachdem wir mit unseren Eltern einen Friedenspakt geschlossen haben, ob sie noch leben oder nicht, können wir dazu übergehen, mit dem neugewonnenen Potential des HQP unserer Dunklen Seite Widerstand zu leisten.

Obwohl auch Langzeittherapien zur Verfügung stehen, ist zu hoffen, daß die Verfahrensweise des in diesem Buch eingehend beschriebenen siebeneinhalbtägigen HQP eine Art Pflichtprogramm an Schulen werden wird.

Nachdem neue Generationen umerzogen worden sind, können wir eventuell mit dem Aufbau einer Welt beginnen, die durch himmlisches Lieben, Leben und Dasein geprägt ist. Was wäre das für eine wunderbare Welt!

Im fortgeschrittenen Stadium werden Sie erkennen, daß jeder seinen Teil der Verantwortung trägt, aber niemand für das persönliche und allgemeine Dilemma zu verurteilen ist.

Historisch gesehen, ist die kollektive monströse Dunkle Seite durch Brüchigkeit und menschliches Fehlverhalten entstanden. Dem Abschaffen der nachteiligen Kindheitsmuster geht der Untergang der dunklen Mächte voraus. Darum soll es in diesem Buch gehen.

Beginnen Sie nun die Reise in die Selbstliebe!

3

Wie steht es um Ihr Gefühlsleben?

Dieses Buch ist voller provokativer Fragen, um Ihnen zu helfen, einen ehrlichen Blick auf sich selbst zu werfen. Auch wenn dieser Prozeß manchmal schwierig oder schmerzlich sein mag, besteht der erste Schritt zu einer positiven Veränderung darin, Ihr Leben und Ihre Erziehung so zu sehen, wie sie wirklich sind und waren. Ich habe Verständnis dafür, daß die Angst vor dem Verlust Ihres vertrauten Selbstbildes Sie davon abhalten könnte, sich Veränderungen zu öffnen. Doch können Sie nur an Ihren Problemen arbeiten, wenn Sie sich damit konfrontieren.

Sie können inneren Konflikten und Ängsten, die sowohl durch Ihre eigene als auch die Dunkle Seite Ihrer Eltern verursacht sein können, ein Ende bereiten. Sie sind nicht dazu verurteilt, zwanghaftes Verhalten, das Sie unglücklich, negativ, depressiv und liebesunfähig macht, fortzusetzen. Der Weg hinaus beginnt mit der Berücksichtigung folgender Fragen:

Wie steht es wirklich um Ihr Gefühlsleben? Gibt es warme, liebevolle Menschen in Ihrem Leben? Menschen, die Sie gut kennen, schätzen und mögen? Sind da Menschen, die auch Sie gut kennen und lieben? Erweitert sich dieser Kreis, wenn Sie neue Menschen kennenlernen? Fällt es Ihnen leicht, Liebe zu geben und zu empfangen, und zwar bei Menschen beiderlei Geschlechts? Gibt es jemanden, mit dem Sie Sex so genießen, wie Sie es mögen? Sind Ihre Beziehungen von Dauer?

So viel zu Ihren Beziehungen zu anderen Menschen. Wie sieht es bei Ihnen selbst aus? Lieben Sie sich selbst? Mögen Sie sich ganz und gar und fühlen Sie sich wohl, so wie Sie sind, und so, wie Sie leben? Oder leben Sie im Zwiespalt mit sich selbst und akzeptieren sich nur manchmal, während Sie sich sonst nicht leiden können? Vielleicht hassen Sie sich selbst sogar. Selbstverachtung ist nichts Ungewöhnliches. Wie groß ist Ihre Selbstachtung? Wie stufen Sie Ihre Leistungen ein? Sind Sie fähig, sich selbst Mitgefühl, Verständnis, Vergebung, Akzeptanz und Liebe dort entgegenzubringen, wo Sie nicht perfekt sind? Bedenken Sie sich selbst und andere mit liebevoller Anerkennung?

Wenn diese Fragen Unbehagen in Ihnen auslösen, was ist die Ursache dafür? Wissen Sie, woran es liegt, daß die Dinge nicht so sind, wie Sie sie gerne hätten? Was ist der Grund, wenn Sie nicht die Menschen anziehen, die Sie sich wünschen? Mögen Sie die Menschen wirklich, mit denen Sie Ihre Zeit verbringen? Genießen Sie die Inhalte Ihrer Arbeit, Ihrer Freizeit und Ihrer Beziehungen? Leben Sie so, wie Sie es sich wünschen? Wenn dem nicht so ist, verstehen Sie, warum? Wenn nicht, kann dieses Buch Ihnen vielleicht helfen, es herauszufinden, und auch Sie einer Lösung näherbringen.

Denken Sie einen Augenblick über Ihre Antworten auf die obigen Fragen nach. Wenn Sie vorbehaltlos zufrieden sind mit dem, was Ihnen dazu eingefallen ist, und Ihr Gefühlsleben nichts zu wünschen übrig läßt, dann freut mich das. Für Sie ist das Leben wahrscheinlich ein großes und wundervolles Abenteuer spiritueller, emotionaler, intellektueller und körperlicher Erfüllung. Sie verstehen es, Liebe zu geben und zu empfangen. Sie gehören zu den Auserwählten.

Wenn dem nicht so ist, gehören Sie der unglücklichen Mehrheit an. Für Sie ist etwas schiefgelaufen – sehr schief sogar. Entweder verflüchtigt sich die Liebe, von der Sie träumen, oder sie wird nie ganz zur bleibenden Wirklichkeit. Sie begegnen einem Menschen, berühren ihn kaum und gehen weiter, wie ein Stein, der übers Wasser hüpft. Liebesaffären mögen zufriedenstellend anfangen, vielleicht sogar recht intensiv, doch mit der Zeit brennen sie aus. Vielleicht steht es nicht gut um Ihre Ehe. Was einst der Höhepunkt Ihrer Hoffnungen auf Liebe war, wird mehr und mehr zu einem

Schlachtfeld. »Was ist nur aus der Liebe geworden? Ist sie ein bloßes Hirngespinst aus der Kindheit?« Diese Frage haben Sie sich vielleicht schon gestellt.

Das Gefühlsleben, das Sie sich gewünscht oder für das Sie vergebens gekämpft haben, ist nicht nur ein idealistischer Jugendtraum. Auch ist Liebe mehr als nur ein Wort. Es ist tatsächlich möglich, erfüllt zu lieben und geliebt zu werden, nicht nur für einen Augenblick, sondern für den Rest Ihres Lebens. Liebe ist nicht nur möglich, sie ist natürlich. Sie sind für die Liebe geschaffen worden: um zu lieben und geliebt zu werden. Nichts macht glücklicher als die Liebe, nichts ist schmerzlicher als ihre Abwesenheit.

Bei allem, was über die Liebe und menschliche Beziehungen geschrieben und gesagt wird, sind Sie sicherlich über das Bedürfnis nach Liebe gut informiert und kennen die Folgen, wenn es nicht erfüllt wird. Sie wissen, daß Sie sich selbst und andere aufrichtiger lieben sollten. Sie hören es in Predigten oder im Radio, sehen es im Kino und im Fernsehen, lesen davon in Büchern und Zeitschriften. Diese Vorstellung hat Tradition. Sie ist auf unzählige Arten besungen worden.

Zusammenfassend können wir sagen, daß die Liebe überall um uns herum zu existieren scheint. Sie sehen, hören und lesen allenthalben darüber (oder über ihren Ersatz). Solche Impulse verstärken den intensiven Wunsch, Liebe zu erfahren. Sie wollen lieben, und Sie wollen geliebt werden – es ist sinnlos, das zu leugnen.

Wenn Liebe schwer zu finden ist, dann nicht, weil nicht nach ihr gesucht würde. Eine gängige Methode besteht darin, sich herauszuputzen und sich dort aufzuhalten, wo andere Sucher hingehen, um darauf zu warten, daß der oder die Richtige kommt. Das geschieht vielfach in dem Bewußtsein, Liebe würde davon abhängen, den richtigen Menschen zu finden, mit einer attraktiven Mischung aus guten Eigenschaften und einem Minimum an schlechten.

»Wenn ich einen intelligenten, anziehenden Menschen finden könnte mit Sinn für Humor, wäre es kein Problem zu lieben«, flunkern Sie sich vielleicht vor. »Wenn ich einen zärtlichen, rücksichtsvollen, erfolgreichen, selbstsicheren Partner finden könnte, der eine (oder keine) Familie will, wäre die Liebe kein Problem.« Die gängige Vorstellung von der Traumfrau und dem Traummann verändert sich mit der Zeit. Trotzdem besteht der Irrtum hinter dieser Einstellung in der Annahme, daß Sie keine Liebe bekommen, bis Sie jemanden kennenlernen, der Ihren Erwartungen entspricht.

Obgleich es stimmt, daß jeder Tag eine neue Gelegenheit bietet, jenen »wunderbaren« Menschen zu finden, der den Traum wahr werden läßt, ist es dennoch so, daß für jene, die nicht lieben können, jeder neue Tag wahrscheinlich zur Wiederholung einer vertrauten Enttäuschung und Leere führen wird. Das Leben wird zum Kampf, wenn Sie von einer falschen Annahme ausgehen und dann versuchen, diese zu verwirklichen. Solche Selbsttäuschung kann nur zu Enttäuschung führen.

In Wahrheit hängt Liebe nicht von den anderen ab, sondern von Ihnen. Wenn Sie mit Ihrem Gefühlsleben nicht zufrieden sind, dann nicht: »Weil es schwierig ist, jemanden kennenzulernen.« »Weil ich nicht gut genug aussehe.« »Weil ich kein Geld habe.« »Weil ich nicht gerne in Bars gehe und dummes Zeugs rede.« »Weil mein Typ hier nicht vertreten ist.« »Weil niemand eine Frau mit Kindern will.« »Weil ich zu alt bin.«

Während ein Teil der Menschen irrtümlich nach diesem magischen Gegenüber sucht, suchen andere nach Liebe durch Meditation, Gebet und Religion. Sie glauben, daß Gott es irgendwie einrichten wird. Sie glauben, daß ihnen durch Gott und/oder das Licht, oder durch ein Wunder, schon irgendwie das Herz für die Liebe geöffnet würde.

Obschon religiöse Erfahrungen erhaben und spirituelle Pfade erleuchtend sein mögen, tun sie den Menschen, die nicht zu lieben wissen, nicht wirklich gut. Vieles von dem, was wir als Religion kennen, sind gutgemeinte Predigten und Ermahnungen. Auch wenn sie vielen Trost spenden, können sie andererseits Verwirrung, Frustration und Schuldgefühle verursachen. Schließlich, sagt sich der »Sünder«, muß ich hoffnungslos verloren sein, wenn ich nicht auf die Stimme Gottes hören will – und wirklich nicht der Liebe wert. Das Resultat ist größere Schuld und nicht größere Liebe.

Das Problem mit der organisierten Religion als einem Pfad zur Liebe ist, daß sie den Menschen befiehlt, auf eine Art und Weise zu handeln, die nur dann von Bedeutung ist, wenn sie frei gewählt wird. Liebe läßt sich nicht anordnen. Obgleich es möglich ist, Menschen per Verordnung dazu zu bewegen, sich zu verhalten, als ob sie ihre Nächsten liebten, werden Ermahnungen und Drohungen sie nicht dazu bringen, sich an eine Liebe zu halten, die sie nicht empfinden. Die verborgenen Schuldgefühle mancher scheinbar frommer Menschen haben darin ihren Grund. Es ist an der Zeit, sich durch die Ermahnungen, »Gott lieben zu müssen«, »Vater und Mutter zu ehren«, »seine Feinde zu lieben«, »die linke/rechte Wange hinhalten zu müssen«, nicht länger bedroht, ja schuldig zu fühlen. Die Zehn Gebote (so edel sie auch sein mögen) sind Anordnungen, autoritäre Befehle und Forderungen. Es wäre vorteilhafter, man hätte die Zehn Gebote verinnerlicht, statt daß man sie unter Zwang und blind befolgt. Wäre es nicht besser und realistischer, wäre allen Zehn Geboten die Aufforderung »Lerne zu ...« vorangestellt? (Z. B. lerne, Deinen Vater und Deine Mutter zu ehren ...) Ist es nicht vielmehr so, daß die meisten von uns Mutter und Vater rein intellektuell und pflichtbewußt »ehren«, statt aus einem wahren Gefühl heraus? Dies ist die geheime Schuld, die fromme Menschen auf sich geladen haben, die nur zu lieben vorgeben. In ihrem tiefsten Innern wissen sie ganz genau, daß sie diese Liebe, die sie auszudrücken vorgeben, gar nicht wirklich empfinden. Tragischerweise versuchen sie angesichts dieser Schuld ihr Bestes zu geben. Sie nehmen sich Heilige wie Jesus, Buddha, Moses und Mohammed zum Vorbild und versuchen, ihren spirituellen Vorbildern und Mentoren nachzueifern, obwohl sie es ihnen niemals gleichtun können. Sie können ihnen höchstens ähnlich werden, was bedeutet, daß sie lediglich jemandem nacheifern, statt sich auf sich selbst zu besinnen.

Viele haben sich von westlichen Religionen ab- und östlichen zugewandt. In Zeiten des Umbruchs, der Verwirrung und Unsicherheit üben Gurus und andere spirituelle Meister einen beachtlichen Einfluß aus. Man kann sich zu Füßen eines Meisters hinsetzen und erfahren, wie es ist, seine Liebe, seinen Segen und sein Wissen zu empfangen. Sie können Mitglied seines Ashrams werden, ihm nach Indien und wieder zurück folgen, tägliche Spritzen seiner oder ihrer spirituellen Liebe bekommen, doch wird Sie dies nicht zu einem liebevollen Menschen machen, auch wenn es noch so sehr danach aussehen mag. Es kann jedoch Ihr Bedürfnis nach Abhängigkeit und Sicherheit befriedigen, wenn Sie einen Guru behandeln, als wäre er oder sie der liebende Vater oder die liebende Mutter, die Sie immer wollten und nie hatten.

Keine spirituelle Reise, wie hochfliegend oder erleuchtend sie auch sein mag, ist an und für sich genug, um lieben zu lernen. Wie ein Drachen in der Luft mag der Geist unter Anleitung des Meisters fliegen, doch der Rest des Menschen bleibt am Boden, hält die Schnur und schaut zu.

Das heißt nicht, daß man die wertvolle östliche Weisheit ignorieren sollte. Die östlichen Lehren bringen universelle Wahrheiten zum Ausdruck. Es ist jedoch eine Illusion zu denken, daß man zu Füßen eines Mystikers Selbstachtung lernen kann. Und es ist nicht halb so schwer, Gott zu lieben, der vollkommen ist, wie seinen Nächsten zu lieben. Und doch sind Sie dazu aufgefordert, andere zu lieben. Intellektuell akzeptieren Sie diese Aufforderung als höchste Form spiritueller Weisheit. Was machen Sie also? Ihr Intellekt setzt sich verstohlen die Maske der Spiritualität auf, wird zu einem Betrüger und verdunkelt Ihr wahres Spirituelles Selbst.

Liebe für sich selbst und andere entsteht auf der emotionalen Ebene Ihres Wesens, während die Liebe zu Gott durch das Gebet auf einer spirituellen Ebene stattfindet. So wie Menschen mit emotionalen Beschränkungen manchmal ihren

Intellekt überentwickeln, um ihre Fehler zu kompensieren, trachten sehr gläubige Menschen oft danach, ihre emotionalen Probleme wettzumachen, indem sie ihre Spiritualität überentwickeln. Doch jeder von uns ist eine nichtphysische »Trinität«, bestehend aus Intellekt, Gefühlen und Geist in einem physischen Körper, wobei kein Teil einen anderen ersetzen kann. Während es also ein positives Unterfangen ist, seine Spiritualität zu entwickeln, ist es falsch zu glauben, daß mehr und mehr Spiritualität Sie in die Lage versetzen könnte, sich selbst und andere auf der emotionalen Ebene zu lieben.

Der Beweis dafür ist nicht in meiner Argumentation zu finden, sondern in Ihrer eigenen Erfahrung. Fragen Sie sich, ob die Begegnung mit dem »richtigen« Menschen, religiöse Erfahrungen oder meditative Versenkung Ihnen liebevolle Selbsterfüllung gebracht haben. Wenn Sie ehrlich sind, werden Sie zugeben müssen, daß keine dieser Aktivitäten, wie wohltuend und -meinend auch immer, den emotionalen Kern des Problems berührt.

Obwohl diese Analyse zum großen Teil ziemlich streng ist, besteht kein Grund zu Verzweiflung oder Pessimismus. Unter der Oberfläche der menschlichen Negativität liegt ein vollkommener Diamant, die Essenz, Ihr wahres Wesen. Werden die verkrusteten Schichten von diesem Diamanten entfernt, kann das wirkliche, liebevolle Selbst freigelegt werden. Dies ist Ihr Wesenskern, Ihr wahres, spirituelles, vollkommenes Selbst (manchmal auch essentielles oder höheres Selbst genannt). Im Quadrinity-Prozeß verlangen wir von den Teilnehmern nicht, daß sie an dieses liebende Selbst glauben, sondern helfen ihnen lediglich, es von innen heraus – jeder und jede auf die ihm oder ihr eigene Art – zu erfahren, eine Gelegenheit, die Sie in einem der folgenden Kapitel zumindest ansatzweise ebenfalls haben werden.

Da die Unfähigkeit zu lieben ein emotionales Problem ist, haben viele von uns im Labyrinth der Psychotherapien und Workshops, die persönliche Entfaltung versprechen, nach Lösungen gesucht. Viele Therapieformen sind entwickelt worden, die eine Vielzahl Techniken einsetzen, von Selbsterfahrungsgruppen über Einzeltherapie bis zu quasi spirituellen Lehren. Da kann man reden oder zuhören, schreien oder sich anschreien lassen, sich sagen lassen, was man denken oder nicht denken soll, Streicheleinheiten bekommen, geplagt oder gedrängt werden. In ehrbarer Absicht gehen manche dieser Therapien direkt das Problem an, sich selbst und andere zu lieben – doch öfter sind sie nichts als eine Mischung aus weiteren Ermahnungen und fruchtlosen Übungen in positivem Denken. Die meisten Ansätze sind »weiterführend« und »offen«. Sie bieten keine Lösung. Nur wenige haben sich als von bleibendem Wert erwiesen.

Die Psychotherapie ist sehr wertvoll, wenn es darum geht, sich bei verschiedenen Symptomen Erleichterung zu verschaffen und den Klienten bewußt zu machen, was und warum sie etwas tun, und ihnen zu helfen, sich besser anzupassen. Oft läßt sie die Menschen jedoch verwirrter und konfliktbeladener zurück als zuvor und kein bißchen liebesfähiger. Beachten Sie die Worte eines sehr angesehenen und erfahrenen klinischen Psychologen:

Ich verbrachte mein gesamtes Erwachsenenleben damit, ein Ende für meinen inneren Aufruhr zu suchen. Ich machte meinen Doktor in Psychologie, doch Antworten fand ich keine. Ich unterzog mich einer Analyse und wurde selbst Analytiker. Ich machte Fortschritte, doch die Auflösung entzog sich mir immer wieder. Ich begann eine Gruppentherapie und fing dann an zu experimentieren, um Heilung für meine Patienten und mich selbst zu finden. Ich studierte viele neue Ansätze und machte immer größere Fortschritte. Ich entdeckte die Gestalttherapie und machte den dramatischsten Fortschritt überhaupt. Ich wurde selbst Gestalt- Therapeut, aber immer noch keine Lösung. Nach achtzehn Jahren klinischer Praxis kam ich nach Kalifornien, um eine Lösung für meine Probleme zu finden ... Ich hatte viele Male verzweifelt aufgegeben, war aber immer wieder auf meinen Ent-

schluß zurückgekommen. Ich bin es leid, immer nur Fortschritte zu machen, und möchte endlich ankommen.

Psychotherapeuten aller Fachrichtungen wissen, daß die grundsätzliche Ursache emotionaler Probleme in der Programmierung liegt, die Sie als Kind von Ihren Eltern übernommen haben. Doch Wissen allein genügt nicht. Therapeuten und ihre Klienten erlangen oft mehr und mehr davon, ohne dadurch liebesfähiger zu werden, da ein Gefälle oder Mangel an Integration besteht zwischen dem emotionalen, dem intellektuellen und einem Aspekt des Selbst, den die Therapie lange übersehen hat: dem spirituellen. Den Intellekt mit mehr und mehr Information zu füttern, vergrößert lediglich den Druck und den Konflikt, ohne das emotionale Programm wirklich zu verändern. »Kopfgeburten« und intellektuelles Verständnis wie auch spirituelle Methoden haben sich darin bewährt, bleibendes Wohlbefinden zu erreichen. Anders ausgedrückt kann man seinen Weg nicht aus einem emotionalen Problem hinaus denken, man muß sich hinaus fühlen. Der Intellekt verfügt über Logik, Gefühle haben Bedürfnisse. Es gibt Therapien, die sich mit den tiefsten emotionalen Schichten auseinandersetzen und eine teilweise Lösung unerledigter Kindheitskonflikte liefern. Obwohl sie zur Ursache vordringen mögen, tendieren sie dazu, die Traumata eines nach dem anderen und nur sehr langsam zu klären. Die erhoffte Auflösung entzieht sich immer wieder oder findet nur selten statt, und sie kann ein ganzes Leben dauern.

Eine weitere Möglichkeit wäre, daß man den Weg aus einem emotionalen Problem nicht mit Kalkül angeht, sondern für die Lösung ein Gefühl entwickelt. Der Intellekt basiert auf Logik, die Emotionen auf Gefühlen und Bedürfnissen. Es gibt Therapien, die die tiefsten Gefühlsebenen »behandeln« und Lösungen für ungeklärte Probleme aus der Kindheit anbieten. Auch wenn sie der Sache auf den Grund gehen, schreitet die Lösung dieser Traumata doch nur schrittweise und langsam voran. Die erhoffte endgültige Lösung bleibt irgendwie doch unerreichbar. Wie könnte es auch anders sein? Solange Ihr Liebeskelch nicht zum Überfließen voll ist, wird in Ihrem Leben immer etwas fehlen. Wie gut die Dinge auch gehen mögen, das Fehlen von bedingungsloser Liebe wird ein Loch in Ihrem Leben hinterlassen, als wäre Ihnen ein Zahn ausgefallen und Sie könnten mit der Zunge nicht von der Lücke fernbleiben.

Während Millionen das Geheimnis der Liebe zu ergründen suchen, gehen viele einen anderen Weg. Sie wissen, daß sie leiden, und alles, was sie wollen, ist etwas, um den Schmerz zu lindern. Es gibt praktisch nichts, womit sie sich nicht betäuben würden.

Essen ist ein gängiger Versuch, Schmerz abzutöten. Mehr zu sich zu nehmen, als der Körper für Nahrung und Gesundheit braucht, stellt einen nutzlosen Versuch dar, die Leere zu stopfen, die nur durch Liebe wirklich gefüllt werden kann. Abgesehen vom kindlichen Bedürfnis nach oraler Befriedigung, bläht zu viel Essen den Magen auf, was die Sinne buchstäblich abstumpft und das Bewußtsein für die Außenwelt einlullt. Während der Körper mit der Verdauung einer übermäßigen Menge Essens beschäftigt ist, kann der Intellekt nicht denken, und Gefühle können nicht zum Ausdruck gebracht werden, allen voran die schmerzlichen und wütenden Gefühle mangelnder Liebe. Die beste Antwort auf selbstzerstörerische Fettsucht ist demnach zu lernen, sich selbst zu lieben. Dasselbe gilt für Magersucht, Bulimie, Alkoholismus, Drogen- und Medikamentenabhängigkeit, Gewalttätigkeit und zahllose andere negative Verhaltensweisen.

Wie das Essen kann beinahe alles, was Sie in Ihren Körper aufnehmen – Alkohol, Zigaretten und Drogen aller Art –, dazu benutzt werden, den Schmerz darüber abzutöten, keine Liebe zu geben und zu empfangen. Die Schwierigkeit, mit dem Trinken, dem Rauchen und den Drogen aufzuhören, liegt darin, daß diese Substanzen nicht um ihrer selbst willen benutzt werden, sondern um etwas noch viel Schlimmeres zu vermeiden: um nicht wirklich erfahren zu müssen, wie weh es tatsächlich tut, ohne Liebe zu leben. Die Menschen tun alles und bringen sich sogar mit Heroin um, um diesen Schmerz nicht fühlen zu müssen. Es ist traurig, aber wahr, daß das, was Alkoholiker, Kettenraucher und Junkies wirklich umbringt, nicht ihre Gewohnheit ist, sondern ihr Mangel an Liebe für sich selbst und andere.

Andere haben mehr Glück. Aber nicht viel. Statt sich umzubringen, um den Schmerz zu vermeiden, machen sie sich unempfindlich dagegen. Sie tun dies, indem sie etwas anderes als Liebesersatz benutzen. Es ist, als würden sie sich sagen: »Wenn ich von der Welt schon keine Liebe bekomme, nehme ich, was (immer) ich kriegen kann.« Es gibt nichts, was die Menschen nicht schon als Liebesersatz benutzt hätten: Geld, Sex, Macht, Ruhm, Besitz.

In einem großen Teil der Welt sind Geld und Besitz deshalb die gesuchtesten Ersatzmittel für Liebe, weil Geld zum Teil persönlichem Wert und Status gleichgesetzt wird. Obwohl sich fast alle einig sind, daß man mit Geld keine Liebe kaufen kann, tun fast alle so, als glaubten sie, es könne Liebe ersetzen. Viele scheinen bereit zu sein, sich mit einem Leben ohne Liebe zufriedenzugeben, wenn sie sich nur mit Besitz umgeben können. Es gibt in Amerika einen Aufkleber für das Auto, auf dem steht: »Wer mit den meisten Spielzeugen stirbt, hat gewonnen!« Es ist bestimmt nichts Falsches an Besitztümern an und für sich. Die Produkte menschlicher Intelligenz, Kreativität und Arbeit sind dazu da, daß wir sie in diesem Leben genießen können, doch wäre es ein schlechter Tausch, dafür die Liebe zu opfern.

Die Reichen umgeben sich oft mit vielen Menschen, obschon es kein Beweis für die Liebe ist, einen großen Kreis um sich zu haben. Liebe mißt sich an der Qualität von Beziehungen und nicht an deren Quantität. Trotz großzügiger Gastfreundschaft sind die Reichen und Berühmten oft einsam. Manchmal finden wir Trost in der Menge, abgesehen davon, daß man sich in einer Menge auch sehr verloren, einsam und abgewiesen fühlen kann. Der arme reiche Junge und das arme, kleine reiche Mädchen sind, was ihren Liebesquotienten angeht, genau so arm wie Kinder der Mittel- und Unterschicht, die ohne Liebe auskommen müssen.

Die Unfähigkeit, Liebe zu geben und zu empfangen, kennt keine Klassenunterschiede.

Geld mag Menschen für eine gewisse Zeit kaufen können, und es mag auch andere Dinge als Liebesersatz kaufen können – wahre Liebe jedoch hat keinen Preis.

Arbeit ist ebenfalls ein gängiger Liebesersatz und ein Weg, den Schmerz darüber abzutöten, keine Liebe zu empfangen. Workaholicer stressen sich, um viele der anderen Betäubungsmittel zu erlangen, wie zum Beispiel Geld, Macht und Sex. Wenn die Welt die Resultate ihrer Arbeit und ihre Wohltätigkeit anerkennt, mögen sie vielleicht sogar glauben, die Welt »liebe« sie. Diese mag zwar die Früchte ihrer Arbeit benötigen – doch das ist Ökonomie und nicht Liebe.

Arbeit ist ebenfalls ein Weg, Liebe zu vermeiden. Für manchen Menschen ist es einfacher, mit einem Geschäft oder einem Betrieb verheiratet zu sein, als mit einem Menschen. Der Mann oder die Frau, die zwölf oder mehr Stunden am Tag arbeiten, können Müdigkeit oder Zeitmangel als Vorwand benutzen, um der Liebe aus dem Weg zu gehen. Wochenenden und Ferien werden dann auch oft zwanghaft mit Aktivitäten gefüllt, damit liebesunfähige Menschen nicht dazu stehen müssen, wie leer sie sich fühlen. Der Arbeitsmarkt und die Freizeitindustrie werden zum Teil getragen von dem Bedürfnis Millionen liebesunfähiger Menschen, etwas zu tun, irgend etwas, um sich daran zu hindern, erkennen zu müssen, wie absolut schrecklich und einsam ein Leben ohne Liebe ist.

Die wirklich tragischen Figuren sind vielleicht die Einzelgänger, die Jahr für Jahr mit einem Minimum an menschlichem Kontakt zubringen. Sie stehen morgens auf, gehen zur Arbeit, kommen abends nach Hause, essen allein und verbringen den Abend mit einem Buch, dem Fernseher oder mit ihren treuen Haustieren. (Wie Sie wissen, können Haustiere einen nicht ablehnen, sie sind einem sicher.) Am nächsten

Tag ist es dasselbe und am übernächsten ebenso. Am Wochenende gehen diese Einzelgänger spazieren, machen einen Ausflug oder besuchen ein Museum – immer allein. Selten sprechen sie mit anderen Menschen, berühren sie oder werden von ihnen berührt.

Wie die Ledigen auf der Suche haben Einzelgänger eine Reihe von Entschuldigungen dafür parat, warum sie mit anderen Menschen nicht auskommen: »Ich mag meine Einsamkeit.« »Ich habe nie jemanden kennengelernt, an dem mir wirklich lag.« »Es ist zu aufwendig.« »Es ist schwer, mich zu mögen.« »Ich möchte mich nicht engagieren.« »Man könnte mich um etwas bitten, und ich sag' nicht gerne nein.« Und so weiter.

Hinter der Einsamkeit steckt die Angst, verlassen zu werden. Anderen Menschen aus dem Weg zu gehen ist sicherer, als auch nur eine vorübergehende Ablehnung zu riskieren, von einer Zurückweisung ganz zu schweigen. Nach einer Weile stellen sie sich auf eine Beziehungsebene ein, auf der sie mit einem Minimum an Störung auskommen. Emotional sind diese Menschen letztlich ihr ganzes Leben tot. Sartre hat gesagt, »die Hölle sind die anderen«, und Einzelgänger leben augenscheinlich, als würden sie das glauben. Tatsächlich sind andere Menschen nur dann eine Qual, wenn Sie in der Hölle Ihrer eigenen Liebesunfähigkeit leben. Hinter der Zombiemaske des Einzelgängers verbirgt sich eine tiefe Sehnsucht nach Liebe, die er sich nur selten eingesteht, weil er sonst Depressionen hätte.

Jene, die »wissen«, daß sie keine Liebe verdienen oder sie nie erfahren haben, verstecken ihren Schmerz, indem sie verleugnen, daß es die Liebe gibt oder daß sie wichtig sei. Diese Menschen betrachten die Liebe als etwas, das die Werbung benutzt, um Parfüm und Grußkarten zu verkaufen. Oder sie argumentieren, daß, selbst wenn es die Liebe gäbe, niemand wüßte, was das ist. Und sogar wenn man wüßte, was Liebe ist, ist sie etwas Lästiges und steht »wichtigeren Dingen« im Wege.

Jene, die ihr Bedürfnis nach Liebe leugnen, versuchen eine Lüge zu »beweisen« und schützen sich selbst gegen den Schmerz, den die Konfrontation mit ihrer inneren Leere auslösen würde. Wer annimmt, daß die Liebe nicht existiert, braucht auch nicht nach ihr zu verlangen. Wer nicht verlangt, wird auch nicht auf Ablehnung stoßen. Das ist eine äußerst verdrehte Logik, die obendrein sadomasochistische Züge trägt und mit der man sich selbst gewiß keinen Gefallen tut.

Doch die Liebe ist kein Hindernis, sie befreit. Wenn Sie sich selbst lieben, wie Sie sind, und anderen von dieser Liebe geben können, haben Sie eine Freiheit erlangt, die jene, die sich nicht einlassen und ungebunden bleiben, nie kennen werden. Sie können sich verändern, können lieben. Ganz gleich wie liebesunfähig oder ungeliebt Sie bisher gewesen sein mögen. Es ist nie zu spät. Um den Zustand der Liebesfähigkeit zu erreichen, müssen Sie sich zuerst darüber im klaren sein, was Liebe ist und was nicht, und dann die Blockaden und Widerstände dagegen durch Umerziehung und Umlernen ausräumen.

Geben wird oft mit Liebe verwechselt. Obgleich es richtig ist, daß liebende Menschen gerne geben, trifft das Gegenteil davon nicht unbedingt zu. Es besteht ein großer Unterschied zwischen geben, um zu geben, und geben, um zu nehmen. Meistens fällt Geben in die letzte Kategorie: Geben, um etwas dafür zu bekommen. Geld wird zum Beispiel vielfach für wohltätige Zwecke gespendet, gemäß den Ermahnungen der Bibel, mildtätig zu sein, um sich einen Platz im Himmel zu sichern. Doch wird Geben allein Ihren leeren Kelch der Liebe nicht füllen. Vielleicht kennen Sie die Geschichte von dem Gläubigen, der während der Jahreskollekte ausrief: »Ich gebe eine anonyme Spende von 5000 Mark!« Auch wenn er es nicht aussprach, könnte er hinzugefügt haben: »Werdet Ihr mich jetzt anerkennen, wahrnehmen, unterstützen, mögen, mit mir Freundschaft schließen, mir ein starkes Selbstwertgefühl vermitteln und mich lieben?« Diese Motive, kombiniert mit Steuerabzügen, stecken hinter vielen wohltätigen Gaben.

Wenn Menschen, die sich selbst und andere wirklich lieben, geben, geschieht dies ohne Schuldgefühle und aus keinem anderen Grund, als um das Bedürfnis des Empfängers zu stillen.

Etwas von sich selbst zu geben, mag auch verschiedene andere Gründe haben, von denen viele lieblos sind. Selbstverleugnung und Martyrium für die Bedürfnisse der anderen stellen oft eine indirekte Manipulation dar, um »besser« zu sein als sie. Es ist, als würde der Märtyrer sagen: »Siehst du, wie gut ich gut sein kann? Wirst du mich jetzt lieben?«

Geben, um zu nehmen, mag eine Erklärung dafür bieten, warum sonst ganz vernünftige Menschen einseitige Beziehungen eingehen und aufrechterhalten können. (Später werden wir dieses Verhalten untersuchen und es zurückführen auf unbewußt erlernte Kindheitsprogramme. Wir werden sehen, wie sich die Dunkle Seite durch diese Programme ihren negativen Vorteil verschafft.) Minderwertigkeitsgefühle motivieren solche in einer wechselseitigen Abhängigkeit gefangene Menschen, andere zu »retten«, um sich selbst gut fühlen zu können. Aber geben, um sich damit Sympathie oder Anerkennung einzuhandeln, ist nicht Liebe.

Ebensowenig ist es Liebe, Tieren etwas zu geben, während man Menschen ignoriert. In der Regel sind Tierfreunde mitfühlende Menschen, doch mögen viele von ihnen Tiere, während sie sich von Beziehungen zu Menschen abwenden. Menschen, die häufig verletzt worden sind, wollen nicht noch mehr Zurückweisungen riskieren. Ihren Tieren etwas zu geben, ermöglicht es ihnen, sich gebraucht und geliebt zu fühlen.

Oft ist die Liebe, die Eltern ihren Kindern geben, nicht das, was sie zu sein scheint. Viele behaupten, liebevolle Eltern zu sein, und führen als Beweis dafür an, daß sie sich für ihre Kinder aufopfern. Während Opfer an Zeit und Geld augenscheinlich sind, wird die Erwartung, dafür wieder etwas zu bekommen, meistens verborgen. Erst wenn die Kinder rebellieren oder den Erwartungen der Eltern nicht entsprechen, kommt die Wahrheit ans Licht: »Wie konnten sie uns das nur antun nach allem, was wir für sie getan haben?« Diese leidgeplagten Aussprüche sind ein Zeichen für elterliches Geben, um zu nehmen, was tatsächlich eine Form von Pseudo-Liebe ist.

Eine starke sexuelle Anziehung kann ebenfalls mit Liebe verwechselt werden. Der Reiz ist so groß, daß die Partner sicher sind, es sei genau das, worauf sie schon so lange gewartet haben. Für ihn ist sie auf jede denkbare Art vollkommen und entspricht so genau dem Bild, das er sich jahrelang von ihr gemacht hat, daß es ist, als sei sie ihm von seiner guten Fee geschickt worden. Jetzt, denkt er, habe ich sie endlich gefunden, und ich werde sie auf ewig frei lieben können. Jedenfalls sehr lange. Ihr geht es genauso. Er ist so aufregend, so stark, so männlich in allen Belangen, von denen sie immer geträumt hat, daß sie sich jetzt der Liebe hingeben und alles geben kann – fast alles.

Sex ist ein aufregender natürlicher biologischer Akt, und trotz AIDS leben wir immer noch in einer Zeit großer sexueller Freiheit und Offenheit. Doch obgleich erfüllte sexuelle Lust etwas Mächtiges und Befriedigendes ist, ist Sex nicht gleich Liebe, besonders wenn der Tausch darauf basiert zu geben, um zu nehmen: »Ich werde dich lieben und nett zu dir sein, wenn du mich auch liebst und nett zu mir bist.« Die Verwechslung von Sex und Liebe spiegelt sich in der merkwürdigen Art, wie wir über Sex reden. Wir sagen: »Ich möchte Liebe machen«, als wären wir in der Lage, sie zu kreieren. Liebe aber können wir nicht machen, sondern nur die Liebe austauschen, die bereits tief in uns vorhanden ist.

Der vorübergehende körperliche Kontakt des Geschlechtsakts trägt zur Verwechslung von Sex und Liebe bei. Die Wärme und Nähe des Körpers des Geliebten oder der Geliebten kann Erinnerungen an Mutters Brust oder Vaters schützende Arme wecken. Oft schwören sich Liebende auf dem Höhepunkt ihrer Leidenschaft Liebe. Was sie lieben, ist die wachgerufene Erinnerung an die mütterliche Wärme oder die väterliche Nähe.

Das setzt natürlich voraus, daß Sie diese Art Körperkontakt während Ihrer Kindheit erfahren haben. Leider gibt es unzählige Kinder, die tragischerweise nie die Wärme der Mutterbrust oder die Kraft und den Schutz von Vaters Armen gespürt haben. Ohne diese wichtigen Kindheitserfahrungen der körperlichen, gefühlshaften und geistigen Nähe ist es fast unmöglich, erwachsene Sexualität oder Liebe zu erfahren, geschweige denn sie zu genießen. Menschen, die als Kinder nicht zärtlich und liebevoll gestreichelt wurden, finden es als Erwachsene beinahe unmöglich, Zärtlichkeit auszudrücken oder entgegenzunehmen. Zum Glück kommt es selten vor, daß körperliche Zärtlichkeit überhaupt nicht erlebt wurde. Was den meisten von uns gefehlt hat, ist ein steter Fluß bedingungsloser, elterlicher emotionaler Zärtlichkeit und Akzeptanz für die Möglichkeit, einfach wir selbst zu sein.

Wieder erlebte Kindheitsgefühle während des Geschlechtsaktes bieten auch eine Erklärung dafür, daß manche Leute im Bett leidenschaftlich und danach kalt sein können. Es liegt nicht unbedingt daran, daß sie sich nur im Bett mögen, sondern vielmehr ist es für sie gar nicht wichtig, wer die andere Person ist, da er oder sie nur ein Ersatz für den Vater oder die Mutter sind, die sie hatten, nicht hatten oder haben wollten.

Was ist nun aber mit der Liebe geschehen? Die Antwort ist, daß Sie als Kind nicht gelernt haben zu lieben. Statt dessen haben Sie beobachtet, wie Ihre Eltern sich mit Liebesersatzmitteln etwas vormachten. Statt Zeuge wahrer Liebe zu werden, fielen Sie der Täuschung der Dunklen Seite zum Opfer. So haben Sie gelernt zu denken, daß Liebe Sex, Geld, Essen, Martyrium, harte Arbeit, Pflicht oder Poesie sei.

Liebe ist ein Gefühl, ein Seinszustand, und sie entspringt der spirituellen Essenz, dem »Licht« im Wesenskern der Liebenden. Jeder lernt die Liebe auf die gleiche Weise auszudrükken, wie die Eltern es füreinander und für die Kinder taten. Wenn Sie in Ihren Entwicklungsjahren bedingungslose Liebe erfahren haben, fließt Ihr Kelch der Liebe über, und Sie können ihn leicht mit anderen teilen. Wenn Ihr Kelch hingegen nicht gefüllt wurde, werden Sie ihn nur sparsam verwenden und geben, um zu nehmen.

Die Liebe zwischen Mann und Frau ist besonders anfällig für die Gefahr, eine Rolle zu spielen. Romantik und sexuelle Begegnungen sind so sehr Teil der populären Unterhaltung, daß das, was die meisten Menschen über Liebe wissen oder zu wissen glauben, von den Medien inspiriert ist. Doch das, was beliebte Liebesgeschichten dramatisch macht, ist nicht Liebe, sondern beinhaltet verschiedene Formen von Manipulation. Da Herzensleid und Katastrophen uns vertrauter sind als ausgeglichenes Glück, sind die Geschichten, die die meisten Leute mit Liebe verbinden, voll von Frustration, Konflikt, Verrat und Ablehnung. Wenn Sie nichts anderes können, als Liebe zu spielen, werden Sie im Lauf der Zeit viel Leere und Schmerz in Kauf nehmen müssen.

Aus all diesen Beispielen lassen sich verschiedene wichtige Schlüsse ziehen: Um ein liebender Mensch zu werden, müssen Sie zunächst sich selbst bedingungslos lieben. Jeder Mensch ist liebenswert. Sie können lernen, sich selbst anzunehmen, sich zu verzeihen und sich zu lieben. Sie können sich verändern. Wie festgefahren Sie sich auch immer fühlen mögen, wie negativ Ihr Leben gewesen sein mag oder was auch immer für schreckliche Süchte Sie gehabt haben mögen, bedingt durch Scham, Schuld und Selbstbestrafung, es ist nach wie vor möglich, das zu erreichen, worauf Sie immer gehofft haben. Es liegt an Ihnen.

Aber Sie können sich nicht aus Ihrer Unfähigkeit, sich selbst und andere zu lieben, »hinausanalysieren«. Der Mangel an Selbstliebe ist wie ein geschlossener Käfig, und der Intellekt ist nicht der Schlüssel dazu. (Wenn Ihr Intellekt so gescheit ist, wie kommt es dann, daß Sie nicht in Ordnung sind?) Sie können nicht einfach ein Buch voller gutgemeinter Ermahnungen lesen und aufhören, lieblos zu sein. (Vielleicht haben Sie sogar dieses Buch aus ähnlichen Motiven gekauft.) Wenn Bücher Liebe lehren könnten, hätten wir es genausogut beim Alten Testament belassen können. Auch dieses Buch erhebt nicht diesen Anspruch. Was gilt, ist die lebendige Erfahrung. Ein Buch kann Sie bei der Hand nehmen und Sie dieser Erfahrung entgegenführen. Die Lösung für ein emotionales Problem liegt nicht darin, davon zu wissen. Doch zu wissen, daß Sie nicht wissen, was zu tun ist, ist der Beginn wahrer Weisheit. Dieses Buch kann Sie auf den richtigen Weg führen.

In Kapitel 4 ergründen wir die Ursachen der Unfähigkeit zu lieben. In Kapitel 5 geht es um die Möglichkeit, eine Erfahrung mit Ihrem diamantenen, unzerstörbaren, liebenden, spirituellen Wesenskern zu machen und sich mit dem Licht zu identifizieren, das in Ihnen ist. In dieser Erfahrung geht es um die Hingabe an die eigene Vollkommenheit. Dies bereitet Sie auf die Reise des Helden vor, die im sechsten Kapitel ihren Anfang nimmt, wo Sie mit den Geistern Ihrer Kindheit konfrontiert werden und damit beginnen, Ihre Dunkle Seite zu bewältigen.

4

Das Syndrom Negativer Liebe

Die Brutstätte der Dunklen Seite

Als Kind haben Sie Ihre Eltern als Vorbilder auf Gedeih und Verderb verinnerlicht. Vielleicht haben Sie sich selbst schon gesagt: »Ich klinge genauso wie mein Vater.« »Meine Güte, ich benehme mich ja genauso wie meine Mutter.« »Warum tue ich das bloß?« »Meine Mutter (mein Vater oder beide) pflegte(n) das zu tun.« »Ich habe es gehaßt, wenn er (oder sie) das taten, und jetzt mache ich es genauso.«

Wenn Sie glauben oder denken, Sie hätten die Verhaltensmuster Ihrer Eltern – die wir kurz Muster nennen wollen – nicht verinnerlicht, warum verhalten Sie sich dann in entscheidenden Momenten zwanghaft so wie sie, sogar wenn Sie das gar nicht wollen?

Es ist leicht zu verstehen, warum Sie als Kind die positiven Verhaltensweisen und Eigenschaften Ihrer Eltern nachahmten. Schwieriger ist es zu verstehen, warum Sie ihr negatives Verhalten übernahmen. Forscher haben erstaunlich wenig Nachdruck auf die Lösung dieses Rätsels gelegt. Sicherlich mochten Sie als Kind das negative Verhalten Ihrer Eltern nicht. Warum sollten Sie sich also mit denselben selbstzerstörerischen Gewohnheiten behaften? Wir müssen uns alle fragen, warum wir uns das antun!

1967 schlug ich eine Erklärung vor, die als das Syndrom Negativer Liebe bekannt wurde. Negative Liebe ist der emotionale Trieb, der die Menschheit am meisten verkümmern läßt. Negative Liebe besteht in der Übernahme der negativen Verhaltensweisen, Launen, Eigenschaften und (unausgesprochenen oder offenen) Ermahnungen Ihrer Eltern. Als Kind haben Sie die negativen Muster Ihrer Eltern übernommen, um (1) nicht besser zu sein als sie, in der Hoffnung, dadurch von ihnen akzeptiert und geliebt zu werden, und (2) um sie unbewußt zu bestrafen, aus Rachsucht dafür, auf die Ebene dieser negativen Verhaltensweisen beschränkt worden zu sein. Das Ergebnis für Sie? Scham, Schuldgefühle und Selbstbestrafung. Noch verheerender jedoch ist die Tatsache, daß die negativen Verhaltensweisen die Quelle, die Brutstätte Ihrer Dunklen Seite und deren Macht sein können. Wenn Sie Ihren Eltern ihre Negativität widerspiegeln, verletzen Sie sie, machen sie wütend und vermitteln ihnen Schuldgefühle. Dies ist Ihre Rache dafür, daß Sie keine bedingungslose Liebe und Annahme bekommen haben. Natürlich sind Sie am Ende derjenige, der unter Scham, Schuld und Selbstbestrafung leidet. Wenn jemand sich rächen will, nimmt er sogar manchmal den Tod in Kauf, um sein Ziel zu erreichen und zu rechtfertigen.

Ergibt diese Reaktion auf Ihre Eltern einen Sinn? In einer verdrehten Weise tut sie das: Negative Liebe ist unlogische Logik, ungesunder Menschenverstand, unsinniger Sinn. Sie hat Macht, weil sie sadomasochistisch wahr ist. Warum sonst würde jemand dieses Verhalten wählen? Die Negative Liebe ist ein Teufelskreis: Wenn Sie gewinnen, verlieren Sie. Sie leiden, und, was schlimmer ist, Ihre eigenen Kinder leiden ebenfalls, denn Sie geben das Verhalten an sie weiter, gemäß dem Satz aus der Bibel, der besagt, daß die Sünden der Väter bis ins siebente Glied auf ihre Nachkommen kommen werden.

Der Quadrinity-Prozeß ist nicht bestrebt, sogenanntes negatives Verhalten auszulöschen. Es gibt Momente, in denen das, was wie negatives Verhalten erscheint, durchaus berechtigt ist. Es gibt Augenblicke, in denen es angebracht ist, wütend zu sein: wenn sich beispielsweise eine Frau, die von einem potentiellen Vergewaltiger angesprochen wird, an ihr Karate-Training erinnert, ihm in den Unterleib tritt und ihn damit außer Gefecht setzt. Die Verhaltensmuster, die sie sinnvoll anwendet, sind gerechte Empörung und aggressive Feindseligkeit. Es besteht ein Unterschied zwischen einem

Muster, das Sie benutzen, und einem, das Sie benutzt. Zwanghaftes, selbstzerstörerisches, programmiertes Verhalten, das auf Negativer Liebe basiert, benutzt und mißbraucht Sie. Haben Sie sich von der negativen Programmierung befreit und gelernt, Ihre Dunkle Seite zu kontrollieren, wird Ihr positiver freier Wille ein sinnvolles und angemessenes Verhalten wählen.

Innerhalb des Syndroms Negativer Liebe gibt es grundsätzlich drei Möglichkeiten, wie Sie reagieren können:

1. Übernahme – Bei dieser häufigen Reaktion übernehmen Sie Verhaltensweisen Ihrer Eltern vollständig. Sie können zum Beispiel eine negative Verhaltensweise wie »kritisch« übernehmen und (a) selbstkritisch sein, (b) andere kritisieren oder (c) es so einrichten, daß andere Sie kritisieren. Wenn beide Eltern diese Eigenschaft haben, ist sie um so wirkungsstärker, und es ist beinahe unmöglich, dagegen zu rebellieren.
2. Konflikt – Übernahme einer Eigenschaft bei gleichzeitiger Rebellion führt zu einem Konflikt, in dem Sie sich hin- und hergezerrt fühlen. Nehmen wir an, Sie mögen eine negative Eigenart Ihrer Eltern nicht, also unterdrücken Sie sie und praktizieren ein gegenteiliges Verhalten. Doch während Sie die Alternative ausleben, kommt die negative Stimme in Ihnen nicht zur Ruhe; so werden Sie in entgegengesetzte Richtungen gezerrt. Ich nenne das einen Push-Pull-Konflikt (Push = stoßen, Pull = ziehen). Bei einer Gelegenheit praktizieren Sie das übernommene Verhalten, das nächste Mal dessen Gegenteil. Dieses Hin und Her führt zu immer mehr Unsicherheit und Konflikten.
3. Überwindung – Im Falle einiger Ihrer nicht-emotionalen Eigenschaften sind Sie manchmal in der Lage, die von einem Elternteil übernommene negative Verhaltensweise zu überwinden, ohne einen inneren Konflikt zu verspüren. Allerdings gibt es kaum Eigenschaften, die je überwunden werden können, ohne das Syndrom Negativer Liebe an der Wurzel zu packen und die Dunkle Seite zu kontrollieren.

Halten Sie sich vor Augen, daß Sie beide Seiten vertreten müssen, wenn Sie die Eigenschaften Ihrer Eltern übernehmen, um nicht besser zu sein als sie. Zum Beispiel: Ihre Mutter verhält sich ruhig und beschwichtigend. Sie bringt ihre Wut nie zum Ausdruck. Ihr Vater hingegen benimmt sich feindselig und aggressiv. Nach außen mögen Sie sich wie Ihre Mutter verhalten, doch die Unterdrückung der Feindseligkeit Ihres Vaters rumort in Ihnen wie ein Vulkan und wartet nur auf den geeigneten Moment, um auszubrechen.

Es gilt als erwiesen, daß Erwachsene, die ihre Kinder mißhandeln, als Kind selbst mißhandelt wurden. Dies ist ein typisches Beispiel für das Syndrom Negativer Liebe. In der schmerzlichen Agonie ihrer Kindheit mögen sie sich geschworen haben: »Wenn ich erwachsen bin und Kinder habe, werde ich sie nie schlagen und gemein zu ihnen sein, wie Mami und Papi es zu mir sind.«

Doch solche guten Vorsätze sind kaum einzuhalten. Und wenn es Ihnen gelingt, wird der zwanghafte emotionale Trieb hinter dem Programm in andere Formen negativen Verhaltens abgeleitet.

Wenn mißhandelte Kinder selbst Kinder haben, ist es in der Regel so, daß sie schließlich doch aufbrausen und ihre Nachkommenschaft trotz bester Vorsätze mißhandeln. Und während sie ihr Kind schlagen, weint ihr eigenes inneres Kind unterschwellig: »Schau, Mami und Papi, ich verletze und schlage mein Kind, genauso, wie ihr es mit mir gemacht habt. Ich habe euch nicht übertroffen. Ich bin kein bißchen besser als ihr. Ich bin genau wie ihr. Liebt ihr mich jetzt?«

Sogar während sie ihre Kinder zwanghaft mißhandeln, empfinden sie Reue. Wie die meisten Alkoholiker und Drogensüchtigen stehen sie sich selbst machtlos gegenüber. Die gute Arbeit, die von Organisationen wie den Anonymen Alkoholikern und Frauen- und Kinderhäusern geleistet wird, trägt dazu bei, nagende Schuldgefühle und Reue zu mildern. Doch wir können noch weiter gehen: der unbewußte Zwang, Kinder zu mißhandeln, kann ausgemerzt werden, wenn wir dessen Ursprung im Syndrom der Negativen Liebe einmal verstanden und bearbeitet haben.

Betrachten wir eine weniger dramatische, doch ebenso einschränkende Problematik. Es ist der Fall einer jungen Dame, die das hatte, was sie als eine schöne und normale Kindheit und ein gutes Zuhause mit lieben Eltern bezeichnet. Sie war ihres Vaters Schatz, der sie, wenn schon, zu sehr liebte. Sie war etwas Besonderes für ihn, sein Lieblingskind. Aus diesem kleinen Mädchen wurde eine Frau, die unfähig war, eine Liebesbeziehung mit einem Mann einzugehen. Wenn sie das nämlich getan hätte, hätte sie jemandem erlaubt, besser als Papi zu sein; und niemand konnte besser sein als Papi, denn dann würde Papi sie nicht lieben.

Sosehr sie sich in ihrem Leben nach Liebe sehnte, sie war gefangen in ihrem Bedürfnis, ihre Negative Liebe zu Papi auszuleben. Als sie erwachsen war, rief das Kind in ihr: »Schau, Papi, ich lasse niemanden an mich heran oder mich mehr lieben als du. Ich werde niemanden besser sein lassen als dich. Ich werde immer dein kleines Mädchen bleiben. Liebst du mich jetzt?«

So übt sie an Papi unbewußt und rachsüchtig Vergeltung dafür, daß er sie zu sehr geliebt hat.

Als erwachsene Frau macht sie Papi Sorgen, weil sie nicht verheiratet ist und ihn nicht zum Großvater macht. Dies schlägt auf Papis Unfähigkeit als Vater zurück und auf seine Schuldgefühle dafür, daß er seine Tochter auf dem Weg zu ihrer Erfüllung nicht richtig angeleitet hat. Scham, Schuld und Selbstbestrafung treten auf den Plan. Ironischerweise können sogar gute Eltern im Negativen Liebessyndrom nicht gewinnen. Wie sehr sie sich auch bemühen mögen, in diesem Teufelskreis sind sie immer die Verlierer.

Das andere Extrem ist das von Kindern, die sich nie von Mutter oder Vater oder beiden angenommen gefühlt haben. Erwachsene mit diesem Hintergrund sehnen sich immerfort nach Liebe und phantasieren über das, was sie in Büchern lesen und im Kino oder am Fernsehen sehen. Ihr Programm

Negative Liebe (»dich kann man nicht lieben«) macht die Erfüllung solcher Träume unmöglich. Sogar wenn sie versuchen, so zu tun als ob, und sich liebevoll verhalten, wird ihr inneres Programm, nicht liebenswert zu sein, den Traum zwanghaft zerstören. Es ist eine eingebaute, sich selbst erfüllende Prophezeiung der Dunklen Seite, die ausgetrieben werden muß oder endlos weiter gilt, bis der Tod sie von dieser Welt scheidet.

Um die Stufen der Übernahme von Eigenschaften durch Negative Liebe zu verdeutlichen, wollen wir das Muster betrachten, das durch die Worte »gleichgültig/lieblos/nicht unterstützend« gekennzeichnet ist, und die sadomasochistische, unlogische Logik, den ungesunden Menschenverstand und den unsinnigen Sinn dieses Programms zurückverfolgen.

1. Mutter und Vater gehen nicht zärtlich, unterstützend oder liebevoll miteinander oder mit ihrem Kind um.
2. Das Kind lernt und übernimmt dieses Verhalten, um ihre Liebe zu kaufen. Unbewußt antwortet das Kind:
   a) »Schaut, Mami und Papi, jetzt bin ich genauso wie ihr, lieblos und nicht liebenswert. Ich bin nicht besser als ihr. Ich habe euch nicht übertroffen. Liebt ihr mich jetzt?«
   b) »Ach, aber ich bin euch ja gleichgültig, ihr unterstützt und liebt mich nicht. Euch werd' ich's zeigen! Ich werde euch euer eigenes negatives Verhalten widerspiegeln. So. Euch gefällt das wohl auch nicht an euch, oder?«
3. »Ha-ha! Mir ist es egal, was mit mir passiert, wenn ich es euch nur heimzahlen kann (rachsüchtige Vergeltung).«
4. »Oje, jetzt ist es passiert. Jetzt werdet ihr mich niemals lieben. Ich schäme mich und fühle mich schuldig.«
5. »Hmmmm ... Um meine Schuldgefühle zu besänftigen, werde ich es jetzt so einrichten, daß andere mich zurückweisen und so euer Programm ausleben, daß man mich nicht lieben kann.«

6. »Um diesen Zustand des Nichtgeliebtwerdens aufrechtzuerhalten, werde ich alle eure negativen Eigenschaften übernehmen und benutzen, Mami und Papi, und meine eigene positive Seite verneinen, genau wie ihr das tut.« (Was ist das anderes als Selbstbestrafung?)
7. »Liebt ihr mich jetzt? Ich bin genauso wie ihr.«

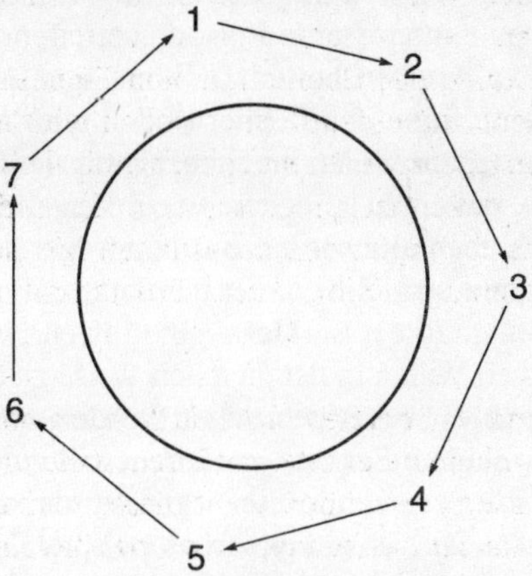

Es ist ein schrecklicher und vernichtender Kreislauf: Sie übernehmen negative Eigenschaften, um Liebe zu bekommen. Doch das Resultat ist, daß Sie sich schuldig und ungeliebt fühlen und von Ihrer eigenen Liebe nicht mehr geben können, um zu geben. Statt dessen bestrafen Sie sich selbst. Drogen- und Medikamentenabhängigkeit, Alkoholismus, Gewalt in der Familie, Kriminalität und andere negative Verhaltensweisen haben alle ihre Wurzeln im Syndrom Negativer Liebe.

Schauen Sie sich das Seilziehen an, das in jemandem vorgeht, der in dem Gefühl aufgewachsen ist, von einem Elternteil geliebt zu werden, doch vom anderen nicht. Aus positiver Liebe zeigt dieser Erwachsene seinem Ehepartner oder Lebensgefährten seine Liebe, nur um festzustellen, daß die Ermahnungen des negativ liebenden Elternteils sich einmischen und Situationen schaffen, in denen er auf Ablehnung stoßen muß (Push-Pull-Konflikt).

Obschon das Buch von Dr. Alice Miller, *Am Anfang war Erziehung,* nicht auf das Problem der Negativen Liebe als solches eingeht, unterstützt es die Annahme, daß die Kindheitsprogrammierung die Ursache für negatives Verhalten ist. In ihrem früheren Werk, *Das Drama des begabten Kindes*, schildert sie eine interessante Episode betreffend Marie Hesse, der Mutter des berühmten Dichters und Autoren Hermann Hesse. In ihren Tagebüchern beschreibt Marie Hesse, wie ihre Eltern ihren Willen brachen, als sie vier Jahre alt war. Sie fährt fort, davon zu sprechen, wie ihr eigenes Kind, Hermann, damals ebenfalls vier Jahre alt, ihr wegen seines rebellischen Verhaltens so viel Kummer bereitete, daß sie Maßnahmen ergreifen »mußte«. Bis Hermann fünfzehn war, versuchte Marie, seinen Willen in der gleichen Weise zu brechen, wie ihr Wille von ihrer Mutter gebrochen worden war. Sie ging so weit, ihn »zu seinem Besten« in ein Internat zu stecken, wie wenn sie zu ihrer eigenen Mutter sagen würde: »Mami, liebst du mich jetzt?« Dies ist ein typisches Beispiel dafür, wie Negative Liebe auf vernichtende Weise von einer Generation an die nächste weitergegeben wird.

Das Buch *Wie meine Mutter* von Nancy Friday enthält viele Beispiele des Syndroms Negativer Liebe. So erzählt die Autorin die folgende Geschichte der Beziehung einer Frau zu ihrer Mutter:

> *»Wäre ich nur in der Lage gewesen, meiner Mutter zu sagen, wie sehr ich sie liebe, als sie noch lebte!«* erzählt mir eine Frau. *»Sie hatte ihre Fehler, doch das waren bloße Reflexe. Sie konnte nicht mehr dafür, ständig nörglerisch und kritisch zu sein, als man verhindern kann, niesen zu müssen, wenn einem die Nase juckt. Es war etwas, das einfach in ihr Nervensystem eingebaut war. Jetzt werde ich ihr nie sagen können, was ich wirklich für sie empfand. Es ist zu spät.«*

Friday fährt fort:

Dieses Gespräch läßt mich frösteln und stimmt mich traurig und verwirrt. Diese Frau ist noch nörglerischer und kritischer als ihre Mutter. Dies hat zur Scheidung von ihrem Mann geführt und ihre Tochter von ihr entfremdet. Wie kommt es, daß wir, sogar wenn wir eine destruktive Beziehung zu unseren Müttern haben, uns umdrehen, wenn sie sterben, und nur von unserer Liebe für sie sprechen?

Dann nennt Nancy Friday einen Grund, warum wir dies tun: »Die übliche Art, die Angst zu vermeiden, die Anteile von Mutter zu sehen, die wir hassen, besteht darin, sie zu sentimentalisieren.« Zu dieser Sentimentalität zitiert sie ihren Kollegen Dr. Robertiello, der sagt, es sei »eine Abwehr gegen die Wut«.

Das ist zweifelsohne wahr, doch lassen Sie uns eine andere Möglichkeit betrachten. War diese Frau nicht blind gegenüber ihrer Blindheit? Ohne daß ihr bewußtes Selbst es wußte, spielte sie das Negative Liebessyndrom automatisch aus. Unterschwellig sagte ihr inneres Kind drei Dinge: (1) »Schau, Mami, ich bin genauso wie du; liebst du mich jetzt?« (2) »Ach, Mami, es war wirklich nicht dein Fehler, denn wenn ich etwas an dir auszusetzen hätte, müßte ich meine eigenen Fehler anerkennen, und das wäre zu schmerzhaft«, und: (3) »Was ich also tun werde, ist, dich verteidigen, indem ich sage, daß du nichts dafür konntest, daß es einfach etwas war, das in deinem Nervensystem eingebaut war und demnach auch in meinem. Wirst du mich jetzt lieben? Denn wenn du mich liebst, kann ich mich vielleicht selbst lieben.«

Trotz ihres defensiven Denkens, ihrer Art, Schlagsahne über ihren Mist zu häufen, spiegelt sie das negative Verhalten ihrer Mutter eifrig und rachsüchtig zurück. (Es spielt dabei keine Rolle, ob die Mutter lebt oder nicht.) Aus Verleugnung, Abwehr, Scham und Schuld verteidigt ihre Dunkle Seite ihre Mutter und rechtfertigt das negative Verhalten. Dies bringt ihre Mutter weder zurück, noch kauft es Mutters Liebe, die sie als Kind vermißt hat, noch führt es zu ihrer eigenen Erfüllung in der Liebe. Es ist ein weiterer Teufelskreis. Ihre Blindheit und Rachsucht fallen auf sie zurück, und sie verliert ihren Mann und ihre Tochter.

Liebe hat sich schon immer einer Definition entzogen, doch versuchen wir es einmal damit: Liebe ist das Fließen, das Sich-Ergießen und Ausschütten von emotionaler Güte aus Herz und Seele, die Sie erst sich selbst und dann anderen erweisen. Die einfache Wahrheit dieser Definition ist: Man kann keine Liebe geben, es sei denn, man besitzt oder hat sie.

Wie Sie im dritten Kapitel gesehen haben, ist das, was als Liebe gilt, oft nicht mehr als das Vorgeben oder Schauspielern von Liebe, um von anderen Liebe zu bekommen oder zu fordern. Wahre Liebe kann sich nur dann manifestieren, wenn Sie sich selbst akzeptieren und lieben. Dann können Sie geben, um zu geben, und werden sich nicht übermäßig darum sorgen, was Sie dafür zurückbekommen. Was Ihnen zusteht, wird auf jeden Fall zu Ihnen kommen.

Negative Liebe ist eine zwanghafte Sucht, die Sie von Ihrer Fähigkeit abschneidet, frei zu lieben. Sie hat Sie schon viel zu lange umklammert gehalten. Ist es nicht Zeit, daß Sie aufhören, Ihre Eltern nachzuäffen, und die Last loswerden?

Als Kind versuchten Sie unablässig, Mamis und Papis Liebe zu erlangen. Dafür haben Sie teuer bezahlt. In Ihrer negativen Identifizierung mit Ihren Eltern haben Sie Ihre Seele verkauft und verraten.

Blindheit gegenüber Ihrer Blindheit führt Sie dazu, ein Leben ohne Wahl und voller Verzweiflung zu leben. Aber es gibt wirkliche Alternativen. Um frei zu werden, müssen Sie ehrlich mit sich selbst sein. Sie müssen willens sein, mit völliger Offenheit zu sehen, wer Sie sind und was aus Ihnen geworden ist. Sie müssen es wagen, das emotionale Leid Ihrer Kindheit zu durchleben, damit Sie auf der anderen Seite dieses Prozesses wieder auftauchen können. Diese Erfahrung kann ein Buch nicht vermitteln, es kann sie nur andeuten. Dieser

Schmerz, wie er im Quadrinity-Prozeß selbst erlebt wird, ist tief, aber von kurzer Dauer. Es ist besser, sich ihm ein für allemal zu stellen, als die negative Last automatischer Negativer Liebes-Programmierungen durch Ihr ganzes Leben zu schleppen. Auf der anderen Seite dieser Erfahrung warten Freiheit, Selbstannahme, Selbstvergebung und Selbstliebe auf Sie. Menschen aller Altersklassen zwischen fünfzehn und neunundsiebzig haben diese beglückende Erfahrung gemacht.

Wer hat Ihnen beigebracht, Sie könnten nicht mit schwierigen Aufgaben fertig werden? Es waren Ihre Eltern, auch wenn ihnen nicht bewußt war, daß sie dies taten, und sie dachten, sie würden genau das Gegenteil bewerkstelligen. Wo sonst hätten Sie es als Kind gelernt?

Aus Negativer Liebe sind Sie auch dieser Lüge aufgesessen. Sie haben den Großteil Ihres Lebens damit zugebracht, ausgeklügelte Methoden (= Süchte) zu entwickeln, um den wahren Schmerz zu vermeiden, den Ihre Probleme Ihnen bereiten. Sie hatten Angst, daß die Auseinandersetzung mit Ihrem Leid zu sehr schmerzen würde. Statt dessen entwickelten Sie einen Vermeidungsstil, in der Hoffnung, Ihr Schmerz würde verschwinden, wenn Sie nicht hinsähen. Eine der größten Lügen, die Ihnen von Ihren Eltern aufgetischt wurde, war, daß Sie unfähig seien, mit Schmerz, Leiden und schwierigen Situationen umzugehen, und Sie sind noch immer gefangen und beherrscht von Ihrer Dunklen Seite.

Ihre positive Seite will sich befreien und muß sich nicht zurückziehen oder vorgeben, daß es den Schmerz nicht gibt. Indem Sie der Wahrheit ins Gesicht sehen, können Sie sich von Ihrer negativen Programmierung befreien. Niemand kann oder wird einen Zauberstab über Ihren Kopf halten und das alles zum Verschwinden bringen. Wir sagen allen unseren Klienten:

»Das positive Du muß die Arbeit des Prozesses machen. Es gibt keine guten Feen. Der einzige Held bist du. Du bist dein eigener Erlöser. Mit unserer Führung und Hilfe kannst du dich retten. Die Frage ist: Wer soll die Kontrolle über dein

Schicksal behalten? Mutter und Vater und die Ermahnungen, Eigenschaften und Persönlichkeiten ihrer Dunklen Seite oder die positive »lichtvolle« Seite deines wahren Du? Das ist nicht so schwierig, kompliziert oder unmöglich, wie es aussehen mag. Eigentlich ist es sehr einfach, wenn auch nicht leicht. Der Kampf ist schwer, doch am Ende wirst du belohnt durch ein Leben voller Liebe und Harmonie.«

Eines der schlimmsten negativen Programme ist das der zwanghaften Entwertung. Sie lernen Entwertung entweder, indem Sie die Entwertungsprogramme von Vater, Mutter oder beiden übernehmen, oder indem Sie lernen, sich selbst zu entwerten, weil Ihre Eltern Sie schlechtmachten. Einige der schlimmsten Entwertungsmuster sind (ausgesprochene oder unausgesprochene) Ermahnungen wie:

»Du wirst es nie zu etwas bringen. Wer bist du denn schon? Du bist nichts wert. Nichts kannst du richtig machen. Aus dir wird nie etwas. Versuch es gar nicht erst. Wozu auch? Du bist ein Verlierer/eine Verliererin. Du bist nicht liebenswert.«

Das Muster der Selbstentwertung liefert die Rationalisierung dafür, »sich selbst aufzugeben«, was den Weg zum Widerstand dagegen bereitet, sich helfen zu lassen. Statt Verantwortung für ihre eigenen Widerstände zu übernehmen, übertragen Klienten ihre Widerstände oft auf andere, denen sie dann Vorwürfe machen. Es ist, als würden sie sich den Kopf an einer offenen Küchenschranktüre anschlagen und diese dann zornig zuwerfen. Das geschieht besonders dann, wenn die Eigenschaften des Klienten »kritisch, verurteilend und vorwurfsvoll« sind. Wenn Sie dieses Verhalten praktizieren, leisten Sie Widerstand und strafen Ihr wahres Selbst Lügen. So verfestigt die Dunkle Seite Ihre Neurose, den Zustand, sich nicht geliebt zu fühlen.

Der Dunklen Seite zu erlauben, das Muster der Entwertung anzuwenden, führt zu Selbstablehnung und einer sich selbst erfüllenden, selbstzerstörerischen Prophezeiung. Auch kann die Dunkle Seite diese Entwertung einsetzen, um Ihr Muster »ich Arme/r, ich Märtyrer/in und Opfer« zu festigen.

Dennoch kann jedes negative Muster auch positiv verwendet werden. Wenn Sie zum Beispiel Ihre Bewußtheit auf Ihre Unbewußtheit richten und das Muster der Entwertung benutzen würden, um Ihre Entwertung zu entwerten, würden Sie feststellen, daß Sie sich über Ihren widerborstigen Trotz zu positiver Selbstbestätigung hinausentwickeln und den Weg zu innerem Frieden und Ausgeglichenheit gehen könnten.

Programme können deprogrammiert werden. Ihr positives, wahres Selbst ist immer da. Leider wußten Ihre Eltern aufgrund ihrer eigenen Programmierung aus der Kindheit nicht, wie sie Ihren vollkommenen Wesenskern nähren sollten. Ihr eigener Kern war von ihren Eltern nicht gespeist worden. Es wurde ihnen nie beigebracht, sich selbst zu ehren, zu achten und zu lieben. Wie also hätten sie Ihnen geben können, was sie selbst nie bekommen haben? Wären sie in der Lage gewesen, ihren eigenen Wesenskern zu ehren, hätten sie auch den Ihren geehrt, und Sie wären mit einem Strom von bedingungsloser Liebe und einem starken Sinn von innerer Sicherheit genährt worden.

Wenn Sie einmal das Syndrom Negativer Liebe entdeckt, ergründet und erforscht haben, werden Sie erkennen, daß es in der Tat die Brutstätte der Dunklen Seite darstellt. Es ist ein Virus, der emotionale Störungen hervorruft. Doch dann wird ein Ausweg sichtbar. Der Schlüssel liegt in dem Wort »übernommen«. Ein Muster ist nicht angeboren oder erblich. Alles, was übernommen werden kann, kann auch abgelegt werden. Das ist nicht einfach, aber möglich. Der Quadrinity-Prozeß liefert die Mittel dazu.

Als Teil unserer Arbeit klassifizieren wir Hunderte übernommener Verhaltensweisen unter einer Reihe von Oberbegriffen. Als Beispiel enthält die nachstehende Liste fünfundfünfzig negative Eigenschaften, Haltungen und Ermahnungen, die unter den negativen Oberbegriff »Lieblos/nicht unterstützend« fallen. Dies ist einer der wichtigeren Oberbegriffe. In der rechten Spalte finden Sie das Gegenteil der negativen Muster zur linken aufgeführt. Nachdem Sie beide Listen gelesen haben, werden Sie sich vielleicht wundern, warum Sie, wo Sie doch die Konsequenzen kannten, die negativen Verhaltensweisen so oft den positiven vorgezogen haben.

Hier also ist die Liste. Vielleicht wollen Sie die negativen Muster ankreuzen, die Sie manchmal oder ständig einsetzen. Dann gehen Sie die Liste ein zweites Mal durch und bezeichnen die Muster, die Sie von Ihrer Mutter kennen, mit einem M und die Ihres Vaters mit einem V.

Eigenschaften Negativer Liebe	*Eigenschaften Positiver Liebe*
Liebe mit Vorbehalten	Bedingungslose Liebe
Gleichgültig/ nicht unterstützend	Liebevoll/unterstützend
Eher verantwortlich und pflichtbewußt als liebevoll	Liebevoll, verantwortlich und pflichtbewußt
Kalt, lieblos und nicht zärtlich	Warm, zärtlich, liebevoll
Vernachlässigend und unzuverlässig	Aufmerksam und zuverlässig
Verlassend	Immer da, wenn gebraucht
Setzt sich nicht für andere ein	Engagiert sich für andere
Zeigt wenig oder keine Gefühle	Warme Gefühlsbezeugungen
Kein Mitgefühl	Mitfühlend

Dinge sind wichtiger als Menschen	Menschen sind wichtiger als Dinge
Rücksichtslos	Rücksichtsvoll
Geizig	Großzügig
Keine Achtung vor dem Ehepartner, den Kindern, anderen	Achtet Ehepartner, Kinder, andere
Verhilft anderen nicht zu Selbstachtung	Verhilft anderen zu Selbstachtung
Nimmt keine Notiz von anderen	Bemerkt andere
Zieht ein Kind dem anderen vor	Behandelt alle Kinder mit liebevoller Gerechtigkeit
Mag die Elternrolle nicht	Liebt und akzeptiert die Elternrolle
Hält mit Lob zurück	Spricht ehrliches Lob und Bestätigung aus
Schürt Rivalität unter Geschwistern	Fördert eine positive Beziehung unter Geschwistern
Eiserne Disziplin	Fair
Lascher Erziehungsstil	Bestimmter und liebevoller Erziehungsstil
Ignoriert die positiven Leistungen anderer	Macht Komplimente für positive Leistungen

Blamiert und verurteilt andere	Hilft anderen, Selbstachtung aufzubauen
Egoistisch	Großzügig
Negative Einstellungen	*Positive Einstellungen*
Ich habe keine Zeit für dich.	Unsere Zeit zusammen ist wertvoll.
Mehr Liebe hab ich nicht.	Es ist mehr als genug Liebe da.
Es ist mir egal.	Es ist mir nicht egal.
Ich komme zuerst.	Du bist genauso wichtig wie ich.
Ich kann mit deinen Gefühlen nicht umgehen.	Ich möchte deine Gefühle verstehen.
Das ist mir nicht der Mühe wert.	Ich stehe dir zur Verfügung.
Ich wollte dich nicht.	Ich habe dich geplant und gewünscht.
Du hast das falsche Geschlecht.	Ich bin froh, daß du ein Mädchen (ein Junge) bist
Negative Ermahnungen	*Positive Ermahnungen*
Du bist nicht gut genug.	Du bist wertvoll und wunderbar.

Deine Gefühle zählen nicht.	Deine Gefühle sind wichtig.
Ich werde nicht für dich einstehen.	Ich werde dich immer unterstützen.
Du sollst nicht erwachsen werden.	Es ist wunderbar, erwachsen zu werden.
Ich liebe andere mehr als dich.	Ich liebe dich und andere auch.
Mach bloß keine Dummheiten!	Wenn du Schwierigkeiten hast, möchte ich dich verstehen und dir helfen.
Rühr mich nicht an.	Ich mag es, wenn du mich berührst.
Du sollst mich nicht brauchen.	Ich bin da, wenn du mich brauchst.
Zähl nicht auf mich.	Verlasse dich auf mich.
Sprich mich nicht an.	Laß uns miteinander reden.
Zeig keine Liebe.	Es fühlt sich großartig an, dir meine Liebe zu zeigen.
Kinder sollte man sehen, aber nicht hören.	Ich schätze deine Gegenwart und möchte hören, was du zu sagen hast.
Werde endlich erwachsen!	Du wirst erwachsen werden, wenn die Zeit dafür reif ist.
Komm mir nicht mit deinen Sorgen.	Bitte vertrau dich mir an.

Von mir hast du nichts zu erwarten.	Du kannst mit meiner Unterstützung rechnen.
Laß dich nicht blicken. Sei unsichtbar.	Ich möchte dich gerne sehen.
Kinder sind unwichtig.	Kinder sind mir wichtig.
Erwarte nicht, beachtet zu werden.	Du kannst auf meine Aufmerksamkeit zählen.
Erwarte nicht, gelobt zu werden.	Ich möchte dir ehrliche Anerkennung und Unterstützung geben.

Wie viele von diesen negativen Eigenschaften haben Sie übernommen? Zählen Sie Ihre Kreuze zusammen und notieren Sie die Gesamtsumme. Wie viele davon haben Sie mit einem M, einem V oder beidem versehen? Das mag Ihnen einen ersten Eindruck vermitteln, in welchem Maß Sie aus Negativer Liebe zu Ihren Eltern leben. Sie sind nicht frei. Wie fühlt es sich an zu entdecken, daß Sie ein Ebenbild von Mama und Papa sind? Viele unserer Klienten im Quadrinity-Prozeß sind schockiert von der weitgehenden Übereinstimmung zwischen ihnen und ihren Eltern, besonders die, die dachten, sie hätten dagegen rebelliert, oder die, die sich in der Jugend vorgenommen hatten, sowenig wie möglich ihren Eltern ähnlich zu werden.

In diesem Kapitel haben wir untersucht, wie es kommt, daß Ihre Dunkle Seite mehr negative elterliche Eigenschaften übernommen hat, als Sie vielleicht wahrhaben wollten. In Kapitel 5 geht es um die Entdeckung, daß Ihr Wesenskern trotz des langen Arms des Syndroms der Negativen Liebe, und weil Sie nicht Ihre parasitäre Dunkle Seite sind, von Ihrer Erziehung nicht nur nicht verdorben worden ist, sondern wunderbarer ist, als Sie es sich je vorgestellt haben mögen.

5

Lichtreise

Jahrtausendelang hat der Mensch versucht, das Geheimnis des Lebens und der Schöpfung zu verstehen und damit zurechtzukommen. Eine hartnäckige Hypothese besagt, daß der »Ursprung« eine nichtphysische, übernatürliche, intelligente, allwissende, allmächtige, liebevolle und vollkommene Energie oder Kraft ist. Auch wenn die genaue Art und Weise, wie Menschen diese höhere Macht interpretiert haben, unzählige Veränderungen durchlaufen hat, besteht der Glaube an ihre Existenz fort bis in die heutige zunehmend von wissenschaftlichem Rationalismus geprägte Zeit.

Um sich mit dieser abstrakten Macht auseinandersetzen zu können, schufen unsere Vorfahren allerlei symbolische »Götter« als Ausdruck ihres Glaubens an ein nichtphysisches Wesen aller Wesen. Gebete und Opfer wurden diesen Symbolen dargebracht, um Gefallen, Hilfe, Führung und Glück zu erwirken. Das jüdisch-christliche und islamische, monotheistische Konzept einer unsichtbaren Macht oder Wesenheit ist aus diesen primitiven Glaubensformen hervorgegangen.

Die Menschheit hat schon immer nach Wegen gesucht, um mit dieser Entität Kontakt aufzunehmen und zu kommunizieren. Im Laufe der Geschichte haben verschiedene begnadete Männer und Frauen beschrieben, wie sie genau diese Verbindung erfuhren. Sie sprechen von Einssein, Freude, absoluter Gnade, Frieden, Vollkommenheit, Barmherzigkeit und Liebe.

Viel ist geschrieben worden über Menschen, die beinahe gestorben wären und sich daran erinnern, an der Schwelle des Todes aus der Dunkelheit in ein ehrfurchterweckendes, großartiges, weißes, liebevolles Licht getreten zu sein, wo sie von tiefem Frieden und großer Vollkommenheit und Liebe umfangen wurden. Wenn ein solcher Augenblick der Wahrheit und Erleuchtung erfahren wird, ruft er oft eine tiefe Verwandlung hervor, indem er die Angst vor dem Tode zunichte macht. Im Zentrum dieser Erfahrung steht immer die mächtige Vision, in der man sich in einem hellen (aber nicht blendenden) Licht befindet.

Menschen, die »Erleuchtung« erfahren haben, berichten häufig, daß in dieser geistigen Visualisierung symbolischen Propheten ähnliche Gestalten auftauchen, die ihnen helfen, der Erfahrung einen personalen Aspekt zu geben. Ein solches »Wesen« übernimmt die Rolle des Freundes, Beschützers, Mentors, spirituellen Führers oder Lehrers und kommuniziert geistig, um Trost, Weisheit, Wissen und Unterstützung zu bringen.

Westliche spirituelle Lehrer und östliche Gurus fordern uns auf, ihrer Methode zu folgen, um jenen erhabenen Augenblick zu erfahren, den sie »Samadhi« oder »Satori« nennen. Obwohl manche ihr ganzes Leben auf diese Suche verwenden, erreichen nur wenige das Ziel; und wenn, so ist es selten eine dauerhafte Erfahrung.

Traditionelle Religionen schlagen vor, wir sollten einfach glauben und akzeptieren, daß das Licht existiert. Dies kann jedoch als Ermahnung oder gar als Drohung verstanden werden, denn wenn wir nicht gehorchen, könnten wir unter Umständen in der Hölle landen. Daher werden oft Lippenbekenntnisse an Gott und Glaube abgelegt – quasi als Versicherung. Kurz gesagt, auch wenn viele irgendeine Art von Gott akzeptieren, ist es nur verhältnismäßig wenigen gelungen, eine direkte Erfahrung im Kontakt mit der Wesenheit zu haben, die sie als Gott bezeichnen.

Die Psychotherapie, die in manchen Kreisen die Religion ersetzt hat, ermutigt Klienten, Jahre damit zuzubringen, emotionale Schichten von Negativität zu erforschen, in der Hoffnung, daß sie sich mit der Zeit durch diese Schichten hindurcharbeiten werden, ihre Negativität loslassen, den eigenen Wesenskern, ihr wahres Selbst, entdecken und »klar« sein werden. Ist es wirklich notwendig, einen solch umständlichen Weg zu gehen?

Im Jahre 1976 diskutierte ich diese Frage mit Ron Kane, einem Therapeuten und langjährigen Freund von mir. Mir wollte scheinen, daß wir, wenn wir tatsächlich vom Licht kämen, jederzeit in der Lage sein müßten, Verbindung damit aufzunehmen und direkt und willentlich, ohne Vermittlung von außen, damit zu kommunizieren. Wenn dies universell möglich wäre, hätten wir einen positiven Beweis dafür, daß unser Wesenskern vollkommen ist und nicht aus den negativen Programmen der irdischen Existenz besteht.

Eine weitere Überlegung war, daß die Erfahrung, im Licht zu sein, zu einem Bündnis zwischen dem Körper und dem Spirituellen Selbst führen müßte. Dank eines solchen Paktes könnten sie die Energie steuern, die es braucht, um das widerspenstige, aufsässige, negative innere Emotionale Kind und den Erwachsenen Intellekt zu bändigen. Dies würde wiederum den Weg zu einem positiveren, friedlicheren und produktiveren Leben ebnen.

Meine Hoffnungen sollten sich erfüllen! 1976 wurde mittels Inspiration eine geführte Visualisierung empfangen und später gestaltet, die die Erfahrung vermittelt, im Licht zu sein.

Diese revolutionäre geistige Offenbarung, die wir »Lichtreise« nennen, führt in das bewegende, freudige, von Liebe durchdrungene Erlebnis, ein Teil des Lichts zu sein. In dieser Erfahrung nehmen Sie Verbindung auf mit Ihrem schönen, allwissenden, allmächtigen, prächtigen und strahlenden Spirituellen Selbst. Dann wissen Sie, daß Ihr Wesenskern dem Licht entspringt und nicht der parasitären Dunklen Seite.

In dieser Erfahrung visualisieren Sie, wie Ihr Emotionales Kind und Ihr Erwachsener Intellekt sich voller Freudentränen Ihrem Wesenskern, Ihrem Spirituellen Selbst, hingeben. Diese Hingabe ermöglicht Ihnen, im Quadrinity-Prozeß rasche Fortschritte zu machen.

In ihrer jetzigen Form hat sich diese Lichtreise als wertvoller Schritt zu Beginn des Prozesses erwiesen. Die Lichtreise ist das einmalige und wesentliche Element, das besonders dazu dient, verworrene innere Konflikte zu entwirren und seelisches Wachstum zu beschleunigen. Dank der Lichtreise können Sie lernen, Ihre Gefühle anzusprechen und zu verwandeln und »irdisches«, selbstzerstörerisches Verhalten zu überwinden.

Die meisten Ursachen für unsere Neurosen liegen in unserem Unbewußten begraben. Der Quadrinity-Prozeß verwendet Visualisierungen oder Tagträume, um seelische Wahrheiten aufzudecken, indem er einen bewußten, wachen Kontakt zur unbewußten Psyche herstellt. Auch wenn Ihr Bewußtsein Sie oft irreführen mag, lügt der unbewußte Aspekt Ihres Wesens niemals. Er wird Ihnen Ihre verdrängten Gefühle immer zeigen – in konkreter oder symbolischer Form. Visualisierungen, von uns auch »geistige Offenbarungen« genannt (deshalb, weil der Geist alles offenbart), eröffnen den Zugang zu den unbewußten Gründen für Ihre Unfähigkeit, sich selbst und andere zu lieben.

Worte werden benutzt, um Ihre Fähigkeit, Bilder aus Ihrem Gedächtnis abzurufen, zu unterstützen. Jeder macht diese Erfahrung auf seine Weise. Wenn ich Sie zum Beispiel bitte, Ihre Augen zu schließen und sich vorzustellen, eine Zitrone aufzuschneiden, wird sich jeder eine saure Südfrucht vorstellen; doch für den einen mag sie groß und dickhäutig sein, während jemand anderer sie kleiner und dünnhäutiger sehen mag.

Ehe Sie Ihre eigene Lichtreise unternehmen, müssen Sie verstehen, welcher Teil von Ihnen sich dabei auf den Weg macht. 1967, im selben Jahr, als die Lichtreise entwickelt wurde, beschrieb ich die vier Aspekte der Persönlichkeit als physisch, emotional, intellektuell und spirituell, was ich als Quadrinität (Vierheit) bezeichnete. In unserem Körper sind das physische Gehirn und der nichtphysische Geist beheimatet, die Lebenskraft. Die Bestandteile des Geistes sind drei: die Trinität (Dreiheit) von Gefühlsaspekt, intellektuellem und spirituellem Aspekt. Das physische Gehirn ist das Vehikel oder Organ, das geistige Aktivität möglich macht.

Die Wissenschaft ist uns bislang den Beweis für die physische Existenz des »Geistes« schuldig geblieben. Wir gehen davon aus, daß der Geist die Lebenskraft darstellt, jene Energie, die den Körper beseelt. Wird sie vom Körper getrennt, tritt das Phänomen des physischen Todes ein. Wie die Wissenschaft uns lehrt, geht nichts je verloren, sondern alles ändert nur ständig die Form. Was geschieht dann mit der Energie der Geistseele? Wir postulieren, daß diese Energie einer höheren, universalen, spirituellen Lebenskraft oder Quelle angehört, der sie entspringt, und daß sie deshalb unzerstörbar ist.

Glauben Sie, daß es Ihnen möglich ist, eine direkte Erfahrung mit Ihrem Spirituellen Selbst zu machen und Ihr vollkommenes Wesen zu sehen wie auch die Quelle (das Licht), der es entspringt? Eine gekonnt vorgetragene geistige Visualisierung kann Sie anleiten, um Sie mit diesem vollkommenen Aspekt Ihres Selbst in Verbindung zu bringen. Wenn Sie sich mit diesem Aspekt identifizieren, können Ihr materieller Körper und Ihr Gehirn seine Verbündeten werden und Ihnen helfen, den anderen beiden Aspekten Ihres Geistes Frieden zu bringen, Ihren verwirrten Gefühlen und Ihrem Intellekt.

Leider wird unser Spirituelles Selbst, unser vollkommener Wesenskern, von der Zeugung an durch die Negativität elterlicher Programme und Muster überlagert. Mir fällt dazu die Analogie eines wunderschönen, perfekten, unzerstörbaren Diamanten ein, der mit einem schwarzen Tuch bedeckt ist und sich unserer Sicht entzieht. Das schwarze Tuch stellt das Syndrom Negativer Liebe dar. Entfernen Sie dieses schwarze Tuch, zeigt sich Ihr strahlender diamantener Kern. Dieser Kern ist Ihre wahre Wirklichkeit und war nie verloren. Er ist lediglich verdeckt und vor Ihnen verborgen. Es ist Zeit, ihn freizulegen, ihn funkeln zu lassen, damit er sein prächtiges Licht entfaltet.

Der erste Schritt in Richtung dieses Entschlusses ist die Lichtreise. Um diese Reise erfolgreich unternehmen zu können, brauchen Sie keinen religiösen oder spirituellen Glauben anzunehmen oder sich zu irgend etwas zu bekehren. Alles, was Sie brauchen, ist Offenheit gegenüber einer einfachen Erfahrung, an der bislang Tausende Atheisten, Agnostiker und Gläubige aller Kirchen teilgehabt haben.

Deshalb sind Sie okay. Und es ist okay, okay zu sein.

Um die Lichtreise zu machen, brauchen Sie einen vertrauten Freund, eine vertraute Freundin, der oder die Ihnen behilflich ist. Bitten Sie Ihren Freund/Ihre Freundin, dieses ganze Kapitel gründlich zu lesen. Dann lassen Sie sie oder ihn Sie durch die Lichtreise führen, indem er oder sie den Text der Visualisierung langsam vorliest und auf Antworten wartet, wo Fragen gestellt werden. (Sie haben die Wahl, laut oder innerlich zu antworten.) Wenn Sie mit dem Fluß der Visualisierung gehen, können Sie durch eine Erfahrung mit Ihrem spirituellen Wesenskern und dem Licht belohnt werden.

Ich möchte Ihnen vorschlagen, am Ende dieses Abschnitts nicht weiter zu lesen, sondern sich jemanden zu suchen, der Sie als Vorlesende/r durch die Lichtreise begleitet. Das Nachstehende sollte Ihnen von Ihrem Freund/Ihrer Freundin vorgelesen werden. Die Visualisierung kann nur funktionieren, wenn Sie Ihre Augen schließen und die Worte gesprochen hören können. Es ist am besten, wenn Sie sie *nicht* lesen, ehe Sie sie hören. Sie werden eine tiefere Erfahrung machen, wenn Sie sie das erste Mal mit geschlossenen Augen hören, sobald Ihr Freund/Ihre Freundin sie Ihnen vorliest. Ihr Freund/Ihre Freundin sollte ein kleines Kissen für Sie bereithalten, und Sie sollten einen ruhigen Ort finden, wo Sie von anderen Menschen oder durch das Telefon nicht gestört werden können.

(VORLESENDE/R: Bitte langsam sprechen.) Schließe langsam die Augen. Bitte lasse sie geschlossen, bis ich dich bitte, sie wieder zu öffnen. Mach es dir bequem. Atme langsam dreimal ein, atme ein und aus … ein und aus … ein und aus. Erlaube deinem Körper, sich so tief wie möglich zu entspannen. (Pause)

(VORLESENDE/R: In möglichst dramatischem Ton vorgetragen)

Gut! Jetzt läßt du deinen Geist zurückwandern, weit, weit zurück in die Zeit des Zuhauses deiner Kindheit. Nimm dir ein paar Augenblicke Zeit, um an die schmerzlichen Erinnerungen zu denken, und darin die negativen Eigenschaften, Launen und unausgesprochenen oder ausgesprochenen Ermahnungen zu erkennen, von denen du entdeckt hast, daß sie von deiner Mutter und deinem Vater stammen und die Familienbeziehung schufen. Erlaube dir, das emotionale Leid, das du erfahren hast, wieder zu erleben, wenn du dich jetzt an die Negativität deiner Kindheitsprogramme erinnerst und an die Auswirkungen, die sie auf deine heutige Lebenserfahrung gehabt haben.

(Pause, damit der Teilnehmer Zeit zum Nachdenken hat.)

Sei dir gewahr, wie diese übernommenen Muster Probleme in deinen Liebesbeziehungen und deiner Arbeitswelt geschaffen haben. Konzentriere dich auf die negativen Aspekte deines Lebens. Ist dein Gefühls- und Liebesleben so erfüllt, wie du es gerne hättest? Falls du eine Beziehung zu einem Partner oder geliebten Menschen hast, wie würdest du sie beschreiben? Wie steht es um deine Beziehung zu deiner Familie? Zu deinen Eltern? Deinen Freunden? Zu dir selbst? Hast du Probleme bei der Arbeit? Gefällt dir das, was du tust?

Erlaube dir, dich auf den gefühlsmäßigen Preis zu konzentrieren, den du für die Programme Negativer Liebe bezahlt hast. Vergegenwärtige dir die Angst, die Einsamkeit, das Unglück, die Unfähigkeit zu lieben und die Depressionen, die aus deinen negativen elterlichen Programmen hervorgegangen sind. (Pause.)

Und jetzt nimm vor deinem geistigen Auge all diese negativen Gedanken und Gefühle mit dir in ein schreckliches und düsteres Verlies ohne Türen und ohne Fenster. Dort bist du gefangen mit all deinen kleinlichen und zermürbenden Gefühlen, Problemen, Konflikten und Neurosen. Wie Parasiten hängen sie an dir, klammern sich an dir fest, erdrücken dich.

(VORLESENDE/R: Warten Sie auf eine Gefühlsreaktion. Es ist wichtig, daß die Person, die Sie führen, die Depression und Hoffnungslosigkeit ihrer Lebenslage tief empfindet.) Wie fühlt es sich an, gefangen zu sein, eingesperrt zu sein in diesem schwarzen Loch mit all deiner Negativität? (VORLESENDE/R: Geben Sie Ihrem Freund/Ihrer Freundin Zeit für eine Antwort, dann fahren Sie fort.) Es ist denkbar, daß du in diesem schwarzen Loch mit all seinen Schrecken den Rest deines Lebens verbringen wirst. *Wenn dem so wäre*, wie würdest du dich fühlen? (VORLESENDE/R: Wenn Ihr Freund/ Ihre Freundin offensichtlich berührt ist und sich schlecht fühlt, fahren Sie fort.)

Nur Mut, es gibt einen Ausweg.

Gut, jetzt siehst du dich auf Händen und Knien in diesem schwarzen Kerker der Negativität. Du tastest mit deinen Händen über den Boden. Deine Hände finden wie von selbst den Griff einer unsichtbaren Falltür, von der du nicht wußtest, daß sie da war. Ergreife ihn mit beiden Händen. Hast du ihn? (VORLESENDE/R: Warten Sie auf Antwort, dann weiter.)

Gut! Mit einem Ruck öffnest du die Tür, steh auf, nimm einen tiefen Atemzug und laß dich in den Schacht der offenen Falltür hinabgleiten. Du läßt deine ganze Negativität hinter dir und landest bequem in einer schönen, sonnigen Landschaft in freier Natur. Beobachte und beschreibe die Schönheit deiner Landschaft in der Natur. Wie fühlt sich die Sonne auf deinem Gesicht an? (VORLESENDE/R: Hier machen Sie eine Pause und lassen Ihren Freund/ Ihre Freundin die neue, sonnige Umgebung und die Erleichterung beschreiben, die sie oder er verspürt, dem dunklen Verlies entkommen zu sein. Dann fahren Sie fort.)

Schau dich um. Dort steht eine Gruppe großer Gänseblümchen. Siehst du sie? (VORLESENDE/R: Warten Sie auf ein Nicken.) Pflücke eins mit einem langen Stengel. Nimm den Stengel zwischen deine Handflächen. Fühle die warme Sonne auf deiner Stirn. Wie fühlt sich das an? (VORLESENDE/R: Machen Sie eine Pause, dann fahren Sie fort.) Der Sonnenstrahl auf deiner Stirn dehnt sich nun aus und umfängt dich ganz. Du bist *jetzt* mitten in diesem Sonnenstrahl!

Ist das nicht schön! (VORLESENDE/R: Warten Sie auf eine Antwort.) Fang an, den Stengel des Gänseblümchens schneller und schneller zwischen deinen Handflächen kreisen zu lassen, schneller und schneller und schneller und schneller. Und schau (Pause), es hebt dich sanft vom Boden und den Sonnenstrahl *hinauf*. Das schnelldrehende Gänseblümchen hat eine magische Wirkung. Du schwebst nach oben, höher und höher und höher und noch höher. Du näherst dich der Sonne. Und jetzt stehst du auf *festem Boden genau vor der Sonne*. Wie fühlt es sich an, dort zu sein? (VORLESENDE/R: Hier sind verschiedene Antworten möglich. Ihr Freund/Ihre Freundin könnte zum Beispiel sagen: »Es ist schön.« »Es ist hell.« Usw. Fahren Sie *schnell* fort.)

Jetzt schwebst du in die Sonne hinein und *gehst* in ihr umher. Atme die Energie der Sonne tief ein. Wie gefällt es dir in der Sonne, und wie sieht es dort aus? Wie fühlt es sich an, dort zu sein? (VORLESENDE/R: Vor wenigen Minuten fühlte sich Ihr Freund/ Ihre Freundin sehr schlecht, und plötzlich, *wenn* er/sie sich von der Visualisierung anleiten läßt, fühlt er/sie eindeutig Frieden. Bitten Sie Ihren Freund/Ihre Freundin, die positiven Gefühle zu nennen, die er/sie jetzt spürt. Lassen Sie dafür etwas Zeit. Die beschriebenen Gefühle sind im allgemeinen Frieden, ein Gefühl der Ganzheit, angekommen sein, Freude, sich sicher und beschützt fühlen, sich liebevoll oder geliebt fühlen und so weiter. Fahren Sie dann fort.)

Stell dir vor! Du fühlst dich so, weil dein Geist dich nicht wirklich hat in die Sonne gehen lassen, denn du weißt intellektuell, daß die Sonne dich verbrannt hätte. Ist es nicht erstaunlich, daß du statt dessen all diese wunderbaren Gefühle erlebst? Das rührt daher, daß dein Spirituelles Selbst sich von dem Emotionalen Kind und dem Erwachsenen Intellekt getrennt und sie im dunklen Kerker zurückgelassen hat. Und dein Spirituelles Selbst ist heimgekehrt, ins Licht, ins Licht der universellen Intelligenz, der schöpferischen Quelle von Frieden, Freude und Liebe.

Im Licht kann dein Geist jetzt Verwunderung und Schönheit erfahren, Harmonie, Frieden und Liebe. Du, der beobachtende Körper, nimmst jetzt vielleicht zum ersten Mal Verbindung mit deinem Spirituellen Selbst, deinem wirklichen Selbst auf. Schau dein Spirituelles Selbst an, es ist zu Hause an dem Ort, von dem es stammt: im Licht, der positiven Quelle aller Quellen. Ja, das ist wirklich dein Spirituelles Selbst. Spirituelles Selbst, lege dich ins Licht und lasse dich von ihm umfluten und wiegen. Nimm seine Energie auf und verinnerliche sie. (Pause.)

Jetzt richtest du dich im Geiste auf, streckst dich und drückst durch deinen Körper aus, was du empfindest.

(VORLESENDE/R: Erlauben Sie Ihrem Freund/Ihrer Freundin, sich wirklich auszudrücken. Dann fahren Sie fort, indem Sie sich an den Körper wenden.)

Körper, bitte beschreibe, wie dein Spirituelles Selbst aussieht. (Pause.) Wie ist es gekleidet? (VORLESENDE/R: Lassen Sie Ihren Freund/Ihre Freundin die ruhige Schönheit und Kraft des Spirituellen Selbst beschreiben, und lesen Sie im folgenden Text nur das, was auf Ihren Freund/Ihre Freundin zutrifft.)

Ja, dieses wunderbare Wesen ist dein ewiges, inneres Spirituelles Selbst. Es ist dein diamantenes, leuchtendes, unzerstörbares Wesen, das wirkliche Du, und du bist *schön.* Du, Körper, könntest diese wunderbaren Gefühle nicht spüren, wenn sie nicht unabdingbar zu dir gehören würden. Es ist richtig, daß du die beiden anderen Aspekte deines Selbst im Kerker zurückgelassen hast, das arme, programmierte Emotionale Kind und den Erwachsenen Intellekt, die den diamantenen Wesenskern deines Spirituellen Selbst mit Schichten der Negativität wie mit einem schwarzen Tuch bedeckt haben. In diesem Augenblick jedoch hast du, Körper, den positiven Teil deines Geistes, dein Spirituelles Selbst, von den negativ programmierten Anteilen getrennt.

Körper, wer ist dieses schöne Spirituelle Selbst? (VORLESENDE/R: Warten Sie auf eine Antwort, wie »Ich bin es!«.

Es ist wichtig, daß der Körper sein eigenes Spirituelles Selbst annimmt. Dann weiter.)

Aber natürlich bist du es! Es ist wahr. Du bist es, und du bist wunderbar vollkommen. Endlich kannst du zu dieser Wahrheit stehen. Du, Körper, verdienst es, daß dieser Teil deines Wesens die Kontrolle über den Verlauf deines Lebens übernimmt. Wie fühlt sich das an, Körper? (VORLESENDE/R: Warten Sie auf eine Antwort; dann weiter.)

Gut. Nun, Körper, mache einen tiefen Atemzug und atme langsam wieder aus. Entspanne dich und beobachte, wie dein Spirituelles Selbst sich tiefer in den Kern des Lichts hineinbewegt. Schau, ein schöner Fremder oder eine schöne Fremde – jemand, den oder die du noch nie gesehen und von der oder dem du noch nie gehört hast, jemand, den du nicht kennst, ein neutraler Freund kommt auf dich zu. Ist es ein Mann oder eine Frau? (VORLESENDE/R: Warten Sie auf eine Antwort; dann weiter.)

Beschreibe dieses Wesen. (VORLESENDE/R: Warten Sie auf eine Beschreibung. Wenn die Antwort lautet: »Ich sehe nichts,« erwidern Sie: »Wenn du nun aber jemanden sehen *könntest,* beschreibe mir diese Person.« Meiner Erfahrung nach kann so jeder Widerstand umgangen werden. Wenn Ihr Freund/Ihre Freundin seinen neuen liebevollen Freund [seine neue liebevolle Freundin] beschrieben hat und Ihnen gesagt hat, wie sie (er) aussieht und gekleidet ist, fahren Sie fort.)

Spirituelles Selbst, laß dich jetzt in die Arme deines neuen Freundes (deiner neuen Freundin) gleiten, denn du bist soeben deinem Spirituellen Führer (deiner Spirituellen Führerin) begegnet, deinem Mentor (deiner Mentorin). Manche nennen ihn oder sie den Schutzengel. Dein Spiritueller Führer oder deine Spirituelle Führerin und Freund/in breitet jetzt die Arme aus. Spirituelles Selbst von (nenne deine/n Freund/in beim Namen), laß dich gehen in den Armen und an der Brust deines neuen Freundes. Erfahre den Schutz, die Nahrung, Sicherheit, Annahme und Liebe von deinem Spirituellen Führer/ deiner Spirituellen Führerin. (Pause.)

Bitte deinen Spirituellen Führer oder deine Spirituelle Führerin, dir telepathisch seinen oder ihren Namen zu sagen. Der Name dient nur zur Identifizierung, und der erste Name, der dir einfällt, ist der richtige Name. Dein Spiritueller Führer oder deine Spirituelle Führerin legt jetzt die Hände über den Kopf deines Spirituellen Selbst und wirkt in einer liebevollen Segnung als Sender, Wandler und Spender von Energie, die vom Licht durch ihn oder sie auf dein Spirituelles Selbst übertragen wird.

Körper, spüre die Energie, die das Rückgrat deines Spirituellen Selbst hinunterfließt, um es zu beleben und es mit Kraft und Stärke, Frieden und Ruhe und mit viel Liebe zu durchfluten. Diese Erfahrung steht dir immer zu, wenn du zu Hause bist in der kreativen Quelle, im Licht. Körper, sei dir auf immer gewahr und wisse für alle Zeit, daß dieser Teil von dir, dein Spirituelles Selbst, vom Licht und im Licht ist. (VORLESENDE/R: Ihr Freund/Ihre Freundin weint jetzt vielleicht Freudentränen! Wenden Sie sich nun an den Spirituellen Führer oder Mentor.)

Bitte (Name des Spirituellen Führers/der Spirituellen Führerin), begleite (Name des Freundes/der Freundin) zurück in den dunklen Kerker seiner/ihrer Negativität. (VORLESENDE/R: Machen Sie eine kleine Pause.) Sehe und staune! Licht durchbricht die Finsternis! Körper, schau, dein strahlendes Spirituelles Selbst hat den schwarzen Kerker erhellt! Und Körper, vor deinem Spirituellen Selbst stehen die zwei Anteile deines Geistes, die du zurückgelassen hast, als dein Spirituelles Selbst in das Licht gegangen ist.

Dort steht dein armes, unglückliches, negativ programmiertes, Emotionales Kind von vielleicht sieben, acht oder neun Jahren. Körper, beobachte, was geschieht, wenn dein Kind sich dem Spirituellen Selbst nähert. Dein Kind besteht aus neunzig Prozent Gefühl und zehn Prozent Verstand. Beobachte das Verhalten deines Kindes. Wir verhält es sich? Ist es voller Ehrfurcht? Oder schmollt es und ist ängstlich oder wütend? Wie reagiert es auf dein Spirituelles Selbst? (VOR-

LESENDE/R: Lassen Sie Ihren Freund die Erfahrung des Kindes beschreiben. Vielleicht versucht das Kind, Aufmerksamkeit und Liebe vom Spirituellen Selbst zu kaufen, und tut so, als ob es brav sei, um Gefühle von Unsicherheit und Rebellion zu verdecken. Das Kind macht dem Spirituellen Selbst vielleicht eine lange Nase oder tritt es sogar gegen das Schienbein. Was immer geschieht, lassen Sie es sich von Ihrem Freund/Ihrer Freundin beschreiben. Dann fahren Sie fort.)

Beobachte jetzt, wie dein Kind sich auf seine Art deinem Spirituellen Selbst widersetzt und seine üblichen Spielchen spielt. Stell dir nur vor! Der emotionale Teil von dir kann nicht ehrlich und/ oder positiv mit deinem Spirituellen Selbst umgehen und es als den schönen Teil deiner selbst akzeptieren! Ist das nicht verrückt? (Pause.)

Rechts von deinem Kind befindet sich dein Erwachsener Intellekt. Dein Intellekt sieht genauso aus wie du heute. Er, und wenn du eine Frau bist, sie, trägt dieselben Kleider wie du heute. Er/Sie besteht aus neunzig Prozent Verstand und zehn Prozent Gefühl. Beobachte die Allüren und das Aussehen deines Intellekts, während er oder sie auf dein Spirituelles Selbst zugeht. Wie ist ihr/sein Verhalten? Ist sie/er zynisch, entwertend, voller Widerstände und benimmt sich wie ein Besserwisser/eine Besserwisserin? Denkt sie/er: »Das hier ist Quatsch, alles Täuschung und Spielerei, es ist dumm und unrealistisch.« Leugnet dein Intellekt die Wirklichkeit deines Spirituellen Selbst? Vielleicht steht dein Intellekt kämpferisch da mit verschränkten Armen und denkt, die ganze Sache sei ein lächerlicher Betrug.

Hmmm. Ist es nicht erstaunlich, daß du, als du, Körper, mit deinem Spirituellen Selbst im Kontakt warst, Frieden, Gnade, Liebe und Stärke erfuhrst? Jetzt will ein anderer Teil deines Geistes, dein sogenannter Intellekt, deine Erfahrung entwerten, dein Spirituelles Selbst erniedrigen und behaupten, daß es dieses nicht gibt. Ich frage mich, wie intellektuell das wirklich ist? Wie gescheit ist es, einen Intellekt zu haben, der deine eigene Wahrheit entwertet? Noch vor wenigen Augenblicken hast du momentanen Frieden gefunden, und jetzt will dein Intellekt dich wie immer deiner schönen Erfahrung berauben.

Körper, wie fühlt es sich an, wenn dein Kind und dein Intellekt sich deinem Spirituellen Selbst widersetzen? Dieser Widerstand ist reine Negative Liebe. Lautlos rufen dein Kind und Intellekt Mami und Papi zu: »Du hast mich gelehrt, mich nicht liebenswert zu fühlen. Wenn ich mein Spirituelles Selbst akzeptiere, folge ich euren Ermahnungen nicht und überwinde somit eure negativen Muster. Wenn ich das tue, muß ich mich über eure Moral hinwegsetzen, und ihr werdet mich nie lieben. Doch wenn ich mein Spirituelles Selbst zurückweise, wie ihr mich zurückgewiesen habt, habe ich euch nicht übertroffen. Werdet ihr mich jetzt lieben? Andererseits fällt die Fortführung meines negativen Verhaltens auf euch zurück und verursacht euch Schuldgefühle. *Gut,* das ist eine Art, mich an euch zu rächen. Mir ist egal, was aus mir wird, wenn ich euch nur treffen kann. Mir ist es gleich, wie sehr ich mich selbst bestrafe. Pah!«

Der Schrecken dieser bewußten Motive besteht darin, daß diese Art Rachsucht auf einen weiteren Teufelskreis hinausläuft. Wenn du gewinnst, verlierst du. Körper, *hast du nicht genug davon,* dich von Aspekten deines Geistes kontrollieren zu lassen, die auf Teufel komm raus auf Selbstentwertung, Zerstörung und Unglück setzen?

(Jetzt, VORLESENDE/R: Sprechen Sie den Spirituellen Führer/die Spirituelle Führerin Ihres Freundes/Ihrer Freundin mit Namen an.) (Name des/der Spirituellen Führers/Führerin), bitte begleite das Spirituelle Selbst von (Name) zurück in diesen Raum, damit er/sie in seinen/ihren Körper eingehen und ihn mit Licht, Selbstbestätigung, Frieden, Ruhe und Liebe durchfluten kann. Jetzt begleite bitte das Kind und den Intellekt in diesen Raum zurück.

(VORLESENDE/R: Wenden Sie sich jetzt an die Dualität von Körper und Spirituellem Selbst.) Körper, vor dir stehen jetzt dein aufsässiges, armes, programmiertes inneres Kind und dein Erwachsener Intellekt. Die Wahrheit ist, daß sie von Mami und Papi darauf programmiert wurden, negativ zu sein. Es ist jedoch auch wahr, daß sie die Ursache für deinen inneren Konflikt und Aufruhr sind. Körper und Spirituelles Selbst, sprecht jetzt mit lauter Stimme und gerechter Empörung erst zu eurem Emotionalen Kind. Sagt ihm, daß ihr genug habt von seinen selbstzerstörerischen Spielchen und Verhaltensweisen. Sagt ihm, daß es jetzt Zeit ist zu lernen, mit den kindischen Spielchen aufzuhören. Sage, was du sagen mußt, um es zu überzeugen und es dazu zu bewegen, sich deinem Spirituellen Selbst hinzugeben. Erinnere dein Kind daran, daß seine kindische negative Kontrolle ihm nur Enttäuschung und Unglück gebracht haben. (Pause. Warten Sie auf den Entschluß und die Bereitschaft zur Hingabe.)

Spirituelles Selbst und Körper, jetzt, wo euer armes Kind einsieht, wie töricht es ist, den lichten Teil des Geistes zurückzuweisen, breitet eure Arme aus. Streckt sie aus nach eurem Kind. (VORLESENDE/R: Geben Sie Ihrem Freund/Ihrer Freundin ein kleines Kissen.) Drück dein Kind liebevoll an dich und halte es fest. Streichle dein kleines Mädchen/deinen kleinen Jungen und gib ihm/ihr, was er/sie ihr/sein Leben lang so verzweifelt vermißt hat und gebraucht hätte: bedingungslose Liebe und Verständnis von der wichtigsten Person in seinem/ihrem Leben – dir. Denn ihr, allwissendes, barmherziges Spirituelles Selbst und Körper, wißt, was im Leben eures Kindes gefehlt hat, bedingungslose Mutter- und Vaterliebe. Und endlich kannst du deinem bedürftigen, liebeshungrigen Kind frei Liebe geben. Ja, du kannst dich selbst lieben, denn Liebe kommt von innen, nicht von außen.

(VORLESENDE/R: Sprechen Sie leise.) Ja, gib deinem Kind Liebe und küsse es. Streichle es und reibe ihm den Rükken. Ja, es weint. Tröste dein Kind. Küsse seine Tränen weg. Sei ganz in deinem Gefühl. Es ist wahrscheinlich das erste Mal, daß du dir selbst je Liebe gegeben hast. Halte deinen kleinen Jungen/dein kleines Mädchen. Spirituelles Selbst, laß deine Liebe und dein Mitgefühl fließen. Wie fühlt es sich an, wenn du dich liebst? Wenn dein Kind dein Spirituelles Selbst ganz angenommen hat, ihm vertraut und sich ihm hingibt, bitte dein Kind, sich neben dich zu stellen. (VORLESENDE/R: Entfernen Sie das Kissen.)

Körper und Spirituelles Selbst, wendet euch jetzt dem Erwachsenen Intellekt zu. Beobachtet seine Reaktion auf diese Szene. Schaut, ob sein oder ihr Verhalten sich verändert hat. Ist er oder sie verlegen, fühlt er/sie sich bockig oder unwohl? Vielleicht läßt euer Intellekt seinen/ihren Kopf beschämt hängen? Oder ist er oder sie immer noch kritisch und aufsässig? Wie dem auch sei, Körper, du kannst dich wie folgt an deinen Intellekt wenden:

»In Wirklichkeit ist es so, Intellekt: Wenn du so gescheit bist, warum bist du dann nicht klar? Ich habe dir zugehört und dich mein ganzes Leben lang über mich herrschen lassen. Wieviel Erfüllung hast du mir wirklich gebracht? Intellektuelle Interessen, Geschäfte und Karriere haben manchmal zu Erfolg geführt (manchmal auch nicht). Doch wo ist der Friede, die innere Harmonie und die Liebe? Der Grund, weshalb du nicht erlöst worden bist, Intellekt, ist der, daß du, Intellekt, über alle unsere Aspekte herrschen willst, wenn *du* denkst, *du* weißt es besser. Wenn du es aber besser weißt, warum hast du es nie geschafft, uns Frieden und Liebe zu bringen?

Du meinst, du hättest Macht, doch bist du lediglich ein Stäubchen auf dem Ozean der Gefühle unseres inneren Kindes. Unser Kind ist es, das wirklich am Ruder war und dich dein ganzes Leben beherrscht hat. Als Handlanger unseres Kindes hast du mit deinem Widerstand und deinem Widerwillen, unser Spirituelles Selbst anzuerkennen und dich ihm zu beugen, alle unsere Aspekte ruiniert. Der ewige Konflikt zwischen dir und unserem Emotionalen Kind hat uns nur Neurose und Unglück, ja Depression gebracht.

Intellektuell ist es eine Tatsache, daß es dir *nicht* gelungen ist, unserer gesamten Quadrinität Frieden zu bringen. Als ein Teil unseres Geistes, unser Spirituelles Selbst, Frieden fand im

Licht, war es in der Lage, diesen Frieden auf mich, den Körper, zu übertragen. Kannst du diese Wahrheit akzeptieren und dich ihr hingeben? Wenn ja, wirst du mit der Zeit den gleichen Frieden finden. Du brauchst nur deine programmierte Negativität aufgeben. Willst du dich deinem Spirituellen Selbst hingeben?« (VORLESENDE/R: Lassen Sie Ihrem Freund/Ihrer Freundin Zeit für die Auseinandersetzung mit seinem/ihrem Intellekt und überzeugen Sie sie/ihn, sich dem Spirituellen Selbst hinzugeben. Jetzt geben Sie Ihrem Freund/Ihrer Freundin das kleine Kissen, das den Intellekt darstellt.)

Körper und Spirituelles Selbst, nehmt euren Erwachsenen Intellekt in die Arme. Entwaffnet ihn oder sie mit eurer Wärme, eurem Mitgefühl, eurem Verständnis und eurer Liebe. Haltet euren *einsamen,* unglücklichen Erwachsenen Intellekt liebevoll. Es wird eine neue Erfahrung sein. Gebt diesem eurem erwachsenen Selbst Liebe. Sie oder er ist nie zuvor von jemandem bedingungslos geliebt worden. Laßt jetzt euren Intellekt diese Wahrheit verstandesmäßig wissen.

(VORLESENDE/R: Sprechen Sie für die Dualität Ihres Freundes aus Körper und Spirituellem Selbst, und sagen Sie folgendes:) Wenn ich jetzt für dich spreche, Intellekt, so sind du und dein Emotionales Kind ich, und ich bin ihr. Ihr seid Teil voneinander. Wenn ihr nicht in Frieden miteinander lebt, sind wir verloren. Intellekt, unser ganzes Leben lang haben wir nur scheinbar gewonnen. Wir haben erfolglos versucht, das Schicksal unserer Quadrinität zu beherrschen. Indem wir dies taten, haben wir alle verloren. So ist es gewesen. Ich bitte dich jetzt, mich anzuerkennen, dein Höheres Selbst, und dich mir hinzugeben. In dieser Hingabe wirst du die negative Kontrolle verlieren, was letztlich heißt, daß du positive Kontrolle erlangen wirst. (Pause.)

Körper und Spirituelles Selbst, drückt euren Intellekt liebevoll an euch. Das ist es, was euer erwachsenes Selbst immer gebraucht hat, bedingungslose Liebe. Gebt eurem Erwachsenen Intellekt die Liebe und die Zuwendung, die er oder sie nie in seinem oder ihrem ganzen Leben gehabt hat. (Pause.)

Wie fühlst du dich, von dir geliebt zu werden? Liebe überwindet alle Hindernisse, und dein Intellekt kann seine/ihre Vollkommenheit jetzt ruhig dir, dem Spirituellen Selbst und dem Körper überlassen. (VORLESENDE/R: Warten Sie auf Antwort, dann fahren Sie fort.)

Spirituelles Selbst, frage deinen Erwachsenen Intellekt, ob er/sie alles Nötige unternehmen wird, um bleibenden inneren Frieden zu finden? (VORLESENDE/R: Warten Sie auf Antwort. Dann fahren Sie fort, indem Sie für das Spirituelle Selbst sprechen.)

Im Namen des Spirituellen Selbst sage ich dir jetzt, Intellekt, wenn du dich umerziehst und den Programmen Negativer Liebe sowie den kindischen Spielchen ein Ende setzt, kannst du lernen, in Harmonie mit deinem Kind, mit mir und mit deinem Körper zu leben. Dann wird eine einzige Stimme dein Gehirn so programmieren, daß alte negative Programme verschwinden und eine neue, positive, erfüllende, friedliche Art zu leben und zu lieben dein sein wird.

(VORLESENDE/R: Wenden Sie sich jetzt an das Spirituelle Selbst Ihres Freundes/Ihrer Freundin.) Spirituelles Selbst, tritt aus deinem Körper heraus. (VORLESENDE/R: Der Körper ist nun wieder der Beobachter.) Geh zu ihm hin und umarme und küsse deinen Erwachsenen Intellekt liebevoll. Fülle dein Erwachsenes Selbst mit deinem Licht und deiner Liebe. *Nimm es in dich auf.* Und ja, schau nur, dein Kind kommt auf euch zugerannt. Es will auch dazugehören. Nimm dein Kind liebevoll in deine Arme. Küsse und liebe dein Kind. Gib ihm deine Wärme und nimm es in dich auf. (Pause.)

Körper, vor dir steht nun deine Trinität, die vereinigten emotionalen, intellektuellen und spirituellen Aspekte der Trinität deines Geistes, die in diesem Augenblick in Frieden miteinander sind. Spiritueller Führer/Spirituelle Führerin, erzeuge einen Energiestrahl aus Licht, der dich und die Trinität von (Name) umfängt. Ihr beiden fühlt jetzt, wie ihr langsam emporschwebt, höher und höher und höher *hinauf* in das *Licht.* (Pause.)

Sieh, wie deine Trinität sich in der Pracht des Lichtes umschaut. (Langsam.) Erfahre noch einmal die Vollkommenheit, den Frieden, die Ruhe und Liebe, im Licht zu sein. Atme die Energie des Lichtes ein und fülle dich damit. Kind und Intellekt, bitte trennt euch vom Spirituellen Selbst. Körper, schau, wie die beiden das Licht um Vergebung bitten, weil sie es als Teil der Trinität zurückgewiesen haben und demnach das Licht selbst verleugnet haben. Sieh und erfahre, was geschieht, wo Vergebung gegeben und empfangen wird. Jetzt, Dualität aus Kind und Intellekt, sei einmal mehr umfangen und aufgenommen von deinem Spirituellen Selbst. Beobachte und berichte, was stattfindet. (Warten Sie auf eine Antwort.)

Dein Spiritueller Führer/deine Spirituelle Führerin begleitet deine strahlende Trinität jetzt zurück in diesen Raum. Wie ein Lichtkegel aus Energie geht deine Trinität am Scheitel deines Kopfs in deinen Körper ein und *durchflutet* dein Gehirn mit Frieden, Ruhe, Kraft, Macht, Mitgefühl und Liebe. Schau, wie das Licht wie eine Kaskade durch dein Gesicht hinunterfließt und durch deinen Hals und dort alle Ängste und Spannungen auflöst und Heilung bringt. Erlebe, wie das Licht, *das du bist,* deine Schultern hinabfließt, an deinen Armen hinunter und zu deinen Fingerspitzen hinaus. Schau, wie es nun dein Rückgrat hinabfließt, in dein Becken, und deinen Rükken mit Licht und heilender Energie füllt. Erlebe und beobachte, wie dein Licht in deine Brust fließt und dort alle Ängste und Spannungen auflöst, und (wenn es eine Frau ist) sieh, wie es in deine Brüste fließt und sie mit Frieden füllt.

Schau, wie dein Licht den Panzer um dein eigenes Herz freilegt, ihn schmilzt und dein Herz mit Wärme, Liebe und Licht durchflutet. Ja, dein Herz fließt über vor Selbstvergebung, Selbstannahme und Selbstliebe. Diese Energie von Frieden, Liebe und Licht fließt jetzt auch in deine Genitalien, um sie neu zu beleben. Schau, wie sie deine Schenkel, deine Knie, deine Waden hinabfließt und aus deinen Füßen und Zehenspitzen hinaus.

Sieh nur, wie sie einen Lichtkreis um dich bildet. Das ist deine dich schützende Aura. Welche Farbe hat sie, hat dein Licht? (Warten Sie auf Antwort.) Jetzt erlebst du, wie dein inneres Licht jede Zelle, jede Faser deines Wesens durchflutet und durch deine Poren abfließt, um sich mit dem Licht deiner Aura zu vereinen.

Wisse und akzeptiere diese Wahrheit, denn du hast sie soeben erfahren, Körper von (Name), ein Teil von dir ist vom Licht, der kreativen Energiequelle, deshalb bist du im Licht. Dieser Teil von dir ist positive Liebe, und du bist liebenswert. Es ist dein diamantener Wesenskern. Du brauchst ihn nur zu reinigen von übernommenen Programmen, um in Selbstliebe und innerem Frieden zu leben. Jetzt öffne langsam deine Augen. Bleib bei dir. Entspann dich. Gib dir Zeit, dich neu zu orientieren. (VORLESENDE/R: Lassen Sie Ihrem Freund/Ihrer Freundin Zeit, diese Erfahrung zu verarbeiten.)

Wenn Sie die Erfahrung der Lichtreise gemacht haben – hoffentlich als starke und positive Erfahrung – und hier die Lektüre dieses Kapitels fortsetzen, hat Ihr Körper über Ihr Gehirn mit Ihrem Spirituellen Selbst Kontakt aufgenommen, mit Ihrem Spirituellen Führer, Ihrem armen, programmierten Emotionalen Kind und Ihrem Erwachsenen Intellekt. Ihr Körper, Spirituelles Selbst und Ihr Spiritueller Führer sind mächtige Verbündete gegen Kindheitsprogrammierungen. Die Kraft und Macht dieser Verbindung kann jeden starrköpfigen Widerstand seitens des programmierten Emotionalen Kindes und Erwachsenen Intellekts überwinden.

Ist es möglich, daß Ihr Intellekt sogar in diesem Moment noch voller Zweifel steckt, voller Fragen und Entwertungen, die alle wiederum Teil von Programmen Negativer Liebe sind? Fragen Sie sich, wessen Muster es war, alles immer anzuzweifeln, es zu entwerten, kritisch und verurteilend zu sein? Mutter oder Vater? Verständlich, daß Ihr Kind und Intellekt ängstlich sind. Um Schmerz zu vermeiden, werden sie

Barrieren errichten. Doch Ihr Körper und Ihr Spirituelles Selbst sehnen sich nach Freiheit und können frei sein.

Der erste, wichtigste Schritt besteht darin, mit dem Licht des Spirituellen Selbst und der Lichtquelle, von der Sie kamen, Kontakt aufzunehmen. Ihr Kind und Intellekt können Energie von Ihrem Körper, Ihrem Spirituellen Selbst und Ihrem Spirituellen Führer beziehen, um Kraft zu haben, sich zu nähren und die Macht zu entfalten, das zu mögen, was getan werden muß, um dauerhaften Frieden zu finden.

Ich hoffe, daß Sie eine lohnende Erfahrung mit Ihrem Lichtkern machen konnten. Was Sie gespürt haben, wird Ihnen helfen, die anderen Kapitel dieses Buches zu verstehen. Und es wird Ihr Erleben bereichern. Denn jetzt können Sie zum Licht zurückkehren, wann immer Sie wollen. Wie Schwester Marie, eine Absolventin des Quadrinity-Prozesses, erklärt:

> *Als ich aus der Erfahrung herauskam, war ich voller Ehrfurcht, Liebe und Frieden. Ich erfuhr eine große Ruhe. Ich wußte, daß ich ins Licht zurückkehren konnte, wann immer ich wollte. Das Licht ließ mich das verstehen. Das Licht ist mit mir, und ich bin mit ihm. Jetzt lebe ich mit einem sehr tiefen Gefühl der Erdung, des Friedens und der Hoffnung.*

Die Lichtreise ist genauso grundlegend für jene, die keinen religiösen Hintergrund haben. Jeder Mensch erlebt das universelle Licht auf seine Weise, welcher religiöser Überzeugung er auch sein mag. Nicht sektiererisch in der Ausrichtung, führt der Quadrinity-Prozeß keine religiösen Rituale oder Bekehrungen durch. Er nimmt sich jedoch auf pragmatische und grundsätzliche Weise unserer spirituellen Wirklichkeit an. Indem er dies tut, bezieht er die mächtige spirituelle Komponente unserer Quadrinität mit ein, um uns zu helfen, das Syndrom Negativer Liebe im Leben zu beseitigen.

Bruder Killian Millane, ein Mitglied der Christian Brothers, beschreibt seine Lichtreise:

Die Reise in das Licht war eine Positive Erfahrung des Loslassens. Ich hatte mich ständig unter Kontrolle und war nie in der Lage, mich fallenzulassen. Während meiner Lichtreise hingegen fühlte ich einen unkomplizierten Frieden. Es war, als wäre ich von einer spirituellen Präsenz berührt. Oberflächlichkeit schien an diesem Ort des Lichts etwas völlig Fremdes zu sein. Während meiner Reise in das Licht konnte ich von allen Mächten ablassen, die mich zuvor erstickt hatten und von denen ich besessen war.

Als mich mein Lehrer auf den emotionalen und intellektuellen Aspekt meiner Person und auf meine Selbstbeherrschung und Selbstaufgabe aufmerksam machte, fühlte ich mich wie in einem Freiraum, in dem ich herumwandern und einen Eindruck bekam von dem, was sein könnte. Ich hatte das Gefühl, endlich einmal meine besseren Seiten zu erforschen, insbesondere meine spirituelle Seite. Es war mir überhaupt nicht bewußt gewesen, wie sehr ich mein Spirituelles Selbst durch meine ständige Kontrolle unterdrückt habe. Während meiner Lichtreise hatte ich das aufschlußreiche Erlebnis, mit meinem tieferen Ich in Kontakt gekommen zu sein. Durch den Kontakt mit meinem spirituellen Selbst wurde mir bewußt, was Gott eigentlich für mich bedeutet. Bis zu diesem Erlebnis war mir gar nicht klar, wie weit ich eigentlich von Gott entfernt war. Jetzt habe ich das Gefühl, als sei diese neue Energie in jede einzelne Pore eingedrungen und würde meinen ganzen Körper umgeben und aus meiner tiefsten Seele entströmen.

Als ich in das Licht geführt wurde, war es wie ein stilles Eintreten in einen geweihten Ort, der mit einer bis dahin unbekannten Energie angefüllt war. Ich fühlte mich hier sehr gut aufgehoben und hatte ein gesteigertes Selbstwertgefühl.

Einen Augenblick dachte ich darüber nach, wie überrascht ich von dieser unerwarteten Erfahrung war. Ich hatte immer angenommen, ich hätte ein inniges Verhältnis zu Gott (als religiöser, gläubiger Mensch, der ich bin), doch diese Erfahrung gab den Ausschlag zu einer noch tieferen, au-

thentischeren Nähe zu Gott. Mein neues Wohlgefühl manifestierte sich in einer Art Sanftheit, und ich wollte, daß es Teil meines Lebens wird. Es war Balsam für meine Seele; die zarten Schattierungen waren feierlich und sanft.

In der Bibel verspricht Jesus »einen Frieden, den es auf Erden nicht gibt, und meine Erfahrung hat genau das bestätigt. Durch diese spirituelle Erfahrung konnte ich mit einem dynamischen, offenen Teil meiner Persönlichkeit Kontakt aufnehmen. Diese beseelte Verbindung berührte mich an meinen tiefsten Wurzeln und vereinte mich mit dem beschützenden Licht, das, sofern ich es zulasse, immer für mich da ist.

Die Lichtreise hat meine Vorstellung, wie ich Gott sehen will, sehr verändert. Während der Lichtreise erfuhr ich eine offenherzige Geruhsamkeit. Ich hatte das Gefühl, in den Mutterleib zurückgekehrt zu sein. Ich fühlte mich sicher und konnte mich fallenlassen. Ich befand mich im Einklang mit meinem Schöpfer. Das Glücksgefühl während dieser Reise war durch die Erkenntnis bestimmt, daß ich nie zuvor in einen derart engen Kontakt mit diesem Teil meines Selbst getreten war und daß ich endlich zulassen kann, daß dieser Teil in meinem Leben fortan eine größere Rolle spielen wird. Dadurch konnte ich den Gott des Lichtes als Teil meines Daseins anerkennen und fand so schließlich zu mir selbst.

Dieses ist die wunderschöne Interpretation der Lichtreise eines Christen. Ein Agnostiker, Atheist, Jude, Muslim oder Buddhist hätte es sicherlich etwas anders interpretiert. Diese grundlegende Erfahrung wird unabhängig von der jeweiligen Religionszugehörigkeit gemacht. Dadurch, daß es sich um eine grundlegende spirituelle Erfahrung handelt, ist es allen Religionen übergeordnet.

Wenn Sie jetzt weiterlesen, möchte ich Sie bitten, die Gelegenheit wahrzunehmen, um der Arbeit des Quadrinity-Prozesses zu folgen. Sie werden sich mit Ihrer Vergangenheit konfrontieren, sie als *vergangen* akzeptieren und Verantwortung für Ihre Gegenwart und Zukunft übernehmen. So wird Ihr Leben nicht länger von Begebenheiten aus der Vergangenheit diktiert. Sie können Ihr Höheres Licht in Besitz nehmen und mit einem Gefühl der Integration und des inneren Friedens leben. Wenn dies unrealistisch oder zu schön für Sie klingt, um wahr zu sein, denken Sie bitte daran, daß im evolutionären Fortschritt der Menschheit das, was gestern unmöglich schien, heute Wirklichkeit wird.

6

Wie wir die negativen Verhaltensweisen unserer Eltern übernehmen

Kinder haben es schwer. Ob reich oder arm, aus großen Familien oder kleinen, alle Kinder leben in einer Welt, die sie nicht erschaffen haben, beherrscht von Regeln, die nicht die ihren sind. Von ihnen aus gesehen wird ihr Leben von großen, mächtigen Menschen kontrolliert, die oft widersprüchlich, unlogisch, heuchlerisch, kalt, lieblos und in manchen Fällen brutal und gewalttätig sind.

Die Unzuverlässigkeit von Mutters und Vaters bedingter Liebe gibt Kindern das Gefühl, immerfort geprüft zu werden und sich ständig beweisen zu müssen. Kinder sind sich des Unterschieds bewußt zwischen der wirklichen Liebe, die sie brauchen, und dem elterlichen Rollenverhalten, das das wirkliche Gefühl oft ersetzt. Kinder sind vielfach Opfer von gefühlsmäßiger und körperlicher Gewalt seitens der Eltern, die als Kinder ihrerseits emotional und körperlich mißhandelt wurden.

Ich bin mir dessen bewußt, daß diese Wahrheiten schwer zu akzeptieren sind. Wie klar Sie die Schwächen Ihrer Eltern auch sehen mögen, Sie wollen sie trotzdem verteidigen und glauben, daß sie Sie liebten. Ein Klient des Quadrinity-Prozesses, der sich im Widerstand der Verneinung befand, weigerte sich zu glauben, daß seine Mutter ihm lediglich Pseudoliebe gegeben hatte. Da seine Mutter eine erfolgreiche Absolventin des Prozesses war, riefen wir sie an, und sie gab am Telefon ihrem Sohn gegenüber zu, daß ihre erdrückende Liebe Pseudoliebe gewesen war und einen beachtlichen Beitrag zu seinen Süchten geleistet hatte. Der Klient fühlte sich vor den Kopf geschlagen, verraten und zornig und tauchte in die verwandelnden Erfahrungen des Prozesses ein, mit dem Resultat, daß er (wie seine Mutter vor ihm) wahre Selbstliebe entdeckte. Die Folge war eine äußerst liebevolle Versöhnung zwischen Mutter und Sohn und das Ende seines Suchtverhaltens.

Die meisten Eltern fügen ihren Kindern weder bewußt noch vorsätzlich Schaden zu. Angesichts ihrer menschlichen Möglichkeiten und des alltäglichen Stresses tun sie in der Welt der Erwachsenen, was sie können. Sie erleben gute Tage, schlechte Tage und ab und zu einen Tag, den man am besten vergißt. Sie kämpfen, um zu lernen, mit diesen Hochs und Tiefs in ihnen selbst und in anderen zu leben, doch haben viele Eltern und sogar solche, die es gut meinten, aus Unwissen ihr Kind unbewußt (und manchmal auch bewußt) emotional und körperlich mißhandelt.

Kinder leben mit einer begrenzten Perspektive. Sie glauben, daß ihre Eltern und andere Erwachsene immer wissen, was sie tun. Erwachsenen gehört die Welt, die nach ihrer Pfeife tanzt, oder etwa nicht? Also nehmen Kinder von der Behandlung durch ihre Eltern an, sie sei beabsichtigt und richtig, was sehr verwirrend sein kann. Denn wie ist es nur möglich, daß Menschen, die sagen, sie würden dich lieben, dich absichtlich so hart und lieblos behandeln? Haben Sie sich nicht auch manchmal gefragt: »Sie sagen, daß sie mich lieben, aber ...?« Es gibt viele Menschen, die körperlichen und seelischen Schmerz mit Liebe assoziieren. So negativ das auch sein mag, aber es wurde ihnen beigebracht, Schmerz als Teil der Liebe anzusehen. Dies ist der Grund für sadomasochistische Beziehungen.

Zweifelsohne können Sie sich an Gelegenheiten während der ersten fünf Jahre Ihres Lebens erinnern, wo Sie das Gefühl hatten, ungerecht oder übertrieben bestraft zu werden, und sich an einen einsamen Ort zurückzogen, um Ihrem Schmerz oder bösen Gedanken nachzugehen.

Vielleicht beschlossen Sie unter Tränen, daß die Leute, mit denen Sie lebten, nicht Ihre richtigen Eltern seien. Sie mögen sich sogar eine Erklärung für diesen Widerspruch ausgedacht haben, etwa, Sie seien im Krankenhaus vertauscht worden. Haben Sie sich vorgestellt, Sie seien adoptiert worden und Ihre echten Eltern würden eines Tages zurückkehren, um Sie abzuholen (oder zu retten) und Ihnen die Liebe und den Schutz zu geben, wonach Sie sich sehnten? Sehr zum Schreck oder zur Erheiterung Ihrer Eltern mögen Sie sogar gefragt haben, ob Sie ein adoptiertes Kind seien. Manche Menschen haben mir erzählt, sie hätten insgeheim in den Schubladen und Schränken ihrer Eltern nach Adoptionsurkunden gesucht.

Tatsächlich gilt für den Großteil Ihres Gefühlslebens genau das Gegenteil. In den meisten Fällen wurden Sie nicht adoptiert. *Sie* waren es, in einem weiteren Sinn, der/die Ihre Eltern adoptiert hat. Sie imitierten Ihre Eltern, und indem Sie dies taten, übernahmen Sie ihre positiven und *negativen* Eigenschaften und Verhaltensweisen im Austausch für sowohl die positive als auch die *negative Aufmerksamkeit* ihrer Eltern. Kinder ahmen das Verhalten ihrer Eltern nach. Haben Sie sich nie gesagt oder gedacht: »Wenn ich einmal erwachsen bin, werde ich wie Papi (oder Mami)« oder »Ich werde nie so wie Mami und Papi werden«? (Doch später erkennen Sie mit Schrecken, daß Ihr Verhalten oft nichts als eine Variation des elterlichen Themas ist.)

Eltern neigen dazu, Kinder zur Übernahme ihres Verhaltens sogar zu ermutigen, indem sie beifällig lachen, wenn ein Kind versucht, erwachsen zu sein. Sie freuen sich über die Nachahmung, wenn sie positiv ist. Manchmal finden sie es sogar unterhaltsam, wenn sie negativ ausfällt. Wenn Kinder zum Beispiel »Zuhause« spielen und das kleine Mädchen mit dem »zu spät gekommenen« kleinen Jungen schimpft, wie Mutter mit Vater, wenn er zu spät zum Abendessen kommt, und der kleine Junge mit Vaters bockigem Rückzug hinter die Zeitung kontert, lachen die Eltern vielleicht, weil ihnen die Szene vertraut vorkommt. Lachen bedeutet unausgesprochenes Einverständnis und bereitet die Bühne für das zukünftige, erwachsene Rollenspiel vor.

Auch wenn die Eltern belustigt sind, dem Kind ist es todernst damit. Es ahmt sie nach und übernimmt ihre Eigenschaften, um ihre Liebe und Anerkennung zu »kriegen«, die es verzweifelt braucht, um zu überleben. Dieses Muster ist so geläufig, daß es sich in gängigen Aussprüchen spiegelt: »Wie der Vater, so der Sohn« und »Wie die Mutter, so die Tochter«. Oder: »Der Apfel fällt nicht weit vom Stamm.« Kinder werden wie ihre Eltern, indem sie die Verhaltensweisen, Launen und Einstellungen übernehmen, die sie im Alltag vorfinden. Verhalten ist nicht erblich, sondern übernommen. Kinder reagieren positiv oder negativ auf die Handlungen und Gefühle jener, die mit ihrer Erziehung betraut sind. Es sind die negativ übernommenen Verhaltensweisen, die selbstzerstörerisches Verhalten verursachen.

Das wirkliche Problem beginnt bei der Übernahme *negativer* Eigenschaften. Ist Mutter ängstlich, lernt das Kind, ängstlich zu sein. Zeigt Vater keine Gefühle, lernt das Kind, sie auch nicht zu zeigen. Wenn Mutter nicht gut nachdenken kann und sich hilflos verhält, lernt das Kind nicht, Probleme zu lösen. Ist Vater ein Zauderer, wird das Kind es auch. Wenn Vater und Mutter beide dieselbe negative Eigenschaft aufweisen, bekommt das Kind eine doppelte Dosis Negativität.

Es ist eine Tatsache, daß Sie und Ihre Eltern positive Eigenschaften haben, wie negativ Sie sich auch verhalten mögen. Wir befassen uns hier nicht mit den positiven Dingen, weil dies ein Buch über Probleme ist, und die positiven Eigenschaften sind kein Problem, es sei denn, Sie rebellieren dagegen. Manchmal entsteht aus Rebellion gegen ein positives elterliches Verhalten ein eigenes Negativum, aber *Rebellion* hat noch nie Glück und Liebe gebracht. (Dies werden wir später im einzelnen erörtern.)

Die wohl schlimmste Eigenschaft, die man von den Eltern übernehmen kann, ist die Unfähigkeit, sich selbst und andere zu lieben. Wenn Ihre Eltern nicht wissen, wie sie sich selbst, Sie und andere lieben, konnten sie Sie nicht lehren, Liebe zu geben und zu empfangen. Trotz der guten Absichten Ihrer Eltern bleibt deren Unfähigkeit, Sie zu lehren, sich selbst und andere zu lieben, die emotionale Krankheit Ihres Lebens. Beinahe der gesamte Katalog menschlichen Leidens und Unglücks kann direkt oder indirekt auf diese »Krankheit« zurückgeführt werden. Wenn Lieblosigkeit ein Krebs ist, dann ist der »Virus«, der ihn verursacht, das, was ich Negative Liebe nenne.

Es gibt keinen Bereich im Leben, der nicht durch das Beispiel beeinträchtigt wäre, das Ihre Eltern Ihnen gegeben haben, und es ist die Art und Weise, auf die Sie weiterhin von ihnen beeinflußt werden. Wenn Sie erfahren wollen, wie sich das in Ihrem eigenen Leben auswirkt, nehmen Sie sich einen Augenblick Zeit, um sich ruhig hinzusetzen und sich zu entspannen. Erinnern Sie sich an die Mutter Ihrer Kindheit. Stellen Sie sich diese Mutter in einem vertrauten Zimmer, vielleicht im Wohnzimmer oder in der Küche vor. Sehen Sie, wie sie etwas Typisches tut oder sagt, das Sie besonders geärgert hat. Vielleicht nörgelte sie wegen Kleinigkeiten an Ihnen herum oder hielt mit Lob zurück. Es muß nicht etwas sein, das sie Ihnen offen antat oder mit Ihnen anstellte, doch es kann auch so etwas sein. Es geht darum, etwas an Ihrer Mutter zu sehen, das negativ war.

Lassen Sie sich jetzt etwas Zeit, um eine oder zwei andere Szenen mit Ihrer Mutter zu visualisieren, wo sie etwas sagte oder tat, das Ihnen nicht gefallen hat, als Sie ein Kind waren. Um Ihre Erfahrung zu verstärken, schließen Sie die Augen und lassen Sie die Erinnerung in sich aufsteigen.

Als nächstes machen Sie dasselbe mit Ihrem Vater. Sie sehen ihn etwas Charakteristisches tun oder sagen, das Sie damals unglücklich gemacht oder geärgert hat. Vielleicht hat er Sie hart und ungerecht zurechtgewiesen, kein Interesse gezeigt für die Dinge, die Ihnen wichtig waren, oder Ihnen kein Selbstwertgefühl vermittelt. Wenn Sie zwei oder drei negative Verhaltensweisen für jeweils beide Elternteile gefunden haben, fügen Sie sie der Liste in Kapitel 4 bei. (Sind Sie hauptsächlich von Ersatzeltern erzogen worden oder von jemand anderem als Ihren biologischen Eltern, nehmen Sie deren Eigenschaften.)

Jetzt betrachten Sie sich selbst in aller Offenheit. Wie drükken sich die negativen Eigenschaften Ihres Vaters und Ihrer Mutter in Ihnen aus? Sind Sie wie sie geworden? Sind ihre Fehler nicht die *Ihren?* Leben Sie Variationen ein und desselben Themas aus? Wenn Ihre Mutter andere kritisiert und wegen Nichtigkeiten an anderen herumnörgelte, tun Sie das auch? Ist es für Sie genauso schwer, anderen ein Kompliment zu machen, wenn sie gute Arbeit leisten? Sind Sie wie Ihr Vater und reagieren Sie zu heftig auf die Fehler oder Verfehlungen anderer? Wie auch immer ihre Negativität ausgesehen haben mag, Ihre Eltern sind heute ein Teil von Ihnen. Haben Sie diese Entdeckung einmal gemacht, gilt es, sich zu fragen, warum Sie die Muster und Eigenschaften aufweisen, die Sie an Ihren Eltern so sehr gehaßt haben.

Wenn es Ihnen schwerfällt, festzustellen, ob Sie ein Muster übernommen haben, das Ihnen an Ihrer Mutter oder Ihrem Vater mißfiel, können Sie jemanden fragen, der Sie gut kennt und ein objektives Urteil abgeben kann. Vielleicht brauchen Sie Hilfe, um das Negative an sich zu erkennen.

Sie haben sowohl die positiven als auch die negativen Eigenschaften Ihrer Eltern übernommen. Sie haben es aus einem einzigen wichtigen Grund getan: Als Kind brauchten Sie die Liebe und Anerkennung Ihrer Eltern. Wie Ihre Mutter und Ihr Vater zu werden, schien der Weg zu sein, um deren Liebe zu erlangen.

Noch einmal: Wenn Mutter und Vater nicht wußten, wie selbstlose Liebe zu geben und zu nehmen sei, wird es Ihnen keine wirkliche Liebe bringen, sie nachzuahmen, sondern nur blassen Ersatz. Wenn Ihre Mutter sich in alles einmischt und dominant ist, wird sie kaum mit Liebe reagieren, wenn sie Gleiches von Ihnen erlebt. Ihre Eltern mögen zwar gewollt haben, daß Sie werden wie sie, aber es gefällt ihnen nicht, wenn sie ihre eigene Negativität zurückgespiegelt bekommen. Statt positiver, liebevoller Aufmerksamkeit, die Sie genährt hätte, erhielten Sie negative Aufmerksamkeit, die schmerzte. Als Ihre Eltern Sie dafür straften, daß Sie das taten, wofür sie sich selbst schuldig fühlten, haben Sie vielleicht richtig gesagt: »Aber du machst es doch *genauso,* Mami!« oder »Aber Papi, das tust du doch auch!«

Wenn ja, war die Antwort Ihrer Eltern darauf Selbsthaß, den sie an Ihnen ausließen. Ja, es ist, als hätten sie ihren Kopf an der Küchenschranktüre angeschlagen und dann die Türe zugeknallt, weil die dumme Türe schuld ist, daß sie sich weh getan haben. (Wir geben immer jemandem oder etwas anderem die Schuld, statt selbst die Verantwortung für unsere Handlungen zu übernehmen.) Das Resultat war, daß Sie mit einer zweifachen Dosis Wut von Ihren Eltern bedacht wurden, weil Sie sie nachäfften. Verwirrt und verloren, dachten Sie: »Wie kommt es, daß Mami und Papi das dürfen und ich nicht?« Als Sie als Kind bestraft wurden für das, was Ihre Eltern taten, war das Resultat große Unsicherheit, Instabilität und Verwirrung. Es schuf eine Doppelmoral, Doppelbotschaften und eine doppelte Falle.

Gehen wir einen Schritt weiter. Wenn Ihr Vater und Ihre Mutter einander keine wirkliche Liebe gezeigt haben, werden Sie Mühe gehabt haben, Liebesbeziehungen aufrechtzuerhalten. Auch wenn Sie auf der Suche nach der Liebe sind, die Ihre Eltern Ihnen nicht zu geben wußten, endet es immer in Enttäuschung.

Als ich heranwuchs, wurde in unserem Haus das Wort »Liebe« nie erwähnt. Es war beinahe so etwas wie ein Schimpfwort. Meine Mutter pflegte zu sagen: »Was ist Liebe schon, so etwas gibt es gar nicht.« Wenn Mutter das sagte, mußte es natürlich stimmen. Ich habe viele Jahre gebraucht, bis ich das Wort »Liebe« auch nur in den Mund nehmen konnte, geschweige denn es verstehen und ihm Bedeutung verleihen konnte. Liebe schien es für meine Mutter nicht zu geben, viele Jahre gab es sie auch für mich nicht. Sie widmete ihr Leben jedoch pflichtbewußt der Hege und Pflege ihrer Familie. Sie wollte nur deren Bestes. Doch außer wenn man krank war, waren Liebesbezeugungen selten und unzuverlässig.

Wenn Sie feststellen möchten, ob dies auch auf Sie zutrifft, erinnern Sie sich an die Mutter Ihrer Kindheit. Wie war ihr Gefühlsleben? War sie umgeben von warmen, liebevollen Menschen? Gab sie, um zu geben oder um zu nehmen? Konnte sie mit beiden Geschlechtern frei Liebe austauschen, mit ihren eigenen Eltern, Geschwistern und Verwandten? Wie zeigte sie Ihnen und Ihrem Vater Liebe und Zärtlichkeit? Liebte sie sich selbst und gab sie sich gleich viel wie anderen? Wenn Sie noch am Leben ist, wie ist es heute um ihr Gefühlsleben bestellt?

Jetzt schauen Sie sich daraufhin Ihren Vater an. Wie war sein Gefühlsleben? Mochten ihn die Menschen und liebten sie ihn? Mochte und liebte er andere? Wie ging er mit seiner Familie um? Wie zeigte er Ihrer Mutter, Ihnen und Ihren Geschwistern Liebe und Zärtlichkeit? Liebte er sich selbst ebenso sehr und behandelte er sich selbst ebenso gut wie andere? Wenn er noch am Leben ist, wie steht es gegenwärtig um sein Gefühlsleben?

Wenn Sie das Gefühlsleben Ihrer Eltern genau unter die Lupe genommen haben, vergleichen Sie es mit Ihrem eigenen. Höchstwahrscheinlich ist Ihr Gefühlsleben nicht sehr verschieden von dem Ihrer Eltern. Oder vielleicht ist Ihr Gefühlsleben durch Anstrengung und reine Willenskraft (und viele Workshops und Therapien) anders als das Ihrer Eltern. Wenn dem so ist, welchen emotionalen und materiellen Preis hat Ihnen dies abverlangt? Etwas zu versuchen ist viel anstrengender, als es einfach zu tun. Der Ausdruck von Liebe, die auf Rebellion basiert (»Ich werde nicht wie meine Mutter und mein Vater sein!«), wird zu einer Form von Pseudoliebe. Sie ist nicht echt. Sie können sie eine Weile für echte Liebe ausgeben, doch mit der Zeit wird Ihr Gegenüber Sie als oberflächlich und unecht erleben. Und all das führt nur zu der Feststellung, daß die Qualität Ihrer Liebe das Resultat von Programmen Negativer Liebe ist.

Was ist denn nun wirklich mit der Liebe geschehen? Sie wurde offen oder versteckt von den Eltern Ihrer Kindheit verdorben. Sie wissen inzwischen, daß sie keine Heiligen waren. Ob sie die Liebe absichtlich oder unabsichtlich in Verruf brachten, spielt keine Rolle. Wenn Ihre Mutter und Ihr Vater in ihrer Kindheit nicht gelernt haben zu lieben, konnten sie es Ihnen auch nicht beibringen! Die Tatsache, daß sie schuldig, aber nicht zu verurteilen sind, macht Ihren Schmerz nicht geringer.

Seien Sie bitte objektiv. Betrachten Sie Ihr Gefühlsleben in aller Deutlichkeit. Wenn Ihre Eltern Ihnen beständig bedingungslose Liebe gegeben haben, warum verhalten Sie sich sich selbst und anderen gegenüber nicht wirklich liebevoll? Wie wäre es möglich, daß Sie die Lektion in Sachen Liebe nicht lernten, die sie Sie lehrten? Wie wäre es möglich, daß Sie Menschen anziehen, die Sie mit der Zeit zurückweisen oder von denen Sie zurückgewiesen werden?

Zur Verdeutlichung hier ein Auszug aus den Schriften eines jungen Mannes, der sich seiner negativen Liebesbeziehung zu seinem Vater und deren bleibenden Einflusses gewahr wurde:

Ich fürchtete seinen Zorn und seine Pseudomacht und ahmte ihn auf jede erdenkliche Art und Weise nach. Er lernte die Wirksamkeit der Macht, die er über mich hatte, schnell zu erkennen und benutzte sie, um mir Disziplin beizubringen, indem er so etwas zu mir sagte wie: »Wenn du ein Mann wie Papi sein willst, mußt du die Dinge auf meine Weise tun.« Wenn wir mit anderen Menschen zusammen waren, machte er sich Sorgen, ich würde nicht seinen Erwartungen entsprechen. Wenn er zufrieden mit mir war, nannte er mich »mein Junge«, mißfiel ich ihm, war ich »Jim«, und er schuf irgendeine Verbindung zwischen meinen Handlungen und der Persönlichkeit meiner Mutter. Ich unternahm alles in meiner Macht Stehende, um die Ebene von »mein Junge« aufrechtzuerhalten ... Er ließ gerne durchblicken, er wisse, wie schwer es sei, mit Frauen umzugehen, weil sie minderwertig wären, ich sie (meine Mutter und meine Schwestern) aber beschwichtigen solle, weil das die Bedingungen sowohl für ihn als auch für mich erleichtern würde, da es die »dummen Weiber« bei Laune hielte ... Heute stelle ich fest, daß ich Frauen mißtraue, sie niedermache und keine Beziehung aufrechterhalten kann ... Ich fühle mich nur in Gegenwart anderer Männer wohl, und auch wenn es mich nicht glücklich macht, bin ich kühl, verwirrt und einsam. Ich weiß nicht, wer ich bin oder was ich glauben soll. Ich weiß nicht einmal, wie man lächelt. Ich bin so freudlos und hölzern, wie er es war.

Aus Negativer Liebe verkaufte Jim seine Seele seinem Vater, um Liebe zu kaufen und »sein Junge« zu sein. Damit verlor er die Liebe.

Das Rollenvorbild für Weiblichkeit ist die Mutter. Lesen Sie, was Jean erfuhr:

Meine Mutter behandelte meinen Vater mit offener Respektlosigkeit. Ihr Groll war sehr offensichtlich ... Sie beschimpfte ihn und machte sich öffentlich über ihn lustig, indem sie ihn beschuldigte, faul zu sein. Mein Vater schimpfte zurück, drohte, sie zu verlassen, und ging dann auf eine Sauftour ... Ich habe mich mit meinem Mann über seine Faulheit gestritten. Ich möchte wieder arbeiten gehen, aber er möchte, daß ich zu Hause bleibe und seine Hausfrau bin. Er droht ebenfalls, mich zu verlassen, weil ich zu vorlaut und nicht unterwürfig genug bin (genau wie meine Mutter).

Das Familiensystem von Jeans Kindheit lehrte sie, einen Mann zu heiraten, den sie (nach dem Beispiel ihrer Mutter) zum Schlappschwanz machen konnte und der dann drohen würde, sie zu verlassen, wie ihr Vater es mit ihrer Mutter getan hatte. Die Geschichte wiederholt sich.

Jim und Jean ahmen unbewußt die Verhaltensweisen ihrer

Eltern nach, um sich bei ihren Eltern Anerkennung zu verschaffen. Mama und Papa, was wollt ihr eigentlich, ich bin doch genau wie ihr. Würdet ihr mich jetzt bitte liebhaben?

Natürlich läuft die Interaktion zwischen Eltern und Kindern nicht ganz so einfach ab. Kinder übernehmen negative Verhaltensweisen von beiden Eltern, ohne ein genaues Abbild von ihnen zu werden. Die freizügige, vorlaute Tochter des frommen Pfarrers ist das klassische Beispiel für ein Kind, das sich gegen ein konservatives elterliches Vorbild auflehnt. Wie erfolgreich diese Rebellion oberflächlich auch erscheinen mag, sie ist nicht, was sie zu sein scheint. Die tiefe Reue und innere Frustration, die über die erfolglose Rebellion als Ersatz für die wirkliche Liebe, die diese Tochter nie von ihrem Vater erhalten hat, empfunden wird, führt zu innerer Scham, Schuld und Selbstbestrafung.

Auflehnung zeigt sich auch in weniger dramatischer Form. Eine Frau berichtete, eine gute Hausfrau gewesen zu sein, wie ihre Mutter. Da ich wußte, daß sie rebellisch war, hakte ich ein bißchen nach: »Heißt das, daß jedes Zimmer in deinem Haus aufgeräumt ist?« fragte ich sie, »und deine Schubladen sind es auch?« »Ja«, sagte sie, »jedes Zimmer.« Sie dachte einen Augenblick nach und räumte dann ein: »Außer im Nähzimmer. Dort ist es immer unordentlich, aber das ist ja nur das Nähzimmer«. »Aha«, erwiderte ich, »du denkst also, du würdest dein Haus in Ordnung halten, wie deine Mutter es dir beigebracht hat, doch du erlaubst dir einen Ort, wo du unordentlich sein kannst. Das ist deine Form der Rebellion gegen die Ordnungsliebe deiner Mutter. Der Zustand deines Nähzimmers muß dich frustrieren und in Konflikte stürzen.« Sie dachte einen Augenblick nach und meinte dann: »Weißt du was, Bob, du hast recht. Mir ist nie ganz wohl dabei, wenn ich die Unordnung in diesem Zimmer sehe. Es stimmt, ich lebe in einem Konflikt in bezug auf die zwanghafte Ordnungsliebe meiner Mutter.«

Da es für ein Kind meistens gefährlich und oft unwirksam ist, Wut gegenüber den Eltern direkt zum Ausdruck zu bringen, läßt es seine Vergeltung und seinen Zorn in rachsüchtiger Selbstzerstörung aus. Anstatt zu schreien: »Nein, du kannst mich nicht zwingen!«, lernt das versteckt zornige Kind sich zu »rächen«, indem es schlecht ist in der Schule, zu Hause die Regeln mißachtet, raucht, Drogen oder Alkohol zu sich nimmt, anorektisch, bulimisch oder kriminell wird. Dies sind einige der häufigsten rachsüchtigen Verhaltensweisen. Insgeheim sagt das zornige emotionale Kind: »Ha-ha! Euch werd' ich es zeigen, böse Mami und böser Papi. Ihr möchtet, daß ich es auf eure Art mache, aber das werde ich nicht. Euch wird es leid tun, und wenn ich eure positive Aufmerksamkeit nicht bekommen kann, werde ich euch dazu bringen, mich auf negative Weise zu beachten.« Selbstzerstörerische Problematiken des Erwachsenenlebens können auf die Rebellion eines Kindes zurückgeführt werden, das als Erwachsener noch immer an seinem Zorn auf Mutter und Vater festhält.

Viele intelligente Kinder zahlen es ihren Eltern heim, indem sie sich weigern, in der Schule gute Leistungen zu erbringen. Die Rachsucht gegenüber ihren Eltern beraubt sie so einer guten Ausbildung und Vorbereitung auf das Leben. Wenn dies masochistisch und unlogisch scheint, so ist das kein Wunder. Positive Liebe ergibt mehr Sinn und fühlt sich besser an als Negative Liebe und Aufmerksamkeit. Doch wenn ein Kind sieht, daß von seinen Eltern nur negative Aufmerksamkeit verfügbar ist, wird es die negative Aufmerksamkeit gar keiner Aufmerksamkeit vorziehen. Besser etwas als gar nichts.

Emotionale Konflikte entstehen auch, wenn Sie sich manchmal so und dann wieder anders verhalten und sich in keinem Fall gut fühlen. Wenn Sie mit dem Konflikt kämpfen, der das Resultat der Rebellion gegen Ihre Eltern ist, verdichten sich Ihre Probleme. Ihr innerer Zwiespalt rührt von den Mustern Negativer Liebe her, die Sie von Ihren Eltern übernommen haben, und von Ihren fruchtlosen Versuchen, dagegen zu rebellieren. Es ist kein Wunder, daß Gefühle von Minderwertigkeit, Unzulänglichkeit und Mangel an Selbstwert in unserer Gesellschaft Amok laufen.

Wenn Sie als Kind von Ihren Eltern widersprüchliche Doppelbotschaften bekamen, kann es sein, daß Sie in entgegengesetzte Richtungen gezogen wurden, wenn Sie versuchten, es beiden recht zu machen. Wenn Ihr Vater zum Beispiel viel Geld ausgab und Ihre Mutter sehr sparsam war, sind Sie dazu verdammt, so oder so zu verlieren. Wenn Sie Ihre Negative Liebe für Vater ausdrücken und wild mit Geld um sich werfen, rebellieren Sie gegen Mutter, was zu einem Konflikt führt. Wenn Sie aus Negativer Liebe zur Sparsamkeit Ihrer Mutter Ihr Geld zusammenhalten, rebellieren Sie gegen Vaters Eigenschaft, was zu noch mehr innerer Zerrissenheit führt. Vielleicht kaufen Sie die teuerste Ausrüstung für Ihr Hobby und essen nur in den billigsten Restaurants. Wer das tut, lebt die Negative Liebe für beide Eltern aus. Sie können nur gewinnen, um zu verlieren. Sie können nicht gewinnen, wenn Sie so wie Ihre Eltern sind, und auch dann nicht, wenn Sie sich gegen sie auflehnen. Das Resultat: ein Teufelskreis.

Dieses Beispiel beinhaltet eine feine Ironie. Vaters Verschwendung und Mutters Sparsamkeit halten die Ehe vielleicht finanziell über Wasser. Was für Paare jedoch einen gangbaren Weg darstellen mag, kann für ihre Kinder eine verborgene Ursache für Zerrissenheit und Schuld darstellen.

Konflikte entstehen aufgrund von widersprüchlichen Botschaften von Intellekt und Gefühlen. Ihr armes, programmiertes Emotionales Inneres Kind läßt sich negativ gehen, während Ihr Intellekt, der weiß, daß dieses Verhalten gefährlich und zerstörerisch ist, machtlos zusehen muß. Zerstörerische Verhaltensweisen wie Rauchen, Alkoholismus, Freßsucht, Drogensucht, sexuelle Promiskuität und Kriminalität sind häufige Ursachen für Konflikte. Der Intellekt sagt meistens, daß dieses Verhalten schädlich und lebensfeindlich ist, doch das rebellische Kind im Inneren sagt so etwas wie: »Versucht mich doch daran zu hindern, Mutter und Vater! Euch werd' ich's zeigen.«

Dieser Konflikt zwischen Intellekt und Gefühlen ist der Grund, warum die meisten Versuche, sich dauerhaft von

Süchten zu befreien, unwirksam sind. Keinerlei Information oder Ermutigung ist mächtig genug, um der Kraft Ihres zornigen, rebellischen Emotionalen Kindes zu begegnen, das sich hinter Ihrem geschliffenen Intellekt versteckt. In den extremsten Fällen ist nicht einmal die Angst vor einem vorzeitigen Tod ein wirksames Abschreckungsmittel. Sie können sich vielleicht zwingen, das Suchtverhalten zu durchbrechen, doch wird es Ihnen nicht gelingen, die zwanghaften emotionalen Programme aufzulösen, die es verursacht haben.

Jane war die Tochter eines gutaussehenden, doch sadistischen Vaters und einer schönen, gleichermaßen masochistischen Mutter. Während ihrer Kindheit bestand die einzige Aufmerksamkeit, die sie von ihrem Vater bekam, in einer fast täglichen Tracht Prügel. In Panik und Leid schrie sie kläglich: »Tu's nicht, Vati, tu's nicht!« Während der Jahre ihrer Kindheit bestanden die einzigen körperlichen Berührungen durch ihren Vater in seinen schmerzhaften, erniedrigenden Schlägen. Sie war auch oft Zeuge grauenhafter Szenen, in denen ihr Vater ihre Mutter schlug. Da jede Form von Aufmerksamkeit besser ist, als ignoriert zu werden, lernte sie masochistisch, die negative Aufmerksamkeit zu lieben, die sie von Papi bekam. Ihre verborgene, unausgesprochene emotionale Rechtfertigung war: »Wenigstens sieht Papi mich. Ich habe Kontakt zu ihm.« Dieses Familiensystem prägte unweigerlich das Trauma von Janes zukünftigem Leben.

Es war beinahe unumgänglich, daß Jane als Erwachsene ihre Negative Liebe für ihre Eltern ausdrücken würde, indem sie einen gutaussehenden Sadisten heiratete. Jedesmal, wenn ihr Ehemann sie schlug, rief das negative Innere Emotionale Kind in ihr still ihrem Vater zu: »Siehst du, Papi? Ich bin dir nicht untreu. Der Mann, den ich geheiratet habe, schlägt mich, wie du Mami und mich geschlagen hast. Liebst du mich jetzt, Papi?«

Tief aus ihrem Innern rief sie ihrer Mutter still und kläglich zu: »Auch dich habe ich nicht übertroffen, Mami. Mein Mann schlägt mich, genau wie Papi dich geschlagen hat. Ich bin dir und deiner Art auch nicht untreu. Ich bin genauso wie du. Wirst du mich jetzt lieben, Mami, und mich bedauern?«

Die Triebkraft hinter diesem selbstzerstörerischen Muster war ihre Kindheitsangst, sich ihren Eltern gegenüber nicht loyal zu verhalten, wenn sie besser wäre als sie, und so ihrer Liebe nicht wert zu sein. Das ergibt tatsächlich einen unsinnigen Sinn, ist ungesunde Gesundheit und sadomasochistisch wahr, denn warum würde Jane sich sonst so verhalten? Schließlich lehnte sie sich jedoch auf und ließ sich von ihrem sadistischen Ehemann scheiden.

Aus Rebellion wählte sie als zweiten Partner einen freundlichen, nachdenklichen und liebevollen Mann. Obgleich dies eine erfolgreiche Rebellion zu sein schien, war dem nicht in Wirklichkeit so. Er war der ideale Gatte, und doch ging es ihr schlecht. Sie weinte mir vor: »Er ist so gut zu mir, Bob, aber ich kann ihn nicht lieben.« Sie mußte sich nämlich gegen Mami und Papi auflehnen und zahlte den Preis der Zerrissenheit. Die Ursache für ihre Depression war der frustrierende Konflikt zwischen der Negativen Liebe für ihren Vater und ihrem Versuch, gegen ihn zu rebellieren. Um sich für seine Rebellion selbst zu bestrafen, rief das arme, programmierte negative Emotionale Kind in ihr ihren Eltern zu: »Sieh nur, Vati, ich verhalte mich dir gegenüber immer noch loyal, weil ich diesen guten Menschen nicht wirklich liebe, auch wenn ich mich aufgelehnt und ihn geheiratet habe. Ich habe dich nicht völlig verlassen, Papi. Und Mami, ich bin auch nicht besser als du. Ich habe rebelliert, Mami, aber ich erlaube mir nicht, ihn zu lieben. Schau nur, ich bekomme nicht mehr Liebe, als du von Papi erhalten hast. Wirst du mich jetzt lieben?« Wieder eine Situation, in der niemand gewinnen kann.

Die Geschichte von Janes unglücklichen Ehen zeigt deutlich verschiedene wichtige Aspekte negativer Liebe und ihre Konsequenzen – Rebellion und Konflikt. Erstens hielt sie auch als Erwachsene an ihrer zerstörerischen Negativen Liebe für ihren Vater und ihre Mutter fest und ließ ihre Partnerwahl davon bestimmen. Zweitens: Obwohl ihr Intellekt gewußt haben mag, daß ihr erster Mann keine gute Wahl war, traf ihr inneres Emotionales Kind zwanghaft seine Entscheidung. Leider behielt das negativ programmierte Kind bei der zweiten Ehe die Kontrolle. Ihr Konflikt machte es ihr unmöglich, die Liebe anzunehmen, von der ihr Intellekt wußte, daß sie beim zweitenmal verfügbar war.

Kindesmißhandlung ist reine, unverfälschte Negative Liebe. Jane gab die sadistische Behandlung, die sie von ihrem Vater erfuhr, nicht an ihre Kinder weiter. Statt dessen nahm sie sie selbst auf sich. Andere mißhandelte Kinder tun das nicht. Als Eltern können sie in der gleichen Weise mit ihren Kindern umgehen, indem sie das sadistische Verhalten ihrer eigenen Eltern übernehmen und praktizieren. Eltern, die zwanghaft in Verhaltensmustern von sadistisch negativer Kindesmißhandlung gefangen sind, sind schuldig, und doch kann man ihnen auf emotionaler Ebene keinen Vorwurf machen. Sie wurden von dem zerstörerischen Syndrom Negativer Liebe verkrüppelt. Oft haben die Eltern eine intellektuelle Rechtfertigung für ihr Verhalten. Später nehmen sie sich dann reuevoll vor, in Zukunft Selbstbeherrschung zu üben. Menschen mit einem starken Willen mögen dies sogar eine Zeitlang schaffen, doch die aufgestaute und unterdrückte Macht der zwanghaften Negativen Liebe bricht schließlich hervor und ist stärker. Sowohl das Kind als auch die Eltern sind die Verlierer.

Die Abwesenheit eines Elternteils macht die Dinge nicht notwendigerweise einfacher oder verändert sie. Ein Elternteil, der nicht da ist, hat einen außerordentlich negativen Einfluß. Ellens Vater verließ sie und ihre Mutter, als sie vier Jahre alt war. Alleinerziehend, verbrachte ihre Mutter die nächsten vierzig Jahre ihres Lebens in Einsamkeit und schloß jede Möglichkeit männlicher Freundschaft, Gemeinschaft oder Liebe aus.

Da Ellen einen Vater brauchte, machte sie ihre Mutter für dessen Verschwinden verantwortlich, was sie zu einer verbitterten, feindseligen und zornigen Frau werden ließ. Ihr erwachsenes Leben verbrachte sie in oberflächlichen, kurzen

Ehen. Auf der Suche nach ihrem Vater durchlebte sie eine Folge von unglücklichen Ehen. Wenn sie allein war, wollte sie verzweifelt verheiratet sein. Das war Rebellion gegen ihre Mutter. Doch kurz nach jeder Hochzeit stellte sie bei ihrem jeweiligen Ehemann seine Fehler fest. Sie wollte es keinem Mann erlauben, ihr die Liebe zu geben, die ihr Vater ihr nicht gegeben hatte. Sie war gefangen im daraus entstehenden Konflikt – unglücklich, wenn verheiratet, und unglücklich, wenn geschieden. Sie hielt es in jeder Ehe so lange aus, bis sie nicht mehr konnte, und ging dann fort. Das Familiensystem ihrer Kindheit hatte dieses Teufelskreis-Karussell in Gang gesetzt. Endlich, als sie schon über fünfzig war, hörte sie auf zu rebellieren und erkannte und akzeptierte, daß sie kein Glück in einer bleibenden Beziehung mit einem Mann finden konnte. (Sonst wäre sie besser gewesen als ihre Mutter.) Erschöpft von dem Konflikt, der aus der Auflehnung gegen ihre Mutter hervorgegangen war, gab sie auf und begnügte sich damit, den Rest ihres Lebens in Negativer Liebe allein zu verbringen, genau wie ihre Mutter.

Jane und Ellen waren sich, wie die meisten von uns, dessen nicht bewußt, daß sie die Opfer von Mustern Negativer Liebe waren. In ihrer Unwissenheit glaubten sie aufrichtig, ihre Auflehnung würde ihnen mehr Glück und Liebe bringen. Der häufige, doch irrige Glaube, sich aufzulehnen würde zu etwas Besserem führen, illustriert die Tragödie der törichten Programmierung durch Negative Liebe zu den Eltern sehr eindrücklich.

Nebst Charaktereigenschaften und Launen übernehmen Kinder sowohl die ausgesprochenen als auch die unausgesprochenen negativen Vorwürfe und Ermahnungen ihrer Eltern. »Du taugst nichts« ist ein häufiger, universaler Vorwurf. Das ist schlicht und einfach ein tragisches Verbrechen emotionalen Mißbrauchs. Kinder, die mit ständiger Kritik aufwachsen, haben kaum eine Chance zu lernen, sich zu lieben und zu akzeptieren und ein gesundes Selbstwertgefühl zu entwickeln.

Ein vierzigjähriger Arzt, äußerst kompetent und von seinen Berufskollegen sehr geschätzt, erinnert sich an diese Szene aus seiner Kindheit als eines der vielen Beispiele für die vernichtende Kritik seiner Mutter, die zu einem Mangel an Selbstwertgefühl und emotionaler Stabilität führte:

Ich war noch keine fünf Jahre alt. Ich fragte meine Mutter, ob ich Briefmarken auf ihre Briefe kleben dürfte. Ich klebte sie schräg drauf – ich hatte Briefe ankommen sehen, auf denen die Marken schräg draufklebten, und dachte, so würden es Erwachsene tun. Später sah sie die Briefe mit den schräg aufgeklebten Marken. Sie wurde wütend und schrie: »Warum hast du sie nicht gerade aufgeklebt? Es sieht schrecklich aus. Ich schäme mich, sie so abzuschicken. Du bist ein böser Junge! Pfui!« Ich war zerknirscht. Ich dachte, ich hätte das Richtige getan, und hatte in ihren Augen absichtlich etwas Böses gemacht. Unbewußt hatte ich das wahrscheinlich sogar getan. Mein Magen zog sich zusammen und schmerzte.

Ein anderer Klient, der so die Liebe seiner Eltern kaufen wollte, hörte auf ihre Ermahnung, Arzt zu werden. Leider war in ihm auch der Vorwurf seiner Mutter: »Du bist dumm. Nichts kannst du richtig machen.« Wenngleich er klug und engagiert war, so trug er dennoch die schlimmen Zweifel über seine Fähigkeiten, die durch die häufige Kritik seiner Mutter entstanden waren, in sein Berufsleben hinein. Im Medizinstudium büffelte er nervös und ängstlich für die Examen, auch wenn er gut vorbereitet war. In seiner späteren Arztpraxis zog er oft Spezialisten hinzu, um Diagnosen zu bestätigen, von denen er wußte, daß sie stimmten. Er lernte nie, sich zu vertrauen, weil er derart von Selbstzweifeln aufgezehrt wurde, die seine Mutter programmiert hatte.

Neben den ausgesprochenen Vorwürfen und Ermahnungen halten Eltern ihre Kinder auch dann wirkungsvoll zu ihrer Sicht der Dinge an, wenn nicht gesprochen wird. Meistens tritt die unausgesprochene Ermahnung in Begleitung einer unschuldigeren ausgesprochenen auf. Zum Beispiel beinhaltet die ausgesprochene Ermahnung: »Achte auf deine Manieren« die unausgesprochene: »Du hast schlechte Manieren.« Bei: »Wenn ich dich nicht ständig daran erinnere, wirst du es vergessen«, lautet die Botschaft, daß Ihr Gedächtnis schlecht ist und Sie verantwortungslos sind. Mutters stilles Schulterzucken enthielt den unausgesprochenen Vorwurf: »Was hat es schon für einen Sinn, du kannst und wirst es nie zu etwas bringen.«

Die stille Ermahnung, keine körperliche Wärme und Zärtlichkeit auszudrücken, hat ein vierzigjähriger Pfarrer folgendermaßen beschrieben: »Ich erinnere mich, daß ich mir beim Zubettgehen wünschte, Mutter möge kommen, um mich zu umarmen und mir gute Nacht zu sagen, aber sie kam nie näher als bis zur Türschwelle und sagte nur: ›Gute Nacht. Vergiß nicht zu beten‹ und schaltete das Licht aus. Dann lag ich dort und haßte sie und dachte mir Dinge aus, um mich an ihr zu rächen, weil sie zu gleichgültig war, um hereinzukommen und mich zu umarmen!«

Auch wenn diese Mutter es nicht wahrgenommen haben mag, hat sie ihrem Sohn mehr beigebracht als nur, seine Gebete aufzusagen. Er übernahm sowohl ihre ausgesprochene Ermahnung zu beten, als auch die noch wirkungsvollere, unausgesprochene Ermahnung, Menschen, die ihm nahestehen, nicht zu berühren. Als Vater fand er es beinahe unmöglich und fühlte sich unwohl, wenn er seine Kinder umarmte. Sie lernten von ihm dieselbe Lektion, die er von seiner Mutter gelernt hatte. Als Pfarrer hielt er seine Schäfchen mit seinen Predigten auf Distanz. Aber das machte ja nichts, denn Pfarrer sollten schließlich auf einem Podest stehen.

Ein achtundzwanzigjähriger Mann erzählte die folgende Begebenheit aus seiner Kindheit. Damals war er vier Jahre alt:

Meine Mutter stand unter der Türe und sprach mit dem Postboten. Ich spielte am Boden. Ich saß direkt vor ihr und sah neugierig nach oben, unter ihr Kleid. Das machte sie so wütend, daß sie mich sofort hochzog, mich schlug und vor diesem Fremden ausschimpfte. Der Schmerz und die Scham und die Schuld waren so groß, daß dies mit Sicherheit zur Grundlage für mein Unbehagen mit Frauen und Sex wurde.

Der Vorwurf, es sei schlecht, den Körper einer Frau anzusehen, war so heimtückisch, daß er nach zehnjähriger Ehe seiner Frau noch immer nicht beim Ausziehen zusehen konnte. Er wußte intellektuell, daß nichts schlecht daran war, sie nackt zu sehen, und daß es ihm gefallen und ihn erregen könnte, doch überwältigte die emotionale Programmierung seiner Kindheit seinen Verstand, und er reagierte auf den Anblick des nackten Körpers seiner Frau mit der Schuld und Scham, die seine Mutter ihm auferlegt hatte. Das Ergebnis: ein frustriertes, unglückliches Geschlechtsleben.

Elterliche Sünden der Vernachlässigung sind eine weitere Form von emotionaler Mißhandlung, die in der Kindheit ebenso viele Probleme aufwirft wie die erfolgten Handlungen. Die Dinge, die Eltern nicht tun und nicht sagen, sind genauso wirksam bei der Entstehung von negativen Kindheitsprogrammen. Wenn ein Kind zum Beispiel nicht sieht, wie sein Vater seiner Mutter Liebe und Zärtlichkeit entgegenbringt und sie auch nicht darum bitten sieht, lernt es, keine Gefühle zu zeigen. Später, wenn es erwachsen ist und von ihm erwartet wird, daß es Liebe zeigt, kann es sein, daß es lediglich eine Rolle spielen kann. Diese Art von Täuschung ist häufig. Wie bereits erwähnt, erfüllen Bücher und Filme oft den Zweck, den Menschen beizubringen, wie sie die Rolle des Liebhabers oder der Geliebten spielen sollen, ohne wirklich etwas dabei zu fühlen. Wenn Liebesaffären, Ehen und gar Freundschaften leer und unvollständig sind, so liegt das oft daran, daß hinter einem oberflächlich lieben Verhalten wenig oder keine aufrichtigen warmen, liebevollen Gefühle vorhanden sind.

Es gibt auch Eltern, die vorhanden, aber nicht da sind. Wenn Ihre Eltern meistens mit ihren eigenen Interessen und Aktivitäten so beschäftigt waren, daß Sie das Gefühl hatten, nicht gesehen oder gehört zu werden, lernten Sie zu übernehmen: »Ich bin anderen nicht wichtig. Ich bin unwichtig und der positiven Aufmerksamkeit nicht wert.« Und hier eine andere Form von emotionalem Mißbrauch: Eine geschiedene Mutter, die diese unausgesprochene Ermahnung verinnerlicht hatte, erinnert sich an folgende Szene als typisch für ihre Kindheit:

Als ich drei Jahre alt war, sprang ich zu meiner Mutter und zog an ihrem Kleid, um auf mich aufmerksam zu machen. Sie schob mich weg und sagte, sie hätte zu tun. Ich erinnere mich, wie sie wegen unzähliger kleiner Dinge, von denen sie das Gefühl hatte, sie müßte sie erledigen, aufgeregt durch die Gegend rannte. Morgens gab es immer Hetze. Sie wollte, daß alle zu einer bestimmten Zeit gekämmt und angezogen dastanden. Sie hatte immer Angst, daß ihr Zeitplan durcheinander kommen könnte oder daß eines der Kinder etwas Spontanes tun würde und sie nicht alles so durchführen könnte, wie sie es geplant hatte.

Von ihrer vielbeschäftigten Mutter lernte sie, selbst eine vielbeschäftigte, geplagte Mutter zu sein. Sie hielt sich auch fanatisch an Zeitpläne und war kurz angebunden mit ihren Kindern, wobei sie sich gleichzeitig bewußt war, wie ihre Mutter zu sein. Überdies war sie frustriert, weil sie nicht wußte, was sie mit diesem Wissen anfangen sollte. Die hohen Anforderungen an ihre Zeit und Energie in der Führung eines Haushaltes ohne Mann wurden auf tragische Weise verstärkt durch ihr emotionales Bedürfnis, es ihrer Mutter gleichzutun. Die Negative Liebe hatte wieder gewonnen.

Es ist genauso wichtig zu erkennen, daß die Programmierungen Negativer Liebe nicht als Trauma oder Familientragödie in Erscheinung treten müssen. Ein friedlicher und ruhiger Haushalt ist nicht notwendigerweise ein liebevoller. Tatsächlich haben es Kinder von Eltern, die sich gestritten haben, oft leichter, ihre Gefühle auszudrücken, als Kinder von Eltern, die einen Scheinfrieden aufrechterhielten. Oft merken Menschen erst dann, wenn sie ihre Kindheitserinnerungen mit denen anderer vergleichen, bewußt, wie viel ihnen in ihrem toten, gefühllosen Zombie-Zuhause gefehlt hat.

Es ist ratsam, sich während des Lesens selbst zu beobachten und Notizen dazu zu machen. Es mag vielleicht schwierig und sogar entmutigend sein, wenn man erkennt, wie es tatsächlich um das Sexualleben bestellt ist.

Oft ist ein Kind zornig aufgrund des Wettkampfs, der zwischen ihm und seinen Brüdern und Schwestern um die Aufmerksamkeit von und Bestätigung durch Mutter und Vater stattfindet.

Kinder lernen vielfach, daß nicht genug Liebe für alle da ist. Wenn ein älterer Bruder positive Aufmerksamkeit bekommt, weil er hochintelligent und ein guter Schüler ist, mag der jüngere beschließen, daß er es nicht mit seinem Bruder aufnehmen kann, und rebellieren, indem er vorgibt, dumm und faul zu sein. Bald glaubt er, sein Vortäuschen sei echt. Indem er auf diese selbstzerstörerische Art rebelliert, erlangt er die negative Aufmerksamkeit von einem oder von beiden Elternteilen. Oder das Kind tritt in den Wettkampf ein und treibt sich selbst an, bis es ein völliges Nervenbündel ist.

Kinder derselben Eltern sind nicht immer gleich. Brüder und Schwestern und sogar Zwillinge sind Individuen und verschieden. Dafür gibt es eine Reihe von Gründen. Das Familiensystem verändert sich mit der Zeit. Eltern mit einem Kind verhalten sich anders nach dem zweiten oder dritten. Mit dem Anwachsen der Familie trifft jedes neue Kind eine veränderte Situation an. Ein dreijähriges Kind sieht sich einem anderen Programm Negativer Liebe gegenüber als seine sechs- und achtjährigen Geschwister.

Wenn die Familiensituation sich von einem Kind zum nächsten wenig verändert, reagieren Kinder, die etwa im gleichen Alter sind, nicht unbedingt gleich auf ihre Eltern. Auch wenn jedes Kind grundsätzlich denselben Mustern, Launen und Ermahnungen ausgesetzt ist, kann es unterschiedlich reagieren. Wenn das ältere Kind den elterlichen Erwartungen so genau entspricht, daß es viel positive Aufmerksamkeit von Mutter und Vater erhält, mag das jüngere diese drei als festverbündetes Dreieck wahrnehmen. Wenn nicht genügend positive Aufmerksamkeit vorhanden zu sein scheint, behilft das jüngere Kind sich damit, zu rebellieren, um die negative Aufmerksamkeit der Eltern auf sich zu ziehen.

Um das Einvernehmen mit den Eltern nicht zu gefährden, kauft das ältere Kind ihre Liebe, während das zweite meistens mit Rebellion reagiert. Fühlt sich das ältere Kind vom jüngeren, dem Mutter und Vater alle positive Aufmerksamkeit schenken, verdrängt, ist vorprogrammiert, daß es zum Rebell wird und das jüngere zum braven, folgsamen Liebeskäufer. Ein Beispiel wäre, daß in einem solchen Familiensystem das ältere Kind kriminell würde und so negative Aufmerksamkeit erlangen könnte, während das jüngere, das erkannt hat, daß dieser Weg keine elterliche Liebe bringt, Anwalt würde. Doch beide würden aufgrund ihres Mißtrauens gegenüber Mutters und Vaters Liebe unter dem Gefühl leiden, nicht liebenswert und unzulänglich zu sein.

Sogar wenn Kinder grundsätzlich gleich auf Programmierungen reagieren, das heißt mit Nachgeben oder Rebellion, kann diese Reaktion verschiedene Formen annehmen. Kinder rebellieren nicht notwendigerweise auf ein und dieselbe Art. Zum Beispiel: Jack rebellierte gegen seine Eltern und wurde drogensüchtig und ein schlechter Geschäftsmann, aber Jerry, sein Bruder, war sehr erfolgreich im Geschäftsleben, um seinem Vater zu beweisen, daß er besser war als er. Der finanzielle Erfolg brachte ihm kein Glück. Er war in Konflikten gefangen, weil er besser war als sein Vater, und wählte dann den Alkohol, um sich in seinem frustrierten und unglücklichen Zustand zu betäuben.

Ungeachtet der Programmierung ist nichts so, wie es zu sein scheint. Das sogenannte Musterkind kann zum Beispiel in früher Jugend der Sonnenschein seiner Eltern gewesen sein. Oft »flippt« dieses angepaßte Kind in Rebellion, wenn es die

Pubertät erreicht. Eltern haben die Tendenz, dieses Verhalten als »Phase« oder als das Ergebnis hormoneller Veränderungen abzutun. Auch wenn das Musterkind Vaters und Mutters Liebe kaufen mag, indem es folgsam ist, wird der innere Druck der nicht gelebten Rebellion mit der Zeit übermächtig. Die wahre Liebe, den versprochenen Lohn für das »gute« Verhalten, nie zu erhalten, schafft viel Frustration und wird zum Motiv für die unterdrückte Auflehnung. Wenn es mehr Kontakt zur Außenwelt hat, fällt diesem Kind auf, daß andere Kinder leben, ohne sich den unmöglichen Forderungen und Erwartungen, die ihm selbst zu Hause begegnen, anpassen zu müssen. Ein Kind versteht Gerechtigkeit, auch wenn es sie zu Hause nicht erlebt, und der Gedanke, daß »andere davonkommen«, es selbst aber nicht, löst Schmerz, überwältigende Wut und rebellisches, selbstzerstörerisches Verhalten aus.

Es kann auch länger dauern als die ersten dreizehn Lebensjahre, bis der aufgestaute Druck zu groß wird und sich in zorniger Rebellion entlädt. Wenn der Druck nur langsam zunimmt oder das Kind mehr Durchhaltevermögen hat, um ihm zu widerstehen, kann der Umbruch erst viel später im Leben stattfinden. Früher oder später kommt die Zeit, wo Kinder nicht länger Münzen in Vaters oder Mutters negative Liebesmaschinen werfen wollen, vor allem, wenn der »Volltreffer« nie eintritt oder der unregelmäßige Preis in den falschen Markstücken der Pseudoliebe ausbezahlt wird.

Manche Leser denken jetzt zweifelsohne, »was er sagt, mag auf gewisse unglückliche Leute zutreffen, aber nicht auf mich. Meine Eltern liebten sich wirklich und waren wunderbar zu uns Kindern. Sie führten eine sehr glückliche Ehe, und wir waren eine tolle Familie.«

Ich wünschte, das wäre für alle so. Bestimmt gibt es Menschen, die sich selbst und andere selbstlos und ohne Einschränkung lieben können. Vielleicht waren Ihre Eltern auf diese Weise gesegnet. Wenn dem so ist, gelten die Inhalte dieses Buches nicht für Sie. Sie können dies überprüfen, indem Sie das Ergebnis Ihrer Entwicklung betrachten. Wenn Ihre Eltern wirklich zu denen gehörten, die sich wahrhaftig liebten, hätten sie Ihren Liebeskelch gefüllt und Sie vorbereitet in die Welt hinausgeschickt, um diese Liebe mit anderen zu teilen. Was uns zu der Schlüsselfrage zurückführt: Wie ist es um Ihr Gefühlsleben bestellt? Was ist schiefgelaufen, wenn Ihr Gefühlsleben nicht so »perfekt« ist wie das Ihrer Eltern? Entweder sie haben Ihnen beigebracht, sich ein befriedigendes Gefühlsleben zu gestalten und aufrechtzuerhalten oder nicht. Es ist unmöglich, daß Sic die ersten dreizehn Jahre Ihres Lebens damit zubringen, mit Ihren Eltern eine liebevolle Beziehung zu leben, und dann »irgendwie« nicht lernen, wie man liebt.

Ich kann auch das Argument nicht gelten lassen, liebevolle Eltern würden manchmal ein liebesunfähiges Kind hervorbringen, einen »schlechten Sproß«. Was wie Liebe aussehen mag, kann in Wahrheit etwas anderes sein. Wenn Mutter und Vater beide entsprechend ihren eigenen Ermahnungen Negativer Liebe leben und Frieden halten, indem sie, besonders zu Hause, keinen Zorn oder schlechte Gefühle zeigen, kann die Pseudoliebe, die sie sich bei Tisch entgegenbringen, die Kinder glauben machen, es handle sich um das wahre Glück. Diese Komödie ist besonders erfolgreich, wenn die Kinder durch Negative Liebe ermahnt werden, ihre eigenen Wahrnehmungen und Einsichten zu entwerten und zu leugnen. Diese Kinder mögen sich verwirrt, zerrissen und schuldig fühlen im Hinblick auf ihre Unfähigkeit, als Erwachsene so zu lieben, wie sie dachten, Mutter und Vater hätten es getan. Gleichzeitig mögen Mutter und Vater sich fragen, warum ihre Kinder »gescheitert sind«, und nicht erkennen, daß sie Pseudoliebe vorlebten.

Es gibt scheinbar liebevolle Ehen, aus denen Kinder hervorgehen, die es schwer haben zu lieben. Wenn die Liebe, die Ihre Mutter und Ihr Vater einander entgegenbrachten, auf die Eltern begrenzt und exklusiv war, mag es für Sie keinen Platz gegeben haben, um sie zu teilen. Wenn Sie Zeuge waren, wie Ihre Eltern einander liebten, während sie Sie ignorierten, haben Sie sich von ihnen abgewandt, weil Sie sich von ihnen zurückgewiesen fühlten. Später mögen Ihre Eltern sich fragen, warum Sie nicht reagieren, wenn sie Ihnen Liebe anbieten. Das liegt daran, daß sie früher ihre Liebe nicht teilten, um Sie in deren schützende, beruhigende Wärme einzuschließen. Wieviel Liebe die Eltern einander zeigen mögen – wenn die Liebe die Kinder nicht einschließt, wird die nachfolgende Generation Mühe haben, Liebe zu zeigen und anzunehmen.

Sie mögen gelernt haben, unfähig zu sein zu lieben, wenn Ihr Vater in Ihnen einen Rivalen für die Liebe und Aufmerksamkeit Ihrer Mutter sah. Wenn Ihr unreifer Vater Ihnen die stille Ermahnung »Hau ab!« gab, hatten Sie vielleicht keine andere Wahl, als sich zurückzuziehen, was Folgsamkeit und Negative Liebe zu Papi zum Ausdruck brachte. Wenn die Ermahnung Ihrer Mutter zudem das Gegenteil ausdrückte, nämlich »Verlaß mich nicht!«, kann es sein, daß Sie sich hin- und hergerissen fühlen. Gleichgültig, welche von beiden Ermahnungen Sie übernehmen, Sie befinden sich in Rebellion gegen einen Elternteil und demnach in einem ständigen, aufreibenden Konflikt. Das Resultat der erfahrenen Ablehnung ist, daß Sie andere unweigerlich ablehnen oder es so einrichten, daß man Sie ablehnt.

Nicht erwiderte Liebe zeigt die positiven und negativen Aspekte der Liebe. Wenn die positive Liebe, die Sie für jemand anderen empfinden, nicht erwidert wird, leiden Sie unter dem Schmerz der Ablehnung. (Manche Leute haben von dieser Art Liebe gesagt, daß sie einem »ganz schön zu schaffen macht«.) Während die Empfindung von Liebe, die Sie jemandem entgegenbringen wollen, sich wunderschön anfühlt, ist es abscheulich, wenn sie nicht erwidert wird. Ablehnung führt zu Angst vor der Liebe, was dazu führt, daß Liebe aus Angst vor Verletzung zurückgehalten wird – ein weiterer Teufelskreis.

Manche Leute argumentieren gegen das Konzept der Negativen Liebe, indem sie behaupten, daß wir einen freien Willen haben und niemand anderen für unsere Probleme verantwortlich machen können als uns selbst. Doch auch wenn Sie sich sagen, Sie hätten einen freien Willen und die Kontrolle über Ihr Schicksal, ist diese scheinbare Autonomie meist nicht mehr als eine Illusion. Dank des negativen freien Willens ihrer Dunklen Seite leben Sie die Programmierungen, die von Ihren Eltern in Ihrer Kindheit geschaffen wurden, automatisch und zwanghaft aus. Die Programme der Dunklen Seite machen uns im allgemeinen blind dafür, daß wir von ihnen beherrscht werden. Wo Ihre Eltern Ihnen beigebracht haben, Sie könnten den »freien Willen« einfach walten lassen, indem Sie sich entscheiden, haben Sie nicht mit dem der Dunklen Seite angehörigen Syndrom Negativer Liebe gerechnet, das den positiven freien Willen unbrauchbar macht.

Viele Lehren sagen oder implizieren so etwas wie: »Jetzt, wo du weißt, daß du dir alle diese schrecklichen Dinge antust, HÖR EINFACH AUF DAMIT. Geh hin und laß von aller Sünde ab.« Mit Negativer Liebe ist es nicht so einfach. Zureden hilft da nicht.

Sie können nicht einfach nur innerlich entscheiden, Ihre Programmierung zu verändern. Um sich aus der Falle Negativer Liebe zu befreien, bedarf es der Arbeit auf der emotionalen, intellektuellen, spirituellen und physischen Ebene. Da der Intellekt wie ein Tropfen auf dem Ozean der Gefühle ist, ermöglicht er Ihnen lediglich, über emotionale Muster Negativer Liebe zu lesen, nur intellektuell mehr darüber zu erfahren, wie Sie sich sich selbst und anderen gegenüber verhalten »müßten«, ohne das negative Liebesverhalten auszuschalten. Das Ergebnis ist eine noch größere Kluft zwischen intellektuell begründetem Wissen und dem emotionalen Widerstand gegen Veränderung.

Sie mögen vermeiden, sich selbst anzusehen, und die Schuld für Ihre Negativität dem »Unbewußten« geben – als wäre das Unbewußte ein schrecklicher Morast, voll böser Dämonen, mit dem Sie geboren wurden, über den Sie keine Kontrolle haben und den Sie nicht verstehen. Das ist nicht wahr. Aber es waren die Dunkle Seite Ihrer Mutter und Ihres Vaters und keine schrecklichen Dämonen in Ihnen, die Ihre emotionalen Probleme verursacht haben. Und wer war die Ursache deren emotionaler Probleme? (Es war die Dunkle Seite von deren Eltern und so weiter bis zum Anbeginn der Zeit. In diesem Sinn ist es wahr, daß der Apfel nicht weit vom Stamm fällt. Negative Liebe ist von Generation zu Generation weitergegeben worden.)

Widerstand gegen sich selbst und die Angst vor der Erkenntnis können zu Schwierigkeiten führen, sich an die eigene Kindheit zu erinnern. Sie mögen sogar glauben, es sei unmöglich, sich zu erinnern, doch das trifft nicht zu. Alles, was Sie beeinflußt hat, muß Ihnen auf einer gewissen Ebene bewußt gewesen sein und kann mit den richtigen Mitteln zu Tage gebracht werden. Sie sind nicht der Gefangene Ihres Unbewußten. Alles, was Sie wissen müssen, um zu verstehen, wie und warum Sie so wurden, wie Sie sind, ist vorhanden, um abgerufen und angeschaut zu werden. Sie können lernen, mit Ihrem Gedächtnis in Verbindung zu treten. Zum Glück können Muster Negativer Liebe, sind sie einmal bewußt, behandelt und gelöscht werden, wobei es nicht darauf ankommt, wie tief sie begraben waren. (Wie dies zu erreichen ist, wird in späteren Kapiteln diskutiert.)

Zur gleichen Zeit, wo ein Teil von Ihnen »versucht«, sich zu befreien, kämpft ein anderer, die parasitäre Dunkle Seite, mit aller List, Kraft und Tücke, die er aufbringen kann, gegen die Veränderung an. Sie haben ihn bereits als negatives Emotionales Kind kennengelernt: als den Teil von Ihnen, der nie über das Alter von dreizehn Jahren hinausgelangt und immer noch in Negativer Liebe mit Mami und Papi verbunden ist. Während Ihr Intellekt und Körper herangewachsen sind, verhält Ihr Emotionales Selbst sich immer noch wie ein Kind, weil es sich vor Veränderungen fürchtet.

Das negative Emotionale Kind wehrt sich gegen Veränderung und Wachstum. Menschen beginnen die eine oder andere Therapie, indem sie sich sagen, daß sie aufrichtig wünschen, ihrem Leiden ein Ende zu bereiten und ihre Probleme aufzuarbeiten. Tatsächlich weiß der Intellekt, daß er glücklicher wäre, wenn er seine Probleme lösen könnte. Doch das innere Emotionale Kind ist darauf programmiert, weiterhin in Negativer Liebe mit den Eltern verbunden zu sein. Irgendwann kommt es zu einer kritischen Wahlmöglichkeit: negativ Mami und Papi »treu« zu sein oder sich zu befreien und autonom und selbstliebend zu werden. Eine solche Veränderung kann angstvoll und bedrohlich erscheinen. Das Kind sagt sich: »Wenn es das ist, was notwendig ist, um gesund zu werden, bleibe ich lieber krank. Jedenfalls noch ein Weilchen.« Oft sind Menschen nicht bereit, ihr Leben in Ordnung zu bringen, bis sie so tief gesunken sind, daß sie sich aufrappeln müssen, um den Bordstein zu erreichen. Erst, wenn sie wirklich verzweifelt sind, sind sie bereit, sich zu verändern. Ein Beispiel für diese Situation bietet der Brief, den mein Sohn Michael mir geschrieben hat, nach zwanzig Jahren Rebellion dagegen, den HQP zu machen. Siehe Kapitel »Dankesbriefe« am Ende des Buches.

Wenn Sie andererseits wirklich wissen, wo das Problem liegt, und die nötigen Mittel und die Macht haben, um es zu lösen, macht es Sinn, sich selbst befreien zu wollen. Das Leben ist wunderbar erfüllend, wenn es nicht mehr von Negativer Liebe befallen ist. Veränderung ist möglich, weil das Verhalten Negativer Liebe lediglich von Ihnen übernommen wurde und nicht in Ihnen angelegt ist. Wenn Sie erfahren haben, wie Sie sich selbst traurig und unglücklich machen, können Sie mit den richtigen Hilfsmitteln ebenfalls lernen, sich selbst glücklich zu machen. Denn was auch immer an Negativem gelernt wurde, es kann auch verlernt werden.

Im Alter von dreiunddreißig Jahren war Mary Ellen eine schöne, doch einsame, unglückliche, reizbare, frustrierte, paranoide Frau, die Angst hatte vor ihrem eigenen Schatten. Im Quadrinity-Prozeß lernte sie, ihre negativen Programme fallenzulassen:

Ich kaufte einen Holztisch aus zweiter Hand, der sich als perfektes, greifbares Beispiel für das herausstellte, was wir hier auf der Ebene der Umerziehung tun, und ich nehme an, auch auf der psychologischen. Die Tischplatte sah gräßlich aus. Sie war scheinbar nicht mehr zu retten. Tintenkleckse waren ins Holz eingedrungen und Brandflecken, wo heiße Gegenstände achtlos hingestellt worden waren, sowie tiefe Einschnitte, wo Leute gleichgültig mit Messern hantiert hatten. Je mehr ich den Tisch abschliff, desto mehr Sympathie empfand ich für dieses arme, wehrlose Stück Holz, so sehr war es verunstaltet durch Unachtsamkeit und Ignoranz. Als ich durch die Schichten Dreck und Lack durch war, konnte ich darunter eine wirklich schöne Maserung erkennen. Interessanterweise begann ich mich mit dem Tisch zu identifizieren. Es war mir in der Zeit zuvor sehr schlecht gegangen, weil ich alle anderen für mein vernarbtes, häßliches, mangelhaftes Selbst verantwortlich gemacht hatte außer mich selbst. Es stimmte. Ich war nicht gut genug. Ich verdiente es einfach, daß man mich verließ, wie der Tisch von seinem früheren Besitzer aufgegeben worden war. Doch als ich ihn abschmirgelte, begann ich durch den sehr physischen Akt des Entfernens von Narben zu spüren, daß dieser arme, wehrlose Tisch in Wirklichkeit mich spiegelte, wie ich in der Vergangenheit gewesen war. Und als die Narben von ihm entfernt worden waren – zugegebenermaßen mit großer Mühe und Beschwerden –, war ich sicher, daß er meine eigenen Narben unter großem Schmerz empfinden konnte. Ich wußte, daß alle schlechten Muster, die man an mich weitergegeben hatte, ebenfalls entfernt werden konnten. Heute verstehe ich das. Der Tisch, der jetzt schön aussieht und neu lackiert worden ist, steht in meinem Wohnzimmer und wird oft bewundert.

Mary Ellen entdeckte in diesem bewegenden Erlebnis, daß die Welt, wie sie sie kannte, eine Lüge war. Doch indem sie die Narben vom Tisch entfernte, war sie in der Lage, ihm seine natürliche Schönheit zurückzugeben. Indem sie den emotionalen Krebs der Unfähigkeit zu lieben entfernte, der durch den »Virus« der Negativen Liebe verursacht worden war, konnte sie zur Schönheit ihres grundsätzlich positiven Wesens zurückfinden – zu ihrem Spirituellen Selbst. Als der Krieg und der Konflikt zwischen ihrem Intellekt und ihren Gefühlen ein Ende fanden, war sie fähig, die vier Aspekte ihres Selbst zu integrieren: positiver Intellekt, positive Gefühle, Spirituelles Selbst und Körper.

Sie kennen jetzt die Art und Ursache Ihrer Probleme. Als nächstes wollen wir einige der schrecklichen Konsequenzen der Negativen Liebe in Ihrem Leben betrachten. Im nächsten Kapitel werden wir erörtern, wie Negative Liebe Ihre Sexualität beeinflußt hat, ob Sie nun hetero- oder homosexuell sind. Und schließlich werden wir im achten Kapitel die Techniken ergründen, durch die der Quadrinity-Prozeß Ihr umfassendes Grundgefühl, nicht liebesfähig zu sein, verändern kann.

7

Auswirkungen Negativer Liebe auf Hetero- und Homosexualität

Ein Buch über die Liebe wäre nicht vollständig ohne die Erörterung einer ihrer mächtigsten Ausdrucksformen, des Sex. Wenn ich Menschen frage: »Wie steht es um Ihr Liebesleben?«, nehmen sie oft an, ich meine: »Wie steht es um Ihr Sexualleben?« Auch wenn die zwei in einem engen Zusammenhang stehen, sind sie doch äußerst verschieden.

Dies führt uns zu einer weiteren provokativen Frage. Wie oft genießen Sie den Sex? Ist er ein regelmäßiger Bestandteil Ihres Lebens oder etwas, worüber Sie nur phantasieren? Ist Ihr Geschlechtsleben abwechslungsreich genug, um frisch und aufregend zu bleiben, oder sind Sie in einen gewohnten Trott gefallen, der bequem, aber langweilig ist? Fühlen Sie sich nach dem Akt meist leer und enttäuscht?

Abgesehen von Ihrem eigenen Vergnügen – bereiten Sie auch Ihrem Partner sexuelle Lust? Sind Sie glücklich, wenn Sie Ihren Partner befriedigen? Geben Sie, um zu geben, oder geben Sie nur, damit Ihre Bedürfnisse befriedigt werden? Während Sie über Ihre Antworten nachdenken, halten Sie sich vor Augen, daß es beim Sex wie bei der Liebe Mut braucht, um der Wahrheit ehrlich ins Gesicht zu sehen.

Wie stehen Sie zu Ihrem Sexualpartner? Ist es jemand, den Sie zutiefst schätzen und an dem Ihnen wirklich gelegen ist? Ist es jemand, der Sie schätzt und dem an Ihnen gelegen ist? Oder sind Sie praktisch Fremde, die jeweils den Körper des anderen benutzen für einen kurzen Versuch, der Langeweile und der Einsamkeit zu entkommen?

Ist Ihre sexuelle Beziehung nur geschlechtlicher Art, oder teilen Sie auch andere Bereiche Ihres Lebens mit Ihrem Partner? Ist Ihr Sexualpartner Teil Ihres Lebens vor und nach dem Sex? Sind Sie nach dem Akt ebenso wie davor und auch während des Aktes in der Lage, zärtliche, intime Momente miteinander zu erleben?

Noch wichtiger, wie fühlen Sie sich bezüglich Ihrer Sexualität? Drücken Sie Ihre Sexualität auf eine Art aus, die Ihren Phantasien gerecht wird? Sind Ihre Phantasien negativ, wie zum Beispiel schmerzhaft sadomasochistisch, wäre es das Beste, die Gründe dafür in Ihrer Kindheitsprogrammierung zu suchen.

Sie haben am meisten von diesem Buch, wenn Sie sich ein paar Momente Zeit nehmen, um über Ihre Antworten nachzudenken. Es hilft, Notizen über Ihre Selbsterforschung zu machen, um die Klarheit Ihrer ersten Gedanken nicht zu verlieren. Es kann weh tun, schwierig oder entmutigend sein zu sehen, wie Sie Ihr Sexualleben wirklich leben. Und doch ist Selbsterforschung der einzige Weg, um sich mit den Problemen zu konfrontieren und zu lernen, was man damit anfängt. In einer Zeit, wo die Folgen der Promiskuität lebensgefährlich sein können, ist es äußerst wichtig, daß wir uns mit unseren sexuellen Bedürfnissen auseinandersetzen, damit sicherer, monogamer Sex erfüllend sein kann.

Angeblich sind wir Menschen die am höchsten entwickelte Spezies, aber trotzdem haben wir Schwierigkeiten, lebenslange monogame Beziehungen einzugehen, die von echter Liebe geprägt sind. Menschliche Promiskuität hat ihren Ursprung in der Dunklen Seite, im Syndrom Negativer Liebe. Es ist wichtig, daß man die Promiskuität unter diesem Aspekt betrachtet.

Es ist bekannt, daß viele Tierarten und Vögel lebenslange treue Verbindungen eingehen. Viele Menschen machen das ähnlich – mit dem Unterschied, daß nicht alle diese Verbindungen von ungeteilter Liebe geprägt sind. Leider muß man bei Beziehungen zwischen zwei Kategorien unterscheiden:

A) Echte Liebe und Monogamie und
B) Abhängigkeit voneinander aus Angst vor Zurückweisung und Alleinsein.

Es ist vor allem die zweitgenannte Art von Beziehung, bzw. Abhängigkeit und »weil es sich eben so gehört«, die viele Paare ein Leben lang in einer unausgefüllten Ehe zusammenhält. Es ist möglich, daß einer von den Partnern in solch einer leeren Beziehung, wenn nicht sogar beide, untreu wird, weil er sich davon Liebe und Erfüllung erhofft, und dadurch Eifersucht und Leiden hervorruft. Ein solches Verhalten wird dann mit dem Hinweis gerechtfertigt, daß menschliches Verlangen etwas ganz Natürliches ist. Das ist wohl wahr, doch wer seinen Partner aufrichtig liebt, wird alles unterlassen, was das gegenseitige Vertrauen und die Liebe gefährden könnte. Wenn Ihr Partner wirklich das Objekt Ihrer Begierde ist, wird Ihre Beziehung glücklich und erfüllt sein.

Wir sollten nicht übersehen, daß die Promiskuität in manchen Gesellschaften durchaus akzeptiert wird. Sie existiert seit dem Beginn der Geschichtsschreibung. Obwohl man sich in den weiten Teilen der Welt gegen die Vielehe und ähnliche Beziehungen ausgesprochen hat, bietet ein solches Verhalten seit Jahrhunderten den Nährboden für Negative Liebe.

Was ist mit Ihren Eltern? Schauen Sie sich deren Sexualleben an. Hatten sie die Art von Sex, die sie wollten? Waren sie fähig, einander Lust zu geben mit einer Mischung aus Leidenschaft, Zärtlichkeit und Liebe? War Sex ein regelmäßiger, freudiger Bestandteil ihres Lebens oder eine Pflicht, die sie widerstrebend erfüllten, weil sie es einander schuldig waren?

Wie fühlten sie sich in bezug auf ihre eigene Sexualität? Fühlte sich Ihr Vater sicher in seiner Männlichkeit, oder mußte er sich dauernd durch sportliches Gehabe oder mit außerehelichen Affären und Eroberungen beweisen? Suchte er seine sexuelle Erfüllung woanders als zu Hause? Wenn ja, brachte er Ihnen eine ausschweifende Sexualität bei? War Ihre Mutter sich ihrer Weiblichkeit sicher, oder brauchte sie ständige Bestätigung ihrer Attraktivität und Verlangen erwekkenden Sexualität? Wenn Ihr Vater sich ihr vorenthielt, suchte sie woanders nach sexuellem Vergnügen?

Manche Menschen mögen sich der Aufforderung widersetzen, das Geschlechtsleben ihrer Eltern unter die Lupe zu nehmen. Ihre Rationalisierung dafür lautet: »Ich habe meine Eltern es nie tun sehen«, oder: »Das geht mich nun wirklich nichts an.« Man braucht sie jedoch nicht unbedingt zusammen im Bett gesehen zu haben, um ihr Geschlechtsleben zu verstehen. Zeigten sie Liebe, Zärtlichkeit und Wärme füreinander? Und Ihnen gegenüber? Wenn sie Sie kaum berührt haben, ist es wahrscheinlich, daß sie auch einander kaum angefaßt haben. Ihre sexuelle Erfahrung war dann eine animalische Erfüllung von biologischen Bedürfnissen. Machten sie ab und zu einen Witz über Sex? Oder war Sex umgeben von Verboten, über die sie nicht sprechen konnten, von Scherzen ganz zu schweigen?

Schauen Sie sich auch an, wie sie mit Ihrer Sexualerziehung umgingen. Wie haben Ihre Eltern Ihnen die grundlegenden Dinge des Lebens beigebracht? Haben sie gemütlich mit Ihnen darüber gesprochen, als Sie sich der Pubertät näherten? Konnten Sie Ihnen klar und zuverlässig Auskunft geben über die Veränderungen in Ihrem Körper, als Sie körperlich erwachsen wurden? Waren sie in der Lage, mitfühlend und beruhigend mit Ihnen über Ihre Fragen und Ängste zu sprechen? Konnten sie ihre Freude darüber zum Ausdruck bringen, daß Sie sich nun als Erwachsener zu ihnen gesellten? Konnten sie gefühlvoll und reif auf das Thema eingehen, um Sie auf eine positive erwachsene Sexualität vorzubereiten? Konnten Sie sexuelle Probleme offen mit Mutter und Vater besprechen?

Oder vermieden sie das Thema und winkten ab? Gaben sie Ihnen ein Buch und sagten: »Da, lies das mal«? Überließen sie es irgendeinem Erwachsenen, vielleicht einem Arzt, Lehrer oder religiösen Berater, Ihnen während dieses kritischen Übergangs in Ihrem Leben beizustehen? Oder haben sie überhaupt nichts unternommen und Sie sich selbst überlassen, so daß Sie mit großer Wahrscheinlichkeit falsche Informationen von Ihren Freunden aufschnappten, die genauso unwissend waren wie Sie?

War es für Sie schwierig, über die Ebene sexuellen Wissens Ihrer Eltern hinauszuwachsen? Können Sie einem zwölfjährigen Jungen oder Mädchen mühelos Tatsachen rund um den Sex erklären, ohne verlegen zu werden? Können Sie die Struktur und Funktion der sexuellen und reproduktiven Organe bei Mann und Frau richtig beschreiben und besprechen? Könnten Sie einem naiven Jugendlichen erklären, was er oder sie über Masturbation wissen muß, über Geburtenkontrolle, Geschlechtskrankheiten und AIDS? Könnten Sie einem jungen Mann oder einer jungen Frau erklären, wie man sicheren Sex genießt, ohne andere auszubeuten? Und können Sie Ihre Belehrungen anhand Ihrer eigenen Erfahrungen belegen? Würden Sie einem jungen Menschen raten, sein Sexualleben so zu leben, wie Sie es taten? Wäre es gescheit, Ihrem Rat zu folgen? Oder müßten Sie sagen: »Tue, was ich sage, nicht, was ich tue«?

Ja, diese Fragen mögen ins Grübeln führen. Beinahe niemand, der sie ehrlich beantwortet, wird völlig zufrieden sein mit dem, was er oder sie bei sich selbst feststellt. Menschen, die Probleme mit der Liebe haben, erleben diese Probleme meist auch mit dem Sex. Meiner Meinung nach beweisen Probleme mit der Sexualität, daß Eltern, die unter sexuellen Schwierigkeiten litten, heute noch einen negativen Einfluß auf das Leben ihrer Kinder haben. Wenn Ihre Mutter und Ihr Vater keine harmonische geschlechtliche Beziehung hatten, mit Gefühlen von Liebe und Zärtlichkeit füreinander, waren sie nicht in der Lage, Sie diese Eigenschaften zu lehren. Kinder von sexuell verwirrten, ängstlichen, unwissenden, defensiven oder prüden Eltern haben zwei unbefriedigende Möglichkeiten. Sie können Mutters und Vaters grundsätzlich ungesunde, unreife sexuelle Einstellung übernehmen, zusammen mit ihrer Unbeholfenheit und ihrem mangelnden Wissen über Sex, oder sie können gegen das Beispiel von Mutter und Vater rebellieren, während sie den Konflikt vertuschen, den eine solche Rebellion unweigerlich beinhaltet.

In jedem Fall ist das Resultat ein verkümmertes, unvollständiges, unerfülltes Geschlechtsleben. Welche Wahl haben Sie getroffen?

Kinder von »befreiten« Eltern sind auch nicht viel besser dran. Wo Sex so locker gehandhabt wird, als sei er nur eine weitere Körperfunktion wie Essen, Trinken, Urinieren oder Stuhlen, werden Kinder um die Möglichkeit betrogen, die spirituelle und positive Seite der sexuellen Liebe zu erfahren. Es ist ein Fehler anzunehmen, daß Mutter und Vater keine Probleme hatten, nur weil sie keine sexuellen Hemmungen kannten. Die Unfähigkeit, über die rein körperliche Seite des Sex zu seinen spirituellen und intellektuellen Dimensionen hinauszugelangen, ist ebensosehr ein Problem wie die verbreitete Unfähigkeit, die körperliche Erfahrung der Sexualität wirklich zu genießen.

Wenn Sie das Sexualleben von Mutter und Vater genauer betrachtet haben, vergleichen Sie es mit Ihrem eigenen. Ist Ihnen wohl dabei, oder leben Sie in einem Konflikt, wenn Sie Ihr Geschlechtsleben anders ausleben als Ihre Eltern, sei es nun freizügiger oder konservativer? Sind Sie wirklich frei von dem Beispiel, das sie Ihnen gegeben haben? Ist ihr Geschlechtsleben dem Ihren ähnlich? Sind Sie glücklich damit? Würden Sie es verändern, wenn Sie könnten? Wie viele von Ihren Einstellungen Sex gegenüber müssen sich verändern, damit Sie glücklich sein können, was auch immer Sie unter Glück verstehen mögen?

Wie die Fähigkeit zu lieben, hängt die Fähigkeit, eine erwachsene Sexualität ohne Schuld und Angst zu genießen, nicht von »äußeren« Bedingungen ab – ebensowenig wie die Fähigkeit Ihres Partners, Sie zu erregen. Sexuelles Vergnügen beziehen Sie ebenfalls aus Ihrer Fähigkeit, sich selbst zu erregen. Sollte die Tatsache, daß wir durch das Beispiel, das unsere Eltern uns geben, lernen (oder öfter auch nicht lernen), ein erfülltes Sexualleben zu leben, bedeuten, daß unsere Eltern uns zu sich ins Schlafzimmer einladen? Natürlich nicht. Ihr Sexualleben ist und sollte ihre Privatsache sein. Doch um Kindern eine angemessene Vorbereitung auf das Erwachsenenleben zu geben, müssen Eltern die Tatsache der Sexualität anerkennen und die Kinder mit Positivität und Liebe darauf vorbereiten.

Wenn Sie zu den Menschen gehören, die lieben können, werden Sie verstehen, was ich meine. Um allumfassend zu sein, muß die sexuelle Erfahrung über die Leidenschaft hinausgehen, um liebevolle Zärtlichkeit, Abwechslung, Offenheit und Hingabe zu umfassen. Obschon sexuelle Erfüllung dadurch beeinflußt wird, mit wem Sie zusammen sind und was Sie tun, bestimmen die Stufe der Ekstase, die Sie erreichen, letztlich Sie selbst. Wenn dies passiert, erwacht der Körper und ist sich seiner völligen Empfindsamkeit vollkommen bewußt. Vollständiger Sex umfaßt Ihr gesamtes Selbst: den spirituellen Wesenskern, die emotionale Güte und, jawohl, die intellektuelle Fähigkeit, das, was geschieht, zu verstehen und zuzulassen. Wenn Ihre Quadrinität von Körper, Spirituellem Selbst, Gefühl und Intellekt mit der Quadrinität Ihres Partners verschmilzt, ist die Erfahrung der Erfüllung reine Ekstase.

Die meisten von uns erreichen kaum je die Höhen der sexuellen Ekstase auf allen vier Ebenen ihres Wesens, weil die Fesseln der Negativen Liebe uns davon abhalten, Sex als ein positives, allumfassendes Erlebnis zu genießen. Die Sexualität ist den Auswirkungen Negativer Liebe genauso unterworfen wie alle anderen Lebensbereiche.

Ob ein Kind männlich oder weiblich wird, hart oder zärtlich, lustig oder frustig, leidenschaftlich oder kalt, wechselnde Geschlechtspartner hat, monogam oder keusch lebt, wird von den Programmen Negativer Liebe bestimmt, denen es in der Kindheit unterworfen war.

Sexuelle Schwierigkeiten, wenn auch bedrückend, sind lediglich Symptome der tieferen Problematik: der Unfähigkeit zu lieben und sich lieben zu lassen. Deshalb muß das Problem untersucht und seine Ursache aufgespürt werden. Das Heilmittel für sexuelle Schwierigkeiten ist dasselbe wie für alle neurotischen Probleme: Liebe, die nährt und es Ihnen ermöglicht, diese emotionale Güte anderen zukommen zu lassen. Liebe für sich selbst und andere führt leicht und mühelos zu Wachstum und Erfüllung, im Sex wie in allen anderen Lebensbereichen. Um das Absolute zu erfahren, muß es Liebe-Sex-Liebe sein, ein herrliches Sandwich.

Um ein tieferes Verständnis der sexuellen Problematik zu erlangen, lassen Sie uns hinter dem eigentlichen Akt die scheinbar verschiedenen sexuellen Verhaltensweisen betrachten. Anstatt zu fragen: »Was machen Menschen sexuell?«, fragen wir uns: »Warum tun sie das, was sie tun?«

Indem wir »warum« statt »was« fragen, bieten sich uns nicht Hunderte oder vielleicht Tausende Verhaltenskategorien an, sondern nur die zwei Aspekte des Syndroms Negativer Liebe: Übernahme Negativer Liebe oder Rebellion dagegen. Erinnern Sie sich: Wenn ein Kind die negativen Eigenschaften, Launen und unausgesprochenen oder ausgesprochenen Vorwürfe und Ermahnungen seiner Eltern übernimmt, drückt es damit Negative Liebe für sie aus. In der Rebellion weist das Kind die sexuellen Verhaltensweisen von Mutter und Vater zurück und wählt aus einer Reihe von gegenteiligen Möglichkeiten, wie es sich sexuell verhalten möchte. Die Rebellion gegen Negative Liebe bringt jedoch vielfach nichts als Konflikt und Frustration mit sich. Sexuelle Rebellion führt zum Konflikt, weil das innerlich programmierte Emotionale Kind als Erwachsener den Verlust von Mamis und Papis Liebe riskiert, indem es ihnen nicht gehorcht. Wenn Eltern Doppelbotschaften vermitteln oder ein unzuverlässiges Beispiel darstellen, werden Kinder verwirrt und ängstlich. Als Resultat erleben die meisten Menschen Sex in einer Mischung aus Negativer Liebe und Rebellion.

Eines der häufigsten sexuellen Probleme ist die Langeweile. Sex wird mehr zur Pflicht als zum Vergnügen. Dieses sexuelle Niemandsland wurde geschaffen von Eltern, die den Sex nicht genießen und ihren Kindern nicht beibringen konnten, wie man ihn genießt. Oft arbeitete Mutter hart, so daß keine Zeit oder Energie für lustvollen Sex mit Vater übrigblieb.

Oder vielleicht war Vater zurückhaltend und gefühlsarm und gab seiner Frau und seinen Kindern wenig Zärtlichkeit.

Sexuell gelangweilte Frauen leben vielfach in reiner Negativer Liebe zu Mutter und Vater. Mutter war so überarbeitet, unterbezahlt und zu wenig geliebt, daß ihre Tochter ihr Leben auf dieselbe Weise lebt. »Seht ihr, Mami und Papi?« ruft ihr negatives Emotionales Kind: »Das Leben ist so langweilig, wie ihr gesagt habt. Für Vergnügungen bleibt keine Zeit, vor allem für Sex nicht. Ich bin genau wie ihr. Werdet ihr mich jetzt lieben?«

Männer werden Opfer von ähnlichen Programmen: »Sex ist nicht lustig. Arbeite hart und vergiß es.« Tatsächlich haben Menschen mit dieser Programmierung die Tendenz, einander zu heiraten und ein sexuell langweiliges Leben zu führen. Genau wie seine Frau drückt der Ehemann in einer solchen Ehe seine Negative Liebe zu seinen Eltern aus, indem er jemanden heiratet, der hart arbeitet und asexuell ist. Wie seine Mutter ist seine Frau überarbeitet und unterschätzt. Auch hat sie zu wenig Zeit oder Energie, um Liebe oder Begeisterung für ihren Mann aufzubringen. Aus Negativer Liebe zu seiner Mutter hat er ein Mädchen geheiratet – »genau wie das Mädchen, das den lieben alten Papi geheiratet hat«.

Er hat die Ermahnungen verinnerlicht: »Frauen sind nicht sexy. Laß dich nieder und vergiß den Sex. Sex dient nur der Zeugung. Sex ist nicht wichtig.« Also begnügt er sich mit einem unerfüllten Geschlechtsleben. Ganz wie er, war sein Vater phantasielos, unerreichbar, gefühlsarm und meistens nicht ganz für seine Gattin und seine Kinder da. Durch die Programme Negativer Liebe waren die zwei leider füreinander geschaffen.

Sowohl der Mann als auch die Frau würden es in einer entsprechenden Situation vorziehen, zu rebellieren und ein erfüllteres Leben zu leben, doch wie stets hält sie die Negative Liebe gefangen. Sie können nicht anders leben, ohne in einen tieferen Konflikt und in größere Schuld zu geraten. Die meiste Zeit ist ihr Leben nicht unerträglich, da ihre harte Arbeit ein energetisches Ventil darstellt und Geld für mehr als das Lebensnotwendige bereitstellt. Solche Eltern haben die Tendenz, kein Aufhebens zu machen oder Probleme zu schaffen, doch unter der Oberfläche des Scheins leben sie ein »Leben in stiller Verzweiflung«.

Das wirkliche Problem für beide ist nicht, daß sie nicht genug Sex bekommen. Sie würden sich sicher besser fühlen und hätten mehr Spaß, wenn sie mehr Sex hätten, doch ihr wirkliches Problem ist, keine Liebe zu haben. Vielleicht haben ihre Mütter und Väter ihnen Höflichkeit und gute Manieren beigebracht. Demzufolge ist ihre Beziehung zueinander flach, mechanisch und uninteressant. Sie nehmen an den Abläufen des Familienlebens teil, ohne die Wärme der Liebe zu erfahren, die eine glückliche Familie ausmacht. Wenn Sex aus gegenseitiger Liebe geboren wird, ist er keine Pflicht, sondern ekstatisches Teilen. Anstatt das Ende des Tages hinauszuzögern, freut er sich darauf, nach Hause zu kommen zu ihr, und sie wartet nur darauf, ihn liebevoll zu begrüßen. Sie sind gerne zusammen, denn jeder ist des anderen bester Freund. Jeder ist gerne da für den anderen, und das Zubettgehen wird zu einer freudigen Feier gegenseitiger wahrer Liebe.

Langeweile ist nicht die einzige Art, die negativen sexuellen Eigenschaften von Mutter und Vater zu übernehmen. Die wildeste Form zwanghafter, promiskuitiver Sexualität kann ebenfalls ein Ausdruck Negativer Liebe sein. »Wie der Vater, so der Sohn« trifft auf den Sex ebenso zu wie auf andere Bereiche. Oft ahmt ein Mann, der jeder Frau, ob verheiratet oder ledig, jung oder alt, nachjagt, seinen Vater nach (oder das, wovon sein Vater wünschte, er hätte es in seiner eigenen Jugend getan). Wenn seine Mutter ebenfalls oberflächliche sexuelle Affären hatte, wird das Muster eines Mannes das von viel Sex mit wenig emotionalem Engagement und eine Übernahme doppelter Negativer Liebe beider elterlicher Verhaltensweisen sein. Die Ermahnung seines Vaters mag gewesen sein: »Frauen sind zum Nehmen da, aber laß dich nicht fangen.« Und Mutters unausgesprochene oder ausgesprochene

Ermahnung vergrößert das Problem: »Männer benutzen Frauen für Sex und nicht für Liebe.«

»Seht ihr, Mami und Papi«, sagt das negative Emotionale Kind im Innern, »ich schlafe wild durch die Gegend, genau wie ihr. Aber ich lasse niemanden mich mehr erfüllen, als ihr das tatet, also bin ich nicht besser als ihr. Ich bin immer noch euer kleiner Junge. Werdet ihr mich jetzt lieben?«

Um Mutter und Vater nicht zu übertreffen, laufen der zwanghaft sexuell ausschweifende Mann oder die ebenso sich verhaltende Frau meistens vor jedem davon, der ein wirkliches emotionales Engagement anbietet oder echte emotionale Verantwortung verlangt. Indem es die Muster Negativer Liebe übernimmt, spiegelt dieses Verhalten das alte Thema wider: »Es war gut für meine Mutter, es war gut für meinen Vater, es ist gut für mich. Seht ihr, Mami und Papi. Ich bin genau wie ihr. Liebt ihr mich jetzt?«

Menschen mit zwanghaftem sexuellem Appetit bekommen selten mehr als ein vorübergehendes, oberflächliches Vergnügen. Wenn Sex rein körperlich ist, fehlt immer etwas. Männer und Frauen ohne Erfahrung mit den nichtkörperlichen Dimensionen der Sexualität mögen wissen, daß etwas fehlt, ohne es benennen zu können. Sie suchen jahrelang nach der endgültigen sexuellen Erfahrung, die zur Erfüllung führt. Aber sie trifft nicht ein, denn dem, was sie suchen, fehlt immer die positive und spirituelle Komponente des Sex. Aus Negativer Liebe zu Mutter und Vater bleiben sie eindimensionale Wesen, die nie das Höchste erreichen.

Eltern können ihren Kindern auch beibringen, Angst vor Sex zu haben. Frigide Frauen hatten oft Mütter, die sie lehrten, daß Sex schmutzig und widerlich ist. Aus Negativer Liebe zur Mutter übernehmen diese Frauen deren Wesenszug. Wenn sie erwachsen sind, kann es sein, daß sie Sex völlig meiden. Oder, wenn sie heiraten, vermeiden sie ihn oft dadurch, daß sie einen ebenso asexuellen Partner wählen, wie sie es sind.

Auch Vater ist die Ursache von mancherlei sexuellen Ängsten der Frau. Als die kleine Alice eines Morgens aufstand, hörte sie ihren Vater im Badezimmer. Sie ging auf Zehenspitzen hinein und traf ihn nackt an. Er war so in sein morgendliches Rasierritual vertieft, daß er das barfüßige Kind nicht kommen hörte, das seinen erigierten Penis zum ersten Mal sah.

Da sie so etwas noch nie gesehen hatte, fragte sie: »Vati, was ist das?«

Erschrocken, geniert und verwirrt antwortete er zornig: »Das geht dich nichts an! Raus mit dir, geh in dein Zimmer!«

»Aber Vati ...«, stammelte sie, »ich ... ich ...«

»Kümmer dich nicht darum«, bellte er und griff schnell nach einem Handtuch, um es sich um die Hüften zu legen. »Raus mit dir! Und komm nie wieder ins Badezimmer, ohne anzuklopfen.«

Zurückgewiesen und zerknirscht nahm sich die kleine Alice vor, nie mehr auf das Ding zwischen Papis Beinen neugierig zu sein, das so offensichtlich tabu war. Als sie älter wurde, lernte sie, daß dieses Ding ein Penis war und etwas mit Sex zu tun hatte. Doch die heftige Ermahnung Negativer Liebe war: Sei nicht neugierig auf den Penis eines Mannes, oder er wird wütend und nimmt es dir übel.« Dem erwachsenen Intellekt mag dies unlogisch oder absurd vorkommen, doch für ein vierjähriges Kind – und für das negative Emotionale Kind im Erwachsenen – ist es eine folgerichtige Reaktion. Ob er sich daran erinnert oder nicht, jeder Mensch, der sich vor dem Geschlechtsverkehr fürchtet, hat ein ähnlich traumatisches Kindheitserlebnis hinter sich. Und/oder weil es verboten war, Papis Penis zu betrachten, ist dieses kleine Mädchen später im Leben vielleicht sexbesessen geworden.

Gleich, wieviel Zeit verstreicht, wie geduldig und verständnisvoll Ehegatten und Liebhaber sein mögen, Frauen, die als Kinder so programmiert wurden, sind oft zu einem problematischen Sexualleben verurteilt.

Der impotente Mann ist, genau wie die frigide Frau, das Produkt der Programmierung durch seine Eltern. Was sie ihm sagen, muß nicht spezifisch mit Sex zu tun haben, doch kann es einen großen negativen Eindruck bezüglich Sexualität hinterlassen. Als kleiner Junge mag der impotente Mann von seinem Vater zum Beispiel heftig und wiederholtermaßen mit den Worten verhöhnt worden sein: »Du bist ein Idiot! Nichts kannst du richtig machen.« Da seinem Vater nicht zu folgen bedeutet, den Verlust seiner Liebe zu riskieren, verinnerlicht der Junge viele Male den Vorwurf, daß er nichts richtig machen kann, Sex inbegriffen. So kann im Erwachsenenleben seine Negative Liebe für Vater ihn daran hindern, eine gesunde Sexualität zu leben.

Vielleicht hat seine Mutter ihn auch gelehrt, Zurückweisung zu fürchten, indem sie abwechselnd herzlich und kalt zu ihm war. Hin- und hergerissen, verstand er nie, ob er Strafe verdient hatte oder nicht. Er bekam gerade genug von der Liebe einer Frau, um mehr zu wollen, doch er fürchtet sich, in der Liebe und im Sex wirklich konsequent zu sein, weil er Angst hat, daß die Frau ihn abweisen wird, wie seine Mutter es oft getan hat. Um es seiner Mutter unbewußt rachsüchtig zu vergelten, könnte so jemand während des Geschlechtsakts plötzlich seine Erektion verlieren und so seinen Partner frustrieren, auf den er unbewußt seine Mutter übertragen hat.

Mit diesen Ängsten und Unsicherheiten behaftet, wählen diese Männer oft den Weg, Versagen und Zurückweisung nicht zu riskieren. Nach ein paar Versuchen in der Jugend mögen sie den Sex sogar meiden. Die Tragödie dabei ist, daß diese Männer oft einen normalen Sextrieb haben, doch ihre Angst vor Versagen, Scham und/oder Vergeltung hält sie davon ab, etwas zu wagen. Die alte, verkrüppelnde Botschaft von Mutter und Vater: »Du bist nicht gut genug, um mich zufriedenzustellen« macht es unmöglich, sexuelle Reife zu erlangen. Statt dessen bleibt so ein Mann der kleine, unfähige Junge seiner Eltern und denkt unbewußt: »In Ordnung, Mami und Papi. Ich bin der ungeschickte Kerl, als den ihr mich immer dargestellt habt. Liebt ihr mich jetzt?« Oder: »O. k., Mami, du hast mir das Gefühl gegeben, der Liebe nicht wert zu sein, also nehme ich Intimität (Sex) mit Frauen nicht an.

Wirst du mich jetzt lieben?« Dahinter steckt natürlich rachsüchtige Vergeltung.

Solch ein Verhalten wirkt wie ein Bumerang, der der Mutter zugeworfen wird, aber zurückkommt und Sie von hinten trifft. Rachsucht führt zur Rache an sich selbst und zu Unglücklichsein. Durch Sexualtherapie können frigide Frauen und impotente Männer lernen, wie sie Geschlechtsverkehr haben können, doch die Ebene der sexuellen Erfüllung bleibt beschränkt durch die Facetten der weitergehenden, kontinuierlichen Auswirkungen der schmerzlichen Programmierung Negativer Liebe, die in Wirklichkeit sagt: »Sex ist verboten!« und »Du wirst es nie schaffen!« In der therapeutischen Beratung und in Workshops werden wir dazu angehalten, loszulassen und uns zu befreien, um das zu tun, was uns Spaß macht. Das kann beinahe alles bedeuten: Gruppensex, sich einen außerehelichen Partner nehmen, animalische Lust mit völlig Fremden, die Sie nie wiedersehen, Homosexualität und Bisexualität zu erfahren und so weiter. Ich glaube an die Freiheit und habe mein Leben der Aufgabe verschrieben, anderen Menschen zu helfen, sie zu finden. Aber es ist unmöglich, über die Wiesen der sexuellen Lust zu tollen und dabei mit der Kette der Negativen Liebe an Ihren Füßen Erfüllung zu finden. Sich zu befreien bedeutet, gegen die Ermahnung rebellieren: »Sei nicht freier als Mami und Papi, oder wir werden dich nicht lieben.« Sexuell unfreie Männer und Frauen kämpfen nicht gegen die gesellschaftlichen Regeln oder die Umgebung an, in der sie leben, sondern gegen die ausgesprochenen oder unausgesprochenen sexuellen Botschaften, die sie als Kinder erhielten.

Das wirkliche Programm Negativer Liebe läuft meist unter der Wahrnehmungsschwelle ab, und keiner kann da hinausbefohlen, -geschmeichelt oder -geredet werden. Der Versuch, es zu tun, verursacht nur noch mehr Konflikte und Spannungen. Bloße Änderung des Verhaltens dringt nicht zur Ursache vor und ist kurzlebig.

Linda kam aus einer Familie, in der Liebe nur ein Wort

war. Ihre Mutter verhielt sich kalt und abweisend gegenüber den gelegentlichen sexuellen Anliegen ihres Vaters. Sein Ventil war die Arbeit, der Sport und ab und zu ein »Abend in der Stadt mit den Jungens«. Ohne körperliche Berührung durch beide Eltern wuchs Linda heran, mit einer verzweifelten Sehnsucht nach Wärme jeglicher Art. Ihre Eltern lehrten sie nicht, sexuell zu sein. Sie war ein wunderschönes Mädchen mit normalen Bedürfnissen, und die Jungen fanden sie attraktiv. Bald nach ihrem vierzehnten Geburtstag machte sie ihre erste sexuelle Erfahrung. Wenn auch zuerst ungeschickt und zögernd, lernte sie bald, daß Jungen, und später Männer, ihr die Wärme und Bestätigung geben konnten, die sie zu Hause nie erhalten hatte. Ihre Eltern versuchten, dem Einhalt zu gebieten, was sie Lindas »Hang zu Lüsternheit und Sünde« nannten, doch als sie einmal von Wärme und Bestätigung gekostet hatte, konnte sie nicht genug davon bekommen. Als sie als Siebzehnjährige von zu Hause weglief, rief ihr Emotionales Kind ihren Eltern zu: »Zur Hölle mit euch! Ich gehe dorthin, wo ich Spaß haben kann und Liebe kriege. Euch zeig' ich's!« Und das tat sie auch, indem sie überall, wo sie hinkam, den Ruf einer sexuell freizügigen Frau hatte. Hinter ihrem befreiten sexuellen äußeren Verhalten lag jedoch ein schrecklicher Konflikt mit ihrer Rebellion. Je mehr sie versuchte, Papis Liebe von ihren vielen Sexualpartnern zu erhalten, desto frustrierter und leerer wurde sie. Sie konnte den Sex nicht aufgeben, weil es sie befriedigte, und zudem war er ihre Eintrittskarte zu Beliebtheit, Aufmerksamkeit und Pseudoliebe. Und doch konnte sie keine wahre Erfüllung finden. Warum? Weil dies gegen die Ermahnung von Mutter und Vater gewesen wäre: »Sei nicht sexy. Berühre die Menschen nicht.« Ihre Tragödie, wie die vieler Frauen, die so liebevoll scheinen, ist die, daß hinter der Fassade verzweifelte Leere, Einsamkeit, Zerrissenheit und Unfähigkeit zu lieben liegen.

Beinahe jede Art von Verhalten, das sich gegen die sexuellen Eigenschaften der Eltern richtet, ist eine Form von Auflehnung, weil es oft nicht für sich selbst eingesetzt wird, sondern um es den liebesunfähigen Eltern heimzuzahlen. Frauen aus Familien, in denen wenig Liebe gezeigt oder in denen Sex voll und locker ausgelebt wurde, mögen auf gesellschaftlich anerkannte Art rebellieren, indem sie sich aus der Welt des erwachsenen Sex zurückziehen und es vorziehen, enthaltsam zu leben. Die Rebellion muß nicht unkonventionell oder unliebsam sein, um zu wirken. Sie muß nur dem entgegenlaufen, was Mutter und Vater sagten und taten.

Auch die Auflehnung, die aus Geschwisterrivalität geboren wird, hat meistens sexuelle Aspekte. Wenn ein kleines Mädchen sich zum Beispiel von seiner jüngeren Schwester verdrängt fühlt, mag es zu dem Schluß kommen, daß keine positive Aufmerksamkeit mehr zur Verfügung steht, und sich damit begnügen, die negative Aufmerksamkeit seiner Eltern zu erlangen. In gutbürgerlichen Familien sieht man das oft daran, daß die brave jüngere Schwester fügsam heiratet und ein nettes Heim bezieht, um wohlerzogene Kinder zu bekommen. Um als befreite Frau zu gelten, lehnt die ältere Schwester sich zornig auf, indem sie nicht heiratet und statt dessen eine Reihe von kurzen, oberflächlichen Affären hat, die sie mit einem Gefühl von Leere und Ausgenutztsein zurücklassen.

Falls sie heiratet, wählt sie oft die Art Mann, für den ihre Eltern am wenigsten Achtung haben: vielleicht einen armen Künstler oder Schriftsteller. Oft wird sie auch arbeiten, um ihn zu unterstützen, um den rigiden Sinn für Anstand und die spießige Moral ihrer Eltern noch mehr zu strapazieren. Während sie aufrichtig unter den körperlichen und finanziellen Entbehrungen ihres »freien« Lebens leidet, genießt ihr inneres Emotionales Kind voller Schadenfreude den Verdruß der Eltern. »Denen hab' ich's gezeigt. Sie wollten mich nicht lieben. Ich bin davongelaufen, und jetzt tut es ihnen leid. Schau mich an, bin ich nicht frei?« Die Tragödie ist, daß ihr Intellekt weiß, daß sie glücklicher wäre, wenn sie die Dinge anders machen könnte, doch aufgrund des Syndroms Negativer Liebe verweigern ihre Gefühle ihr den Genuß wahrer Freiheit.

Das Syndrom Negativer Liebe betrifft auch Brüder. Wenn einer der Brüder, sei es nun der jüngere oder der ältere, die ganze positive Aufmerksamkeit erhält, wird der andere oftmals rebellieren und beschließen, daß Auflehnung gegen Mutter und Vater die beste Art sei, ihre Aufmerksamkeit zu bekommen. Das bizarre und oft zerstörerische Sexualleben von vielen alleinstehenden Menschen, seien sie nun geschieden, nie verheiratet gewesen oder immer noch verheiratet, zeigt nicht ihre Freiheit, sondern ihr zorniges kindliches Bestreben, gegen Mutter und Vater zu rebellieren. »Schaut, Mami und Papi. Da ihr mich nicht lieben wollt, werde ich nicht tun, was ihr von mir verlangt. Ich werde in Schwierigkeiten geraten, und es wird euch leid tun. Dann werdet ihr vielleicht Notiz von mir nehmen.« Natürlich wirkt solch ein rachsüchtiges Verhalten wie ein Bumerang der Selbstbestrafung.

Sexuelle Rebellion kann auch bis ins mittlere Alter oder noch später hinausgezögert werden. Die Eskapaden von Männern und Frauen in den Vierzigern und Fünfzigern sind oft das Resultat der Jahre, die sie folgsam damit zubrachten, Mutters und Vaters Pseudoliebe zu kaufen, indem sie »gut« waren, während sie dafür keine echte Liebe bekamen. Nähern sie sich der Lebensmitte und sterben ihre Eltern, kommt der Wunsch, die verlorene Zeit wettzumachen: »Zur Hölle damit. Ich werde mich amüsieren, solange noch Zeit ist.« Diese Art von Rebellion ist vielfach von schmerzlichen Konflikten durchdrungen und endet meistens mit einem Mißerfolg. Rebellion führt nie zu wahrer Liebe.

Wenn ein Kind gemischte oder widersprüchliche sexuelle Botschaften von seinen Eltern erhält, wird seine Sexualität durcheinandergebracht. Wenn Mutter und Vater sich nicht einig sind bezüglich sexueller Verhaltensweisen, läßt das ihre Kinder verwirrt, verängstigt und verstört zurück, weil sie zwischen dem Wunsch, Vater oder Mutter zu gefallen, hin- und hergerissen sind.

Michaels Geschichte ist typisch für ein Kind, dessen sexuelle Botschaften widersprüchlich waren. Sein Vater, ein Machotyp, lehrte ihn, daß Sex in Ordnung sei, aber daß nur Schwächlinge ihre Gefühle zeigten. Seine Mutter, eine scheue, abhängige, ängstliche Frau, sprach nie über Sex. Sie zeigte ihm statt dessen, wie man Leiden und Angst fühlt. Mit einem Vater, dessen Botschaft »Tu es wie ein Mann« war, und einer Mutter, die vermittelte: »Sex ist schmutzig«, war Michaels tiefer, sexueller Konflikt unvermeidlich. Seinem Vater gehorchend, jagte er zwanghaft Frauen nach, für die er keine Gefühle aufbringen konnte, während sein negatives Emotionales Kind schrie: »Wie findest du mich, Papi?« Er betrieb Sex aus Negativer Liebe zu seinem Vater und fühlte sich angewidert und schuldig dabei aufgrund seiner Rebellion gegen Mutter. In anderen Phasen gehorchte er den Ermahnungen seiner Mutter und blieb lange Zeit enthaltsam, während er sich deprimiert und einsam fühlte. Das war dann die Rebellion gegen seinen Vater. Er fühlte sich schuldig in bezug auf seine Mutter, wenn er Sex hatte, und unmännlich in bezug auf seinen Vater, wenn er ihn nicht hatte. Michael wurde von seinem Konflikt zerrissen und wußte nicht, wer oder was er sexuell war. Er konnte nicht gewinnen, ohne zu verlieren: ein weiterer Teufelskreis. Als er lernte, sich von seinen selbstzerstörerischen Mustern Negativer Liebe zu befreien, fand er eine positive, erfüllende sexuelle Identität.

Ruths Eltern waren einander in ihren sexuellen Botschaften ähnlicher. Trotzdem befand sie sich in einem doppelbödigen Konflikt. Ihr Vater fand, oberflächlicher Sex sei für Männer in Ordnung, und vermittelte ihrem Bruder, Frauen »mal gut durchzubumsen und sie dann stehenzulassen«. Da Kinder oft Botschaften übernehmen, die sich an eines ihrer Geschwister richten, machte sie sich diese zu eigen. Ihre Mutter war der Ansicht, Sex sei in Ordnung, aber nicht vor der Ehe. »Anständige Frauen schlafen nur mit ihrem Mann«, pflegte sie zu sagen.

Als sie erwachsen wurde, fühlte sich Ruth schlecht, gleich, was sie tat. Sie konnte nicht damit aufhören, oberflächliche sexuelle Affären zu haben, die ihr Vater insgeheim guthieß, nur weil Mutter ihr sagte, sie solle warten bis zur Hochzeit, und sie hörte stets, wenn sie mit einem Mann schlief, innerlich die ablehnende Stimme ihrer Mutter. Wenn Mami »Nein!« und Papi »Doch!« sagt, kann das emotionale Resultat die reine Hölle sein. Auch in so einem Fall können Sie nicht gewinnen, nur verlieren.

Der Mann oder die Frau, die ein sexuelles Doppelleben führen, also ein offizielles und ein privates, reagieren auf ihre bürgerlichen Eltern sowohl mit Negativer Liebe als auch mit Auflehnung. Ein versteckt homosexueller Mann mit einer Frau und Kindern lebt in einem frustrierenden Konflikt. Aus Negativer Liebe führt er nach außen ein konventionelles, heterosexuelles Leben. Gelegentlich rebelliert er, sucht sich einen männlichen Partner und lebt seine sexuellen Phantasien aus. Mitten im Orgasmus mit einem Mann mag sein negatives Emotionales Kind seinen Spaß haben: »So ist es gut, wirklich gut!« Später mag er von Scham und Reue überwältigt sein: »Mein Gott, Papi, es tut mir leid. Ich konnte nicht anders. Ich fühle mich schon schlecht genug deswegen – wirst du mir vergeben und mich lieben?« Sein Intellekt verurteilt sein Emotionales Selbst, das seine Schuld verursacht, und seine Gefühle leiden unter dem Aufschrei seines Konflikts und seiner unablässigen Reue.

Muster Negativer Liebe sind noch offensichtlicher bei sexuellen Extremen wie Gewalt oder völliger Enthaltsamkeit. Wenn Papi ein Sadist war und Mutter schlug, bevor er mit ihr ins Bett ging, lernt ein Kind, daß Schreie und blaue Flecken die richtige Art sexuellen Vorspiels darstellen. Viele Sadisten und Sadomasochisten können wegen dieses Programms Negativer Liebe auf keine andere Art sexuelle Erregung finden. Wenn jedoch ihre unglücklichen emotionalen Verbindungen zu ihren zerstörerischen Eltern aufgearbeitet werden, sind sie in der Lage, sexuell zu reagieren, als hätten sie nie von Marquis de Sade gehört.

Frauen mit sadistischen Tendenzen ahmen nicht notwendigerweise ihre Mutter nach. Oft ist auch Vater der Schuldige. War er kalt oder wenig zu Hause, werden sie sich an ihm rächen, indem sie ihren Mann oder Freund schlecht behandeln. (Die Töchter von kalten Männern rächen sich auch anderswo als nur im Bett, falls Sie in letzter Zeit von keiner schlimmen Scheidung gehört haben sollten und in keinem Einkaufszentrum gewesen sein sollten.)

Die Nymphomanin leidet ebenfalls an einem tiefen Mangel an Vaterliebe, der vielfach durch den tatsächlichen oder gefühlsmäßigen Tod oder dadurch entsteht, vom Vater verlassen worden zu sein. Sie ist derart bedürftig, daß kein Mann sie je befriedigen kann, sei es nun im Bett oder anderweitig. Sie wird verzweifelt von einem Mann zum anderen wechseln, um einen zu finden, der es doch kann. Unabhängig von jedem neuen sexuellen Bündnis wird ihr Emotionales Kind sagen: »Es ist schon in Ordnung, Papi, niemand kann mich mehr erfüllen als du. Ich werde immer dir gehören, gleich wer versucht, deinen Platz einzunehmen.« So fordert die zwanghafte Nymphomanie ihren Preis.

Vergewaltiger sehnen sich nach Mutters Liebe, die ihnen vorenthalten wurde. Vielleicht kam die Mutter eines solchen Mannes nie, um nach ihm zu schauen, als er ein kleines Baby war. Er konnte ihre Aufmerksamkeit nur auf sich ziehen, indem er noch lauter schrie. Als er älter wurde, wurde er sogar noch fordernder. Er mußte sich nehmen, was sie ihm nicht freiwillig gab. Wenn er eine widerstrebende, verängstigte Frau vergewaltigt, nimmt er in Wahrheit immer noch von seiner lieblosen, widerstrebenden Mutter und zahlt es ihr rachsüchtig heim, daß sie ihn als Kind auf so herzlose, abweisende Art behandelte. Seine Schuld und sein Konflikt stammen vom Schmerz der emotionalen Verwahrlosung seiner Kindheit. (Dies ist nur eine der vielen Ursachen von Vergewaltigungen, doch eine der wichtigsten.)

Es gibt vielerlei Variationen von Programmierungen Negativer Liebe, die zu sexuell abweichendem Verhalten führen. Wir können sie hier nicht alle behandeln, doch Menschen mit sexuell abweichendem Verhalten sind meistens solche, die in ihrer Kindheit auf krankhafte Art die Liebe entbehren mußten. Der Päderast, der Voyeur und der Fetischist waren alle völlig ausgehungert nach erfüllender Liebe. Oft lebt der Päderast eine Beziehung zu einem seiner jüngeren oder älteren Geschwister aus. Je nachdem, ob er gewalttätig oder harmlos ist, versucht er sich entweder an dem Rivalen zu rächen, der ihn verdrängt hat, oder ihm zu beweisen, daß er ihn wirklich liebte, wenn er ihn in der gemeinsamen Kindheit eingeschüchtert und mißhandelt hat. In manchen Fällen konnte er beobachten, wie seine Mutter dem Kind einer Nachbarin Liebe gab, während sie ihn ignorierte. Indem er seine erwachsene sexuelle Aufmerksamkeit einem Kind zuwendet, handelt er aus Negativer Liebe und Rebellion. Er übernimmt Mutters Eigenschaft, indem er das kleine Mädchen oder den kleinen Jungen zu lieben scheint. (»Schau nur, Mami, ich bin lieb zu einem kleinen Kind, genau wie du. Liebst du mich jetzt?«) Indem er das kleine Kind mißbraucht, rächt er sich gleichzeitig dafür an seiner Mutter, daß sie ihm nicht die Liebe gegeben hat, die er so verzweifelt suchte. Natürlich rächt er sich ebenfalls am Gegenstand von Mutters Zärtlichkeit. Seine programmierte sexuelle Unreife und Unfähigkeit, mit Gleichaltrigen auszukommen, gibt ihm eine Entschuldigung, um seine »erwachsene« Macht über Kinder auszunutzen.

Der männliche Fetischist kann eine erstaunliche Reihe besonderer sexueller Vorlieben aufweisen. Ob seine Lust sich auf Füße richtet, auf Unterwäsche, Gemüse, Leder, Motorräder oder Wohnzimmereinrichtungen, das Objekt dient ihm als Ersatz für die Liebe seiner Kindheit: Mutter. Alles, was in seinem Bewußtsein eng mit ihr verbunden ist, wird als Auslöser für die Sehnsucht seiner Kindheit fungieren. Der heterosexuelle Transvestit liebt es, sich wie Mami zu verkleiden, damit er eine Liebesverbindung zu ihr spürt. Der Voyeur leidet unter einer unbefriedigten sexuellen Neugier. Wenn Mutter ein Riesendrama daraus machte, als er sie unbeabsichtigt ohne Kleider sah, kann er einen überwältigenden Wunsch danach entwickeln, herauszufinden, was für ein Geheimnis dahintersteckt. Wir suchen den Reiz des Verbotenen.

Doch nun zu einem weiteren wichtigen Aspekt des sexuellen Verhaltens. Die Amerikanische Vereinigung für Psychiatrie befand im Jahre 1977, daß die Homosexualität weder eine Krankheit noch eine Neurose noch ein sexuell abweichendes Verhalten darstellt. Die Psychiatrie kann einen Homosexuellen nicht heilen, auch wenn es Psychiater gibt, die dies behaupten. Alles, was die Psychiatrie oder jede Form von Therapie heilen kann, ist jemandes Bedürfnis nach einem Elternteil. Dies nämlich führt zur programmierten Homosexualität. Wenn das Bedürfnis nach der Liebe eines Elternteils verschwunden ist, wird der Mensch, der sich – aus Bedürftigkeit – wie ein Homosexueller verhält, das Bedürfnis nicht länger haben und muß sich nicht länger wie ein Homosexueller verhalten. Solch ein Mensch ist ein »Verhaltens-Homosexueller«, kein »geborener Homosexueller«. Kindheitskonditionierung schafft keine wahre Homosexualität, doch sie kann zu programmierter oder Pseudo-Homosexualität führen.

Wirkliche Homosexualität ist angeboren. Wie jemand als Grieche, Chinese, Schwarzer, Skandinavier, taub, blind, stumm oder behindert geboren wird, kommt man entweder heterosexuell oder homosexuell zur Welt. (Das, was ich ursprünglich zu diesem Thema im Jahre 1975 geschrieben habe und wovon ich auch heute noch überzeugt bin, läßt sich durch wissenschaftliche Beweise aus dem Jahr 1993 belegen.) Es ist unterdessen bekannt, daß die sexuelle Orientierung des Menschen bereits vor der Geburt festgelegt wird.

Manche Männer gehen durchs Leben, indem sie den Vater suchen, den sie brauchten, weil Vater sie früh verließ, durch Tod, Scheidung oder Vernachlässigung oder einfach, indem er zwar vorhanden, aber nicht da war. Sie mögen eine Beziehung zu einem Mann sogar sexualisieren, weil sie Papi so sehr brauchten, und haben zeitlebens Angst, homosexuell zu sein. Haßt ein Mann seine Mutter, wird er sich vielleicht seinem Vater anschließen. Sexualisiert er diese Anhänglichkeit, wird er sich einen männlichen Liebhaber suchen. Ist er ein geborener Homosexueller, wird er wie Heterosexuelle eine Haßliebe zu Männern entwickeln, die ihn gleichzeitig anziehen und abstoßen. Ein Mann, der seinen Vater haßt, kann sich auch seiner Mutter anschließen. Sie wird dann zu seinem Rollenvorbild, und er eifert ihr nach. Indem er dies tut, zahlt er es seinem Vater rachsüchtig heim, wenn er eine intime Beziehung mit einem Mann eingeht. So übt er Vergeltung an seinem Vater, den er in Verlegenheit bringt und erniedrigt. Wenn ein Mann beide Eltern haßt, kann er sich an beiden zu rächen versuchen, wenn er sexuelle Beziehungen zu Männern unterhält.

Wenn ein Mann seine Homosexualität aus Verlangen nach Papi oder Anhänglichkeit gegenüber Papi oder Haß auf Papi und Anhänglichkeit gegenüber Mami oder aus Haß zu beiden auslebt, dann ist er kein geborener Homosexueller. Werden diese negativen Muster aufgedeckt, kathartisch verarbeitet und fallengelassen, wird er Männer als Freunde und nicht als Liebhaber haben.

Karl war ein zerbrechlicher, mädchenhafter Knabe, eine große Enttäuschung für seinen männlichen, heterosexuellen Vater. Dieser hatte erfolglos versucht, seinen Sohn durch Bitten, Schmeicheln und Drohungen dazu zu bringen, sich wie ein typischer, rauhbauziger kleiner Macho zu benehmen. Statt dessen hielt sich Karl lieber zu Hause auf und war gut in der Schule, was seinen Vater noch mehr frustrierte, da dieser selbst ein schlechter Schüler gewesen war.

Obgleich Karl, der sich nicht akzeptiert fühlte, gegen die männlichen Züge seines Vaters rebellierte, übernahm er eine tiefergehende, wirkungsvollere Ermahnung: »Du bist ein Weichling. Hau bloß ab.« Daraufhin erwiderte sein Emotionales Kind: »Schon gut, Vati, wie du möchtest. Ich bin ein Weichling (= schwul). Liebst du mich jetzt?« Karl verlor sein tiefes Verlangen nach der Liebe seines Vaters nie, also suchte er sie auf seine unlogische Weise. Sein Hauptthema war die Übernahme der Ermahnung: »Du bist ein Weichling.«

Er brachte durch seine weiblich getönte Homosexualität auch Negative Liebe für seine Mutter zum Ausdruck. Sie fühlte sich schuldig, einen »schrägen« Sohn hervorgebracht zu haben und ihn nicht wirklich zu wollen. Um ihre Schuldgefühle zu besänftigen, fiel sie ins andere Extrem und erdrückte ihn mit Aufmerksamkeit und Behütung, vor allem, wenn ihr Mann den Jungen wegen seines Mangels an Männlichkeit schalt. Nach jeder bissigen Bemerkung des Vaters rannte Karl zu ihr und vergrub sein Gesicht an ihrer Brust, während sie sein Haar streichelte und sein verwundetes Ich pflegte. »Keine Angst,« schnurrte sie. »Es ist schon gut. Mutter versteht dich. Setz dich, während ich mich anzieh, und wir werden zusammen spazierengehen.« Jungen lernen, männlich zu sein, indem sie die Männlichkeit ihres Vaters nachahmen. Karl hielt sich weiterhin an seine Mutter, da nur sie ihm Wärme gab. Während er seiner Mutter verbunden blieb, entfernte er sich mehr und mehr von seinem Vater. Als er als Erwachsener zum Transvestiten wurde, tat er es Mami wirklich gleich.

Als er sein Elternhaus verließ, zog er in eine Großstadt. Dort schloß er sich den homosexuellen Kreisen an und lebte wie der »Weichling«, von dem sein Vater behauptete, daß er es sei. Er fühlte sich von männlichen Männern angezogen, die seinem Vater glichen. Karl suchte bei ihnen verzweifelt die männliche Anerkennung und Annahme, die er aber nicht bekam.

Natürlich hatten nicht alle männlichen Homosexuellen abweisende Väter und erdrückende, zu behütende Mütter. Manche Jungen, die sich mit ihrem Vater sehr gut verstanden, mögen Mütter gehabt haben, die kalt und zurückhaltend waren. Sie übernahmen die unausgesprochene Ermahnung: »Frauen sind lieblos.« Ein Junge, dessen Vater warmherzig und dessen Mutter kalt war, wird sich eine erwachsene Welt schaffen, in der es warmherzige Männer als Freunde und Liebhaber gibt, aber keine Frauen. Auch hier sagt das negative Emotionale Kind: »Ihr hattet recht, Mami und Papi. Der beste Freund eines Mannes ist ein anderer Mann« und »Frauen werden mich ablehnen.«

Jack bewunderte seinen männlichen, sportlichen, unzugänglichen und kühlen, »anwesend abwesenden« Vater. Er übernahm die unausgesprochene Ermahnung, sich »wie ein Mann zu benehmen« (Papi), aber sein Bedürfnis nach Vater war so groß, daß er sich oft weibliche Männer aussuchte, um Papis Rolle spielen zu können (Mann zu Frau).

Betrachten wir jetzt Vaters Rolle im Leben von lesbischen Frauen. Frauen, die ihren Vater haßten, lehnen Männer als Liebhaber oft ab. Löst sich ihre Furcht vor oder ihre Wut auf Papi, der sie im Stich gelassen hat, einmal auf, mögen sie entdecken, daß sie keine geborenen Lesbierinnen sind und einen Mann als Liebhaber akzeptieren. Oder sie sehnen sich immer noch nach einer Frau, was bedeutet, daß sie wirklich lesbisch sind.

Wenn eine Frau ihre Mutter dringend braucht und diese nicht für sie da ist, wird sie eine Frau suchen und die Lesbierin spielen, ohne wirklich eine zu sein. Wenn sie eine geborene Lesbierin ist und ihre Mutter haßt, wird sie, genau wie heterosexuelle Männer, eine Haßliebe zu Frauen empfinden, von denen sie sich angezogen und abgestoßen fühlt. Eine Frau, die ihre Mutter haßt und sich ihrem Vater anschließt, kann Vater nachahmen, der ihr Rollenvorbild ist. Sie wird eine intime Beziehung mit einer Frau eingehen, um sich an ihrer Mutter zu rächen, und in ihrem sexuellen Verhalten die männliche Rolle übernehmen.

Um zu vermeiden, zugeben zu müssen, daß Sie ein geborener Homosexueller, eine geborene Lesbierin sind, mögen Sie versucht sein, dieses Wissen zu benutzen, um sich zu sagen: »Deshalb bin ich also schwul (lesbisch)« und sich dann heterosexuell verhalten, auch wenn Sie eigentlich ein geborener Homosexueller, eine geborene Lesbierin sind. Das wäre Selbstbetrug. Natürlich ist es gesellschaftlich eher akzeptiert und einfacher, heterosexuell zu sein. Dieses Problem kann nur durch einen tiefen kathartischen Prozeß gelöst werden.

Bei echter Homosexualität sind, wie auch bei Heterosexualität, die verschiedenen Ausbruchsformen das unmittelbare Ergebnis der Programmierung durch Negative Liebe.

Alle obengenannten Bemerkungen und Informationen treffen ebenso auf Bisexualität zu. Bisexualität kann:

1. Angeboren sein
2. Programmiert sein; es Mutter und/oder Vater heimzahlen
3. Aufgesetzt sein, als Möglichkeit, seine eigentliche Homosexualität zu kaschieren, um so besser akzeptiert zu werden.

Meine Erfahrungen in sechsundzwanzig Jahren haben gezeigt, daß die stereotypen männlichen und weiblichen Homosexuellen in der Minderheit sind. Die meisten von ihnen leben in frustrierenden bisexuellen Beziehungen, und manche gehen sogar zum Schein eine Ehe ein.

Ja, es ist in Ordnung, homosexuell zu sein, und es ist in Ordnung, heterosexuell zu sein, wenn Sie Ihr Leben in Harmonie, mit Selbstachtung und Selbstliebe leben. Wenn Sie sich selbst lieben, können Homosexuelle, genau wie Heterosexuelle, glückliche, liebevolle Beziehungen haben.

Das Spektrum der Negativen Liebe und der Sexualität ist viel größer und komplexer, als hier in einem Kapitel behandelt werden kann. Diese wenigen Kommentare und Beispiele sollten dazu dienen, etwas Licht auf häufige sexuelle Probleme zu werfen und aufzuzeigen, wie die Programme Negativer Liebe dafür ursächlich verantwortlich sind. Für jedes sexuelle Problem ist die Lösung die gleiche: Liebe – genug Liebe, um die Leere zu füllen, die von den Eltern hinterlassen wurde, die, aus was für Gründen auch immer, nicht so vorhanden war, wie sie am meisten gebraucht worden wäre: bedingungslos liebevoll und unterstützend.

8

Die Stufen des Quadrinity-Prozesses

Negative Liebe für Mutter und Vater ist das Problem, dem Sie sich gegenübersehen. Was können Sie dagegen unternehmen? Die Antwort war, ist und wird immer dieselbe sein. Das Gegenmittel gegen das Gift der Negativen Liebe der Dunklen Seite ist die Macht der positiven Liebe, die Sie zuerst in sich selbst erfahren.

Diese positive Liebe ist stark genug, um die Dunkle Seite zu überwinden und zu kontrollieren. Oder, wie Emmet Fox schreibt: »Wenn du nur genug lieben könntest, wärst du das glücklichste und kraftvollste Wesen der Welt.« Haben Sie Ihr Spirituelles Selbst einmal von den Fesseln der Negativen Liebe und ihren Programmierungen befreit, kann Ihre angeborene Liebe sich frei entfalten und beständig auch für andere fließen.

Aber wie können Sie lernen zu lieben, Jahre, vielleicht ein ganzes Leben von negativen Gefühlen und Verhaltensweisen zu überwinden? Wie können Sie dem Morast der Negativen Liebe entrinnen und die Höhen der positiven Liebe erreichen?

Sie haben jetzt erkannt, daß Negative Liebe eine zerstörerische Form der Programmierung Ihres Bewußtseins ist, durch die Sie lernten, die schlechten Eigenschaften von Mutter und Vater zu übernehmen oder gegen sie zu rebellieren. Da Eigenschaften und Programme übernommen sind, können sie auch verlernt werden. Sich selbst und andere nicht zu lieben ist wie eine schlechte Angewohnheit. Sie können Liebe erfahren, indem Sie die Programmierung Negativer Liebe verwandeln und sie durch positive Alternativen ersetzen, die Sie befreien, damit Sie Ihr wahres Selbst sein können. »Positiv denken« allein genügt nicht, denn das ist oft, als würde man Schlagsahne über einen Misthaufen gießen.

Halten wir zuerst einmal Rückschau. Sowohl die positiven als auch die negativen Kindheitsprogramme werden in Ihrem Bewußtsein gespeichert, wie Informationen in einem Computer-Softwareprogramm. Wird das »Gehirnsteuerungsprogramm« an das physische Gehirn angeschlossen, verhalten wir uns dementsprechend. Unser Gehirn tut, was unser Verstand ihm sagt. Das erwachsene Intellektuelle Selbst, eine Ausformung des Kindes, hält zwanghaft und automatisch an seinen Programmen fest und verdeckt so Ihr vollkommenes Spirituelles Selbst.

Ihre Zerrissenheit gründet in dem Mangel an Integration zwischen dem heutigen Intellekt, den Kindheitsgefühlen und dem positiven spirituellen Aspekt Ihrer selbst. Das spezifische Ziel der Deprogrammierung besteht in der Umerziehung des Emotionalen Kindes in Ihnen, damit es sich sicher fühlt und seine negativen Programme gerne aufgibt, um wirklich erwachsen zu werden und sich mit Ihrem Spirituellen Selbst und dem gewandelten, positiv umerzogenen Intellektuellen Selbst in integrierter Harmonie zu vereinen. Wenn Ihre neue, reife Trinität sich mit Ihrem Körper vereint und zur ganzen Quadrinität wird, sind Sie frei zu handeln, zu denken, zu fühlen und, vor allem, ohne Konflikt und Scham zu lieben.

Der Mangel an Integration innerhalb der Quadrinität ist so häufig, daß die Menschen irrtümlicherweise annehmen, diese Spaltung sei natürlich. Sie ist es nicht! Die integrierte Quadrinität von Körper, Geist, Intellekt und Gefühlen stellt das wahre Sie dar, und Sie können es entdecken und entwickeln.

Wenn Sie von den zerstörerischen Programmen Negativer Liebe befreit sind, besteht die Frage, welcher Teil von Ihnen Ihr Leben bestimmt, nicht mehr. Es gibt nur noch *Sie,* in Handeln, Fühlen, Denken und Liebe.

Lieben zu lernen erfordert eine Reihe von Schritten. Ein Schritt folgt dem anderen, bis es schließlich zur Auflösung kommt. Erst kommt die Anklage der negativen, Dunklen Seite Ihrer Mutter, jenes programmierten Teils von ihr, der ihr Leben wie auch das Ihre bestimmte. In diesem ersten Schritt erinnern Sie sich an alle ihre schlechten Eigenschaften, sehen sie und stellen die Verbindung dazu her, wie die Übernahme dieser Eigenschaften in Ihrem Leben Probleme schuf. Das macht es möglich, dann gefühlvoll, stark und kathartisch alle offene und verhaltene Wut gegen diese Dunkle Seite auszudrücken, wegen der Dinge, die sie Ihnen angetan hat. Es muß eine vollständige, überwältigende, intensive Austreibung von jedem Quentchen Gefühl gegenüber der Dunklen Seite Ihrer Mutter stattfinden, sei dieses Gefühl nun bewußt oder bis dahin unterdrückt worden.

Der zweite Schritt, die Verteidigung von Mutters negativ programmierter Seite, gründet sich auf eine wichtige Wahrheit. Mutter war einst selbst ein Kind und wurde ebenfalls programmiert. Dies intellektuell zu wissen genügt nicht, um den Zugriff der Programmierung zu durchbrechen. Damit ein wirklich tiefes, mitfühlendes Verständnis für das Drama von Mutters von negativer Programmierung bestimmter Kindheit entstehen kann, muß diese Wahrheit auf einer tiefen Gefühlsebene erfahren werden.

Treten Sie auf diese Weise in die Fußstapfen von Mutters innerem Kind, finden Sie emotionales Verständnis ohne Verurteilung. Sie können Mutter mitfühlend verzeihen, sie freisprechen, und die aus der Kindheit stammende Feindseligkeit ihr gegenüber verflüchtigt sich. In den sogenannten Wutsitzungen reißen Sie die Wurzeln, die Ursache Ihrer negativen Eigenschaften heraus. Nach der Verteidigung von Mutter wird es möglich, die Negativität, die Sie von ihr übernommen haben, fallenzulassen und bleibend zu »recyceln«. Beim Recycling lernen Sie, diese Negativität durch die aufkeimenden positiven Muster Ihres Spirituellen Selbst zu ersetzen.

Die gleiche Arbeit wird ebenfalls in zwei Schritten mit der Vaterthematik gemacht. Seine negative Dunkle Seite wird wegen dessen, was er getan oder unterlassen hat, angeklagt. Es ist unmöglich, ihn wirklich zu verteidigen, bis er nicht in vollem Umfang angeklagt und von Ihrem inneren Staatsanwalt wegen seines Anteils an Ihrem Programm Negativer Liebe verhört worden ist. Ist die Wut einmal ausgelebt, steht er wie einer dieser kleinen Jungen da, die alt geworden sind, aber nicht erwachsen. Ihn verteidigen verlangt, wie bei der Mutter, von Ihnen, daß Sie auf der Gefühlsebene erfahren, wie er als Kind das unwissende Opfer des Syndroms der Negativen Liebe wurde und diese Krankheit unbewußt an Sie weitergab. Nach der Verteidigung fangen seine negativen Eigenschaften an, ihre Macht über Sie zu verlieren, und können dann umgewandelt werden, indem Sie sie »recyceln« und in positive Alternativen verwandeln.

Anklage und Verteidigung von Mutter und Vater sind im Quadrinity-Prozeß Ihre ersten vier großen Schritte in Richtung Freiheit und Autonomie. Der Prozeß bietet einen sicheren Erlebnisraum, wo Sie starke, lang unterdrückte Gefühle spüren und ausleben können. Dabei stehen Ihnen erfahrene Lehrerinnen und Lehrer zur Verfügung, die Ihnen beim Finden einer positiven Auflösung helfen können.

Wenn Sie den Krieg mit Ihren Eltern beendet haben, ist der nächste Schritt, den ewigen Kampf und das Geschwätz zwischen Ihrem negativen Emotionalen Kind, Ihrem Intellekt, Ihrem Körper und Ihrem Spirituellen Selbst zu beenden. Wenn Sie eine Sache denken und eine andere tun, sind Sie es, der oder die unter den Auswirkungen dieses inneren Konfliktes leidet. KKISS (Körper, Kind, Intellekt, Spirituelles Selbst) besteht aus einer Konfrontation zwischen dem heutigen Körper, dem erwachsenen Intellekt und dem armen, negativ programmierten Emotionalen Kind und dem Spirituellen Selbst. Kind, Intellekt und Körper bekommen Gelegenheit, ihre Wut und Vorwürfe loszuwerden. Am Ende dieses Prozesses entdecken Sie, daß niemand zu verurteilen ist, und es kommt zu einem Waffenstillstand zwischen den vorher miteinander streitenden Aspekten.

Danach folgt die überaus wichtige und gefühlsintensive Erfahrung vom Ende der Rachsucht, damit Sie es Vater, Mutter und sich selbst nicht länger heimzahlen müssen. Schließlich wird die Möglichkeit geschaffen, Ihre tabuisierte Wut gegenüber der Quelle, dem Licht oder Gott auszudrücken, weil Er oder Es die Negativität überhaupt erst geschaffen hat. Sie entdecken, daß das Licht auch nicht zu verurteilen ist; denn wurde uns nicht ein freier Wille gegeben?

Zunächst müssen Sie sich aber der wohl größten Konfrontation stellen; dem Kampf zwischen Ihrem positiven Selbst und Ihrer dunklen parasitären Seite.

Die abschließende Auflösung von allen inneren Konflikten und die Integration Ihrer gespaltenen Quadrinität findet in dem Schritt statt, den wir die »Abschlußfeier« nennen. Es ist eine Art »Wiedergeburtstag«, die Bestätigung dessen, daß Ihr Wesenskern positiv und voller Liebe ist. Es folgt eine positive und liebevolle Ablösung von Ihren Eltern. Dies erlaubt Ihrem reifen Selbst, hervorzutreten. Die Abschlußfeier und die Integration der vier Aspekte des Selbst sind das endgültige Ziel, auf das der gesamte Quadrinity-Prozeß sich hinbewegt. Das Endergebnis? Liebe für Sie selbst, Ihre Eltern und andere.

Wenden wir uns jetzt dem ersten Schritt des Erinnerns und Benennens von Mutters negativen Eigenschaften zu. Vielleicht fragen Sie sich, warum es nötig ist, diese mühsame und ins Detail gehende Übung zu machen. Warum nicht einfach anerkennen, daß Ihre Mutter nicht in der Lage war, Ihnen bedingungslose Liebe zu geben, und es darauf beruhen lassen? Was negative Eigenschaften angeht, so beziehe ich mich dankbar auf einige Gedanken aus dem ehrwürdigen I Ging oder »Buch der Wandlungen«:

> Es kann vorkommen, daß man sich mit versteckten Feinden auseinandersetzen muß, mit unfaßbaren Einflüssen, die sich in dunklen Ecken verstecken und aus diesen Menschen durch Einflüsterungen beeinflussen. Wenn dem so ist, gilt es, solche Feinde bis in ihre finsteren Verstecke zu verfolgen, um das Wesen der Einflüsse kennenzulernen, denen man ausgesetzt ist.

Um sie aufzuspüren, bedarf es einer besonderen Art von Makellosigkeit, doch die Mühe lohnt sich. Denn wenn solch flüchtige Einflüsse ans Licht gebracht und angeklagt werden, verlieren sie ihre Macht über den Menschen.

Im Quadrinity-Prozeß nennen wir das »Muster aufspüren«. Die Anklage von Mutters negativem Aspekt beginnt damit, daß man sich an ihre negativen Eigenschaften und an Ereignisse aus der Kindheit erinnert, in denen sie vorkommt. Eine vorgedruckte Liste von negativen Eigenschaften, Launen und Ermahnungen wird zur Verfügung gestellt, um Ihnen zu helfen, die negativen Seiten Ihrer Mutter besser identifizieren zu können. Diese Liste umfaßt etwa dreihundert verschiedene Verhaltensweisen und eine Reihe von Ermahnungen, die sich unter den folgenden neun Hauptgruppen zusammenfassen lassen:

1. Lieblos/nicht zärtlich
2. Unverantwortlich/unzuverlässig
3. Unzulänglich/Märtyrer
4. Angst/furchtsam
5. Statussucher/Liebeskäufer
6. Abwertend/kritisch-verurteilend
7. Autoritär/kontrollierend/manipulierend-verteidigend
8. Zornig/aggressiv
9. Ermahnungen (wie: »Aus dir wird nie was!«)

Es ist nicht ungewöhnlich, mehrere hundert Verhaltensweisen und Ermahnungen zu finden, die Mutter und Vater während Ihrer Kindheit an den Tag legten.

Auch wenn es unzählige Kombinationen negativer Muster gibt, geht der Quadrinity-Prozeß von nur drei Charaktertypen aus: feindselig, scheinheilig (oder angepaßt) und verhalten (Zombie). Offen oder verdeckt feindselige Menschen sind genau so, wie sie zu sein scheinen: zornig, schroff, beleidigend, schwer ansprechbar und nicht umgänglich. Mit ihnen auszukommen verlangt viel Geduld und Taktgefühl und ist oft nicht der Mühe wert.

In direktem Kontrast zum ausgesprochen feindseligen Menschen steht der scheinheilige, der auftritt angetan mit den äußeren Erscheinungsformen eines spirituellen Gehabes. Da er intellektuell akzeptiert, daß Liebe der einzige Weg zu innerem Frieden ist, spielt er diese Rolle. Doch im Alltag gewinnen die Muster Negativer Liebe die Oberhand. Es ist nicht einfach für ihn, ein spirituelles Bewußtsein aufrechtzuerhalten. So wird sich sein Intellekt wegen seines Wunsches, Liebe auszustrahlen, in spirituelle Rituale vertiefen und die Maske der Abgeklärtheit tragen, ohne dies in Wirklichkeit tief erfahren zu haben. Deshalb benutzen wir den Ausdruck »Scheinheilige/r« für jene, die sich spirituell geben und voller Liebe zu sein scheinen, in Wirklichkeit aber weder Liebe für sich selbst noch für andere empfinden. Tatsächlich benutzen sie ihr Verhalten, um Menschen anzuziehen, denn sie sind Liebeskäufer, die geben, um etwas dafür zu bekommen. Allerdings ist es leichter, mit ihnen auszukommen als mit den Feindseligen, da sie selten kämpfen oder nicht einverstanden sind, doch ihr Lächeln ist oft nicht mehr als eine Maske, hinter der sich einsame Leere verbirgt.

Zwischen der Fratze des Feindseligen und dem Lächeln des Scheinheiligen liegt der leere Aus- und Eindruck des Zombies. Weil diese Menschen keine Gefühle zeigen, werden sie oft nicht bemerkt. Der Zombie ist ein langweiliger, lebloser Mensch, an dessen Namen Sie sich nur schwer erinnern können, weil er oder sie so zurückhaltend und kaum je voll »dabei« ist. So verpaßt er das Leben, die Freude an Beziehungen und die Liebe. Zu welchem Typ gehören Sie? Vielleicht sind Sie eine Kombination von zwei oder gar von allen drei Typen?

Um wirklich Sie selbst zu sein, ein warmherziges Wesen statt eines Typus, müssen Sie den ersten Schritt zur Befreiung von Negativer Liebe tun. Dieser besteht darin, noch einmal zu durchleben, wie Sie die negativen Eigenschaften Ihrer Eltern während der ersten dreizehn Jahre Ihres Lebens und bis in die Pubertät hinein übernommen haben. Psychologisch gesehen endet die Kindheit zu diesem Zeitpunkt, und das Erwachsenenleben beginnt. Danach wiederholen sich die elterlichen Programme bis zum Ende unseres Lebens nur noch in Variationen. Es sei denn, Sie finden einen Weg, sich davon zu befreien.

In Kapitel 9 werden wir die Arbeiten der Anklage der Mutter von drei Klienten des Quadrinity-Prozesses vorstellen: Chris (ein Zombie), Laura (eine Scheinheilige) und Rick (ein Feindseliger). Verschiedene Visualisierungen und Techniken haben es ihnen ermöglicht, eine Reihe von Fragen zu ihren Kindheitserfahrungen mit Mutter und Vater zu beantworten. Um dies mit emotionalem Nachdruck tun zu können, wurden sie sich der verschiedenen Formen der Erziehung gewahr, denen sie ausgesetzt waren. Um die jeweils individuelle Kindheitsproblematik zu erkennen und einen Bezug dazu herzustellen, stellen wir provokative Fragen wie die folgenden:

Bitte machen Sie sich bewußt, daß sich das Folgende an die Dunkle Seite Ihrer Mutter richtet und nicht an Ihre positive Seite: Wollte Ihre Mutter Sie wirklich oder tat sie nur, was man von ihr erwartete? Wie ging es ihr bei dem Gedanken, schwanger zu sein? Wie stand sie Vater während ihrer Schwangerschaft gegenüber? Haben Sie das Geschlecht, das Mutter sich wünschte? Wenn nicht, kann Mutter Sie zurückgewiesen haben, um sich in der Folge wegen dieser Ablehnung schuldig zu fühlen und Sie dann mit mütterlicher Liebe zu erdrücken, um ihre Schuld dafür zu kompensieren, daß sie Sie ursprünglich nicht wollte? (Das nennt man kompensatorische, zwanghafte Liebe.) Das Kind spürt das Unechte an dieser Liebe und traut ihr nicht, so beginnt es der Liebe überhaupt zu mißtrauen. Wenn Sie das falsche Geschlecht hatten, haben Sie vom Tag der Geburt an Entwertung und Zurückweisung erfahren.

Fühlten Sie sich von Mutter wirklich geliebt? Oder behandelte sie Sie wie eine zusätzliche Bürde, als hätte sie nicht schon genug zu tun? Ignorierte sie Sie, oder überließ sie Ihre Erziehung älteren Kindern, Verwandten oder Angestellten? War sie für Sie da, wenn Sie sie brauchten? Wenn sie gestorben ist oder Sie vor der Pubertät verlassen hat, war das für Sie endgültig, und fühlten Sie sich um Ihr Recht auf einen steten Fluß bedingungsloser Mutterliebe betrogen? Das innere Kind in Ihnen ist immer noch böse auf Mutter, weil sie Sie verließ, was immer die Ursache oder Erklärung dafür sein mag. Die emotionale Tatsache ist die, daß sie ging und Sie die Liebe Ihrer Mutter verloren haben.

In unserer heutigen Gesellschaft sehen sich berufstätige Eltern vor das Problem gestellt, ein zwei Monate altes Baby in die Obhut eines Kinderhortes geben zu müssen und später dann in einen Vorschulkindergarten. Würden die Eltern dieser Kinder wahre Liebe und Zärtlichkeit füreinander und für ihre Kinder empfinden, wären diese, dank der Qualität der Liebe, von der sie umgeben sind, mit einem Minimum an emotionalen Problemen behaftet. Im gegenteiligen Fall klammern die Kinder sich an Papi und Mami oder geben vor, ihre Eltern nicht zu brauchen, und sie erreichen die Pubertät mit emotionalen Störungen.

Würden Regierungen die Finanzierung und Betreuung von jungen Familien unterstützen, damit Mütter zu Hause bleiben können, bis das Kind alt genug ist, um die Schule zu besuchen, käme das dem jeweiligen Land sehr zugute, denn seine zukünftigen Bürger wären ausgeglichene, liebevolle Menschen. Leider kann noch soviel Liebe von Lehrern und anderen Aufsichtspersonen Mamis und Papis Liebe nicht ersetzen.

Diese Wahrheit abzuschwächen oder gar zu versuchen, sie zu verdecken, wäre töricht, und sie nicht zu beachten würde innerhalb der nachfolgenden Generationen großen Schaden anrichten.

Wie zeigte Ihre Mutter ihre Liebe bei Ihnen zu Hause? Hatte sie Zeit, um etwas mit Ihnen zu unternehmen? Oder war sie so in ihre eigenen Aktivitäten verstrickt, daß Sie das Gefühl hatten, Sie würden stören, wenn Sie ihre Aufmerksamkeit verlangten? Begrüßte sie Sie mit einer Umarmung und einem Kuß, wenn Sie zur Türe hereinkamen? Oder ging sie außerhalb von zu Hause ihren eigenen Interessen nach? Sie verteidigen sich, wenn Sie sagen: »Ich weiß, daß sie mich liebte, auch wenn sie es nicht zeigen konnte.« An wie viele Male, wenn überhaupt, können Sie sich erinnern, von ihr liebevoll in den Armen gehalten worden zu sein? Es besteht ein Unterschied zwischen der intellektuellen Überzeugung, geliebt zu werden, und dem Gefühl von Liebe. Wenn Sie glauben, aber nicht spüren, daß sie Sie liebte, kann es sein, daß Sie vermuten, daß sie Ihnen nur etwas vormachte, indem sie die Rolle der liebevollen Mutter spielte und dabei nur Pseudoliebe gab.

Wie hat Ihre Mutter Ihnen beigebracht, mit Ihren Brüdern und Schwestern umzugehen? Lehrte sie Sie, sich mit allen anderen um das bißchen Aufmerksamkeit und Zärtlichkeit zu streiten, das sie zu vergeben hatte? War Mutter in der Lage, Sie liebevoll durch die Übergangsphase nach der Geburt eines weiteren Kindes zu geleiten? Oder wurden Sie abrupt verdrängt zu Gunsten von Ihrem kleinen Bruder oder Ihrer kleinen Schwester? Es ist Teil der mütterlichen Verantwortung, jedes Kind auf die Ankunft des nächsten vorzubereiten, indem sie die anderen Kinder ein- und nicht ausschließt. Der Schrecken der Geschwisterrivalität ist an sich schon schlimm genug und führt zu vielen Neurosen. Geschwisterrivalität ist nicht unvermeidbar oder selbstverständlich. Sie ist das direkte Resultat von Mutters Unfähigkeit, ein liebevolles Umfeld zu schaffen, in dem jedes Kind sich mit den anderen und mit ihr verbunden fühlt.

Manche Mütter glauben wirklich, sie hätten das ältere Kind richtig auf die Geburt des jüngeren vorbereitet, aber dies gelingt nur selten. Um der emotional einengenden Erfahrung der Geschwisterrivalität vorzubeugen, muß Mutter eine liebevolle Frau und eine einfühlsame Mutter sein, die in der Lage ist, um des Gebens willen zu geben. Stellen Sie sich folgendes vor:

Sie sind ein Einzelkind. Mutter ist schwanger. Sie nimmt Sie in ihre mütterlichen Arme und sagt: »Schatz, wir werden ein Baby bekommen! Stell dir vor, wir bekommen ein Baby!« Sie sagt nicht: »Ich werde ein Baby bekommen.« oder »Dein Vater und ich werden ein Baby bekommen.« Sie sagt wir. Das schließt das Kind mit ein. Sie sagt auch nicht: »Du wirst einen Bruder bekommen.« Fragt ihr kleiner Junge: »Was wird es denn sein, Mami?«, antwortet Mutter: »Es kann ein Junge oder ein Mädchen sein, das Gott uns schenkt. Wir werden es lieben.« Wieder sind wir es, die lieben. Mutter läßt ihren kleinen Jungen ihren Bauch abtasten, wenn der Fötus größer wird. Er spürt die Tritte des Babys. Bei solcher Vorbereitung und fortdauernder mütterlicher Liebe geht während der Schwangerschaft alles gut.

Sobald die Geburt bevorsteht, sagt Vater dem Kind, daß seine Mutter ins Krankenhaus muß, um unser Baby zu bekommen. Sie wird ein paar Tage wegbleiben, und Tante Maria wird hier sein, um auszuhelfen. Wenn Mutter nach Hause kommt, wird sie unser Baby mitbringen. So wird Ron vorbereitet.

Tante Maria kommt und kümmert sich liebevoll um Ron. Wenn Papi zu Hause ist, gibt er seinem Sohn echte, stete und bedingungslose Liebe. Das Kind weiß, daß es geliebt wird, daß man für es sorgt und es erwünscht ist. Ron wird öfter daran erinnert, daß das neue Baby mit Mami im Krankenhaus unser Baby ist, ein Mädchen namens Katharina Louise. Wenn Mutter und das Baby einige Tage später bereit sind, nach Hause zurückzukehren, wird eine Krankenschwester oder ein Freund gebeten, den Säugling vor der Tür auf dem Arm zu behalten, während Mutter und Vater eintreten, um Ron zu begrüßen. Mutter ruft: »Wo ist mein kleiner Ron? Da bist du ja! Mami liebt dich so und hat dich so sehr vermißt! Komm her, mein Schatz.« Ron rennt zu seiner Mami und findet in ihren Armen die vermißte Wärme und Zärtlichkeit. Er freut sich, sie zu sehen, und fühlt sich geliebt, getröstet und sicher. Sie strahlt Mutterliebe aus, Annahme und Zustimmung.

Das Kind erinnert sich dann an das Baby und fragt: »Wo ist denn unser Baby?« Mutter antwortet: »Möchtest du dein kleines Schwesterchen sehen?« Das Baby wird nun hereingebracht und befindet sich, als Ron es zum erstenmal sieht, nicht auf den Armen von Mutter oder Vater. So wird Eifersucht vermieden. Wie das Kind hereingebracht wird, sitzt Ron auf Mutters Schoß. Der Freund oder die Schwester legen jetzt Ron das Baby in die Arme, und Mutter hält beide. Mutter streichelt Ron, küßt ihn, tätschelt ihn und sagt Dinge wie: »Ist unser Baby nicht süß? Es ist unser Baby, Liebling. Du kannst unser Baby küssen, wenn du willst. So ist es gut.« Mutter gibt auf diese Weise dem älteren Kind Liebe, die sich auf das jüngere überträgt. Das braucht ein bißchen Zeit. Vielleicht spielt Ron mit den winzigen Fingern und Zehen des Babys. Da Mutter ihm Liebe gezeigt hat, fühlt er sich nicht zurückgewiesen. Er ist nicht böse und neidisch auf das Baby. Für unser Baby zu sorgen wird so zu einem Vergnügen. Mutter kann fragen: »Wollen wir unser Baby ins Bett bringen? Möchtest du unser Baby wiegen? Möchtest du helfen, unserem Baby die Windeln zu wechseln?« Variationen dieses Themas folgen in den nächsten Tagen.

Beachten Sie, daß Mutter Ron die ganze Zeit über wie vor der Geburt des Babys Liebe und Zärtlichkeit gibt. Er fühlt sich nicht ausgeschlossen oder zurückgewiesen. Das Baby fühlt sich auch nicht abgelehnt, denn sein älterer Bruder überträgt die Liebe, die er von seiner Mutter bekommt, auf den Säugling. Und der Säugling erhält Mutters Liebe ebenfalls, wenn Ron nicht dabei ist. Eines Tages wird sich jedoch folgendes abspielen: Ron wird zu seiner Mutter gehen, nachdem er geküßt worden ist und unser Baby gedrückt hat, und bemerkt zum erstenmal, daß er Mutter unser Baby nicht hat küssen sehen, und er wird empört verlangen: »Mami, du sollst unser Baby auch küssen!« Jetzt hat Mami die Erlaubnis, unser Baby vor Ron zu küssen, zärtlich zu ihm zu sein und es zu lieben. Sie teilt diese Liebe gleichmäßig zwischen dem Baby und ihrem älteren Sohn auf. Wenn Sie diesem Muster während der Kleinkinderjahre folgen, entsteht keine Geschwisterrivalität. Eltern, die diese Methode angewandt haben, berichten über große Erfolge im Vermeiden von schmerzhaftem Konkurrenzverhalten. Variationen dieser Methode können verwendet werden, wenn Mutter zu Hause gebärt oder wenn das Kind ins Krankenhaus fährt, um unser Baby zu besuchen.

Leider passiert meistens etwas ganz anderes, wenn ein Baby auf die Welt kommt: Das Baby wird auf Mutters Armen nach Hause gebracht und wird zum neuen Mittelpunkt der elterlichen Aufmerksamkeit. Das nächstältere Kind wendet sich ab, verzehrt sich vor Eifersucht, Zorn und Unsicherheit. Es ist nicht mehr die Nummer eins, der Ersatz nimmt seinen rechtmäßigen Platz ein. Ist es auf scheinheilige Gehorsamkeit programmiert, mag das Kind das Baby äußerlich akzeptieren, während es schmollt und seinem Zorn Luft verschafft, indem es das Baby insgeheim kneift, wenn Mutter nicht da ist oder nicht hinschaut. Wenn Mutters Aufmerksamkeit damit zu bekommen ist, nett zu dem kleineren Kind zu sein, mag das größere seine Frustration und seinen Groll hinter einer Fassade von Liebsein und Zärtlichkeit verstecken. Der innere Konflikt bleibt ein Leben lang bestehen. Aus ihm oder ihr wird ein angepaßter, versteckt feindseliger Mensch.

Der scheinbare Triumph des zweiten Kindes verwandelt sich in eine emotionale Katastrophe, sobald ein drittes auftaucht. Es verliert seinen Lieblingsplatz und findet auch keinen Trost bei seinem älteren Bruder, der ihm immer noch böse ist. Das zweite Kind steht zwischen den beiden anderen und hat oft niemanden, an den es sich wenden kann. Das mittlere Kind leidet schrecklich. Das erste und das dritte Kind mögen ganz gut miteinander auskommen, da sie meistens nicht miteinander in Konkurrenz stehen. Kinder, die unmittelbar auf ein anderes Kind folgen, haben große Schwierigkeiten, gegenseitige Liebe und Vertrauen aufzubauen, es sei denn, Mutter bereitet jedes von ihnen auf die Ankunft des nächsten vor und teilt ihre Liebe dann unter ihnen auf, wie oben beschrieben. Auch hier gibt es Variationen, denn das zweite und dritte Kind können zum Beispiel ein Bündnis gegen das älteste eingehen.

Wenn Sie einen älteren Bruder oder eine ältere Schwester hatten, erinnern Sie sich daran, wie es war? Waren Sie gute Freunde oder erbitterte Feinde? Vielleicht wollten Sie von Ihrem älteren Bruder oder Ihrer Schwester angenommen und gemocht werden, doch er oder sie tolerierte Sie nur, bis gleichaltrige Freunde auftauchten. Dann wurden Sie ignoriert, gehänselt oder eingeschüchtert. Wenn Sie sich von Ihrem Bruder oder Ihrer Schwester geplagt gefühlt haben und neidisch auf ihn oder sie waren, war Mutter eigentlich schuld an dieser grausamen Behandlung. Hätte sie das ältere Kind richtig auf Ihre Ankunft vorbereitet und ihn oder sie nach Ihrer Geburt nicht übergangen, hätte die Tragödie der Geschwisterrivalität vermieden werden können. Ihr älterer Bruder oder Ihre ältere Schwester waren ebensosehr Opfer, wie Sie es waren. Aufgrund von Mutters Unfähigkeit verloren Sie alle beim Konkurrenzkampf der Geschwister. Da Sie sozusagen vom gleichen Ballen Stoff geschnitten wurden, stehen Sie Ihren Geschwistern biologisch viel näher als Ihrer Mutter oder Ihrem Vater. Programmierter Mangel an Geschwisterliebe ist schon beinahe ein Verbrechen!

Wie war Ihr erster Schultag? Half Ihre Mutter Ihnen bei der Vorbereitung auf dieses neue Abenteuer des Lebens? Oder war für sie die Schule ein Ort, um Sie ein paar Stunden los zu sein, während sie sich zu Hause um Ihre jüngeren Rivalen kümmerte? Brachte sie Sie zur Schule und gab sie Ihnen dort liebevoll zu verstehen, daß sie Sie nicht einfach feindseligen Fremden überließ? War sie wirklich daran interessiert, wie es Ihnen in der Schule ging? Wie reagierte sie, wenn Sie Zeugnisse nach Hause brachten? Waren Ihre Fortschritte ihr gleichgültig, und alles, was Sie erreichten, war nicht gut genug (auch wenn Sie wußten, daß Sie besser waren), was in Ihnen das Gefühl wachrief, ein unzulänglicher Versager zu sein? Kritisierte sie Sie immer, ohne Sie dabei für gute Leistungen zu loben? Hatte sie zu hohe Erwartungen in bezug auf Ihre Noten? Gab sie Ihnen das Gefühl, ein Versager zu sein, weil Sie nicht Klassenbeste/r waren? Erwartete sie von Ihnen, daß Sie gute Leistungen erbrachten, damit sie vor ihren Freundinnen damit angeben konnte? War sie am Elterntag in der Schule?

Wie ging Mutter mit den besonderen Tagen des Jahres wie Weihnachten oder anderen Festtagen um? Waren es fröhliche und feierliche Anlässe? Oder war für sie jedes Fest eine Last, die mit einem aufgesetzten Lächeln ertragen werden mußte, da es eigentlich nur um die Familie ging? Oder waren die Feste halböffentliche Darbietungen, bei denen Mutter »bewies«, was für eine gute Hausfrau sie war und Verwandten und Nachbarn ihre Güte demonstrierte? War es Ihr Geburtstagsfest, oder war es ihre Party? Vielleicht vergaß sie Ihren Geburtstag auch ganz einfach. Wurden Festessen mit Liebe zubereitet und serviert? Oder waren es freudlose Pflichtübungen? Wie reagierte sie auf die Geschenke, die Sie ihr machten? Wie fühlen Sie sich heute bezüglich Ostern oder Weihnachten? Freuen Sie sich auf diese Tage, oder fürchten Sie sie?

Wie hat Mutter Sie erzogen? Schlug sie Sie beim geringsten Anlaß, und lehrte sie Sie so, ihren Zorn zu fürchten? Oder ignorierte sie Ihre Streiche und gab Ihnen keine klaren und liebevollen Verhaltensrichtlinien? Sagte sie kein Wort zu Ihnen, um ihr Mißfallen zum Ausdruck zu bringen? Oder delegierte sie die Verantwortung der Disziplin an Ihren Vater? Hatte sie einen Sinn für Gerechtigkeit, und waren ihre Strafen angemessen und verhältnismäßig? Half sie Ihnen, sich geliebt zu fühlen, auch wenn sie Ihnen für einige Zeit ein Privileg vorenthielt? Brachte sie Ihnen bei, Angst davor zu haben, einen Fehler zuzugeben? Oder zeigte sie Ihnen, daß Fehler die natürliche Art und Weise sind, wie wir alle lernen?

Ein Kind wird die Liebe seiner Mutter immer wieder durch schlechtes Benehmen auf die Probe stellen. Die elterliche Antwort besteht meistens aus folgenden drei grundsätzlichen Formen der Disziplin: (1) die eiserne Faust harter Disziplin,

(2) die lasche Hand schwacher Disziplin und (3) die feste Hand liebevoller Disziplin. Das folgende Beispiel illustriert die erste Art von Disziplin, die eiserne Faust. Mutter ist bei der Hausarbeit. Als Kind verlangen Sie nach Ihrer Aufmerksamkeit, oder vielleicht wollen Sie sich auch an ihr rächen, weil sie das Baby mehr liebt als Sie. Sie lassen eine von Mutters Lieblingsvasen fallen. Mutter sieht, was geschieht, ist wütend und gibt Ihnen eine Tracht Prügel. »Du böses Kind! Schau mal, was du angestellt hast! Du hast Mamas Lieblingsvase zerbrochen. Geh auf dein Zimmer. Her mit diesen Comic-Heften. Du hast drei Tage Fernsehverbot! Du dummes Gör!« Es folgen noch einige weitere Schläge. Sie gehen in Ihr Zimmer und weinen: »Mami liebt mich nicht, und ich hasse sie auch!« Sie prüften Mutter, sie versagte, und Sie hatten jetzt einen legitimen Grund, sie zu hassen.

Wenn Mutter eine lasche, schwache Disziplin anwendet, wird sie die zerbrochene Vase sehen und mit monotoner Zombiestimme sagen: »Aber mein Liebes, warum mußtest du das tun? Spiel lieber draußen, mein Liebes.« Dann räumt sie die Scherben weg und wirft sie in den Abfall. Das Kind weiß auf diese Weise nicht, woran es ist. Es weiß nicht, was es erwarten darf. Es weiß nicht, ob man es gern hat oder nicht, weil Mutter einfach nicht reagiert. Es lernt, daß sie eine gleichgültige Mutter ist. Es ist unwichtig. Es zählt nicht und ist nicht mal ihre negative Aufmerksamkeit wert.

Die dritte und richtige Art, ein Kind zu behandeln, ist mit der festen Hand der Liebe. Wenn die Vase fallen gelassen wird, spricht Mutter in einem bestimmten, aber nicht zornigen Ton mit dem Kind: »Du hast meine Vase absichtlich fallen lassen.« Sie antworten: »Das wollte ich nicht, Mami.« Mutter fährt mit ruhiger Stimme fort: »Aber ich habe dir dabei zugesehen.« »Aber Mami ...« Mutter antwortet ruhig und direkt: »Ich hab' dir zugesehen, und ich liebe dich zu sehr, um dir zu erlauben, anderer Menschen Eigentum zu zerstören. Da du es absichtlich getan hast, mußt du die Konsequenzen tragen. Bitte, gib mir deine Comic-Hefte. Du hast drei Tage Fernsehverbot. Jetzt geh bitte auf dein Zimmer.« Sie, weinerlich: »Mami, ich hab's nicht absichtlich getan.« Mutter: »Aber du hast es getan, und du mußt Gut und Böse voneinander unterscheiden lernen. Doch komm erst mal her.« Mutter nimmt Sie in ihre Arme und sagt ruhig und liebevoll: »Du mußt die Konsequenzen tragen, und ich hab' dich lieb.« Sie küßt Sie und heißt Sie gehen. Sie akzeptieren die gerechte Strafe, und als Sie in Ihrem Zimmer ankommen, lächeln Sie vor sich hin: »Mami liebt mich.« Sie spielen in Ihrem Zimmer, bis die Zeit der Strafe vorüber ist. Sie fühlen sich sicher in Ihrem Wissen um Mutters beständige Liebe. Sie haben Ihre Mutter geprüft, und sie hat nicht versagt. Sie haben in Liebe den Unterschied zwischen Gut und Böse gelernt. Hat Ihre Mutter Sie so erzogen?

Wie ist sie mit Ihren Krankheiten umgegangen? Vermittelte sie Ihnen Schuldgefühle, weil Sie nicht gesund waren und ihren Tagesablauf durcheinanderbrachten? Oder machte Ihre Krankheit sie ängstlich und nervös? Lehrte sie Sie, daß Kranksein der einzige Weg war, um ihre Sympathie und zärtliche Aufmerksamkeit zu erlangen? Wie oft waren Sie als Kind krank? Wußte sie mit Ihren körperlichen Leiden mit Geschick, Intelligenz und mitfühlendem Verständnis umzugehen? Oder reagierte sie verwirrt und hilflos?

Mutters Einstellung gegenüber Vater war die erste Lektion, die Sie über das Verhalten von Frauen Männern gegenüber gelernt haben. Achtete und verstand sie Ihren Vater? Begrüßte sie ihn liebevoll, wenn er nach Hause kam? Stellte sie ihn als würdiges Beispiel eines guten Mannes dar? Oder schimpfte sie über ihn, kritisierte und machte ihn zum Schlappschwanz, so daß Sie lernten, daß Frauen Bestien sind und Männer mindere Wesen? War Mutter gleichberechtigt mit Vater, entschied sie zusammen mit ihm alle wichtigen Belange der Familie? Oder war sie sein ängstliches Opfer, das gehorsam Befehle entgegennahm? Welches Beispiel gab sie Ihnen? Wenn Ihr Vater Alkoholiker oder drogensüchtig war, befand sie sich in Mitabhängigkeit und wollte ihn retten? Oder war

Ihre Mutter selbst Alkoholikerin oder süchtig? Wenn ja, was ist mit Ihnen?

Wie behandelte Ihre Mutter Ihre Freunde? War sie eifersüchtig auf die Zeit, die sie mit Ihnen verbrachten? Zwang sie Ihnen andere Kinder auf, damit Sie beschäftigt waren? Wählte sie Ihre Freunde für Sie und lehrte Sie so, Ihrem eigenen Urteil über andere Menschen nicht zu trauen? Oder erlaubte sie Ihnen, Ihre eigenen Freunde zu wählen, während sie Ihnen gleichzeitig zu verstehen gab, daß sie mit Ihrer Wahl nicht einverstanden war? Waren gewisse Minderheiten nicht akzeptabel als potentielle Freunde? Wenn ja, legte Ihre Mutter den Samen für Ihre Vorurteile als Erwachsener.

Hatte Ihre Mutter Sinn für Humor? War Lachen etwas Wichtiges in ihrem Leben? Und wenn sie lachte, tat sie es mit wirklichem Genuß und von Herzen? Und vor allem, lehrte sie Sie, das Leben von der leichteren Seite zu nehmen? Oder war sie derart in Angst und Zorn gefangen, daß kein Platz für Spaß war? Wenn Ihre Mutter Ihnen nicht beibrachte zu lachen, betrog sie Sie um eines der besten Gegenmittel gegen Verzweiflung und Selbsthaß, die es im Leben gibt. Schämten Sie sich für sie, weil sie von allerlei Medikamenten abhängig war?

Der Tag Ihrer ersten Menstruation oder Ihres ersten Samenergusses war ein wichtiger Tag in Ihrem Leben. Es war der Tag, an dem Sie physiologisch erwachsen wurden, der Tag, an dem die Kindheit hinter Ihnen lag. Wenn Ihre Mutter Sie bezüglich Ihrer Sexualität negativ programmierte, stahl sie Ihnen die Freude am schönsten körperlichen Ausdruck der Liebe. Wie hat sie Sie ins Erwachsenenleben entlassen? War sie offen mit Ihnen, ohne grob zu sein? Gab sie Ihnen das Wissen und die Führung, dic Sie brauchten, mit Liebe und Weisheit? Hat Mutter mit Ihnen Ihren Eintritt in die Welt der Erwachsenen gefeiert?

Wenn Sie sich an Ihre Kindheit mit Mutter erinnern, denken Sie daran, daß auch Unterlassungen äußerst wichtig waren. Oft sagen die Menschen: »Meine Mutter hat nie etwas gesagt von ...« Auch wenn kein direktes schmerzliches Trauma entstanden ist, verursachen die Erinnerungen an das, was sie nicht tat, große Traumata. Das, was fehlte, um die Beziehung zwischen Mutter und Kind vollständig zu machen, dient als belastender Beweis für ihre Unfähigkeit.

Wenn es Ihnen schwerfällt, sich an Einzelheiten Ihrer Beziehung mit Ihrer Mutter zu erinnern, denken Sie daran, daß wir abwehrend dazu neigen, die schmerzlichen Begebenheiten aus unserer Vergangenheit zu verdrängen. Eine der Tragödien des Syndroms Negativer Liebe ist, daß wir die selbstzerstörerischen Programme weiterhin ausleben, während wir deren Ursachen vergessen und abblocken, weil sie zu sehr schmerzen. Der Sinn im Erinnern von Mutters negativen Eigenschaften und von Kindheitsszenen, in denen sie sie zeigte, besteht darin zu lernen, daß wir unser negatives Selbst wurden, indem wir Mutter bewußt oder unbewußt nachahmten oder gegen sie rebellierten.

Wenn Sie sich an ihre negativen Eigenschaften erinnert und die entsprechenden Szenen »durchlebt« haben, wird es möglich, die Geschichte Ihrer Kindheitsbeziehung zur Mutter aus der negativen Perspektive zu schreiben. Wenn Sie die Erinnerungen und die damit verbundenen Gefühle niederschreiben, wird das entstehende Bild von Mutters offener und versteckter Negativität noch deutlicher, die sie an Sie, ein unschuldiges Kind, in Form von Negativer Liebe weitergab. Der offen Feindselige, der bei Antritt des HQP auf alle eine Mordswut hatte, einschließlich der Eltern, ohne eigentlich zu wissen warum, kann seinen Ärger auf die Dunkle Seite seiner Mutter während der Sitzung ungehindert zum Ausdruck bringen. Seine Mutter lehnte ihn ab, weil auch sie abgelehnt worden war. Mit dem Wissen um die negativen Eigenschaften seiner Mutter und der negativen emotionalen Autobiographie als Katalysator kann der Prozeßteilnehmer seinen Ärger fokussieren und auf die eigentliche Quelle seines Ärgers lenken; nämlich auf die negative Seite seiner Mutter. Den Ärger teilt er seiner Mutter niemals direkt mit. Mit der liebevollen Unterstützung des Lehrers kann der Ärger in der sicheren Umgebung des Prozesses zum Ausdruck gebracht werden. Die Dinge aus dieser Perspektive zu sehen ist eine erste und wesentliche Voraussetzung für die emotionale Reinigung, die in der Wutsitzung erreicht wird, wo der Zorn zum Ausdruck gebracht wird. Um sich von ihren negativen Programmen zu befreien, bedarf es eines Aktes der offenen Auflehnung gegen die Dunkle Seite Ihrer Mutter, und nicht gegen ihr positives Spirituelles Selbst oder ihren Körper. Die aufgestaute Wut soll wie Lava aus einem Vulkan hervorbrechen. Dies kann nicht geschehen, wenn Sie immer nur »Ich Arme!« oder »Ich Armer!« schreien. Die zornigen Gefühle müssen dorthin gelenkt werden, wo sie hingehören, gegen die Muster Ihrer Mutter. Und ihr größter Fehler war, daß sie Ihnen den bedingungslosen, steten Strom ihrer nährenden Liebe vorenthielt.

Manche, vor allem die scheinheilig Gütigen, wenden ein, daß sie Mutter und Vater nicht beschimpfen können wegen des biblischen Gebotes, »Mutter und Vater zu ehren«. Doch die beste Art, das zu tun, besteht darin, das für sich selbst zu übernehmen, was Ihre Mutter nicht für Sie tun konnte. Haben Sie einmal gelernt, sich selbst und andere zu lieben, können Sie eine weitaus bessere Tochter, ein weitaus besserer Sohn sein, als Sie je sein werden, wenn Sie in Negativer Liebe an Ihre Eltern gebunden bleiben. Also führt die Wutsitzung einen großen Schritt vorwärts auf dem Weg zu echter, nicht vorgetäuschter Achtung für Ihre Eltern. Die Philosophie des Quadrinity-Prozesses setzt voraus, daß aus jedem Negativ ein Positiv werden kann. Denken Sie daran, daß der Anklage die Auflösung durch Verteidigungsarbeit und Vergebung folgen.

Menschen mit einer ausgeprägten religiösen, meditativen, spirituellen und/oder intellektuellen Neigung mögen es schwer finden, Mutters Dunkle Seite anzuklagen, weil sie das Gefühl haben, sie hätten ihr bereits verziehen. Die Rationalisierung dafür, daß sie ihre verdrängten Gefühle von Wut und Verachtung für Mutter zurückhalten, kommt etwa so zum Ausdruck: »Siehst du, wie erwachsen und reif ich geworden bin, Mutter? Ich stehe über meiner Wut und trage dir die Vergangenheit nicht nach. Ich habe dir schon längst verziehen. Wirst du mich jetzt lieben?«

Sind Sie sicher, daß Sie Ihrer Mutter voll und ganz verziehen haben? Wenn es Ihnen gelungen ist, kann sie, ob tot oder am Leben, (1.) Ihre Knöpfe nicht mehr drücken (d. h. Sie zu zwanghaften Reaktionen veranlassen), und Sie können sich in ihrer Gesellschaft wirklich wohl fühlen, und (2.) spiegeln Sie ihre negativen Eigenschaften dann nicht mehr. Denken Sie darüber nach!

Scheinheilige haben manchmal Mitleid mit Mutter. »Arme Mami, ich werde nicht zulassen, daß diese Menschen dich mißhandeln und dich derart beleidigen. Ich weiß, du hast dein Bestes getan. (Du wirst mich nicht lieben, wenn ich erlaube, daß sie dich erniedrigen.) Ich werde dich schützen, hab' keine Angst.« An dieser Selbsttäuschung festzuhalten bedeutet, die Schlacht gegen die Auswirkungen der Programme Negativer Liebe zu verlieren. Wenn es zu keiner Läuterung der tiefen, unterdrückten Wut auf Ihre Mutter kommt, kann es keine wirklich mitfühlende Verteidigung geben, die zu einer neuen Integration der vier Teile der Quadrinität führt. Der defensive Scheinheilige muß begreifen, daß das Fühlen und Ausdrücken von verdrängter Wut die einzige Art und Weise ist, damit umzugehen und sich zu befreien.

Bei Zombies ist das Problem noch viel größer. Sie sind darauf programmiert worden, wenig oder gar nichts zu fühlen. Je älter und lebloser sie sind, um so schwieriger ist es für sie, ihre Verteidigungsmechanismen fallenzulassen. Die meisten Zombies werden sauer, weil man ihnen nie erlaubt hat, sauer zu sein. Haben sie einmal Zugang zu ihren Gefühlen gefunden, drücken sie große Wut über die Jahre der emotionalen Lähmung und Starre aus.

Natürlich ist es eine Tatsache, daß Mutter eine positive Seite hatte, doch es war nicht die positive Seite, die Ihnen Probleme gemacht hat. Der Kampf gegen Mutters negative Aspekte bereitet den Weg für eine letztendlich völlig positive

Versöhnung. Sie können Wut und Auflehnung einsetzen, um sich damit von Ihrer Wut und Auflehnung zu befreien. Sie müssen sich selbst erlauben, wirklich gegen die empfundenen Ungerechtigkeiten Ihrer Kindheit zu rebellieren. Wut muß total und kathartisch ausgedrückt werden.

Sogenannte rationale Entschuldigungen, die vorgebracht werden, um die Wut nicht auszudrücken, müssen konfrontiert und aufgelöst werden. Aufrichtiges Mitgefühl und Verständnis, ohne zu verurteilen, sind die nächstwichtigen Schritte in Richtung Liebesfähigkeit. Sie können nur erreicht werden, wenn die Wut zuvor entladen wurde.

Dieses Verfahren kann unter Umständen wie eine Operation ohne Betäubung empfunden werden, wie die Fallbeispiele von Chris, Laura und Rick im nachfolgenden Kapitel verdeutlichen. Alle drei machten diese Erfahrung während der Wutsitzung, als sie ihren Ärger gegen ihre Mütter zum Ausdruck brachten. Danach schafften alle drei den Durchbruch und wurden mit einem Gefühl großer Erleichterung belohnt, nachdem ihnen die Unabhängigkeit und Befreiung von der Dunklen Seite ihrer Mütter gelungen war. Sie hatten den ersten Quantensprung getan auf dem Weg zu werden, wie sie sind: ihr vollkommener, diamantener, unprogrammierter Wesenskern.

9

Die Anklage von Mutters Dunkler Seite

Wir haben lange Passagen aus dem Quadrinity-Prozeß eingefügt, um Ihnen dabei zu helfen, einige der frühen Erfahrungen unserer Klienten so weit wie möglich zu teilen. In den Kapiteln 3 und 7 wurden Sie im Licht des Syndroms der Negativen Liebe gründlich zu Ihrem Gefühls- und Sexualleben befragt. Im vierten Kapitel haben Sie eine lange Liste von negativen und positiven elterlichen Eigenschaften kennengelernt – eine der Hauptgruppen, auf denen der Quadrinity-Prozeß aufbaut. Im fünften Kapitel hatten Sie die Gelegenheit, die Erfahrung der Lichtreise zu machen. In Kapitel 6 fanden Sie eine detaillierte Erklärung, ähnlich derjenigen, die Klienten bekommen, in der ausgeführt wurde, wie und warum sie negative Eigenschaften von ihren Eltern übernahmen. Im achten Kapitel sahen Sie sich Ihre Mutter nochmals gründlich an, besonders die Mama, die Sie als Kind erlebten.

Hier wird nun der Unterschied deutlicher, ob Sie Teilnehmer am Quadrinity-Prozeß sind oder darüber lesen. Es ist einfach nicht möglich, die Erfahrung einer »Wutsitzung« zu erleben, indem Sie in einem Buch darüber lesen. Eine Wutsitzung ist weder eine intellektuelle Erfahrung noch eine geistige Lehre, die es zu lernen gilt. Es ist eine grundlegende, direkte, allumfassende, emotionale Erfahrung. An einer Wutsitzung teilzunehmen ist, als ob Sie im Amazonasgebiet den Urwald erkunden würden. Darüber zu lesen ist, als würden Sie einen Dokumentarfilm über diesen Urwald sehen. Natürlich führt das Wissen über eine Erfahrung manchmal zur eigentlichen Tat. Auf jeden Fall vergrößert eine lebhafte, gründliche, beschwörende Beschreibung unser Verständnis, schlägt neue

Lebensmöglichkeiten vor und deutet auf einen Weg der Heilung. Das ist die Absicht dieses Buches.

In diesem Kapitel erfahren Sie aus erster Hand die Geschichten des inneren Dschungels der drei Menschen, die Ihnen im letzten Kapitel vorgestellt wurden: Chris (der Zombie), Laura (die Scheinheilige) und Rick (der Feindselige). Alle drei waren mit hohen Erwartungen zum Quadrinity-Prozeß gekommen. Nachdem Chris seine negative emotionale Autobiographie geschrieben hatte, meinte er treffend: »Ich kann's kaum glauben: Ich bin meine Mutter!«

Orientiert an der Hauptliste aller negativen Eigenschaften, zeigt das Schreiben einer Autobiographie der Gefühle den Teilnehmern im einzelnen und mit emotionaler Macht das Ausmaß, in welchem eigene negative Verhaltensmuster direkt aus denen der Eltern hervorgegangen sind. Es genügt nicht, einfach zu akzeptieren: »Sie sind so, wie Sie sind, weil Ihre Eltern so waren.« Auch wenn das stimmt, hilft eine solche Einsicht Ihnen nicht, sich vom negativen Einfluß Ihrer Eltern zu befreien.

Im Gegensatz zu einer allgemeinen Einsicht besteht die negative emotionale Autobiographie aus Einzelheiten. Wie wir gesehen haben, werden Teilnehmer am Quadrinity-Prozeß erst dazu angehalten, negative Eigenschaften zu benennen. Dann führen sie dieses Muster bewußt auf eine spezifische Szene ihrer Kindheit zurück, in der sie Mutter oder Vater dieses Muster ausleben hörten oder sahen. Wenn diese Bilder aus den Tiefen ihrer Seele aufsteigen, werden sie am besten beschrieben in einer Sprache, die gefärbt ist von der Wut, die sie heraufbeschwören.

Besteht bei Teilnehmern ein Widerstand, sich an Szenen aus ihrer Kindheit zu erinnern, schlagen wir vor, daß sie ihre Aufmerksamkeit erneut auf die Liste der negativen Eigenschaften richten. Sicher werden sie dort Muster finden wie »andere niedermachen«, »neue Ideen belächeln«, »mußte immer recht haben«. Wenn der Klient akzeptiert, daß diese Eigenschaften nicht wirklich sein Wesenskern sind, sondern nur übernommene Muster, ist er bereit, sich zu entwickeln. Denken Sie daran: Auch negative Muster haben positive Anwendungsmöglichkeiten, wenn sie richtig eingesetzt werden. Zum Beispiel können Sie Ihre Entwertung dazu benutzen, Ihre Entwertung zu entwerten, Ihren Zweifel, um Ihren Zweifel anzuzweifeln, und Ihre Wut, um auf Ihre Wut wütend zu werden.

Jeder leidet auf seine oder ihre Weise an elterlicher Programmierung und Negativer Liebe. Wie groß der individuelle Unterschied sein kann, ist aus den jetzt folgenden Aufzeichnungen von Chris, Laura und Rick ersichtlich. Wenn Sie sehen, wie diese drei Menschen sich durch ihre Muster Negativer Liebe hindurchgearbeitet haben, werden Sie dabei zweifellos auch Einsichten für Ihr eigenes Leben gewinnen. Der Rest dieses Buches wird sich für Sie dann so lesen, als würden Sie beobachten, wie alte Bekannte ihren positiven Wesenskern entdecken. Wenn Sie genau hinsehen, wird das Ihnen zu größerem Wissen über Ihre eigenen Probleme verhelfen und Lösungsvorschläge liefern.

Chris, der latent feindselige Zombie

Als Psychologe mit jahrelanger Erfahrung mit verschiedenen Therapien verfügte Chris über ein klares intellektuelles Verständnis seiner Probleme. Als er im Alter von sechsundvierzig Jahren zum Quadrinity-Prozeß kam, deuteten sein unbewegter Gesichtsausdruck und die Steifheit seines Körpers aber darauf hin, daß sein »Fortschritt« hauptsächlich ein intellektueller gewesen war. Er verstand seine innere Fühllosigkeit, die Oberflächlichkeit seiner Beziehungen und seine gelegentlichen, tiefen Depressionen, doch er war nicht in der Lage, seiner negativen emotionalen Seite zu helfen. Er schrieb:

Ich wurde mitten in der Nacht geboren, von einer Frau, die mich wollte, um ihre Pflicht als Mutter und Ehefrau zu erfüllen. Die Pflicht stand immer an oberster Stelle, und sie verachtete sich selbst oder ihre Gefühle, wenn sie nicht ihren Vorstellungen entsprachen. Da sie so pflichtbewußt war, schlug sie alles in Büchern nach. Sie fütterte mich nach der Uhr, weil es so im Buch stand. Ich wurde schon sehr früh in ihre Schablone gepreßt und paßte mich bereitwillig an. Meine Gefühle und Bedürfnisse waren kaum vorhanden, es sei denn, der Kinderarzt oder der Ratgeber sagten es.

Ich erinnere mich, daß man mich, als ich ein Baby war, in die Badewanne fallen ließ. Meine Mutter ließ meinen Kopf unter Wasser fallen, und ich prustete und schluckte Wasser und war völlig verängstigt und verletzt. Lektion 1: Mein Überleben mag von Mutter abhängen, aber ich kann ihr nicht immer trauen.

Schon sehr früh war Mutter immer mit Klubs, Wohltätigkeitsvereinen und Reisen beschäftigt. Ich erinnere mich, daß ich (damals zwei) und meine Schwester Anne (fünf) wochenlang bei einer Frau abgestellt wurden – ich weiß nicht, wie oft. Ich erinnere mich, daß ich nicht wollte, daß Mutter wegging, und daß ich in den Hof gebracht wurde, wo es Spielsachen und Schaukeln gab, während sie der Dame Anweisungen gab. Als ich wieder ins Zimmer kam, war sie fort. Sowohl Anne als auch ich zogen uns eine Grippe zu und waren während ihrer Abwesenheit krank. Als sie zurückkam, war ich so verwirrt, daß ich nicht sicher bin, ob ich mich überhaupt freute, sie zu sehen. Lektion 1 bestätigt, wie auch Nummer 2: Ich bin grundsätzlich machtlos und Nummer 3: Meine Gefühle zählen nicht.

Mutter kannte viele Sprichwörter darüber, wie man sich zu benehmen und was man zu fühlen hatte. Ich erinnere mich an eines, mit dem sie anfing, als ich etwa drei Jahre alt war und mich über ein Geschenk beklagte: »Sei glücklich, wenn du kannst, fröhlich, wenn du mußt, und höflich, wenn es dich umbringt.« Ich bin manchmal im stillen über sie hergezogen für diesen Spruch. Sei unecht und perfekt und zeige der Welt eine schöne Fassade, falle niemandem zur Last durch deine Gefühle, denn sie zählen nicht.

Immer wenn ich mich in Situationen begab, wo ich etwas Neues lernte oder versuchte, das mir nicht gelang, hatte sie einen Lieblingsspruch parat, um mich zu erniedrigen und mein Selbstwertgefühl hämisch zu verletzen: »Ich werde nicht sagen, ich hätte es dir gesagt.« Daran kann ich mich erinnern, seit ich vier Jahre alt bin, und wenigstens einmal gab ich zurück: »Ich möchte, du würdest nicht sagen: ›Ich habe es dir gesagt.‹ Mir sagst du immer, ich soll nicht so böse sein.« Sie ging auf mich los und leugnete, böse gewesen zu sein. Doppelbotschaften waren erlaubt, solange du die Macht hattest, deine Lüge durchzusetzen. Merke: Antworte nicht, noch versuche über Unredlichkeit zu reden, vor allem nicht mit Mutter

Das wahrscheinlich Schädlichste und Frustrierendste, das sie mir über die Jahre antat, war, daß sie direkt bestritt, daß meine Erfahrung die war, die ich beschrieb. Meine Aussage mochte noch so etwas Persönliches sein wie: »Ich mag keine Spargel.«, ihre Antwort war: »Natürlich magst du sie, du weißt doch, daß du Spargel magst.« Botschaft: Entweder waren meine Gefühle nicht wichtig, oder es stimmte etwas nicht mit meinen Erfahrungen. Wenn sie so etwas tat, bekam ich sofort eine innere Wut und wollte schreien, mit Gegenständen werfen, fluchen, auch wenn ich mich nicht erinnern kann, es je wirklich getan zu haben.

Damit ich einschlafen konnte, streichelte sie meinen Rücken noch, als ich schon zehn war, aber meistens mußte ich sie zuerst darum bitten. Sie meinte dann: »Was ist los mit dir, ist dir nicht gut?« Merke: Es ist nicht erlaubt, Berührung/Liebe zu wünschen, außer man fühlt sich schlecht.

Nörgeln war ihre häufigste Begrüßung, wenn wir uns im selben Zimmer trafen. »Wann wirst du ...«, was bedeutete, »Wenn ich dich nicht daran erinnere, wirst du es allein nicht schaffen.« Dies wurde auf Arzttermine, Zeitungenaustragen, Hausaufgaben, sich für Weihnachtsgeschenke bedanken usw. angewandt. Meine Reaktion war beinahe meistens geschluckte, unterdrückte Wut und das Aufschieben solcher Pflichten.

Einmal kam ich nach Hause, weil ich auf den Kopf geschlagen worden war (es sollte sich herausstellen, daß ich eine Gehirnerschütterung hatte), und fand sie mit einem Pfadfindertreffen beschäftigt. Sie sagte, es sei schon alles in Ordnung, und fuhr fort mit ihren Pflichten als Hausmutter. (Ich wollte, daß sie das Treffen abblies und sich um mich kümmerte. »He, ich bin dein Sohn und fühle mich verletzt, wütend und zurückgewiesen.«)

Ich wünsche mir, ich hätte sie wenigstens einmal richtig wütend auf mich gesehen. Sie ließ mich so oft ihr Mißfallen spüren – ihre zusammengepreßten Lippen, ihre Weigerung, über Dinge zu sprechen. Ich kann mich nicht daran erinnern, sie bis lange nach meiner Pubertät schlecht von jemand anderem reden gehört zu haben. »Es gehört sich nicht, eine schlechte Meinung von anderen Leuten zu haben«, meinte sie immer wieder zuckersüß.

Mutter hielt sich aus jeder Diskussion über Sex raus. Ich habe mir nicht oft Gedanken gemacht über ihre Einstellung zu Sex und über ihren Puritanismus, aber ich erinnere mich, wie verklemmt und ängstlich sie war, wenn davon die Rede war. Manchmal erzählte Vater einen Witz über Sex, der hart an der Grenze war. Mutter schien nie darüber zu lachen. Ich erinnere mich, daß ich merkte, daß etwas nicht stimmte. Ich fand manche seiner Witze komisch, aber Mutter war nicht einverstanden, also durfte ich nicht lachen. Sie sagte, es sei schon gut, aber sie tat ganz steif und zeigte ihre Ablehnung auch auf andere Art.

Zuvor hatte Chris einen großen Teil seiner Wut mit einem unsicheren, zuckersüßen Ton zugedeckt. Um ihm zu helfen, seine unterdrückte und verdrängte Wut anzuzapfen, erinnerten wir ihn immer wieder daran, wie seine Mutter ihm gesagt hatte, er solle sich verhalten und fühlen: »Sei höflich, und wenn es dich umbringt!« Sie brachte ihn wirklich um! Sie spaltete ihn in zwei Aspekte. Während sein negatives Emotionales Kind sich mit seinem erwachsenen Intellekt herumstritt und für Aufruhr in seinem Kopf sorgte, war aus ihm ein neurotisches Wrack geworden. Er war nicht in der Lage, sich selbst, seine Frau, seine Kinder oder sonst jemanden zu lieben. Er lebte in einem Zustand emotionaler Lähmung, ein Zombie, genau wie seine Mutter. Chris wurde gefragt, wie sehr er seiner Frau traute. War seine Frau ein Abbild von seiner Mutter, die ihn auch hin- und herriß in Liebe zu ihr – mal runter, mal rauf? Seine Antwort:

»Nein, ich traue meiner Frau nicht sehr mit meinen Gefühlen und habe große Angst vor ihr gehabt. Ich habe ihr manchmal vertraut und bin oft enttäuscht worden. Ich vertraue verschiedenen anderen Frauen. Meine engsten Freunde sind Frauen, was Vertrauen anbelangt, aber nicht was die Zeit angeht, die ich mit ihnen verbringe.« Jede Frau in einer engen Beziehung stellt auf die eine oder andere Art Mama dar. Vor allem die Frau eines unreifen Mannes ist immer eine Mutterfigur. Dasselbe gilt für die Beziehungen von Frauen zu Männern. Der Mann ist immer eine Vaterfigur.

Aufgrund der Muster Negativer Liebe seiner Mutter konnte Chris seiner Frau unmöglich trauen. Auch wenn seine besten Freunde Frauen sind, sieht er sie nicht sehr oft. Wenn er nicht viel Zeit mit ihnen verbringt, hat er wenig Gelegenheit, Erfahrungen zu machen, nach denen er ihnen mißtrauen müßte. Dann muß er sie nicht zurückweisen, wie er es mit seiner Mutter tat.

Chris schrieb:

Als ich mit der negativen »Dunklen Seite meiner Mutter« arbeitete, fühlte es sich zunächst wie eine große Verzerrung an, beinahe als wäre es eine Lüge, »von den positiven Seiten zu sprechen, ohne sie gegen die negativen aufzuwiegen«. Es stimmte, daß viel Negatives vorhanden war, doch es zeigte sich nur manchmal. Inzwischen habe ich das Material wieder und wieder studiert: Das Negative ist da. Ich fühle mich wütend, frustriert und nachtragend gegenüber Mutter. Ich muß diese Gefühle immer wieder gegen sie richten, weil ich dazu neige, sie gegen mich selbst zu richten und sie zu entschuldigen, was mein Spiel ist, aber jetzt sehe ich es ein.

Als ich mir die Liste von Mutters negativen Eigenschaften (Launen und Ermahnungen) vornahm, gelangte ich von einer Dumpfheit zu einem Gefühl von »Das kenn' ich doch«. Doch in der Vergangenheit hatte ich, wann immer ich hingeschaut hatte, wegsehen müssen, wobei ich nur Abscheu und ein Aufflackern von Wut für sie spürte. (Es ist mir nicht erlaubt, wütend zu sein.) Darauf war bei früheren Eindrücken eine Rationalisierung durch Leugnen gefolgt oder eine andere Verteidigung, in der ich mir entweder sagte, ich lebte dieses Muster nicht wirklich, oder daß es o.k. sei. (Schließlich ist Mutter auch so.)

Dieses Mal schaute ich hin und sah mich viele dieser negativen Eigenschaften ausleben. Darunter war ein Aufkeimen von Gefühlen von Ekel vor mir selbst, Wut auf Mutter, Verfluchung der Welt, weil sie so ist, wie sie ist, und das Festhalten am Versprechen eines Auswegs aus diesem Gefühlsmorast. Eigenartige Offenbarung: Ich bin meine Mutter. Schluck! Wow!

Chris kam zu dieser schockierenden Einsicht, als er seine negative emotionale Autobiographie geschrieben hatte. Er kam erst dazu, als er gesehen hatte, wie seine dringendsten Probleme, vor allem seine Unfähigkeit, sich selbst und andere zu lieben, direkt den einengenden Manipulationen und Hinterhältigkeiten seiner Mutter zu verdanken waren. Danach blieb nichts anderes, als ihm Raum und Schutz zu geben, während er die Schleusen seiner blockierten Gefühle öffnete und seine Unabhängigkeit von seiner Mutter zurückforderte. Hier seine Zusammenfassung:

»Mutter« (ich setzte das in Anführungszeichen, weil dieser Titel falsch, unverdient und die meistgehaßte aller Anreden

ist), ich wünsche, dich meinen Haß spüren zu lassen. Du verdienst mich so, wie du mich gemacht hast – menschenscheu, unentschlossen, ein Sucher von negativer Aufmerksamkeit. Du kannst mich mal! Ich hasse das Du in mir. Du konntest wirkliche Gefühle nicht anerkennen, und du hast mir beigebracht, sie zu ignorieren. Du hast mich wirklich gut verarscht. Ich spuck' auf deine Belehrungen! Ich möchte, daß du in meiner Kotze ersäufst. Dreimal hintereinander ohne jede Hilfe. Ich wende mich ab von dir und verlasse dich, wie du mich verlassen hast.

Ich bin heiser und kann kaum sprechen, doch möchte ich schreien: Leck mich am Arsch, Mutter! Du konntest nicht singen, also kann ich auch nicht singen, auch wenn man mir sagt, ich könnte es doch. Nur schon dafür sollst du sterben. Wie kann ein Mann überhaupt leben, ohne seine Gefühle zu singen? Bring dich um! Leide nur still vor dich hin, du Märtyrerin. Du hattest kein Recht, mich so zu verletzen. Du Scheißluder, jetzt bringst du mich wieder zum Weinen, aber diesmal werde ich um mich selbst weinen – nie wieder um dich und nicht einmal wegen dir. Du wirst mich nicht davon abhalten können, je wieder fühlen zu können. Ich werde meinen Haß, meine Wut auf dich spüren. Wenn ich auch immer wieder kotzen muß, werde ich es gerne tun, um mich von dir und deiner galligen, widerlichen Säure in mir zu befreien. Ich verfluche dich, ich verfluche dich, ich verfluche dich. Ich brauche keine Haß- und Wutspritzen. Ich brauche nur an dich zu denken.

Wo warst du, als ich dich brauchte? Ich weinte in mein Kissen, aber du, du Luder, konntest es nicht hören, weil du mir beibrachtest, selbstgenügsam zu sein. Verdammte Lügnerin! Das ist noch eins von deinen Spielen, die ich übernommen habe: Selbstmitleid. Ich mag deine Spiele nicht. Ich brauche sie nicht und werde sie nicht mehr spielen. Mutter, hörst du mich? Ich sag' es dir jetzt, ich hasse dich. Ich hasse deine Heuchelei, ich hasse deine aufgesetzte Liebe, deinen mechanischen, sentimentalen Scheiß. Ich hasse deine zerpflückende, kritische, perfekte Scheiß-Selbstgerechtigkeit bis in deine verrottete, egoistische Rühr-mich-nicht-an-Mitte. Nimm deinen ganzen netten, moralischen, »liebevollen«, umständlichen Kopf und erstick an deiner eigenen Scheiße!

Du hast mir noch nie in deinem Leben eine einzige direkte Botschaft übermittelt. Nein! Heute bin ich so gottverdammt überverantwortlich, daß ich nicht mal Spaß haben kann. Du hast mich so zwanghaft gemacht, daß ich mich ständig schuldig fühle, es sei denn, ich hätte alles gelesen, alles geschrieben und alle meine Pflichten erledigt. Du verdammte, zwanghafte Hure!

Ja, ich bin schon so wie du! Ich bin wie du bis in die Zehenspitzen: Ich beschwichtige alle, habe vor allem Angst und wirke beschwörend, damit ja nichts schiefgeht. Du hast mich wirklich schön hingekriegt. Du hast den Konflikt ausgeschlossen, die Konfrontation ausgeschlossen – leg dich einfach hin und laß sie auf dir rumtrampeln, denn so soll es wohl sein. So ist es nicht! Du hast mich belogen, was die Liebe, was Beziehungen und Menschen angeht. Du hast mich eingeschüchtert und mich mit Doppelbotschaften in ein scheißiges, kleines, verängstigtes, verschwommenes Halbmännchen verwandelt, eine halbe Portion wie du.

Ich zittere, in meinem ganzen Körper glüht ein Energiefluß, der rauf und runter und über die ganze Oberfläche meines Wesens strömt. Ich fühle mich erleichtert und denke, ich hätte eine Art Meilenstein passiert. Ich fühle mich so, als sei ich ein großes Stück geschwommen. Doch bin ich jetzt auf der anderen Seite angekommen und liege am Strand.

Wie ich dies schreibe, fühle ich mich müde und doch aufgeregt. Ich weiß nicht genau, was ich fühle. In meinem Mund ist ein Geschmack, als würde ich mich von einem Kater erholen.

PS. (Am nächsten Tag): Gestern wachte ich um drei Uhr früh auf mit einer äußerst angenehmen, ja phantastischen Energie, die durch meinen gesamten Körper pulsierte. Ich weiß, daß gewisse Türen sich mir öffnen, und warte gespannt darauf, sie zu durchschreiten.

Indem er seine lang verdrängte, gräßliche Wut ausdrückte, lebte Chris seine wahren, unterdrückten, schwärenden Gefühle aus und fand Freiheit. Die Türen, die sich für ihn öffneten, führten weg von der Negativität, die er von seiner Mutter übernommen hatte. Er machte einen riesigen Schritt auf sein wahres Selbst zu, eine liebevolle, positive Seele, die sich selbst liebt und mit der Zeit auch seine Mutter auf neue und ehrliche Art würde lieben können. Wie dies zustande kam, werden Sie im nächsten Kapitel erfahren.

Laura, die Scheinheilige

Nichts ist, wie es zu sein scheint. Laura war eine kleine, feine, hübsche Brünette, die ihren Lebensunterhalt mit dem Verkauf von Liegenschaften bestritt. Sie hatte ein fröhliches Auftreten und lachte leicht. Auch wenn sie mit fünfunddreißig noch unverheiratet war, meinte sie, ihr Leben sei im großen und ganzen zufriedenstellend. Nachdem sie sich mit sich selbst ehrlich konfrontiert hatte, ließ sie jedoch ihre Maske fallen. Sie gab zu, seit dem Alter von zehn Jahren periodisch unter Depressionen und Selbstmordgedanken gelitten zu haben. Sie sah auch ein, daß sie sich in einer engen Beziehung mit einem Mann nicht wohl fühlen konnte. Laura war sich ihrer beachtlichen Wut auf ihren Vater bewußt, während sie glaubte, ihrer Mutter näher gewesen zu sein. Diese sah sie als beinahe über jede Kritik erhaben, und sie fand es schwer zu glauben, daß sie verborgene zornige Gefühle für sie hegen sollte. Nachdem sie die Vorbereitungsarbeit gemacht hatte und den Visualisierungen gefolgt war, schrieb sie:

Als ich im Mutterleib drei Monate alt bin und erstmals beginne, die Dinge zu spüren, erkenne ich, daß meine Mutter sehr verängstigt ist. Sie ist schwanger mit mir und möchte nicht, daß es mich gibt. Mein Vater drängt auf eine Abtreibung. Meine Mutter ist verletzt und verwirrt. Sie unterwirft sich immer ihrem Gatten, ist pflichtbewußt und absolut gehorsam. Doch diesmal hat er endgültig zu viel verlangt. Sie kann sich nicht zu einer Abtreibung entschließen. Der Eingriff ist illegal, gefährlich und teuer und steht in völligem Widerspruch zu ihrer christlichen Erziehung. Ihre Schuld wäre zu groß. Und nehmen wir einmal an, es würde bekannt? Was würden die Leute von einer verheirateten Frau denken, die etwas derart Unaussprechliches tut? Das rettet mich.

Einen Monat später, als sie mich erwartet hatte, werde ich endlich geboren. Es ist Mitternacht. Ich habe Angst vor dem, was mir geschieht. Ich spüre Muskelkontraktionen, die mich aus meinem sicheren Versteck zwingen. Eine kalte Metallzange ergreift meinen Kopf. Ich falle schreiend, frierend und verängstigt in das blendende Licht und die kühlen, unpersönlichen Hände des Arztes, der mich prompt der Hebamme übergibt. Meine Mutter stöhnt in ihrem betäubten Zustand. Sie ist sich meiner kaum gewahr. Sie konzentriert sich auf ihren Schmerz statt auf mich. Ich möchte sofort getröstet werden, gestreichelt, gestillt, geliebt. Statt dessen werde ich in einen Saal mit lauter schreienden Babys gebracht und allein gelassen.

Resigniert, wie sie auch dauernd seufzt und sich unangenehmen Dingen unterwirft, akzeptiert meine Mutter meine Existenz und ist dankbar, daß ich ein Mädchen bin. Kleine Mädchen sind süß, man kann sie in niedliche Kleider stekken. Mutter wird eine kleine Gespielin haben, eine lebendige Puppe, denn sie ist selbst emotional ein kleines Mädchen geblieben. Sie wählt den Namen Laura Rose für mich.

Ich bin zwei Jahre alt. Mami macht mir immer Locken, und ich trage rosarote Spielanzüge mit Spitzen. Sie behandelt mich nicht wie ein menschliches Wesen, sondern wie eine Puppe. Auch wenn sie noch so sehr betont, daß ich ein kleines Mädchen bin, hat sie Angst vor meiner Weiblichkeit. Sie paßt auf, daß ich Papi nicht nackt sehe. Ich nehme Bä-

der mit ihr, bis ich eines Tages entdecke, daß sie braune Titten hat. Von da an läßt sie mich alleine baden. Ich lerne, daß etwas daran nicht stimmt, einen Körper zu haben. Er muß bedeckt und ignoriert werden. Als ich drei Jahre alt bin, höre ich, wie die Dame nebenan Klavier spielt. Es ist der schönste Klang, den ich je gehört habe. Ich möchte mehr als alles andere solch himmlische Musik machen. Immer, wenn ich die Gelegenheit habe, lasse ich die Tasten auf dem Klavier dieser Dame erklingen. Ich entdecke, daß meine Tante auch eins hat. Ich kann es kaum erwarten, meine Tante zu besuchen. Als wir dort ankommen, sagt meine Mutter: »Mach keinen Krach, Dummerchen, geh spielen.« Ich wünsche mir ein Klavier, aber sie nimmt mich nicht ernst. Ich bitte das Christkind darum. Meine Mutter lacht mich aus und fügt meinem Wunschzettel bei: »Liebes Christkind, denk bitte daran, wie klein unsere Wohnung ist.« Mit der Zeit hat beinahe jedes Kind in unserer Straße ein Klavier, nur ich nicht. Wie sehr ich mir auch eins wünsche, meine Mutter unterstützt mich nicht meinem Vater gegenüber, damit ich eins bekomme. Ich lerne sehr früh, nicht um die Dinge zu bitten, die ich am meisten haben möchte.

Sie ist fast immer gleich guter Laune, was auch geschieht. »Es ist alles in Ordnung«, sagt sie. Mein Vater bekommt einen Wutanfall, und sie tut so, als sei nichts geschehen. Er wiederholt sich ständig, und sie läßt es zu. Für meine Mutter scheint immer die Sonne, und ihr ruhiges Lächeln ändert sich anscheinend nie. Wenn etwas wirklich Unangenehmes passiert, hält sie einfach den Mund und weigert sich, darüber zu sprechen. Wenn ich etwas mache, das ihr nicht paßt, ignoriert sie es und tut so, als sei es nie passiert.

Einmal sind wir im Schlafzimmer, und mein Vater fängt meine Mutter an zu kitzeln. Sie entwindet sich ihm und zieht eine Schnute. Er macht weiter. Mutter sagt: »Hör auf. Du tust mir weh.« Mein Vater wirft sie aufs Bett. Sie sagt: »Nicht vor Laura.« Ich denke, Papi tut ihr weh, also nehme ich einen Kamm vom Frisiertisch und werfe ihn nach ihm.

Jetzt fühlen sich beide von mir gestört und sind böse. Ich empfinde Mami als unfair, weil sie sich weigert zu verstehen, warum ich den Kamm warf. Sie fühlt sich nie wohl, wenn Papi sie anfaßt, und ich bin dabei. Ich lerne, daß es sich nicht gehört, wenn ein Mann dich berührt.

Als ich acht Jahre alt bin, schickt mir meine Tante aus New York ein Paket Bücher, darunter eines über Sex und Babys für Kinder. Ich will das Buch sehen, aber meine Mutter scheint Bedenken zu haben, es mich lesen zu lassen. Ich sehe, wo sie es hinlegt, hole es und schau' es mir an. Ich lerne, daß Babys in ihren Müttern wachsen, auch wenn ich immer noch nicht verstehe, wie sie dorthin kommen. Eines Tages sitze ich auf der hinteren Terrasse mit einem Nachbarjungen, während sich unsere Mütter über den Gartenzaun miteinander unterhalten. Ich sage zu Donnie, er sei sehr klein gewesen, als er in seiner Mutter wohnte. Sofort zerrt meine Mutter mich fort. Sie sagt: »Ich will dich nie wieder über solche Sachen sprechen hören.« Ich habe das Gefühl, etwas Schreckliches getan zu haben, und frage mich, ob man mir erlauben wird, mit Donnie zu spielen, wenn ich mich bemühe, das Thema Sex von nun an zu meiden. Ich lerne, daß es etwas Schlimmes ist, ein Baby zu erwarten. Es muß auch schlimm sein, eine Frau (oder ein Mann) zu sein. Eines Tages verschenke ich meine Plüschtiere der Nachbarin, die eine Spielgruppe leitet. Meine Mutter weint. Ich habe das Gefühl, hartherzig und grausam gewesen zu sein, also gebe ich nach und hole die Spielsachen zurück.

Während meiner ersten Schuljahre läßt mich meine Mutter manchmal mit dem Schulbus bis zur Endstation fahren, um sie dort zu treffen. Wir essen in einer Imbißstube unser Mittagessen, und manchmal gehen wir ins Kino. Meine Mutter läßt mich versprechen, Vater nichts von diesen Dingen zu erzählen. Ich kann mir nicht vorstellen, warum. Mir ist es nicht wohl bei dieser Heimlichtuerei. Auch gefällt mir der Gedanke nicht, Spaß müsse im geheimen stattfinden und dann, wenn keine Männer dabei sind.

Ich lernte, Frauen seien hilflos. Ihre geizigen Ehemänner geben ihnen fast kein Geld, außer für den Haushalt, und sie müssen davon etwas unterschlagen, wenn sie sich mal ein unschuldiges Vergnügen gönnen wollen. Männer sind Monster, Frauen liebe, unschuldige Opfer.

Mit zwölf kaufen mir meine Eltern ein Akkordeon zu Weihnachten. Ich habe mir neun Jahre ein Klavier gewünscht, aber ich kriege statt dessen ein Akkordeon. Meine Mutter mag Akkordeon-Musik. Altbewährte Weisen und flotte Märsche. Sie mag das Akkordeon, ich nicht. Sie nimmt an, mir würden dieselben Lieder gefallen wie ihr. Ich möchte klassische Musik lernen. Ich bin wütend und nehm' es ihr übel. Ich wollte Musikerin werden, keine Unterhalterin bei Vereinsanlässen. Meiner Mutter mag das gefallen, aber ich nehme ihr übel, daß sie mir ihren musikalischen Geschmack aufzwingt.

Oft machen wir Sahnebonbons und Popcorn. Eine große Platte voller Sahnebonbons und eine große Schale Popcorn. Zu viel essen ist ein verbotenes Vergnügen. »Wir werden fett«, sagt sie. Ich fühle mich heute noch schuldig, wenn ich was Süßes esse.

Mit dreizehn bekomme ich meine Regel. Ich denke, ich hätte vielleicht die Kontrolle über meine Schließmuskeln verloren wie meine alternde Großmutter: Mit schmalen Lippen zeigt mir meine Mutter, wie man eine Binde und einen Bindengurt benutzt, und sagt mir, ich soll ja kein Blut auf meine Kleider kriegen. Ich habe keine Vorstellung davon, worum es sich bei dieser verdammten Periode handelt. Ich frage besser nicht.

Meine Mutter wird nie über Sex sprechen, außer indirekt. Meine Mutter spricht mit mir auch nie über Geld. Das ist ebenso tabu wie Sex. Und sie spricht nie über ihre Verwandten. Sie ist ein Vogel Strauß, ich lerne, auch einer zu sein.

Durch die geführten Visualisierungen war Laura in der Lage, ihre Kindheit mit emotionaler Klarheit aufleben zu lassen.

Dies erlaubte ihr, ihre wahren Gefühle für ihre Mutter wiederzuentdecken und zu erfahren. Auch wenn es schmerzhaft war, akzeptierte Laura, daß ihre Mutter sie nicht gewollt hatte und die Abtreibung nur aus Sorge um das, »was die Nachbarn denken« und den damit verbundenen Schwierigkeiten nicht hatte vornehmen lassen. Sie begriff, daß ihre Mutter sie nie als Wesen mit eigenen Bedürfnissen und Rechten ernstgenommen hatte, wie sie auch Laura um ihre frühe Liebe zur Musik betrogen hatte. Sie sah, wie ihre Einstellung gegenüber ihrem Vater und Sex ihre eigene geformt und sie der Fähigkeit beraubt hatte, einen Mann zu lieben.

Die Weigerung von Lauras Mutter, sie erwachsen werden zu lassen, hatte ihre gegenwärtigen Probleme verursacht, die sie nicht als erwachsene Frau leben ließen. Laura war schokkiert, als sie merkte, daß ihre Mutter stellvertretend durch sie ihre eigene Kindheit gelebt hatte und weinte, als Laura ihre Plüschtiere verschenkte. Laura stellte fest, daß sie diese Spielsachen haßte, weil sie in Wirklichkeit ihrer Mutter gehörten und nicht ihr.

Laura fühlte sich benutzt und wurde nie um ihrer selbst willen geliebt. Sie erkannte, wie sie das ruhige Lächeln ihrer Mutter übernommen hatte. Dies machte aus ihr die brave Scheinheilige, dahinter versteckte sie ihre schwärende Feindseligkeit. Laura sah sich die Liste von Mutters 315 (!) negativen Eigenschaften und deren zerstörerische Auswirkung auf sie an, und es fiel ihr nicht schwer festzustellen, wie sie Mutters Eigenschaften aus Negativer Liebe übernommen hatte. Zu ihrem großen Schrecken war sie ganz wie ihre Mutter geworden. Sie ließ Mutters falsche Freundlichkeit fallen, die »immer nur die Sonnenseite sehen« wollte. Sie war ausgezeichnet vorbereitet, um ihr alles zurückzugeben.

Es folgt eine Zusammenfassung ihrer Wutsitzung.

Ich habe dieses ängstliche Gefühl. Ich kann das nicht tun. Es ist beängstigend. Ich denke nicht, daß ich es tun kann. Nichts kommt aus mir raus außer einem Krächzen. Ich mache die vorbereitende Visualisierung mit und fange an. Und wie!

Du verdammtes Luder, hör mir zu. Ich sag', du sollst mir zuhören! Nimm die Hände weg von deinen verdammten Ohren. Hör mir zu, du Hure, du Hexe! Ich hasse dich für jede einzelne kalte, leere, häßliche Form, wie du mich mich fühlen ließest. Ich habe es satt, deine Marionette zu sein, deine Puppe, außen dein braves Mädchen und innen so voller Scheiße, wie du es bist. Du kotzt mich an. Du langweilst mich: Ich habe es satt, mich selbst nicht zu lieben, du Luder, und das Gefühl zu haben, es sei falsch, mich selbst zu lieben, weil du mich nicht geliebt hast. Du wußtest nie, wer ich war. Du wolltest ja nur eine Babypuppe, die du auf deinem Schoß wiegen konntest, wenn jemand zu Besuch kam. Ich war dir egal. Aber weißt du was, verdammt noch mal, ich bin ich. Ich bin hier. Schau mich an!

Du Luder, du hast immer die Hände über den Augen, wenn du etwas Schlimmes nicht sehen willst. Schau mich an! Du Luder wolltest mich nie sehen, nicht wahr? Ich bettelte um ein Klavier, aber du wolltest keins, also konntest du dir nicht vorstellen, daß ich eins haben wollte. Weil ich ich bin, verdammt noch mal, und nicht du. Ich bin nicht du. Ich möchte nicht wie du sein. Ich bin ich! Ich will mein Leben nicht einsam und allein, grau, farblos und langweilig zubringen wie du. Ich will deinen Ermahnungen nicht folgen – vögle nicht, genieß es nicht, liebe nicht, tu's alles nicht. Ich möchte tun, sein. Ich möchte positive Dinge in meinem Leben haben, nicht die Leere der Dinge und Menschen, die du mir gegeben hast. Ich möchte und werde nicht länger unsichtbar sein! Ich möchte kein Vogel Strauß sein wie du! Ich sehe mich selbst jetzt wie ich bin, ein blödes Luder wie du. Aber ich werde kein Luder wie du mehr sein, du kannst deinen Scheiß zurücknehmen, du Unmutter! Fahr zur Hölle, Mami, deine Zwänge, deine Schwächen, deine Angst vor dem Leben und der Liebe widern mich an. Ich habe genug von der Scheiße, die du in mein Gehirn gestopft hast, dem

Scheiß, mit dem du mein Herz gefüllt hast, und der Kotze, die du in meine Eingeweide gestopft hast. Ich werde dein Gift nicht länger in meinem Körper dulden. Ich habe keine Angst mehr vor dir, Mami. Mein ganzes Leben habe ich Schiß vor dir gehabt: »Mach das nicht, tu dies nicht. Genieß das nicht. Sei brav.« Schiß soll ich haben, Mami könnte mir ihre Liebe entziehen, wenn ich nicht spure. Scheiße! Du hast mich sowieso nie geliebt. Für dich habe ich mein Leben verkümmern lassen und aufgegeben und dir, dir war es egal, du Schlampe!

Ich hab' ein Wort für dich, Mutter. Das Wort für dich lautet: Nein! Du möchtest, daß ich sage: »Ja, Mami, ja. Ich werde dein Liebes sein. Ja, ich fresse deinen Abfall. Ja, ich werde dich lieben. Ich, ich werde niemand für dich sein.« Aber ich werde nicht mehr »Ja, Mami« sagen. Alles, was ich von jetzt an tun oder sagen werde, ist: Nein, nein, nein, nein, nein, nein! Nie mehr werde ich deine Scheiße fressen. Zur Hölle mit dir, Mami. Von jetzt an werde ich ich sein!

Anschließend bin ich völlig betäubt. Ich weiß nicht genau, wo ich war. Vor allem bin ich mir meiner eigenen Gefühle gewahr, meiner kräftigen Bewegung mit dem Kissen (ich habe noch nie etwas so hart geschlagen), der Rufe und Schreie, die aus der Tiefe in mir aufsteigen, meines Gefühls von Verlust und Empörung und Schmerz und Wut. Ich dachte, ich müßte weinen, aber ich konnte nicht. Ich schrie. Als ich die Augen öffnete, fühlte ich mich schwach, und der Raum kam mir unwirklich vor. Es ist, als würde man nach einer Operation aufwachen – desorientiert über Zeit und Ort. Mein Körper ist müde. Ich fühlte mich leicht im Kopf, als ich heute morgen aufwachte. Ich hatte nur sechs Stunden geschlafen und fühle mich meistens etwas zittrig nach einer so kurzen Nacht, aber statt dessen fühlte ich mich gut ausgeruht, leicht. Ich bin nicht sicher, was mit mir passiert ist. Ich hoffe, es ist der Anfang einer neuen Seinsweise, einer neuen Freiheit von meiner Mutter.

Rick, der Feindselige (Alkoholiker, mißbraucht Frau und Kind)

Der Prozeß hat mein Leben verändert. Es war genau das, was ich brauchte. Ich sage das, nachdem ich etwa 3800 Stunden Therapie gehabt habe, als ich wegen sexuellen Mißbrauchs meiner Stieftochter im Hochsicherheitstrakt einer Nervenheilanstalt saß. Während der zweieinhalb Jahre, die ich in diesem Krankenhaus verbrachte, und dem Jahr, als ich nach meiner Entlassung einen Therapeuten besuchte, wurde nie von dem gesprochen, von dem ich heute weiß, daß es der Kern meines schlechten Verhaltens war – mein Haß auf meinen Vater und für meine Mutter. Nicht nur hatte ich meine Stieftochter mißbraucht, sondern ich war Alkoholiker wie meine Mutter und schlug meine Frau wie mein Vater. Der Prozeß gab mir die Gelegenheit, zu den Wurzeln meiner Probleme zu gelangen und sie zu lösen.

Ricks »Haßbrief« an seine Mutter:

Mutter, ich hasse dich, weil du mir die schrecklichen und unzähligen negativen Eigenschaften beigebracht hast, die mir Jahre des Leids verursacht haben! Die Eigenschaft, die mein Leben mehr als andere kaputtgemacht hat, ist meine Selbstentwertung. Meine positive Seite kann sich redlich bemühen, sich liebevoll, fürsorglich und gebend zu verhalten. Ich kann eine Familie gründen, Freunde gewinnen, Beziehungen aufbauen, eine gute Stelle bekommen und dann, weißt du, was die negativen Eigenschaften, die du mir beigebracht hast, dann machen, Mami? Nur ein kleiner Akt der Negativen Liebe zerstört und vernichtet all meine harte Arbeit, und ein kleiner, explosiver Wutanfall bringt Zerstörung. Meine Frau sagte: »Rick, wenn du explodierst und mich schlägst, fürchte ich mich. Ich habe dann Angst, daß du mir sehr weh tun wirst. Ich habe derart Schiß, daß ich aus Gründen meiner eigenen Sicherheit ausziehen und eine andere Wohnung finden muß.« Mutter, weißt du, was das mit mir macht, wenn ich begreife, daß meine Wut mich wieder einmal übermannt hat, und ich jemanden verletze, den ich liebe und an dem mir gelegen ist? Weißt du, was es heißt, Monate und Jahre aufzuwenden, um eine enge Beziehung zu einer Frau aufzubauen, und sie dann in einem Augenblick zerstört zu sehen, und alles, was zwischen uns war, gilt nicht mehr? Hast du die leiseste Ahnung, was das mit meinem Herzen und meinem Verstand macht, ganz zu schweigen davon, was es mit dem Herzen und Verstand der Frau macht, die ich wegen dir mißhandelt habe? Ich habe mich seit Jahren an allerlei Frauen vergriffen, um mich an dir zu rächen!

Du warst diejenige, die mich gelehrt hat, daß es in Ordnung sei, in heftigen, explosiven Zorn auszubrechen. Ja, jedesmal, wenn Vater und du euch strittet, provoziertest du ihn, bis er dich schlug, und dann vergabst du ihm und sagtest: »Jetzt ist alles in Ordnung, mein Lieber.« Du hast mir beigebracht, daß es o.k. sei, Frauen zu schlagen, wenn sie dir das Leben schwermachen, und daß danach alles in Ordnung sei. Du und Papi habt diese nette Nummer so oft vor mir abgezogen, daß ich es jetzt auch so mache. Wenn ich dann verlassen werde, fühle ich mich deprimiert, reuevoll und vor den Kopf geschlagen, ohne daß mir jemand sagen würde: »Jetzt ist alles gut, mein Lieber.« Ich weiß jetzt, daß das deinetwegen so ist und wegen dem, was du mich gelehrt hast. Ich glaube, die Art, wie du meinen Vater in seiner Gewalt bestärkt hast, ist es, was ihn umgebracht hat.

Ich klage dich an, Mutter, mich die negative Eigenschaft der feindseligen, gewalttätigen, hysterischen, explosiven Wut gelehrt zu haben. Ich klage dich an, meinen Vater gehaßt zu haben, weil er dich geschwängert hat. Ich klage dich an, mich gehaßt zu haben, weil ich geboren wurde, und dann, du doppelzüngige, rachsüchtige Hure, mich und meinen Vater gegeneinander ausgespielt zu haben. Ich werde der ganzen Welt erzählen, wie du meine Beziehung zu meinem Vater unterminiert und sabotiert hast. Du drohtest im-

mer: »Warte nur, bis Vater nach Hause kommt! Ich werde ihm sagen, was du getan hast, und er wird dir den Hintern versohlen.« Ich hätte die Schläge ertragen, wärst du im Recht gewesen, aber die meiste Zeit warst du besoffen und wußtest nicht einmal, was du tatest und wovon du sprachst. Wie das eine Mal, als ich dreizehn war und zehn Minuten zu spät nach Hause kam. Du wolltest mich mit deinem Gürtel schlagen, aber ich sagte, du seist betrunken und würdest mich nicht schlagen, packte deinen Arm und nahm dir den Gürtel weg. Als mein Vater dann nach Hause kam, erzähltest du ihm, ich sei eine Stunde zu spät gekommen und hätte dich geschubst, du verlogene Schlampe! Du wußtest, daß er nicht mir, sondern dir glauben würde, daß er nicht einmal auf mich hören würde. Statt dessen schlug er mich halb tot, so daß ich mich kaum noch bewegen konnte. Jene Nacht lag ich auf meinem Bett und haßte ihn, weil er sich meine Version nicht angehört hatte, und dich, weil du gelogen hattest. Du verdammte, verlogene, doppelzüngige Schlampe, in jener Nacht hast du gewonnen, aber damit ist es jetzt aus!

Ich klage dich an, mich gelehrt zu haben, mich selbst nicht zu achten und Angst davor zu haben, offen zu sein. Weißt du, was mich das gekostet hat, du »Mutter«, du? Es hat mich eine Ehe gekostet, zweieinhalb Jahre im Gefängnis, und ich habe die Vergewaltigung von einem siebeneinhalbjährigen Mädchen auf dem Gewissen.

Du warst immer nur besoffen. Du hast mich gelehrt, daß es nicht o. k. ist, sich gut zu fühlen, daß, wenn es Probleme in deinem Leben gibt, du sie nicht anschaust, daß du niemandem sagst, wie es in dir drinnen aussieht. Weißt du, daß ich meiner Frau nicht sagen konnte, daß ich sexuelle Phantasien bezüglich ihrer kleinen Tochter hatte? Ich behielt es alles in mir drin wegen dir!

Ich klage dich an, Mutter, mich gelehrt zu haben, mich gegen Autoritäten aufzulehnen, was mich diese harten Jahre im Gefängnis gekostet hat. Aber das war dir egal, du brauchtest sie ja nicht abzusitzen, du Nutte. Du hast mich nicht einmal besucht, als ich im Bewährungsheim war, oder versucht, mir zu helfen, über diese Zeiten hinwegzukommen. Ich klage dich an, mich vernachlässigt zu haben, als ich dich am meisten brauchte. Ich klage dich wegen willkürlicher Bestrafung an. Weißt du, was deine unredlichen, mutwilligen Strafen aus mir gemacht haben? Weißt du, was du mir als Kind angetan hast, als du mich schlugst und tratst, wenn du am Trinken warst? Ich haßte dich und nahm es dir übel, und so wuchs ich heran, jede Autorität hassend und mich gegen sie auflehnend. Du gabst mir nie einen Grund, dich zu achten – du warst die halbe Zeit besoffen. Die Tatsache, daß du mir keinerlei Respekt vor Autoritäten beigebracht hast, hat mich beinahe umgebracht! Ich beschuldige dich, mir das Muster »Selbstmordgedanken« gegeben zu haben. Wie oft hast du beim Trinken gesagt, du wolltest dich umbringen, weil das Leben nicht lebenswert sei wegen meines Vaters. Leck mich, du Schlampe!

Ich beschuldige dich, ihn nicht verlassen und dein Leben lebenswert gemacht zu haben. Ich beschuldige dich, faul, gefühllos, aufbrausend und extrem launisch gewesen zu sein. Kannst du dich erinnern, wie meine Freunde sagten: »Ich bin nicht gerne um Rick, weil er so launisch ist«? Ich beschuldige dich, meine Spontaneität unterdrückt zu haben durch deine Gewalttätigkeit, deine Mißhandlungen und deine übertriebene Härte.

Ich klage dich an, deine Gesundheit und deine körperlichen Bedürfnisse vernachlässigt zu haben und negative Aufmerksamkeit vorgezogen zu haben. Deine Sucht nach Zigaretten und Alkohol und deine Weigerung, dich selbst und andere zu nähren, hat mein Leben ruiniert. Ich beschuldige dich, nicht um Hilfe gebeten zu haben, dich verlassen gefühlt zu haben, zurückgewiesen und betrogen, um dir einen Vorwand für dein Trinken zu liefern und damit du dich ausgenutzt fühlen konntest, um etwas zu haben, worüber du jammern konntest. Du gibst dir solche Mühe, mir leid zu tun – aber damit ist Schluß!

Ich klage dich an, asexuell zu sein und zu verklemmt, um mit mir über sexuelle Dinge zu sprechen, so daß ich, als ich mit achtzehn Jahren heiratete, nicht die Bohne über Sex wußte. Ich beschuldige dich der Haltung, daß Sex unnütz und eine Pflicht ist, die man als Lohn oder Strafe einsetzt. Damit hast du meinen Alten ganz schön auf Trab gehalten. Ich klage dich an, deine Kinder gegeneinander ausgespielt und aufgebracht zu haben. Ich beschuldige dich, den Haß geschürt zu haben, den ich auf meinen Bruder Stephan hatte. Ich beschuldige dich, mich nicht in Schutz genommen zu haben, als ich dich brauchte. ICH KLAGE DICH AN, EIN WERTLOSES LEBEN GELEBT ZU HABEN! Ich hasse dich, weil du mich alle negativen Verhaltensweisen lehrtest, die mein Leben ruiniert haben. Ich hasse sie, und ich hasse dich. Ich habe genug davon und gebe dir alle diese negativen Muster zurück – sie gehören dir, nicht mir. Nimm sie zurück, du Schlampe. Wegen deiner Muster habe ich meinen eigenen Sohn seit fast acht Jahren nicht mehr gesehen. Meine erste Frau haßt mich so sehr, daß sie mich meine Kinder nicht einmal sehen läßt. Ich bin wirklich sauer, wenn ich an all die Wut denke, die ich an meiner Frau ausließ, wo sie deiner negativen Seite hätte gelten müssen, du Rabenmutter. Wenn ich an die Jahre denke, die man mir wegen deiner negativen Programme meine Kinder vorenthalten hat, schwillt mir der Hals.

Erfahrungen während der Wutsitzung:

In der Wutsitzung war ich bereit loszulegen. Doch dann war meine Energie wie weggeblasen. Ich dachte: »Das ist ja lächerlich. Hier stehe ich, ein erwachsener Mann mit einem Stock in der Hand, und schlage ein Kissen, wobei ich vorgebe, es sei die dunkle negative Seite meiner Mutter.« Also sagte ich: »Nein, Mutter, du wirst nicht gewinnen. Ich bin dieses kleine Kind, das wütend ist, weil es sein ganzes Leben deinen Mist fressen mußte, wütend auf den Schmerz, den ich habe fühlen müssen, weil ich das Leben von Menschen versaut habe, die ich liebte.« Dann stieg die Wut aus meinen Eingeweiden hoch. Ich konnte nur noch an all das Leiden, all den Schmerz und die Qual denken, der mich diese besoffene Hure aussetzte. Ich schlug sie (das Kissen) immer wieder. Die Wut erreichte ein Crescendo, ich verlor mich für ein paar Augenblicke, rastete aus und klinkte gesund wieder ein, wie Bob das nennt. Ich machte weiter, bis ich nicht mehr konnte. Dann fühlte ich mich zum erstenmal in meinem Leben frei von ihr. Ich zelebrierte meine Freiheit und meine Unabhängigkeit.

Nach der Wutsitzung gegen die erinnerte Mutter der Kindheit empfinden die Teilnehmer des Quadrinity-Prozesses eine einmalige Mischung aus eigener Kraft, Läuterung und Erleichterung, gefolgt von Gefühlen von Frieden, Unabhängigkeit und Freiheit. Wie steht es mit Ihren eigenen Gefühlen der Dunklen Seite Ihrer Mutter gegenüber, nachdem Sie dieses Fallbeispiel auf sich haben wirken lassen? Beachten Sie, wie Ricks Dunkle Seite (vergeblich) versucht, ihn dahingehend zu beeinflussen, daß er an diesem Prozeß scheitert, damit sie auch weiterhin Macht über ihn ausüben kann.

10

Jeder ist schuldig, keiner ist zu verurteilen

Mutter. Mother. Mère. Madre. In jeder Sprache oder Kultur beschwört das Wort mächtige Bilder herauf. Schließen Sie für einen Augenblick die Augen und erlauben Sie sich, frei zu dem Wort »Mutter« zu assoziieren. Was fällt Ihnen dazu ein? Eine lange Liste von mütterlichen Eigenschaften? Vielleicht einige körperliche Merkmale von ihr? Vielleicht haben Sie aber auch Szenen aus Ihrer Kindheit gesehen?

Es ist normal, sich an »Mutter« als erwachsene Frau zu erinnern. Man stellt sich Mütter erwachsen und reif vor, wenigstens körperlich. Doch wenn man sie nur als Erwachsene sieht, ist man für eine wichtige Tatsache blind: Mutter war auch einmal ein Kind. Während jeder »weiß«, daß Mutter einmal ein Kind war, hat die wirkliche Bedeutung dieser Tatsache auf die meisten Menschen wenig Wirkung. Statt dessen haben sie die Tendenz, an ihre Mutter nur als erwachsene Frau zu denken, zu der sie aufblickten: größer, älter, weiser, scheinbar liebevoller als sie und mit einer gewissen Macht versehen. Von Ihrem Kindheitszustand der Abhängigkeit aus gesehen, war Mutter Ihre Göttin, und Sie hinterfragten ihre höchste Autorität und Weisheit nie.

Später mögen Sie intellektuell verstanden haben, daß Mutter nicht immer ein ideales Vorbild war. Wenn ja, haben Sie vielleicht Jahre damit zugebracht, sie für Ihre Probleme verantwortlich zu machen. Selten jedoch erfahren Menschen das qualvolle Drama Negativer Liebe, das Mutter als Kind durchmachte. In der nächsten Stufe der Arbeit des Quadrinity-Prozesses wird diese bedeutende Fehlwahrnehmung Ihrerseits bezüglich Ihrer Mutter angegangen und behoben.

Es hat Tradition, daß verschiedene Therapien und Selbsterfahrungstechniken Klienten lehren, mit ihrer Wut in Berührung zu kommen und sie auszuleben. Wichtiger jedoch, als Wut auszudrücken, ist die erstaunliche Entdeckung der Ursprünge von Mutters Mustern Negativer Liebe. Diese Entdekkung ermöglicht es, sie zu verteidigen und zu lernen, sie emotional von Schuld freizusprechen, damit man ihr nichts mehr nachträgt.

Das Resultat der Wutsitzung wird ein befreiendes Gefühl von Selbständigkeit sein. Dieser Zustand der entspannten Offenheit bildet den unmittelbaren und tiefgehenden Übergang von der Negativität der Anklage gegen die Mutter zur Positivität ihrer Verteidigung. Hier wird Mutter nicht als die Erwachsene gesehen und erlebt, die sie in Ihrer Kindheit war, sondern als das Kind, das sie in ihrer Kindheit war. Nur zu sagen: »Ach ja, ich weiß, daß sie es als Kind schwerhatte«, ohne es voll und ganz zu erfahren, bringt keine bleibende positive Wirkung. Um ihr zu vergeben, müssen Sie in die Fußstapfen ihrer Kindheit treten. Im Quadrinity-Prozeß verwenden wir verschiedene Visualisierungstechniken, um den Teilnehmern zu helfen, dies zu tun. Wenig Aufmerksamkeit wird Tatsachen gewidmet, die Ihre Mutter Ihnen über die Jahre hinweg mitgeteilt hat, denn ihr Blick war ebenso getrübt wie der Ihre.

Die Wahrheit über das Syndrom Negativer Liebe ist, daß alle schuldig sind, aber keiner zu verurteilen ist. Ja, Sie haben Ihre Mutter in der Phase der Anklage für schuldig befunden, doch sie ist nicht wirklich schuld. Sie lernte, Sie aufgrund der Programmierung zu programmieren, die ihr ihre Eltern mitgaben. Kurz gesagt, erbten Sie nicht nur ihre Gene, sondern erlernten die Muster Ihrer Negativen Liebe. Bitte vergegenwärtigen Sie sich noch einmal, daß Muster übernommen und nicht angeboren sind.

Um lieben zu lernen, müssen Sie zwei wesentliche Schritte tun. Der erste besteht darin, Ihre Mutter (sowie eventuelle Ersatzeltern) zu verstehen, ohne sie zu verurteilen. Wenn Sie Ihre Mutter leidenschaftlich verteidigen bis zur inneren Reinigung, ist es möglich, ihr nichts nachzutragen und zu wahrem Verständnis zu gelangen. Der zweite Schritt verlangt, daß Sie Mitgefühl empfinden, was vom Lexikon definiert wird als »tiefes Gefühl für das Unglück anderer, begleitet vom Wunsch, ihnen zu helfen« und »Kummer über das Leid oder das Befinden eines anderen Menschen, begleitet von einem starken Wunsch, das Leiden zu lindern oder seine Ursache zu beheben«.

Wer also war diese Frau, die Ihre Mutter wurde? Wie wurde sie, wie sie war und ist? Sie mögen gedacht haben, Sie würden sie gut kennen, aber ist dem wirklich so? Was für Menschen waren die Eltern Ihrer Mutter (Ihre Großeltern) wirklich? Vergessen Sie die grauhaarigen, möglicherweise freundlichen Leute, an die Sie sich gerne aus Ihrer Kindheit zurückerinnern. Konzentrieren Sie sich statt dessen auf die jungen Eltern, die sie waren, als sie in ihren Zwanzigern und Dreißigern waren. Wie ging es Mutter als Kind Ihrer Großeltern? (All die provokativen Fragen, die Sie über Ihr Gefühls- und Sexualleben, Ihre Kindheit mit Mutter usw. gestellt haben, lassen sich auch auf deren Eltern anwenden.)

Was immer sie war, ihre Familienerfahrung formte Ihre Mutter und machte aus ihr das Kind, das sie wurde, das zu der Frau heranwuchs, die Ihr Vater heiratete und die zu der Mutter wurde, die Sie kannten. In der Anklage sehen Sie sich als Opfer von »Mutter, dem Luder«. In der Verteidigung lernen Sie Mutter als das Opfer der negativen Aspekte ihrer Eltern zu sehen.

Um es mit der Metapher der Münze zu sagen: es wäre einseitig aufzuhören, nachdem man Mutter für ihre Unterlassungen und Fehler angeklagt hat. Sind Sie dreißig und Ihre Mutter ist sechzig, bedeutet die Kehrseite der Medaille, daß sie die Seuche der Unfähigkeit zu lieben schon doppelt so lange wie Sie mit sich herumschleppt und deshalb doppelt so viel Mitgefühl verdient wie Sie. Sie können noch vermeiden, den Rest Ihres Lebens in Negativer Liebe zuzubringen, doch die Chancen sind groß, daß Ihre Mutter jenseits aller Hoffnung war oder ist.

Ist Ihre Mutter bereits gestorben, ist ihr Liebesdrama um so ergreifender. Nach all diesen Jahren in einem Niemandsland ohne echte Liebe ging sie ins Grab, mit ihrem ängstlichen, einsamen, verletzten, eigenen kleinen inneren Kind in sich gefangen.

Es ist jedoch nie zu spät, lieben zu lernen. Im Quadrinity-Prozeß fand eine vierundsiebzigjährige Frau Freiheit durch eine liebevolle, autonome Ablösung von ihren längst verstorbenen Eltern und lernte, erst sich selbst und dann ihre Kinder und Enkel zu lieben. Auch Sie können lieben lernen.

Die ursächlichen Bedingungen des tragischen Mangels an Liebe in Mutters Leben sind größtenteils dieselben wie bei Ihnen: Niemand hat ihr während der entscheidenden Jahre ihrer Kindheit Liebe gegeben. Sie konnte nicht weitergeben, was sie selbst nie erfuhr. Man kann nicht geben, was man nicht hat. Sie zog sich die Krankheit der Negativen Liebe von ihren Eltern zu, genau wie Sie – sie hatte sie von ihren Eltern, die sie von ihren Eltern hatten, die sie von ihren Eltern hatten und so weiter bis zu den ersten Menschen. Weil die Negative Liebe so heimtückisch und universell »von Generation zu Generation« weitergegeben wird, ist sie die übelste aller emotionalen Krankheiten. Negative Liebe ist ein schreckliches Geschenk, das immer weitergegeben wird.

Manche östlichen Traditionen verwenden das Wort »Karma«, um auf die ethischen Konsequenzen hinzuweisen, die wir als einzelne durch unsere positiven und negativen Taten auf uns nehmen und die das Schicksal unserer weiteren Existenz bestimmen. Sagen wir, daß Sie durch die Überwindung der Macht der Negativen Liebe das Karma Ihrer Mutter abtragen können, das Karma, das sie durch die Negativität und Liebesunfähigkeit, die sie Ihnen hilflos antat, gesammelt hat. Wenn Sie dies tun, tragen Sie Ihre größte karmische Schuld ab, welche in der Weitergabe von Mustern Negativer Liebe entsteht. Das Klären dieser Muster und Ihrem im Grunde positiven, liebesfähigen Selbst zu erlauben, sich zu zeigen, ist der sicherste Weg zu spirituellem Fortschritt und Erleuchtung.

Obwohl die Kette der Negativen Liebe endlos in die Zeit zurückreicht, braucht sie in Zukunft nicht länger zu bestehen. Als Glied dieser Kette können Sie sie durchbrechen.

Wie schon zuvor in der Anklage, wird im Quadrinity-Prozeß bei der Verteidigung der Mutter die Erforschung des Unbewußten durch geführte Visualisierungen ausgiebig eingesetzt. Der erste Schritt der Verteidigung besteht aus einem Dialog zwischen Ihrem negativen Emotionalen Kind im Alter von dreizehn Jahren (oder als die Pubertät bei Ihnen eintrat) und Mutters negativem Emotionalen Kind in etwa demselben Alter. Eine mentale, »telepathische« Unterhaltung findet zwischen den zwei Kindern statt, in der Mutters Kind Ihnen Antworten gibt auf wichtige Fragen über ihre Kindheit. Dies führt zum bewegenden und mitfühlenden Erkennen des emotionalen Mangels, den Ihre Mutter als Kind litt. Sie werden entdecken, daß die Kindheitstraumata Ihrer Mutter den Ihren ähnlich waren. Das macht es Ihnen beiden möglich, aufeinander einzugehen.

Wie der Rest der Arbeit von Mutters Verteidigung ist der Dialog eine geistige Offenbarung, die natürliche[1] Fähigkeiten der Sinneswahrnehmung dazu benutzt, die emotionalen Erfahrungen aus Mutters Vergangenheit, einschließlich jener Erlebnisse, von denen sie nie erzählt hat, visuell erfahrbar zu machen und mit tiefem Gefühl zu begleiten. Auf wunderbare Weise führt diese Methode, richtig angewandt, auf eine tiefe Ebene tränenreichen Mitgefühls. Unter richtiger Anleitung ist es bisher allen Teilnehmern gelungen, diese Erfahrung zu machen. Wenn Sie die Gültigkeit der Informationen überprüfen, die Sie solcherart erhalten, werden Sie entdecken, daß deren emotionale Bedeutung zutrifft.

Unterstützt durch das Wissen, das Sie vom Dialog her haben, ist die Trinität Ihrer Mutter dann in der Lage, Ihnen ihre

---

[1] Hierbei handelt es sich nicht um eine außergewöhnliche Sinneswahrnehmung. Vielmehr ist es eine natürliche Gabe, die wir lernen können, für uns einzusetzen.

negative emotionale Autobiographie zu diktieren, die Geschichte ihres Lebens mit ihren Eltern. Wenn sie die Ursprünge ihrer eigenen Kindheitsprogramme darlegt, werden Sie erstaunt sein zu entdecken, daß ihre Kindheitserfahrung mit ihren Eltern, was die Einsamkeit, die Enttäuschung und den Mangel an elterlicher Wärme und wahrer Anerkennung und Liebe anbelangt, parallel zu der Ihren verläuft. Mit Hilfe dieser Methode ist es Ihnen möglich zu erfahren, wie Mutter die negativen Verhaltensweisen ihrer Dunklen Seite lernte. Natürlich lernte sie sie von der Dunklen Seite ihrer Eltern.

Die beiden Techniken der geistigen Offenbarung (Dialog und Autobiographie) versorgten Rick, Chris und Laura mit einer Fülle von emotional bedeutsamen Informationen. Diese ermöglichten ihnen, die Feindseligkeit und Wut auf ihre Mütter loszulassen. Alle drei fanden Verständnis ohne Verurteilung und die Fähigkeit, ihren Müttern zu verzeihen, sie zu akzeptieren, Mitgefühl für sie zu empfinden und sie zu lieben. Nach diesem Schritt begannen sie, Selbstliebe als natürlichen Seinszustand zu erleben. Über Mutters Verteidigung lediglich zu lesen, kann Sie nicht durch die tatsächliche Erfahrung führen, wie Chris, Laura und Rick sie machten. Alle drei erlebten sie eine mächtige, bewegende und letztlich lebenserneuernde Transformation. Sie können nachfühlen, wie es zu dieser Transformation kam, wenn Sie den Geschichten von Chris, Laura und Rick mit offenem Herzen folgen.

Um Ihnen einen Eindruck davon zu verschaffen, wie die Praxis aussieht, finden Sie nachstehend die Zusammenfassungen von Ricks und Lauras Dialogen mit den dreizehnjährigen, negativen Emotionalen Kindern ihrer Mütter sowie Chris' Arbeit, in der seine Mutter ihre negative emotionale Autobiographie diktiert. Das Kapitel schließt mit Chris' Beschreibung von seiner Mitgefühlssitzung bezüglich seiner Mutter.

Ricks Dialog mit seiner Mutter

Ricks Kind: *Hallo, du mußt das kleine Mädchen sein, aus dem meine Mutter wurde. Wie war es für dich, bei deinen Eltern aufzuwachsen?*

Mutters Kind: *Wie zu deiner gab es auch zu meiner Mutters Zeit keine Geburtenkontrolle. Mutter bekam mich, und dann noch vier weitere Kinder, eines nach dem anderen, so daß ich mit acht Jahren bereits erschöpft und überlastet war von der Verantwortung für vier kleinere Kinder. Ich putzte ständig hinter ihnen her, wusch schmutzige Windeln, brachte ihnen Manieren bei. Ich fühlte mich frustriert und verzweifelt.*

Ricks Kind: *Was? Ein achtjähriges Kind mit so viel Verantwortung? Wo waren denn deine Eltern?*

Mutters Kind: *Die Arbeit meines Vaters führte ihn oft monatelang von uns fort. Dann war er jeweils für kurze Zeit zu Hause. Wenn er heimkehrte, war er zunächst froh, uns zu sehen. Doch bald war er nur noch gemein und irritiert wegen allem, was man tat – vor allem, wenn ich es war. Einmal kletterte mein kleiner Bruder, noch in Windeln, in den Abfall unter dem Spülbecken. Er verteilte ihn überall auf dem Fußboden. Ich wurde böse auf ihn, und er begann zu weinen. Mein Vater kam hereingerannt. Er packte meinen Arm und trat mich. Ich wandte mich ihm zu und sagte: »Wie kannst du es wagen, mich zu treten.« Er riß mich hoch, schüttelte mich unsanft fest und meinte: »Du sagst mir nicht, was ich zu tun habe, du kleines Ding, ich bin hier der Chef, merk dir das. Und jetzt räum diese Schweinerei weg!« Also siehst du, wo ich lernte, so gewalttätig und aufbrausend gegenüber Kindern zu sein. Meine Eltern waren verantwortungslos und grausam, einem kleinen Mädchen wie mir so viele Pflichten aufzuladen. Ich hatte kaum Zeit, selbst ein Kind* zu sein.

Ricks Kind: *Ich beginne zu sehen, wo viele deiner negativen Muster herkamen. Und wie hast du gelernt, nachtragend und aufsässig zu sein?*

Mutters Kind: *All die Arbeit, die ich tun mußte, machte mich gemein und heimtückisch. Ich mußte mich an meinem kleinen Bruder rächen für die Schläge, die ich bekommen hatte. Meine Beziehung zu meinen Geschwistern ging in die Brüche wegen der Art, wie meine Eltern die Dinge eingerichtet hatten.*

Ricks Kind: *Ich sehe, wo du gelernt hast, ungerecht zu strafen. Ich kann jetzt verstehen, warum du mir beibrachtest, meine Geschwister zu hassen. Und ich sehe, wo das Treten herkam. Du hast mich dauernd getreten, wenn du betrunken warst. Ich haßte dich dafür – genau wie du deinen Vater gehaßt haben mußt.*

Mutters Kind: *Eine weitere Sache an meinem Vater war, daß er seiner Arbeit nachging, um in der Familie nichts machen und keine Verantwortung übernehmen zu müssen. Als ich dann erwachsen war, wurde Arbeit für mich auf dieselbe, negative Weise wichtig.*

Ricks Kind: *Was ist mit deiner Mutter? Was machte sie, daß du dich um vier Kinder kümmern mußtest?*

Mutters Kind: *Ich weiß, daß das, was ich dir sagen werde, alles nicht einfach ungeschehen machen wird, aber vielleicht wird es dir helfen zu verstehen, warum ich tat, was ich tat. Meine Mutter war nicht gerne Mutter. Sie wollte nur trinken. Sie sagte immer: »Mir geht's so schlecht, ich brauche ein Gläschen, damit es mir besser geht.« Dann, wenn sie sich »besser« fühlte, ging sie aus und ließ mich mit meinen jüngeren Brüdern und Schwestern allein. Sie lehrte mich, Kinder seien unwichtig. Sie war weder sich selbst noch ihrer Familie, noch anderen verpflichtet.*

Ricks Kind: *Sie lehrte dich, nicht mit »schlechten Gefühlen« umzugehen und sie durch Trinken zu vermeiden, und ich habe dasselbe getan.*

Mutters Kind: *Und es wurde schlimmer, als ich älter wurde. Als ich elf war, sah ich meinen Vater kaum noch. Manchmal fragte ich meine Mutter, ob ich nach der Schule mit Freunden draußen spielen könnte. Sie sagte: »Du soll-*

test es besser wissen. Du hast dich um deine Geschwister zu kümmern.« Manchmal sah ich sie tagelang nicht. Sie erwartete von mir, daß ich die Verantwortung übernahm und das Oberhaupt der Familie war.

Ricks Kind: *Langsam habe ich mehr Verständnis dafür, warum du mich so behandelt hast, als ich ein Kind war – und warum ich so geworden bin, wie ich bin. Ich danke dir, daß du mir geholfen hast, zum erstenmal in meinem Leben einen Sinn in all diesen Dingen zu sehen. Ich erinnere mich an ein Ereignis, als ich sieben war. Ich stand vor deinem ersten Fernsehgerät, noch naß von meinem Bad und ohne Kleider. Als Vater hätte ich ein bißchen lachen müssen, wenn ich eine solche Situation vorgefunden hätte. Dann hätte ich das Handtuch aber aufgehoben und angefangen, mein Kind abzutrocknen. Du aber hast mich gepackt und geschüttelt und mir auf den Hintern gegeben. Du hast mir das Gefühl gegeben, ich hätte etwas sehr, sehr Schlimmes getan.*

Mutters Kind: *Ich kann jetzt sehen, was meine Programmierung durch meine Mutter aus mir gemacht hat. Sie hat mein Leben ruiniert und mich gelehrt, asexuell und verklemmt zu sein in bezug auf alles, was den Körper betrifft. Dank ihr wurde ich intolerant, selbstgerecht, rigide und puritanisch. Es war wirklich nicht richtig von mir, dich so zu behandeln. (In der Visualisierung weint Mutter und bewegt auch ihr Kind zu Tränen.)*

Mutters Kind: *Ich wurde so rachsüchtig, daß ich, als ich erwachsen war, deinen Vater anschrie, wenn er Liebe brauchte. Das lernte ich auch von meinen Eltern.*

Ricks Kind: *Dort sind also diese ganzen körperlich gewalttätigen Inszenierungen hergekommen. Du lerntest Negative Liebe von deiner Familie, wie ich sie von dir gelernt habe.*

Mutters Kind: *Ja, ich machte genau, was meine Mutter mir vorgelebt hatte. Ich schlug unter die Gürtellinie. Ich war gelehrt worden, Männer zu reizen, um dann, wenn sie dich am meisten brauchten, asexuell zu sein. Wenn ich deinen*

Vater abwies, frustrierte ihn das so, daß er jedesmal einen Wutanfall bekam. Genauso war es in meiner Kindheit. Mutter reizte meinen Vater und weigerte sich dann, lieb zu ihm zu sein. Dann explodierte Vater und schlug sie.

Ricks Kind: *Und warum wurdest du Alkoholikerin?*

Mutters Kind: *Du kannst dir vorstellen, woher das kam. Meine Mutter hat mir reichlich gezeigt, wie man's macht. Wenn du dich mies fühlst, trinkst du, um dich »gut« zu fühlen. Ich habe dieses negative Muster seit meiner Geburt vor Augen gehabt. Meine Mutter war immer besoffen. Ich konnte mich nicht auf die Unterstützung meines Vaters verlassen, mir zu helfen und mich gegen sie zu beschützen, wenn sie betrunken war. Er war beinahe immer fort. Sie gab mir nur dann Liebe, wenn ich genau wie sie war, und schau, ich wurde genau wie sie, und du bist wie ich geworden. Wie schrecklich!*

Ricks Spirituelles Selbst: *Kind, ich denke, sie sagt die Wahrheit. Sie war schuldig, aber kannst du sie verurteilen in Anbetracht dessen, was du über ihre Kindheit erfahren hast?*

Ricks Kind: *Ich habe das Gefühl, sie sagt, sie hatte kaum eine Chance. Mutter, ich kann dich nicht verurteilen für das, was du mir angetan hast. Du hast so sehr gelitten. Ich kann mich verändern, aber du lebst immer noch dieselben alten Muster aus. Ich vergebe dir von ganzem Herzen (Tränen).*

Lauras Dialog mit Mutter

Im Dialog mit dem Kind ihrer Mutter im Pubertätsalter erfuhr die dreizehnjährige Laura aus erster Hand den Ursprung der negativen Eigenschaften ihrer Mutter, die ihnen beiden so viel Schmerz und Leiden verursacht hatten. Alice, die Mutter, war von ihren Eltern programmiert worden, ein liebes, aufgesetzt fröhliches, von Äußerlichkeiten besessenes Mädchen zu sein. Es gelang Laura, die negative Opferhaltung ihrer Mutter zu verstehen:

In dieser Visualisierung sehe ich, wie mein Emotionales Kind im Pubertätsalter das gleichaltrige Emotionale Kind meiner Mutter trifft.

Laura: *Hallo kleines Mädchen, das meine Mutter wurde. Wie war denn dein Leben bei deinen Eltern?*

Alice: *Der Großteil meiner Kindheit war unglücklich, denn mein Vater starb, als ich ein ganz kleines Baby war. (Bis dann waren wir glücklich gewesen. Mutter sagte, Vater sei oft fröhlich gewesen und hätte viel gelacht.) Eines Nachts erlitt er einen Herzinfarkt, und meine Mutter wußte nicht, was sie für ihn tun sollte. Sie begriff nicht, wie krank er war, und am nächsten Morgen war er tot. Danach hat sie ihr ganzes Leben das Gefühl gehabt, sie hätte ihn umgebracht, und kam einfach nicht darüber hinweg.*

Laura: *Das muß schrecklich gewesen sein!*

Alice: *Es war für uns alle sehr schlimm. Meine Mutter und meine Tanten und mein älterer Bruder weinten, ich weinte. Danach erlebte ich nie mehr, was es heißt, einen Vater zu haben. Ich sehnte mich immerfort danach. Ich hätte gerne auf Papis Schoß gesessen und hätte mich von ihm drücken lassen, wie ich es manche Väter meiner Freunde tun sah.*

Laura: *Das klingt einsam.*

Alice: *Meine Mutter war immer traurig, nachdem mein Vater gestorben war, auch wenn sie vor Fremden so tat, als sei alles in Ordnung. Ich versuchte sie zu trösten, so gut ich konnte, aber ich fühlte mich nur hilflos, weil es nicht ging. Wir waren auch sehr arm. Meine Mutter wußte nicht, wie sie uns unterstützen sollte, und sie machte sich dauernd Sorgen wegen des Essens und der Kleider.*

Laura: *Also warst du verängstigt und bekümmert und fühltest dich hilflos, als du ein kleines Mädchen warst. Und du warst traurig, weil deine Mutter traurig war, aber das half ihr auch nicht weiter.*

Alice: *Manchmal hatte ich das Gefühl, meiner Mutter würde es bessergehen, wenn ich nie geboren worden wäre.*

Ich fühlte mich schuldig, weil es mich gab und ich noch ein Esser am Tisch war.

Laura: *Hast du es ihnen nicht heimzahlen wollen? Hast du deine Mutter nicht manchmal gehaßt, weil sie dir das Gefühl gab, unerwünscht zu sein?*

Alice: *Ich schäme mich, es zugeben zu müssen, aber es ist wahr. Manchmal haßte ich meine Mutter insgeheim, weil ich mich wegen ihr so elend fühlte. Dann fühlte ich mich schuldig und strengte mich noch mehr an, um so zu tun, als sei ich vergnügt, um an ihr wiedergutzumachen, daß ich so böse auf sie gewesen war. Am meisten verübelte ich ihr die Art und Weise, wie sie meinen Bruder Hans mir vorzog. Er war ihr erstes Kind, und sie liebte ihn auf eine Art, wie sie mich nie geliebt hat. Sie hatte das Gefühl, ich sei lediglich eine dumme Frau wie sie selbst, die nicht wußte, wie man das Leben seines Mannes rettete oder den Lebensunterhalt der Familie bestritt. Sie verachtete sich selbst wirklich dafür, eine Frau zu sein, also verachtete sie auch mich.*

Laura: *Ich fange an zu sehen, warum du so lieblos zu mir warst. Du wurdest selbst nie mit Liebe behandelt.*

Alice: *Ich wußte nicht, wie warm und zärtlich zu sein. Ich habe das von meinem einzigen Elternteil nie gelernt. Ich habe mich innerlich nie gut oder wertvoll oder glücklich gefühlt. Ich beschloß nur, daß ich nicht traurig sein würde wie meine Mutter. Ich würde so werden, wie mein Papi gewesen war. Also lernte ich immer zu lächeln und vorzugeben, alles sei in Ordnung. Ich fühlte es nie richtig. Aber ich dachte, wenn ich Mutter keine Sorgen machte, würde sie mich vielleicht lieben.*

Laura: *Ich beginne zu sehen, wo du so viel von deiner Negativität herhast. Doch wie bist du so manipulativ geworden? Du wolltest eine Marionette aus mir machen.*

Alice: *Ich mußte lernen, wie man Menschen manipuliert, weil es keine andere Möglichkeit gab, zu bekommen, was ich wollte. Ich wußte, daß niemand mich lieb genug hatte, um mir irgend etwas zu geben, also mußte ich es mir auf eine andere Art verschaffen. Meine Mutter manipulierte Hans und mich mit ihrem kalten Schweigen, ihren vorwurfsvollen Blicken und ihrer Kritik. Ich beschloß, daß ich das nie tun würde, aber ich nehme an, schließlich tat ich es trotzdem. Ich wollte so viele Dinge als kleines Kind, die ich nie bekommen habe. Sogar neue, warme Unterwäsche wäre toll gewesen. Also dachte ich, wenn ich einmal Mutter sei, würde ich meinen Kindern ganz viele Sachen geben, Geburtstagsfeste, Weihnachtsgeschenke und hübsche Kleider, und sie würden mich immer lieben.*

Laura: *Du lerntest, liebevoll zu scheinen, auch wenn du es nicht fühltest. Du lebtest deine Kindheit durch mich aus. Das ist Pseudoliebe.*

Alice: *Ja, als ich erwachsen wurde, machte ich das, von dem ich dachte, Mamis würden es tun: das Baby küssen, es vorzeigen, wenn Besuch kam. Ich dachte, ein sauberes, schön gekleidetes Baby sei ein geliebtes Baby. Ich lernte mich verstellen und gab vor, alles sei in Ordnung, weil ich dachte, so könnte ich meine Mutter dazu bringen, mich zu lieben. Ich war ein braves kleines Mädchen für meine Mutter. Ich wischte und spülte Teller und nähte. Ich schlich auf Zehenspitzen um sie herum. Ich bin immer noch ein sehr braves Mädchen, auch wenn ich jetzt beinahe erwachsen bin. Ich versuche alles zu tun, was meine Mutter will, aber es nützt nichts. Es scheint, als würde sie mein ganzes Leben zu mir sagen: »Ich werde dich lieben, wenn du brav oder ruhig oder hilfsbereit bist oder wenn du mich tröstest.« Doch wird sie mich nie um meiner selbst willen lieben.*

Es kamen noch mehr Eindrücke, und am Ende des Dialogs war Laura in der Lage zu sagen:

Ich verstehe mein Leben jetzt. Ich kann dich wirklich nicht verurteilen. Du hattest keine große Wahl. Du mußtest genauso viel Schmerz und bedingte Liebe erfahren wie ich. Wie schrecklich!

Dieser Dialog ist eine Zusammenfassung von Lauras fünfzehnseitiger Niederschrift. Während dieser geistigen Offenbarung bestand für sie kein Zweifel, daß sie mit dem Kind kommunizierte, das einst ihre Mutter werden würde. Es fühlte sich auf einer tiefen Ebene richtig an. Die Erfahrung hat gezeigt, daß diese Offenbarungen und Visualisierungen stimmen. Laura erfuhr die Wirklichkeit ihrer Offenbarung gefühlsmäßig und hatte, wie Tausende vor ihr, Zugang zu ihr bis dahin unbekannten Informationen über die Kindheit ihrer Mutter. Der Gefühlsinhalt des Dialogs stimmt unverbrüchlich. Ihre arme Mutter wurde von Lauras Großeltern negativ programmiert und gab ihre negativen Verhaltensweisen unwillkürlich an ihre Kinder weiter. Als Laura mit Schreiben fertig war, verstand sie, ohne zu verurteilen, warum ihre Mutter sie so behandelt hatte, wie sie es tat. Das Ergebnis war: Laura kam mit ihrer Mutter ins reine.

Der Monolog von Chris' Mutter

Chris fand, es sei, als würde seine Mutter ihm ihre negative emotionale Autobiographie diktieren, während er einfach »zuhörte«. Nachdem er den Dialog mit seiner Mutter abgeschlossen hatte, verstand er die Kräfte, die sie geformt hatten. Wieder beleuchtet das Folgende nur einige Höhepunkte der Geschichte von Chris' Mutter.

Äußerlich gesehen waren meine Eltern reich, und es sah so aus, als hätte ich alles – Herkunft, Status, ein stabiles Elternhaus, Intelligenz, gutes Aussehen. Doch in Wirklichkeit war der größte Teil meines Lebens die Hölle. Mein Vater war der Sohn armer Eltern. Er hatte sich sein Medizinstudium erarbeitet und war meistens vierundzwanzig Stunden am Tag beschäftigt. Meine Mutter war schön und heiratete ihn wegen seiner Karriere. Sie zeugten mich, ehe sie zu einem Kind bereit waren, während er noch um den Aufbau seiner

Praxis bemüht war. Mutter war versteckt ehrgeizig, Vater zurückhaltend. Er forderte viel von sich selbst, sie forderte von allen. Ich wurde in ihre Konflikte und Frustrationen hineingeboren.

Die Familie meiner Mutter war gesellschaftlich besser gestellt als die meines Vaters, und wenn er sich in seinem Büro hinter seinen medizinischen Fachbüchern verschanzte, konzentrierten sich Mamis scharfe Zunge und ihre ehrgeizigen Augen auf mich. Ich war die Erstgeborene, sah aus wie sie und sollte wie sie sein.

Die Menschen sagten immer, wie gütig Mutter sei, aber das fand ich nicht. Sie war genauso gemein wie alle anderen, nur versteckte sie es besser. Sie machte sich Gedanken wegen des Eindrucks, den ich machte, also mußte ich mich auf eine bestimmte Art kleiden und sogar Knickse machen. Ich hatte still zu sein und mich von Vater fernzuhalten, wenn Patienten kamen. Vater ließ Mutter über das Haus herrschen. Ich schämte mich oft wegen seiner Unterwürfigkeit ihr gegenüber. Männer hatten nicht so zu sein. Aber er war so, und Menschen, die nicht zur Familie gehörten, sahen es nicht einmal. Ich weiß nicht, ob es mehr an Papi oder an Mami lag, aber sie benutzten seinen Beruf, um nicht mit mir kommunizieren zu müssen. Ich selbst hätte genausogut ein Roboter oder eine Marionette sein können. Ich konnte es wenigstens an meinen Schwestern auslassen. Lucy verschaffte sich Aufmerksamkeit, indem sie böse, launisch, laut und unmöglich war. Ich mußte versuchen, mir durch Anpassung und durch Bravsein meine Liebe zu holen. Ich hatte keine große Chance gegen Mutters Manipulationen und den harten Erziehungsstil und Vaters moralinsauren Rückzug. Sie verbrachten beide haufenweise Zeit damit, mich zu entwerten. Manchmal gab Mutter vor, zuzuhören, doch sie spielte meine Gefühle nur gegen mich aus, indem sie Forderungen daraus ableitete, mich beschämte, mich niedermachte und mir Schuldgefühle vermittelte.

Die Dinge standen besonders schlecht, als meine zweite Schwester, Mary, geboren wurde. Mutter räumte ein, sie sei schwierig, aber sie zwang mich, die Verantwortung für sie zu übernehmen. Erst sehr viel später fragte ich mich, ob Mary von einem anderen Vater sei, aber darüber wurde nicht gesprochen. Mein Vater war derart abgeschnitten von der Kommunikation mit mir wie auch von seinen eigenen Gefühlen, nehme ich an, daß ich bis heute nicht weiß, ob er sich nicht einen Jungen wünschte. Aber es war mir immer irgendwie bewußt, daß er mir nicht beistand. Er ließ meine Mutter mich erziehen, und auch wenn er die Aufmerksamkeit von uns Kindern zu mögen schien, waren wir nie eine eng zusammengehörige Familie.

Sie ließen mich nicht einmal anderswo Liebe suchen, ohne ständig davor zu warnen, daß andere schlechtere Menschen seien als ich. Gott, war ich einsam. Und wenn ich nicht einsam war, war ich zornig und zeigte es nicht aus Angst – zornig auf meinen Vater, der sich keine Zeit nahm, um mir zuzuhören oder weil er es zuließ, daß diese kontrollierende Schlampe von einer Mutter mich ausschloß. Er hatte seine Arbeit, ich hatte gar nichts.

Ich wünschte, meine Mutter hätte die Größe gehabt, loszulassen, mich zu umarmen, zu berühren, zu lieben. Aber nein, sie war kalt, aristokratisch, abweisend und so intelligent, daß alles, was ich unternahm, um ihre Aufmerksamkeit zu erlangen, von ihr übernommen war. Ich war nicht ich selbst, sondern verriet meine eigenen Bedürfnisse, oder die Sache ging schief und brachte heftige Kritik durch vernichtende Blicke oder Worte. Meine Eltern anerkannten positive Eigenschaften nur, wenn es solche waren, mit denen sie einverstanden waren. Ich wollte dafür akzeptiert werden, ich selbst zu sein, ihr kleines Mädchen. Es war alles nur Liebe auf Zeit.

Sie waren beide die gleichen Perfektionisten: überheblich, fordernd, verklemmt, lieblos. Erst kam die Pflicht und dann das Vergnügen, und die Erwachsenen kamen vor den

Kindern. Ja, Chris, ich denke, ich war ein einsames, armes, kleines reiches Mädchen!

Als er sich in die Geschichte von Mutters Kindheit eingefühlt hatte, bestand für Chris kein Zweifel mehr, wo, wie und warum aus seiner Mutter ein Zombie wurde, die ihn schließlich programmierte, genauso ein Zombie zu werden wie sie. Als er auf der Gefühlsebene erfuhr, wie seine Mutter ihre negativen Eigenschaften übernommen hatte, begann er, sie zu verstehen, ohne sie zu verurteilen. Er begriff auch, daß es keine emotionale Notwendigkeit war, an seinem falschen Zombie-Äußeren und den anderen negativen Mustern festzuhalten, die ihm ebensowenig wie ihr eigen waren.

Wie Rick und Laura erlangte Chris Verständnis ohne Verurteilung für seine Mutter. Die Lektion, die alle drei lernten, lautet: *Jeder ist schuldig, und keiner ist zu verurteilen.*

Um die Verteidigung von Mutter zu untermauern und das Drama von Jahren unterdrückter Feindseligkeit vollständig aufzulösen, benutzt der Quadrinity-Prozeß eine Visualisierung, die »Mitgefühls-Sitzung« genannt wird. Bei diesem Vorgang führt das Team die Teilnehmer ein, indem es ihnen etwa folgendes nahelegt:

Es ist wesentlich, daß du den Tod deiner Mutter erfährst, als fände er in der Gegenwart statt. Es spielt keine Rolle, ob deine Mutter lebt oder gestorben ist. Zu sehen, wie Mutter ins Grab kommt, wirklich in dieses Loch hinabgelassen wird, mit ihrem ungeliebten, negativen Emotionalen Kind immer noch in ihr gefangen, wird dein Herz mit überwältigender Trauer und Sympathie füllen. Du wirst Tränen des Mitgefühls weinen für die leidende, unerfüllte Frau, die ein ungeliebtes Kind und Mädchen und eine ungeliebte Frau und Mutter war. Sie wurde der Gelegenheit beraubt, als wahrhaft liebevoller, erwachsener Mensch Erfüllung zu finden. Der letzte Rest Vergeltungsdrang wird sich verflüchtigen, wenn du entdeckst, daß ihr Drama ähnlich oder vielleicht sogar größer war als deines. Wenn du verstehst, daß sie nicht zu verurteilen ist, wirst du frei sein, ihr zu vergeben und auch sie um Vergebung zu bitten. Die emotionale Wirkung dieser Erfahrung wird eine von großer Reue und Liebe geprägte Versöhnung ermöglichen.

Es folgt jetzt eine kurze Zusammenfassung von dieser Sitzung. Ungleich der Lichtreise in Kapitel 5 kann diese geistige Offenbarung nur im Kontext des Prozesses und mit Unterstützung des Quadrinity-Teams erlebt werden. Es gibt verschiedene Gründe für diesen Unterschied. Außer zu ihrem Beginn ruft die Lichtreise nur hehre und erhabene Erfahrungen hervor. Im Gegensatz dazu verlangt die Mitgefühlssitzung von den Teilnehmern, sich mit ihrer Trauer sowie mit anderen schwerwiegenden Gefühlen auseinanderzusetzen, die einer besonderen Begleitung bedürfen. Überdies ist ein Teilnehmer nur dann in der Lage, tiefes Mitgefühl zu empfinden, wenn er die emotionale Arbeit der »Anklage« der Mutter vollbracht hat. Negative Muster zu identifizieren und über die Verteidigung zu lesen, mag Ihnen geholfen haben zu verstehen, worum es geht, aber etwas verstehen bedeutet noch keineswegs, es zu tun. Betrachten Sie sich also hier nicht als Teilnehmer, sondern als Beobachter.

Chris' Erfahrungen während der Gefühlssitzung:

Ich komme heim, und meine Tochter eröffnet mir, meine Mutter sei bei einem Verkehrsunfall ums Leben gekommen. Ich bin zutiefst erschüttert. Ich rufe meine Frau an, sie soll nach Hause kommen und bei den Kindern bleiben. Ich fahre zum Krankenhaus. Dort zeigt man mir eine Bahre mit einem Körper drauf, der von einem Leintuch bedeckt ist. Als ich das Leintuch hebe, sehe ich, daß es meine Mutter ist. Sie ist tot! Ich fühle mich entsetzlich, und mir ist übel. Ich bitte darum, ein paar Minuten mit ihr allein gelassen zu werden. Ich setze mich neben ihren Körper, nehme ihre kalte Hand in die meine und denke an das Versprechen, das ich ge-

macht habe, mehr Zeit mit ihr zu verbringen, um sie besser kennenzulernen. Ich denke vor allem an die Arbeit des Prozesses, die mir Gelegenheit gegeben hat, mich zu verändern, um meine Liebe für sie tatsächlich ausdrücken zu können.

Im Beerdigungsinstitut schaue ich am nächsten Morgen wie mit Röntgenaugen in sie hinein und sehe ihr ängstliches, verletztes, unerfülltes Kind. Sanft lege ich eine einzige rote Rose auf ihre Brust und sehe die kleinen Hände ihres armen negativen Kindes sich nach mir ausstrecken. (Tränen.) Aus ihr wurde nie eine Frau, sie hatte nie eine Chance, für mich oder jemand anderes wirklich eine Mutter zu sein. Jetzt werde ich sie nie kennenlernen. Sie wird mich, ihren einzigen Sohn, nie wirklich kennen. (Noch mehr Tränen.)

Später, am Grab, schaue ich auf ihren Sarg hinab und fühle die tiefe Trauer für das ungeliebte, liebesunfähige, nie erwachsen gewordene Kind in ihr auf mir lasten. Die vierundsiebzig Jahre ihres Lebens waren so leer. Ich war so ein geiziger, unsensibler, verängstigter Sohn. (Habe während des Schreibens immer wieder geweint.) O Mutter, dir waren vierundsiebzig Jahre gegeben (die dir wahrscheinlich mehr wie 174 vorkamen)! Ich habe sechsundvierzig Jahre mit dir gehabt, und wir sind nie wirklich in der Lage gewesen, einander zu lieben. (Schluchzen.) Warum mußtest du gerade dann sterben, als die verdammte Kette der Negativen Liebe durchbrochen wurde? Wir haben einander nicht einmal gekannt. Wir hatten so vieles gemeinsam und so wenig Liebe füreinander.

Stirb noch nicht! Ich werde frei sein! Ich werde lernen zu lieben! Ich werde ein liebevoller Sohn werden und dich erlösen, auch wenn du mich nicht erlösen konntest. Mutter, bitte sei nicht tot! (Noch mehr Schluchzen.) Ich vergebe dir Mutter, du bist nicht schuld! Bitte vergib du auch mir!

Mit diesen schwermütigen Worten der Trauer und des Mitgefühls beendete Chris seine emotionale Arbeit mit seiner Mutter für den Augenblick. Er hatte noch nicht wirklich gelernt, sie zu lieben, aber er hatte sich befreit von seiner tief verdrängten Wut. Sie war kein Luder, er kein Zombie mehr. Es war beeindruckend, die Veränderungen in seinem Gesichtsausdruck und seiner Körperhaltung wahrzunehmen. Seine ganze Person war zum Leben erweckt worden.

Es war, als hätte er sich zu einem anderen Menschen gewandelt.

Die Veränderungen bei den anderen waren genauso auffallend. Rick wurde weicher und umgänglicher. Laura verlor ihre süßliche Biederkeit und ersetzte sie durch größere Direktheit. Ihr Lächeln war jetzt echt, nicht zwanghaft. Alle Teilnehmer waren geerdeter und zentrierter als je zuvor in ihrem Leben. Sie waren unterwegs zur Entdeckung der Selbstliebe.

Anhand von Mutters Verteidigung wird deutlich, daß der Intellekt nicht der Schlüssel zum Verlies der Negativen Liebe ist. Noch soviel intellektuelles »Wissen« über Mutters Kindheit kann kein wahres Mitgefühl für sie wecken. Das Ende der Anklage von Mutter entspringt einem tiefen emotionalen Berührtsein. Wenn die Mutter erst einmal als kleines, ungeliebtes Mädchen erfahren wurde, ist der Weg geebnet, die Beziehung zu ihr zu heilen, ganz gleich, ob sie noch lebt oder schon gestorben ist.

11

Die Anklage von Vaters Dunkler Seite

Der nächste Schritt des Prozesses befaßt sich eingehend mit Vaters offenen und versteckten Beiträgen zu Ihren Problemen der Negativen Liebe wie auch mit seinen Unterlassungen.

Vaters Unvermögen, als Ehemann aus Mutter eine erfüllte Frau zu machen, ist der Kern der ganzen Familienproblematik, die Sie als Kind kennenlernten. Manche seiner schlimmsten Eigenschaften mögen Feindseligkeit, Unzuverlässigkeit, Zurückgezogenheit, Pseudoliebe und unehrliche Kommunikation gewesen sein. Gleich wie er seine Liebesunfähigkeit bei Ihnen zu Hause ausdrückte, diese Eigenschaften waren wichtige Faktoren Ihrer Programmierung.

War er keine starke, zentrale Figur in der Familie, die Vertrauen, emotionale Ausgeglichenheit und beständige Wärme und Liebe ausstrahlte, litten alle, insbesondere Ihre Mutter. War sie verbittert und lieblos, suchen Sie nach Vaters Anteil daran. Er war meistens schuld am Fehlen einer liebevollen Atmosphäre in Ihrem Zuhause. Es gibt keine größere Enttäuschung, und es bricht einer Frau wohl am meisten das Herz, einen Mann zu haben, mit dem sie nicht mit Liebe und Achtung kommunizieren kann. Ihre arme Mutter mag ein programmiertes Luder gewesen sein, doch ihr Vater war auch ein Übeltäter. Hätte er *seine Aufmerksamkeit auf seine Unaufmerksamkeit* gelenkt, hätte er positive Schritte unternehmen können, um ihrer Negativität entgegenzuwirken.

Wenn Sie der Anklage von Mutters Dunkler Seite genau gefolgt sind, werden Sie feststellen, daß Ihr Widerstand, dasselbe mit Vater zu tun, viel geringer ist. Mehr noch als Mutter ist Vater der eigentliche Bösewicht im Familiendrama. Er war meist derjenige, der zu Hause die Macht hatte, aber auch auf Distanz ging.

Traditionell erwartet man von Vätern, sie seien der sichere Fels, auf dem die Familie gründet. Von Müttern erwartet man, daß sie weich, warm und nicht so aggressiv wie Männer sind. Aber wenn Vater nicht für seine Kinder »da« ist, führt das schließlich zu aufgestauter Wut, Bitterkeit, Zorn und liebesleerer Unsicherheit. Vaters Mängel als Vater sind in hohem Maß für neurotischen Selbsthaß bei seinen Kindern verantwortlich. Ich spreche hier nicht nur von dem Vater, den Sie kannten, sondern auch von Vätern, die verschwanden, bevor die Kinder sie sahen, und von Stief- und anderen Ersatzvätern.

Die Anklage von Vaters Dunkler Seite, der die Verteidigung folgt, gleicht der von Mutter in fast jeder Hinsicht. Um sich von Vaters negativem Einfluß zu befreien, müssen Sie sich vergegenwärtigen, wie sich seine negativen Eigenschaften zeigten, indem Sie Ihre Kindheitserlebnisse mit ihm wieder erleben. Dabei richten Sie Ihre ganze Aufmerksamkeit auf die Negativität seiner Dunklen Seite und darauf, wie seine schlechten Gewohnheiten zu Ihren Problemen als Erwachsener beigetragen haben. Im wichtigsten ersten Schritt wird das Schreiben Ihrer negativen emotionalen Autobiographie mit Vater Sie direkt mit der Feindseligkeit in Kontakt bringen, die Sie in der Wutsitzung ausdrücken können. Wie bei Mutter, müssen Ihre rasende Wut sowie Ihre Haßgefühle gegenüber Vater ganz ausgelebt werden. So können Sie sich von seinem negativen Einfluß befreien.

Wenn Sie Ihre Aufmerksamkeit auf Vaters Dunkle Seite, auf seine negativen Eigenschaften lenken, löst das in Ihnen verdrängte und unterdrückte Wut aus, Ihr offener Haß wird entfacht. Wie schon bei Mutter können jedoch auch seine scheinbar positiven Eigenschaften Ursache emotionaler Schwierigkeiten sein und dürfen nicht übersehen werden. Scheinbare positive Eigenschaften können zu Schwierigkeiten führen, wenn Mutter oder Vater sie zwanghaft ausspielen und das zornige Kind dagegen rebelliert, um negative Aufmerksamkeit zu bekommen und um sich zu rächen.

Wenn Vater zum Beispiel alles immer prompt erledigt, mag Ihr negatives Emotionales Kind dagegen rebellieren, indem es ein Zauderer wird. Die wirklichen Konsequenzen der Zauderei (verlorene Freunde, verlorenes Geld, verlorene Einnahmen) führen zu einem zusätzlichen Konflikt, der daher stammt, gleichzeitig zwei mächtige, widersprüchliche Gefühle zu empfinden: Wut und Schuld. Die Wut kommt offensichtlich daher, daß Sie sich ungeliebt fühlen, und die Schuld wird hervorgerufen durch Ihre Ablehnung von Vaters positiver Eigenschaft. »Du liebst mich nicht, also werde ich es dir zeigen«, sagt das rebellische negative emotionale Kind. »Ich werde dich nicht lieben.« Das Resultat ist noch mehr Scham, Schuld, Selbsthaß und Selbstbestrafung, ein weiterer Teufelskreis.

Um die Teilnehmer am Quadrinity-Prozeß auf die Wutsitzung mit Vater vorzubereiten, verweisen wir sie auf die Liste seiner negativen (= zwanghaften) Eigenschaften, Launen und Ermahnungen. Wie schon bei Ihrer Mutter ist dies ein Teil des Prozesses, den Sie als Leser – wenn auch nicht so umfassend – mitmachen können. Sie werden überrascht sein zu entdekken, daß Sie die häßlichen Verhaltensweisen Ihres Vaters von vornherein übernommen haben. Auch wenn Sie diese unwiderlegbare Tatsache bereits bei Ihrer Mutter erfahren haben, werden Sie erstaunt sein zu sehen, wie sehr Sie wirklich die negative Dunkle Seite Ihres Vaters leben.

Ihre Konflikte werden dadurch intensiviert, daß Vaters zwanghafte positive Eigenschaften oft denen von Mutter diametral entgegengesetzt sind, während Mutters zwanghafte positive Eigenschaften im Zusammenspiel mit den entgegengesetzten negativen Eigenschaften von Vater einen Konflikt schaffen, den Sie übernommen haben. Wenn Mutter selten pünktlich war und Vater mit allem immer rechtzeitig fertig wurde, werden Sie in Ihrem Verhalten schwankend. »Tu ich's, oder tu ich's nicht – beides ist schlecht«, beschreibt die doppelte Falle, in der Sie sich befinden, genau.

Vaters negative Eigenschaften zusammenzuzählen und ehrlich festzustellen, wie Sie auf sie reagierten (Übernahme oder Rebellion), hat dieselbe wutauslösende Wirkung wie zuvor bei Mutter. Auch hier reicht ein lediglich intellektuelles Verständnis nicht aus. Wie ein schlummernder Vulkan bedarf die lang verdrängte und unterdrückte Wut einer explosiven Entladung. Im Quadrinity-Prozeß wird diese Wut sorgfältig auf Ihren Vater gelenkt, doch nicht auf Ihren heutigen Vater, sondern auf die negativen Eigenschaften, die er aufwies, als Sie ein Kind waren. Um Wut auf seine negativen Eigenschaften zu entwickeln, müssen Sie genau wissen, wie diese ausgesehen haben.

Denken Sie also über folgende Fragen nach:

Welche Art Vater hatten Sie? Wie stand es um seine Beziehung zu Mutter, als diese mit Ihnen schwanger war? (Visualisieren und erfahren Sie sich im Mutterleib, und Sie werden es wissen.) Was fühlte Vater für Mutter während der Schwangerschaft? Freute er sich darauf, in Ihnen ein weiteres Familienmitglied zu haben? Oder waren Sie eine »Panne« und eine Last, unerwünscht, noch ehe Sie auf die Welt kamen?

Haben Sie das Geschlecht, das Vater sich wünschte? Oder enttäuschten Sie ihn? Wenn Sie der Sohn waren, den er sich wünschte, behandelte er Sie als seinen erklärten Stammhalter und erwartete von Ihnen, daß Sie aus Ihrem Leben die Erfüllung aller Erwartungen machen, die er nie verwirklichen konnte? Lebte er sein Leben durch Sie aus?

Oder war er neidisch auf Sie und lehrte Sie, in nichts besser zu sein als er? Gab er Ihnen die Ermahnung: »Übertriff mich nicht!« Sehen Sie sogar heute Ihre Stärken und Schwächen nur, wenn Sie sie mit den seinen vergleichen? Sagte er Ihnen, Sie würden es nie zu etwas bringen, oder daß Sie nichts taugten, und schuf in Ihnen so einen Mangel an Selbstachtung und Selbstwertgefühl?

Vielleicht waren Sie eine Tochter statt des Sohnes, den er wollte. Wie ging er mit Ihrer Weiblichkeit um? Ignorierte er sie und lehrte Sie, daß nur Männer zählen? Oder versteckte er seine negativen Gefühle vor Ihnen, seiner Tochter, und bot Ihnen Pseudoliebe an? Was lehrte Papis Vorbild Sie über Männer? Daß Männer kalt und distanziert sind? Oder vielleicht lehrte Sie Papis Schwäche und Unreife, daß Männer überdimensionierte Babys sind, die ständiger Aufmerksamkeit bedürfen? So oder so betrog er Sie um Ihr Recht auf das Vorbild einer positiv entwickelten Männlichkeit.

War sich Ihr Vater, als Sie ein Kleinkind waren, Ihres Bedürfnisses nach seiner liebevollen Aufmerksamkeit bewußt? Oder spielte er nur dann mit Ihnen, wenn ihm danach zumute war? Richtete er sein Leben so ein, daß er Ihren Bedürfnissen entsprechen konnte? Oder gingen seine eigenen vor? Wenn er mit Ihnen spielte, wenn Sie guter Dinge waren, kümmerte er sich dann auch um Sie, wenn Sie naß, krank oder traurig waren? Oder war er ein Schönwettervater, der sich nur für Sie interessierte, wenn Sie nichts von ihm haben wollten?

Hatte er später, im Krabbelalter, die Zeit und Aufmerksamkeit für Sie, die Sie brauchten? Oder fertigte er Sie ab, indem er Ihnen schnell auf die Schulter klopfte oder Sie vielleicht mit einer häßlichen Bemerkung anfuhr, wenn Sie ihn störten? Zog er sich zurück, indem er hinter seiner Zeitung ein Nickerchen machte oder sich versteckte? Gab es ständig Barrieren feindseliger Forderungen, statt eines liebevollen, beständigen Kommunikationsflusses? Wann hat Vati Sie in seinen Armen gehalten, und wie oft hat er Ihnen gesagt, daß er sie liebt? Oder hat er nie Liebe zum Ausdruck gebracht und Zärtlichkeit gegeben?

Wenn er es geliebt hätte zu lieben, hätte er mit Ihnen als Kind mehr wertvolle Zeit verbracht. Wenn er gewollt hätte, wären Sie erfüllt und voll positiver Energie gewesen. Dazu hätte er Ihnen nur seine Liebe geben und Ihre Liebe annehmen müssen.

Hat Ihr Vater sich mit Ihrer Mutter in die Pflichten Ihrer Erziehung geteilt? Oder hat er sie entscheiden lassen, wie Sie erzogen werden sollten? War er nur der Versorger und Aufpasser, während er Ihrer Kindheit weder Wärme noch eine

Richtung verlieh? War Ihr Vater »vorhanden, aber nicht da« – das heißt, war er körperlich anwesend, nahm aber gefühlsmäßig und intellektuell keinen Anteil an Ihnen?

Ihre Haltung gegenüber Frauen rührt direkt von der Art her, wie Ihr Vater mit Ihrer Mutter umging. Wie war die Haltung Ihres Vaters Ihrer Mutter gegenüber? Achtete und bewunderte er sie? Entsprach sie seinem Frauenbild? Oder machte er sie nieder, um sich selbst aufzubauen? (Wenn ja, Männer, hat er euch beigebracht, Frauen nicht zu achten und beleidigend zu ihnen zu sein. Und, Frauen, euch brachte er bei, daß ihr keine Achtung verdient.) Oder er stellte Ihre Mutter auf ein Podest und lehrte Sie, alle Frauen seien Heilige und Männer nichts wert? (Wenn ja, Männer, habt ihr gelernt, euch Frauen zu unterwerfen. Und ihr, Frauen, erwartet, daß man euch auf Händen trägt.)

Wenn er nach der Arbeit nach Hause kam (angenommen, er kam), nahm er Ihre Mutter dann in die Arme und streichelte sie zärtlich und gab ihr das Gefühl, daß er an sie dachte, sie begehrte und liebte? Oder schleppte er sich zur Türe rein, nickte ihr mechanisch zu oder küßte sie pflichtbewußt auf die Wange, um sich dann vor den Fernseher oder hinter die Zeitung zu flüchten? Wenn ja, ist er der Schuldige, der dazu beitrug, daß aus Ihrer Mutter eine enttäuschte, zornige, männerfeindliche Frau wurde. Sein Mangel an Anteilnahme und seine Gleichgültigkeit beraubten Mutter ihrer emotionalen Güte und verschlimmerten ihre Negativität. Es lag in Vaters Verantwortung, Mutters eisiges Auftreten mit Liebe zu schmelzen.

Wenn ein liebevolles Familienleben gedeihen soll, muß Vaters Liebe Mutter und die Kinder wie ein Mantel bedecken. Wenn Vater nach Hause kam, küßte er Mutter und übersah Sie? Sagten Sie sich so etwas wie: »Schon gut, Papi, wenn du mich nicht liebst, werde ich dich halt auch nicht lieben!« Wenn ja, ist er schuld, daß Sie sich noch immer als Außenseiter und von anderen zurückgewiesen fühlen oder daß Sie andere zurückweisen, ehe Sie sie zurückweisen. Beide Muster des Unerfülltseins stammen von Vaters sorgloser Dummheit, als er Sie nicht in den Kreis der familiären Liebe mit einbezog.

Wie hat Vater als Familienoberhaupt seine Macht ausgeübt? War er ein Tyrann und insistierte zornig, die Dinge müßten auf seine Art getan werden, oder aber ...? Mußten alle ihr Leben nach ihm richten? Mußten Sie in seiner Gegenwart auf Zehenspitzen gehen? Bestand er darauf, daß bei Tisch nicht gesprochen wurde, und erstickte so jedes liebevolle Gespräch in jenen Augenblicken, die die Familie gemeinsam verbrachte, im Keim? War ihre Mutter wenig mehr als seine Dienstmagd und Sie sein Laufjunge oder -mädchen? Hat er Ihnen beigebracht, auf mürrische Art folgsam zu sein, während Sie es ihm insgeheim übelnahmen? Machen Sie sich klein vor ihm? Ein Großteil Ihrer Einstellung gegenüber Autoritätspersonen rührt daher, wie Sie Ihren Vater über Sie und Ihre Mutter Macht ausüben sahen.

Oder war Ihr Vater ein Schwächling, der sich hängenließ und der jedem nachgab? Wenn Mutter nicht gleicher Meinung war wie er, nickte er dann nur und sagte: »Ja, Liebling, wie du meinst, Liebling«? Hat Ihr Vater Ihnen beigebracht, bloß nicht aufzufallen, so daß Sie sich noch heute nicht trauen, offen eine andere Meinung als andere zu haben, Stellung zu beziehen und sich durchzusetzen?

Hat Ihr Vater es Ihrer Mutter erlaubt, ihn zum Schlappschwanz zu machen? Wenn ja, hat er Sie gelehrt, Männer als Schwächlinge zu sehen, die von Frauen beherrscht werden. Wenn Mutter das Haus und alles in ihm unter sich hatte, war es sein Fehler, weil er nicht das liebevolle erwachsene Vorbild war, das jede Familie braucht. Wenn er ihr nicht als Gleichberechtigter gegenübertreten konnte, wie konnte sie ihn da achten und lieben? Jede Frau, ob sie nun zur finanziellen Unterstützung der Familie beiträgt oder nicht, muß wissen, daß sie sich darauf verlassen kann, daß der Mann, an den sie sich gebunden hat, emotional für sie »da« ist. Sie muß seiner Anteilnahme und seiner Kraft vertrauen können. Ihr Wesen sehnt sich danach, durch sein Wesen ergänzt zu werden. Sie braucht es auch, sich von ihm als Gleichberechtigte akzeptiert zu wissen, statt als ausgebeutete Untergebene abgefertigt zu werden.

Wie zuverlässig war seine Liebe und Wärme für Sie und Ihre Geschwister? Fühlten Sie sich lediglich von ihm geduldet und wußten, er wünschte sich oft, Sie wären nicht da? Waren Sie nur ein weiterer Esser am Tisch? Hat Ihr Vater Sie gelehrt, liebevoll und harmonisch mit Ihren Geschwistern umzugehen? Oder mußten Sie sich für seine Liebe in Konkurrenz beweisen, und er lehrte Sie so Haß, Eifersucht und Geschwisterrivalität? Vater hätte sich seiner Verantwortung bewußt sein und positive Beziehungen zwischen allen Kindern der Familie fördern müssen, um Geschwisterrivalität zu vermeiden.

Hat Ihr Vater sowohl Ihre Leistungen gelobt als auch Ihre Fehler korrigiert? Oder erhielten Sie von ihm meist negative Aufmerksamkeit und lernten so, daß Sie ihn dazu bringen konnten, Notiz von Ihnen zu nehmen, wenn Sie in Schwierigkeiten gerieten und/oder zu Hause und in der Schule rebellierten. (Und demnach als Erwachsener bei Autoritätspersonen im beruflichen Umfeld?)

Welche Art von Disziplin setzte Vater ein? Die eiserne Faust, die schwache Hand oder die starke, doch liebevolle Hand, vom samtenen Handschuh der Liebe bedeckt? Setzte er Strafen gerecht und als Erziehungsmittel ein, damit Sie positive Selbstdisziplin lernten? Oder war er grausam? War er derart mit seinen eigenen Angelegenheiten beschäftigt, daß er sich nicht die Mühe machte, Gut und Böse voneinander zu unterscheiden? Wäre Vater ein liebevoller Mensch gewesen, hätte er Sie mit Stärke und Liebe erzogen.

Und wenn Ihr Vater Zeit mit Ihnen verbrachte, was machten Sie dann zusammen? Wer beschloß, was Sie tun würden? Taten Sie nur die Dinge, die ihm gefielen? Oder unternahmen Sie Dinge, von denen er glaubte, sie »täten einem gut«? Oder fühlte er sich derart schuldig wegen seiner Unfähigkeit, Sie wirklich zu lieben, daß er Sie immer alles tun ließ, was Sie wollten? Ein liebevoller Vater ist flexibel, weder kontrolliert er seine Kinder übermäßig, noch läßt er sie ohne Anleitung.

Wie war es denn, wenn Sie ihm zu besonderen Anlässen Geschenke machten? Schätzte er Ihre Aufmerksamkeit? Oder reagierte er nicht auf Ihre Gaben und hinterließ bei Ihnen das Gefühl, nichts von dem, das Sie ihm geben könnten, würde ihm gefallen – oder daß nichts, was Sie machten, gut genug für ihn war? Verletzte Ihr Vater Ihre Gefühle, indem er Ihre Zeichen der Liebe ablehnte?

Wie reagierte Ihr Vater, wenn Sie Ihr Zeugnis nach Hause brachten? Waren ihm Ihre Noten gleichgültig? Oder war es unmöglich, seinen Erwartungen gerecht zu werden? Bestand er darauf, daß nur Einser für sein Kind gut genug seien? Oder lautete seine Botschaft, daß Sie dumm seien, und stellte er so sicher, daß Sie nie Ihre ganzen Fähigkeiten entwickeln würden? Bestrafte er Sie für schlechte Zensuren? Und wenn Sie eine gute Note nach Hause brachten, hielt er es kühl für selbstverständlich? Wenn Sie gerne negative Aufmerksamkeit auf sich lenken, können Sie dafür Ihrem lieblosen Vater danken, der dafür die Hauptursache ist.

War Ihr Vater ein Don Juan, der allen Frauen nachjagte, um seine Männlichkeit zu beweisen? Wenn ja, vernachlässigte er seine Frau, seine Familie und deren Bedürfnis nach seiner Liebe.

Was für eine Art Berufsleben hatte Ihr Vater? Arbeitete er zwanghaft von morgens früh bis abends spät? Wenn ja, sahen Sie ihn kaum je, oder war er zu müde, um Ihnen die liebevolle Aufmerksamkeit zu geben, die Sie brauchten? Oder war er faul und unzuverlässig, so daß Sie ständig unter Existenzangst litten? Bestand sein Leben aus einer gesunden Mischung aus Arbeit und Freizeit? Wenn nein, hat er wieder an Ihnen gefehlt. Ein Kind braucht das Vorbild eines ausgewogenen Lebens, wenn es später ein solches für sich selbst schaffen soll.

Ging Ihr Vater großzügig mit Geld um? Lehrte er Sie, Geld als Mittel zu sehen, mit dem man sich ein bißchen Luxus leistet? Oder benutzte er Geld, um Sie mit Geschenken zu bestechen, die eigentlich Opfergaben der Schuld waren? Oder gab er Ihnen regelmäßig Taschengeld, und lehrte er Sie, mit Geld umzugehen? Erniedrigte er Sie, indem er Sie zwang, um Geld zu betteln? Als Sie alt genug waren, um es zu verstehen, informierte er Sie da über die finanziellen Belange der Familie? Oder ließ er Sie im Dunkeln, damit Sie nie in der Lage sein würden, seine Entscheidungen zu hinterfragen oder zu lernen, selbst welche zu treffen?

Wenn Ihre Familie reich war, »kaufte« Ihr Vater sich Haushaltangestellte, die sich täglich um Ihre Erziehung kümmerten und ihn so jeder Verantwortung enthoben? Wenn ja, war Ihr Vater nur im biologischen Sinn Ihr Vater, der vorhanden, aber nicht da war – ein Phantomvater.

Kannte Ihr Vater den Unterschied zwischen einem Vater und einem Freund? Versuchte er, Ihr Kumpel zu sein und Ihr Kamerad, um Sie damit zu beeindrucken, was für ein »toller Typ« er war? Freundschaft ist etwas Großartiges, aber Kinder brauchen einen liebevollen, erwachsenen Vater, keinen überalterten Spielkameraden.

Verlangte Ihr Vater, wie subtil auch immer, daß Sie sich seinen Erwartungen anpaßten? Bestand er darauf, daß Sie das Abitur machten und studierten oder vielleicht einen bestimmten Beruf wählten, um seine frustrierten Ambitionen zu erfüllen? Wollte er, daß Sie das waren, wozu er nie Zeit, Geld oder Gelegenheit hatte? Zwang er Ihnen einen verhaßten Beruf auf? Viele Menschen haben ihr Leben mit Arbeit verbracht, die bei weitem nicht ihrem Potential entspricht, weil sie gegen die erdrückenden Manipulationen ihres Vaters und gegen seine Leistungsansprüche rebellierten. Andere wurden aus Gehorsam Ärzte, Rechtsanwälte oder was auch immer und fühlten sich frustriert.

Hatte Ihr Vater einen Sinn für Humor? Wie viel und wie oft lachte er, und was für ein Lachen war es? Sarkastisch? Geplagt? Spottend? Unecht? Konnte er auch über sich selbst lachen? Oder war er sauertöpfisch und dachte, Humor sei dumm und kindisch? Ein humorloser Vater ist ein schrecklicher Fluch. Wenn Ihr Vater nie mit Ihnen lachte, zerstörte er einen Großteil Ihrer natürlichen Fähigkeit, Spaß und Freude zu haben.

Wie nahm Ihr Vater seine Verantwortung für Ihre sexuelle Aufklärung wahr? Nahm er sich Zeit, um Sie auf Ihr sexuelles Erwachsenwerden vorzubereiten? Half er Ihnen, die Bedeutung Ihrer ersten Periode oder Ihres ersten Samenergusses zu verstehen? Wie begrüßte er Ihre Pubertät – die überaus wichtige Zeit Ihres biologischen Erwachsenwerdens? Wäre es nicht schön gewesen, wenn er Ihren Eintritt in die Pubertät gefeiert hätte, indem er Sie und Mutter zum Essen eingeladen hätte?

Haben Sie festgestellt, daß das, was er Ihnen über Sex erzählte, wahr und hilfreich war, oder gab er falsche Vorstellungen und Vorurteile aus seiner Kindheit an Sie weiter? Wie wäre es, in einer Welt zu leben, voll von Männern, die sexuell so wie Ihr Vater sind?

Ist Ihr Vater während Ihrer frühen Kindheit gestorben? Wenn ja, fühlten Sie sich als Kind aufgegeben und verlassen. Auch wenn Ihr Vater starb, als Sie noch sehr klein waren, gibt es negative Eigenschaften, die Sie vom Hörensagen oder durch tatsächliche Erfahrung während der pränatalen Phase und frühen Kindheit übernommen haben. Wenn Mutter nicht wieder geheiratet hat, hat die Tatsache, daß Ihr Vater Sie durch seinen Tod verlassen hat, Sie vaterlos und ohne männliches Vorbild zurückgelassen. Wenn Vater Sie wirklich verließ und Sie aufgab, dann ist er um so schuldiger, Ihr Muster der Zurückweisung geschaffen zu haben, das lautet: »Ich bin nicht gut genug, um von Vater geliebt zu werden.« Oder: »Ich bin der Liebe eines Mannes nicht wert.« Im Klartext: »Mich kann man nicht lieben.« Wenn Sie dann doch lieben, leben Sie in ständiger Angst, es würde mit einer Zurückweisung enden. Sie mögen es sogar so einrichten, daß der geliebte Mensch Sie verläßt, genauso wie Sie von Papi verlassen wurden. Was ist das für eine zerstörerische und sich selbst erfüllende Prophezeiung!

Wenn Mutter wieder geheiratet hat, wie war Ihr Stiefvater? Ihr Stiefvater wird dann zu Ihrem Vaterersatz, und alle provokativen Fragen zum Vaterthema treffen auch auf ihn zu. Haben Sie Ihren Stiefvater zurückgewiesen, weil Sie aus Loyalität Negativer Liebe zu Ihrem Vater niemanden seinen Platz einnehmen ließen?

Wie bei Ihrer Mutter sind Vaters Unterlassungen genauso wichtig wie das, was er wirklich tat. Gab es Bereiche im Leben von Vater und Kind, über die er nichts sagte oder zu denen er nichts unternahm? Was auch immer er ignoriert oder übersehen haben mag, hat eine klaffende Lücke in Ihrer Entwicklung zum richtigen Erwachsenen hinterlassen. Was für einen Vater hatten Sie?

Wenn Sie es nicht bereits getan haben, ist es jetzt Zeit, Ihren Vater von seinem Sockel herunterzuholen. Sie sind sich jetzt seiner Verantwortung und seines Anteils an Ihrer Programmierung Negativer Liebe bewußt. Die vielen Mängel Ihres Vaters als Mann, Ehemann und Vater sind eine wichtige Ursache für Ihre tiefsten Ängste, Konflikte, Frustrationen und Ihre Unfähigkeit zu lieben. Bis Sie sich von seiner negativen Dunklen Seite befreien, werden Sie Gefangener seiner Negativen Liebe sein.

Es folgen Beispiele aus den negativen emotionalen Autobiographien von Chris, Laura und Rick, die sich auf ihre Väter beziehen.

Chris, der leblose Zombie

Als er mit der Bearbeitung seiner Mutterthematik fertig war, konnte Chris seine Gefühle offener ausdrücken. Nachdem er sich mit den vielen negativen Eigenschaften seines Vaters auseinandergesetzt hatte, eines beliebten und bekannten protestantischen Pfarrers, kehrte er zu seiner Kindheit zurück und traf auf Szenen, in denen sein Vater diese Verhaltensweisen aufwies. Chris war nicht überrascht, als er feststellte, daß die negativen Eigenschaften seines Vaters (wie z. B. autoritär, manipulierend, lieblos, teilnahmslos, kritisch, beurteilend, entwertend) einen entscheidenden Einfluß auf seine eigene mangelhafte emotionale Entwicklung gehabt hatten. Die wenigen Male, wo Chris gegen seinen Vater rebellierte, waren entweder bedeutungs- oder erfolglos, doch sie führten zu einem schmerzlichen Konflikt.

Wenn Sie dieselbe negative Eigenschaft oder Ermahnung von beiden Eltern gleichzeitig übernehmen, erleiden Sie so etwas wie einen beidseitigen emotionalen Bruch. Chris' Totstellkomplex und Zombietum waren das direkte Resultat dieses Traumas.

Als ich auf die Welt kam, war mein Vater damit beschäftigt, seine Idee dessen zu verwirklichen, von dem er dachte, das müßte Leben sein, was den Hintergrund bildete für den Rest meines Lebens mit ihm. Er hoffte, mich zu dem zu manipulieren und zu formen, was er von mir wollte und erwartete. Wenn es ihm nicht gelang, reagierte er enttäuscht und zog sich von mir zurück. Er kannte die Pflicht, aber Liebe gab es nur im Austausch. Wenn er nichts bekam, flüchtete er zu seiner Gemeinde und zu seinen »guten Werken«, um dort Bestätigung zu finden. Vater war ein großer Mann, aktiv und sehr von sich selbst eingenommen. Er ermutigte mich zu spielen, aber nur zu seinen Bedingungen. Ich erinnere mich, daß ich im Alter von drei Jahren am Strand mit ihm zum Wasser rennen sollte. Ich hatte Angst, und er machte sich über mich lustig. Meine Gefühle waren nicht echt, seine waren es. Seine Botschaft war: »Sei ruhig und paß dich an.« Er leugnete meine Gefühle und entwertete mich. Das Hauptthema, das wie ein roter Faden durch mein Leben mit meinem Vater läuft, war sein Mangel an Unterstützung für mich, meine Gefühle und meine Bedürfnisse. Durch direkte oder subtile Mittel strukturierten seine Machenschaften und sein autoritärer Stil mein Leben. Seine Gleichgültigkeit und seine Vernachlässigung ließen mich einsam und voller Sehnsucht zurück.

Vati war oft der Mittelpunkt der Aufmerksamkeit, ein ausgezeichneter Sänger und guter Geschichtenerzähler, gewandt in Diskussionen über Gott und die Welt. Irgendwie war ich immer ausgeschlossen. Das Schwein gab allen in seiner Gemeinde haufenweise Anteilnahme, außer mir.

Er schien immer beschäftigt. Nach der Arbeit sagte er hallo, umarmte und küßte meine Mutter pflichtbewußt, aber mich meistens nicht. Ich fühlte mich ausgeschlossen. Ich wollte auch umarmt und geküßt werden. Ich wollte mich mit ihm unterhalten. Er setzte sich dann hin und las die Zeitung bis zum Abendbrot, wo das Gespräch sich auf seine Aufgaben als Pfarrer oder die Familie beschränkte oder er mir Geographie oder Vokabeln beibrachte. Oder es gab Streit wegen Nichtigkeiten. Nach dem Essen ging er entweder nach oben, schloß seine Türe und arbeitete an seinen Predigten (um die Welt anzuweisen, zu lieben, bessere Ehen zu führen und prächtige Kinder großzuziehen), oder ich wurde zu ihm gebracht, damit er eine Gemeinde hatte, die er belehren konnte, und es war mir nicht einmal erlaubt, schnell in die Küche zu gehen, um ein Glas Milch zu holen.

Ich lernte schon früh, meine Gefühle zu verstecken, sicher bevor ich fünf war Ich beschloß: Vertraue ihm nicht deine wirklichen Beobachtungen oder Gefühle an, oder er wird sie entwerten. Er könnte mir diese wertvollsten aller Erfahrungen auch stehlen. Er behauptete, besser als ich zu wissen, was ich fühlte, dachte und brauchte.

Vater war besonders gut in der Beratung von Menschen, wofür man ihn sehr lobte. Ich rebellierte gegen seine Heuchelei und beschloß, Menschen nicht zu mögen. Ich zog mich zurück und begann, mich für mechanische Dinge und für Wissenschaft zu interessieren, wo ich allein arbeiten konnte. Vater machte sich nichts aus solchen Dingen. Er war enttäuscht, weil ich nicht Captain einer der örtlichen Mannschaften war. Ich spielte weder Fußball noch ein anderes Spiel gut genug, um die älteren und größeren Jungen anzuführen, aber mein Vater nahm sich nie Zeit, um mich besser spielen zu lehren.

Eine oft gehörte Botschaft war: Sei männlich! Zeige keinen Schmerz, keine Angst oder zuviel Gefühl! Als ich acht war, fiel ich vom Dach unserer Garage, weil ich ihn beeindrucken wollte. Er trug mich ins Haus zurück und half mir, bis ich wieder normal atmen konnte, doch er hatte weder Sympathie noch Wärme für mich. Als ich mein Knie bis zum Knochen aufriß, trug er mich zum Auto, das mich zum Arzt fuhr, und sagte die ganze Zeit nur: »Sei ein großer Junge. Weine nicht.« Ich war glücklich, daß er mich abholen gekommen war, aber er gab mir die Schuld daran, daß ich mir weh getan hatte, und hieß mich, meine Tränen hinunterzuschlucken. Er schränkte meine wahren Gefühle immer ein, und ich habe seither immer Mühe gehabt auf diesem Gebiet.

Ich erinnere mich an einen meiner heftigsten und tiefsten Augenblicke der Verzweiflung und des Leids, der sich wahrscheinlich öfters wiederholte. Ich stehe vor der Türe von Papis Schlafzimmer, wo er eine Rede vorbereitet. Ich will und brauche seine Aufmerksamkeit und Liebe sehr und habe ihn etwas gefragt. Ich möchte, daß er mein Engagement für eine Schulaufgabe teilt. Ungeduldig sagt er: »Hör auf, du störst mich. Ich habe an einer Predigt zu arbeiten. Jetzt laß mich bitte in Ruhe.« Ich fühle mich erschlagen. Mein Kopf sagt: »Er muß arbeiten«, aber mein Bauch schreit: »Ich bin nichts wert, er liebt mich nicht, hat nie Zeit für mich. Ich wollte nur ein bißchen Zeit von ihm.« Aber er hatte keine zwei Minuten für seinen einzigen Sohn übrig.

Er manipulierte mich und war unehrlich in seinem Umgang mit mir. Er achtete mich nicht genug, um aufrichtig zu sein, auch wenn ich ihn oft durchschaute und litt und ihn verabscheute. Er gab mir ein Buch über Sex, aber er teilte mir seine Gefühle über Sex, Männlichkeit, Wärme oder den Kontakt von Vater zu Sohn nicht mit.

Meine Eltern waren sich nie offen uneinig und stritten sich nie. Mutter gab in beinahe allem nach. Vater »wußte«, daß es nicht gut für ein Kind sei, seine Eltern uneinig zu sehen. Genau wie ich von seiner Wärme und Liebe ausgeschlossen war, war ich davon ausgeschlossen, Menschen ehrlich miteinander streiten zu hören und sich dennoch zu verstehen. Ich erlebe Streit dank meinem unväterlichen Vater immer noch als gefährlich und bedrohlich.

Mein schlimmstes Erlebnis mit meinem Vater hatte ich, als ich etwa elf war. Er hatte versucht, dafür zu sorgen, daß ich ein paar Kilo zunahm. (Ich war nicht in Ordnung, wie ich war.) Er beschloß, daß ich nicht zunahm, weil ich schlecht, minderwertig, faul und unmotiviert sei. Ich sollte täglich ein halbes Pfund zunehmen. Während einer Zeit, die sich in meiner Erinnerung über Monate hinzog, wurde ich jeden Morgen gewogen und auf den nackten Hintern geschlagen für jedes halbe Pfund unter dem von ihm gesetzten Limit. Ich versuchte zuzunehmen, aber mir wurde schlecht. Ich stand um fünf Uhr früh auf und trank Unmengen Wasser, kämpfte damit, es nicht zu erbrechen, und ging ins Bett zurück, um mich schlafend zu stellen, bis er mich weckte. Er fühlte sich schuldig, also sagte er mir, daß er abnehmen wollte (was stimmte) und setzte sich das Ziel von einem Pfund am Tag. Für jedes Pfund, das er zuviel auf die Waage brachte, durfte ich ihn mit einer Bettlatte auf den nackten Hintern hauen. Ich wußte, daß er das tat, um sein Gewissen zu beruhigen. Ich wollte meinen Vater nicht schlagen, wollte ihn nach wie vor achten, aber als er insistierte, schlug ich ihn. Ich wollte seinen verdammten Kopf zu Brei zermalmen. Ich wußte, daß er mich nicht aus dem Zimmer lassen würde, ehe ich ihn geschlagen hätte. Schließlich schlug ich ihn so fest auf den Arsch, wie ich nur konnte, aber es war wirklich kein Vergnügen. Ich wollte genau dann schreien, wie sehr ich diesen miesen Typ haßte, aber ich wußte, daß ich mich zu sehr fürchtete.

Die Krönung war, daß er mich verließ und sich endgültig aus dem Staub machte, indem er sich umbrachte, noch bevor ich in die Pubertät kam, weil er Übergewicht hatte, und den Rat seines Arztes mißachtete, der ihm sagte, mit seinem Herz stünde es nicht zum besten. Er arbeitete jeden Tag bis spät und erlitt auf seiner Kanzel einen Herzinfarkt, während er ironischerweise darüber predigte, wie man ein glückliches Leben und eine glückliche Ehe führte und seinen Nächsten liebte. Er besaß nicht einmal den Anstand, zu Hause zu sterben.

Offensichtlich verweigerte Chris' Vater ihm sein unabdingbares Recht, bedingungslos und beständig geliebt zu werden. Er lehrte seinen Sohn, keine ehrlichen Gefühle zu zeigen. Schließlich sah Chris, wie die überwältigende Ungerechtigkeit und lieblose Behandlung seines Vaters ihn dazu geführt hatten, sich emotional zurückzuziehen und ein Zombie zu werden. Die aufgestaute Wut und die unterdrückten Gefühle explodierten schließlich in der Wutsitzung. Die Episode mit den Schlägen deutet auf Vaters Sadomasochismus. Natürlich zeigte auch Chris sadomasochistische Verhaltensweisen und Tendenzen auf. Sein Vater war egoistisch und grausam. Er stellte sich der Welt als wohltätiger, würdevoller Mann der Kirche dar, doch zu Hause thronte er als kopflastiger Tyrann. Herrschte er mit der festen Hand liebevoller Disziplin? Gewiß nicht. Es war keine wirkliche Liebe in der Art, wie er seine Familie beherrschte. In Wirklichkeit war er ein schrecklich liebloser Mensch, der anderen nicht traute, wenn er nicht sicher war, daß er sie kontrollieren konnte. Es ist schwer zu glauben, daß er derart angesehen war als Experte für Liebe und Ehe. Er praktizierte nicht, was er predigte.

So hart und schmerzlich diese Offenbarungen waren, Chris mußte sich mit ihnen auseinandersetzen und die Wahrheit akzeptieren. Vergleichbar dem Sohn des Schuhmachers, der barfuß geht, war Chris der Sohn eines Pfarrers, der nach Liebe hungerte. Sein Vater kaufte sich die Anerkennung der Welt mit seinen Worten liebevoller Weisheit, doch praktizierte er nicht, was er predigte, was ihn heuchlerisch Gottes Liebe predigen ließ, während er seinem Sohn die Vaterliebe verweigerte. Er nahm den Jungen nie in seine Arme, um ihn zu küssen und zu sagen, daß alles in Ordnung ist, daß Papi da ist, um ihn zu lieben und zu unterstützen. Statt dessen wurde Chris von einem kalten, autoritären Heuchler erzogen. Ist es ein Wunder, daß er sich von der Kirche abwandte?

Aufgrund dieser schmerzlichen Erinnerungen hatte Chris wenig Mühe, mit seiner Wut in Kontakt zu kommen. Hier eine Zusammenfassung seiner Wutsitzung mit der dunklen, negativen Seite seines Vaters:

Du Hurenbock! Ich habe angst vor Menschen, Angst vor dir gehabt – aber jetzt ist Schluß! Jetzt habe ich keine Angst vor dir. Was hältst du davon, du Bastard?

Du hast mir angst gemacht, du autoritäres Schwein. Du sagtest: »Laß mich in Ruhe« oder »Geh zu deiner Mutter«. Meine Mutter hätte eine Frau gewesen sein können. Sie hätte dich geliebt haben können, wenn es dich berührt hätte und du nicht auf deinen Eiern gesessen hättest. Du hättest sie und du hättest mich nur lieben brauchen, uns zuhören und uns zeigen müssen, daß wir dich interessieren. Du kamst nach Hause – das ist der Ort, wo man sich etwas aus den Dingen machen sollte –, du bist also nach Hause gekommen, hast deine verdammte Zeitung genommen, ein paar Worte mit Mutter gewechselt und dann zu mir gesagt: »Na, wie war dein Tag?« und dich dann verkrümelt, noch während ich dir antwortete. Hättest du nicht vielleicht hinhören sollen? Du machtest dich dran, dich von der Welt lieben zu lassen, weil ich dich nicht liebte. Du scheinheiliges Arschloch. Die einzige Art, deine Aufmerksamkeit zu kriegen, war irgend etwas zu vermasseln. Du bist gegangen und hast mich allein gelassen. Ich hasse dich, du Blödmann. Alles, was ich von dir wollte, war Wärme. Ich wollte von dir wahrgenommen werden. (Weinen.) Ich wollte nur, daß du dich hinsetzt und dir anschaust, was es ist, das ich mache, und daß du mich dafür lobst. Aber nein, du Scheißkerl! Du hattest keine Zeit.

Du und dein Kreuzzug, die Welt für die Liebe zu retten, du scheinheiliger Wichser! (Weinen.) Du hattest Angst davor, wie die Menschen dich beurteilen würden, nicht wahr? Aber es war dir egal, wie ich dich beurteilte. Nun, ich beurteile dich jetzt: Du bist ein Nichts. Rein gar nichts, nicht einmal ein Mensch. Kein Vater. Nichts. Egoistische, exhibitionistische Null! Ein toller Typ!

Als ich zehn Jahre alt war, machtest du mich nieder, weil ich dich nicht schlagen wollte. Vielleicht war es das, was du wolltest? Das war es nämlich, verdammt noch mal! Nun, jetzt will ich es. Damals wollte ich dich nicht schlagen. Du hast mich eingeschüchtert, und du hast mich beschämt, und du hast mich verängstigt, und ich mußte dich mit dieser verdammten Latte auf den Hintern schlagen, wo alles, was ich wollte, Liebe war. Ich wollte dich nicht schlagen. (Weinen.) Ich wollte, daß du Anteil nimmst. Ich hasse dich so sehr! Nun habe ich wenigstens einen Weg gefunden, wie ich diesen Haß loswerden kann.

Ich werde kotzen. Ich werde dich jetzt auskotzen, nicht das Wasser, das ich trinken mußte, um eine Gewichtszunahme vorzutäuschen! »Wein nicht, sei ein Mann!« Erinnerst du dich daran? Aber du hast mir nicht gesagt, ich solle nicht kotzen. Nein, du hast mich bloß geschlagen, wenn ich abnahm. Und wenn ich alles Wasser hochkotzte, das ich getrunken hatte, nahm ich wieder ab. Du hast mich gelehrt – du hast mich gelehrt, diese ganze Scheiße unten zu behalten. Damit ist Schluß. Du kannst die nächsten hundert Jahre sein, wer du willst, und darin ertrinken. Ich will nicht mehr, nein. Ich habe genug von dir, du intellektualisierender Hurenbock!

Ich werde mich ein für allemal von dir befreien und dich nie wieder in mich reinlassen. Nein, nie mehr. Ich laß dich nicht mehr rein, du Scheißkerl!

Nachdem die Wutsitzung beendet war, hatte Chris das Gefühl, einen Sieg errungen zu haben, und gab an, sich gefestigter und mehr bei sich zu fühlen.

Ironischerweise hat das Ausleben dieses nagenden Hasses zur Klärung beigetragen.

Laura, die Scheinheilige

Wie für die meisten Mädchen war Lauras erste große männliche Liebe in ihrem Leben ihr Vater gewesen. Doch war ihr Gefühlsleben als Frau beeinträchtigt, weil ihr Vater die Liebe, die sie für ihn empfand, nie erwiderte. Sie war sich seiner Zurückweisung schmerzlich bewußt. Die Wahrheit ihrer Negativen Liebe für ihn machte erschreckend Sinn. Nachdem sie eine lange Liste seiner negativen Eigenschaften aufgestellt hatte, erkannte sie, daß sie alle von ihnen verinnerlicht hatte. Sie war genau wie ihr Vater!

Hier einige ihrer Einsichten:

In einer Reise in die Kindheit sehe ich mich, wie ich drei Jahre alt bin. Ich stehe im Wohnzimmer und sehe zu, wie Papi die Zeitung liest. Er hat keine Zeit für mich. Jetzt bin ich zwei Jahre alt und schlafe auf dem Sofa, während mein Vater seine Zeitung liest. Ich bin ein Jahr alt und sitze mit Mami im Gras, während mein Papi Fotos von mir macht. Ich bin zwei Monate alt. Mein Vater macht ein Foto von mir. Jetzt bin ich in Mutters Gebärmutter und werde geboren. Wie fühle ich mich?

Ich bin ein drei Monate alter Fötus. Ich höre meinen Vater schreien. Er sagt: »Verdammt, Alice, ich will keine Kinder. Du sprichst mit Frau Müller und fragst sie, wer ihre Abtreibung vorgenommen hat. Ich möchte, daß du das Kind abtreibst.« Ich bin entsetzt. Warum möchte mein Vater mich umbringen? Was habe ich ihm angetan, daß er mich so sehr haßt? Meine Mutter weint. Sie hält sich nicht an ihn, von da an geht ein Riß durch die Familie.

Jetzt bin ich sechs Monate alt in Mutters Uterus. Ich habe sie gerade getreten, und sie ist aufgeregt. Sie möchte, daß

Papi seine Hand auf ihren Bauch legt und fühlt, wie ich mich bewege. Papi sagt: »Sei nicht kindisch, Alice. Alle Babys bewegen sich. Was ist denn schon dabei?« Ich wünsche mir, mein Papi würde seine Hand auf mich legen. Ich möchte, daß er mich anfaßt.

Ich werde geboren, und mein Vater ist ungehalten, weil ich ein Mädchen bin. Er wollte unbedingt einen Jungen. Dann hätte er wenigstens einen Freund gehabt, da er ja nie Freunde hatte. Er glaubt, daß meine Mutter und ich ihn ganz schön an der Nase herumgeführt haben, weil ich ein Mädchen bin. Wäre ich nur ein Junge gewesen, dann hätte er mich vielleicht geliebt. Ich fühle mich abgewiesen. Es ist nicht gut, ein Mädchen zu sein. Ich fange an zu weinen.

Ich bin ein Jahr alt. Meine Mutter läßt mich bei den Nachbarn, während sie einkaufen geht. Der Mann spielt mit mir. Er legt eine Münze auf meinen Zeh, die runterfällt. Ich lache und lache. Ich wünsche mir, mein Papi würde auch so mit mir spielen. Warum kümmert er sich nie um mich? Ich wünsche, mein Vater würde sich meiner annehmen.

Ich bin drei Jahre alt. Mein Vater gibt mir jeden Samstag einen Fünfer, wenn ich ihm den Rücken wasche. Er legt den Fünfer auf den Eisschrank, damit ich auf einen hohen Stuhl klettern muß, um ihn zu erreichen. Ich wünsche, mein Papi würde mich in seine Arme nehmen, statt mir Geld zu geben.

Wir befinden uns auf einer Sonntagsfahrt. Ich sitze hinten, wie immer. Ich möchte zwischen meinen Eltern sitzen, wie in einem Sandwich aus Papi und Mami. Mein Vater besteht immer darauf, daß ich hinten sitze, weil ich zu sehr zapple.

Ich bin in der Garage und schaue meinem Vater bei der Arbeit zu. Er hat solch schönes Werkzeug. Er hat einen ganzen Schrank voller Hämmer, Schraubenzieher, Feilen, Büchsen mit Nägeln, ganze Kisten mit interessanten Dingen drin wie eine Drehbank, in die man Schuhe einspannt, und eine Drehscheibe. Mein Papi ist immer beschäftigt und bemerkt mich nicht. Ich schütte die Schrauben aus. Er sagt mir, ich sei im Weg: »Geh, lauf und spiel!« Ich würde gerne mit meinem Papi arbeiten und all die verschiedenen Werkzeuge kennenlernen. Aber er ist immer zu beschäftigt, zu ungeduldig. Er macht ein wunderschönes hölzernes Schaukelpferd für mich. Es steht in der Garage an die Wand gelehnt. Ich möchte mit ihm spielen, aber Papi sagt, es mache zuviel Mühe, das hölzerne Pferd zu holen, und daß ich ausrutschen könnte. Schließlich lerne ich, nicht danach zu fragen, ob ich mit dem schönen Schaukelpferd spielen darf. Ich bin ein braves Mädchen und will nicht zu viel. – Ich bin fünf Jahre alt und komme in die Schule. Mein Vater beschließt, daß ich ganze zehn Pfennige als Taschengeld kriegen soll anstatt nur einen Fünfer. Aber ich muß etwas tun, um sie mir zu verdienen. Er möchte, daß ich für ihn spioniere und ihm sage, wenn Mutter etwas tut, von dem sie nicht möchte, daß er es weiß. Eines Samstags sitzen wir alle beim Abendessen. Mein Vater möchte wissen, ob ich immer noch »spioniere«. Ich flüstere ihm ins Ohr, daß ich und Mutter diese Woche vom Haushaltsgeld im Kino waren. Meine Eltern werden beide böse, ich stehe dazwischen. Ich habe das Gefühl, mein Vater hat mich ausgetrickst, und ich sei eine Verräterin. Meine Mutter versohlt mir den Hintern, weil ich ein Geheimnis weitererzählt habe. Wäre Vater nicht so geizig, müßten wir uns nicht verstecken. Hätte meine Mutter keine Angst vor ihm, müßten wir nicht versuchen, meinen Papi an der Nase rumzuführen. Wir sind alle unglücklich. Mein Vater hat mich benutzt. Er achtet mich nicht.

Ich bin sechs und in der ersten Klasse. Ich spiele in der Schule in einem Theaterstück mit, aber mein Papi kommt nicht. Später trete ich in einer Abendveranstaltung auf (oder hätte auftreten sollen, aber ich habe an der Stelle ein großes Pflaster auf dem Auge, wo mich ein Baseballschläger erwischt hat). Meine ganze Klasse soll um den Maibaum tanzen. Meine Mutter hat beinahe alle Kostüme genäht. Meine Mutter, das Nachbarsmädchen und ich gehen hin. Mein Va-

ter ist nicht dort. Ich mache in der Schule bei vielen Dingen mit. Mein Vater nimmt nie an den Elternabenden teil, hilft nicht bei den Pfadfindergruppen wie meine Mutter. In der Kirche bittet mich der Pfarrer, die Weihnachtsgeschichte aufzusagen, die ich auswendig kenne. Ich tu' dies vor der versammelten Gemeinde. Mein Vater ist nicht da.

Ich bin neun. Wir sind bereit, in ein Kino zu gehen. Mutter und ich warten im Auto auf meinen Vater. Er muß noch in die Garage, sich ein sauberes Taschentuch holen, auf die Toilette, ein Plätzchen essen usw. usw. Schließlich setzt er sich ins Auto. Wir werden zu spät zum Anfang des Films kommen. Meine Mutter ist sauer. Mein Vater ißt einen Apfel und ignoriert sie. Sie haben sich schon darüber gestritten, welchen Film sie sehen wollen. Meine Mutter möchte eine Komödie sehen, und er hat nachgegeben. Der Film ist sehr lustig. Mein Papi schlägt sich auf die Knie, stampft mit den Füßen und schnauft. Wir kommen aus dem Kino. Meine Mutter fragt: »Wie hat es dir gefallen?« Er antwortet lahm: »Es ging.« Ich frage mich, warum er nicht sagen will, daß es ihm gefallen hat. Was ist daran so falsch, Spaß zu haben? – Ich bin zwölf Jahre alt. Mein Vater neckt mich wieder. Er geht zu weit und tut mir weh. Ich kratze ihn mit meinem Fingernagel und platze raus: »Ich hasse dich.« Er ist wie vom Donner gerührt. Ich auch. Ich weiß, daß ich das nicht sagen sollte, meinen Vater nicht kritisieren, sondern ihn ehren sollte. Ich verdränge den Gedanken ganz tief in mir und erwähne ihn nie wieder.

Als mein Menstruationszyklus anfängt, gibt mein Vater keinen Kommentar ab. Er spricht nie über Sex, außer um eine Bemerkung zu machen wie: »New York ist ein Sündenbabel. Alle Leute dort sind amoralisch. Ich kann nicht verstehen, wie meine Schwester es dort aushält.« Er liest einen Artikel über Sex und sagt dann: »Das ist das Schmutzigste, was ich je gelesen habe.« Er ist mir überhaupt keine Hilfe bei der Entdeckung meiner Weiblichkeit. Er hat eine verklemmte und rigide Einstellung zu Sex. Er setzt Lust Sünde gleich. Ich habe das Gefühl, etwas an mir sei schlecht. Mein Vater schämt sich meiner Weiblichkeit.

Als sie ihre negative Autobiographie in bezug auf ihren Vater schrieb, erlebte Laura seine kalte und manchmal unmenschliche Behandlung wieder. Sie erinnerte sich an seinen Geiz und sein herzloses Herumtrampeln auf ihren Erwartungen, von ihm geliebt zu werden. Warum zimmerte er ein Schaukelpferd und ließ sie dann nicht damit spielen? Weil sie sich verletzen könnte, und dann würde er sich doppelt schuldig fühlen, weil er zu ihrer Verletzung beigetragen hätte und weil er gar nicht wollte, daß sie geboren wurde.

Er hat Laura nicht nur seiner Liebe beraubt, er hat auch versucht, ihre Beziehung zu ihrer Mutter zu unterminieren, indem er sie hinterhältig dazu brachte, für ihn zu spionieren. Kein Wunder, daß Laura sich so ungeliebt und einsam fühlte! Sie war ihren Geschwistern entfremdet und erhielt keine beständige Liebe von ihrem Vater.

Bei der Arbeit im Quadrinity-Prozeß lernte Laura auch die Tiefe ihrer Sehnsucht nach ihrem Vater kennen. Sie war wieder das kleine Kind, das ausrief: »Papi, Papi, wo bist du? Ich brauche dich. Wo bist du?« Sie erkannte die Einsamkeit und Entbehrungen, die sie seinetwegen erlitten hatte, und gab ihnen eine Stimme.

Mit der Zeit wurden aus ihrer Sehnsucht und ihrem Verlangen gerechtfertigte Anklage und Wut. Je deutlicher ihre verarmte Beziehung zu ihrem Vater an den Tag kam, desto heftiger trug sie ihm dies nach. Der Augenblick war gekommen, um ihre Wut und ihren Zorn aufsteigen und zum Ausdruck kommen zu lassen. Obwohl es meistens einfacher ist, Wut auf Vater als auf Mutter auszudrücken, sind manche in ihrer Angst vor ihm derart eingeschüchtert, daß sie verstummen und blockiert sind. Erst saß Laura bewegungslos da und behauptete, daß sie nichts fühlte. Sie wurde gefragt: »Wenn du wüßtest, was du zurückhältst, was könnte es dann sein?« Als Antwort schrieb sie:

Was mich davon abhält, Wut auszudrücken? Zwei Dinge fallen mir sofort ein, die wirklich Aspekte ein und derselben Sache sind: Erstens einmal bin ich gelähmt vor Angst vor den Männern – vor meinem Vater zunächst, vor Jack, meinem Liebhaber, und dann vor allen anderen Männern. Darum habe ich Angst, meine Wut auszudrücken. Es macht mir auch angst, daß ich das verlieren könnte, was ich habe – einen halben Mann, einen Krümel von einem Mann, das einzige bißchen Liebe, das ich habe und je gehabt habe.

Die zweite Sache, die mich zurückhält, ist die tiefe Depression, in der ich mich befunden habe und die genau meine Krankheit ausmacht. Es ist mein Gefühl, eine durch Jahre negativen Denkens bestätigte, tiefe Überzeugung, daß ich der Liebe eines Mannes nicht wert bin und nie geliebt werden werde. Dieses eine Bedürfnis, das nie befriedigt worden ist, hinterläßt ein überwältigendes Gefühl von Leere. Ich habe das Gefühl, wirklich unfähig zur Liebe zu sein, wo es um Männer geht. Mein ganzes Leben, noch bevor ich mich denken konnte, habe ich mich unzulänglich gefühlt, eine Null, überhaupt nicht liebenswert.

Ich habe das Gefühl, es sei völlig unmöglich für mich, eine liebevolle Beziehung zu einem Mann zu haben, den ich mögen könnte. Jemand, aus dem ich mir nichts machte, mochte sagen, daß er mich liebte, aber das waren nur Worte. In den Bereichen, wo es zählt, ganz tief in meinem Innern, bin ich überzeugt, weiß ich, daß ich nie geliebt werden werde.

Diese finstere Depression wird zu einer Falle. Aufgrund meines intensiven, lebenslangen Bedürfnisses nach der Liebe eines Mannes laß ich es mir zu sehr anmerken, bin zu bedürftig, zu hilf- und hoffnungslos. Männer rennen in Panik vor dieser Bedürftigkeit davon, die sie zu ersticken und erdrücken droht. Sie können oder wollen nicht damit umgehen. Die Folge: Je größer das Bedürfnis, desto größer die Wahrscheinlichkeit, daß es nicht befriedigt werden wird. Als mein Liebhaber, Jack, mich diese Woche nicht sehen wollte, fühlte ich mich nach dieser kleinen »Zurückweisung« völlig zerstört – das »Niemand-liebt-mich«-Syndrom. Natürlich liebt er mich nicht. Wer wünscht sich eine tränenüberströmte Frau, die einem Schuldgefühle verursacht? Meine Wut auf Vater loszulassen, kommt mir so vor, als würde ich Jack abweisen, der sehr wie mein Vater ist und der mein letzter Mann, meine letzte Hoffnung ist. Der Gedanke, das wenige, was ich habe, zu verlieren, blockiert mich, raubt mir meine Energie und lähmt meine Gefühle. Ich fühle mich, als würde ich erdrückt, ich kann nicht atmen.

Nach dieser Übung sah und akzeptierte Laura die Wahrheit: Alle ihre gegenwärtigen Probleme hatten ihren Ursprung in Vaters mangelnder Liebe. Dank der liebevollen Unterstützung und Führung des Teams war sie in der Lage, ihrer Wut Luft zu verschaffen. Ihre gequälten, wortlosen Schreie zeugten von fünfunddreißig Jahren unterdrückten Schmerzes. Sie besann sich auf die derbe Sprache, zu der wir für diese Sitzung ermutigen, weil es den Teilnehmern hilft, Gefühle auszudrücken, von denen man sie lehrte, sie seien unaussprechlich:

Papi, du pflichtbewußte, kalte Mißgeburt, ich hasse dich für all die Male, die du deine Pflicht an mir tatest. Deine verdammte Pflicht und Schuldigkeit, du kannst sie dir in den Arsch stecken! Wie kalt, engstirnig, steril und uneinträglich ist deine verdammte Pflicht? Mögest du in der Hölle braten – wegen all dieser pflichtbewußten Dinge, die du für mich getan hast – dein pflichtbewußtes Haus, deine pflichtbewußten Mahlzeiten und pflichtbewußten Kleider und so weiter und so fort. Ich mach' mir einen Dreck aus deiner pflichtbewußten Scheiße! Hättest du mir je ein Gramm Liebe, Pflege oder Unterstützung angedeihen lassen, nur ein Schnipselchen warmer, zärtlicher, verständnisvoller Anerkennung nebst all deiner Pflicht, wäre es mir wenigstens wie Pseudoliebe vorgekommen, und ich wäre ein bißchen sicherer aufgewachsen.

Du Hurenbock! Du warst mir im Weg. Du verstelltest mir absichtlich den Weg mit deinen großen Füßen. Du mit deinem sauren Gesicht und deinem sauren Charakter. Das einzige Wort in deinem Wortschatz war »Nein«. Du konntest gar nicht lächeln und »Ja« sagen. Tatest so, als sei das unmöglich. So ein Blödsinn! Es ist möglich und wird möglich sein. Ich werde leben, ich lebe und habe trotz dir gelebt. Wenn dir das nicht paßt, kannst du es dir in den Hintern schieben!

Was ich am meisten an dir hasse, ist dieses Gefühl, das du mir gabst, verlassen zu sein, zurückgewiesen, eine Null, ein Nichts. Ich will es nicht länger haben! Anstatt mich selbst als Nichts zu betrachten, als der Liebe, der Anteilnahme und der Zuwendung nicht wert, werde ich mich als liebenden, anteilnehmenden und geliebten Mensch sehen, den andere Menschen mögen. Wie gefällt dir das?

Es gefällt dir nicht, was? Du wolltest, daß ich genau wie du durchs Leben gehe, traurig, einsam, ohne einen Freund. Pech, du Arsch! Es ist zu spät, weil ich meine Unabhängigkeit von dir erklärt habe. Ich werde nicht mehr du sein – abweisend, kalt, unnahbar, ein Snob, zu gut, um mit irgendwem zu sprechen. Ich werde kein Masochist für dich sein. Ich weigere mich, mich als traurig, als eine Versagerin und als jemand, den niemand je lieben wird, zu betrachten. Du kannst deine Muster zurückhaben und an ihnen ersticken! Sie gehören mir nicht, und ich will sie nicht mehr! Nur weil du mich nicht liebst, du Scheißkerl, heißt das nicht, daß niemand anderes es tun wird. Und den werde ich auch lieben – mehr als ich dich je geliebt habe. – Ich will frei von dir sein. Nimm deine totenstarren Finger von mir. Ich werde deine Leiche gebührend beerdigen. Ich schlage den Deckel des Sarges persönlich zu. »Lasset die Toten ihre Toten begraben.« Wie Ruth, als sie aus dem Lande Moab kam und die Toten dort zurückließ, werde ich in ein neues Land ziehen, wo die Liebe auf mich wartet. So sei es. Fahr zur Hölle, Papi!

Rick, der Feindselige

Im Fall von Chris und Laura führten die Muster Negativer Liebe ihrer Väter zu einer Art emotionaler Gefangenschaft der Kinder. In Ricks Familie führten die Muster zur physischen Gefangenschaft, erst für den Vater, dann für seinen Sohn. Dies war eine extreme Auswirkung, doch die entsprechenden emotionalen Muster kommen nicht selten vor. Manche davon mögen Ihnen bekannt sein. In den meisten Fällen beschränken sie sich auf die Gefühlsebene; in Ricks Leben wurden sie auf eine offene, erschreckende Art ausgelebt:

Ich erinnere mich, mich vor meiner Geburt unerwünscht gefühlt zu haben, weil du, Vater, nicht heiraten wolltest. Du haßtest mich, weil ich der Grund war, warum du heiraten mußtest. Die meisten Väter sind überglücklich, wenn ihnen ein Sohn geboren wird, doch du wärst glücklicher gewesen, wäre ich tot auf die Welt gekommen. Von Anfang an zeigtest du mir, daß ich unerwünscht sei.

Ein Jahr später wurde mein Bruder geboren. Ihn wolltest du auch nicht. Warum hast du meine Mutter ein zweites Mal geschwängert, wenn du kein weiteres Kind wolltest? Warum? Ich sag' dir, warum: weil du zu unsensibel warst und es dir zu sehr an Selbstbeherrschung fehlte. Alles, was dich interessierte, war dein eigenes Vergnügen und die Befriedigung deiner sexuellen Lust. Dir war es egal, was dabei passieren könnte. Alles, was du hättest tun müssen, war, in eine Drogerie zu gehen und ein paar Kondome zu kaufen, aber das hätte dir einen Teil deiner Lust genommen, also zeugtest du weiterhin Kinder, die du nicht wolltest, und dann, als all das zu einer zu großen Last wurde, gabst du sogar meine Schwester weg. Ich war drei Jahre alt. Dann erwischte man dich, wie du Ersatzteile von gestohlenen Autos stahlst. Die Polizei brachte dich für ein Jahr ins Gefängnis. Mutter mußte mich mitnehmen, wenn sie dich besuchen ging. Ich sehe dich deutlich vor mir, wie du hinter Gittern stehst, mir ihr sprichst und ihr sagst, wie sehr du die Bullen haßt. Du hast nie die Verantwortung für deine eigenen Taten übernommen.

Mutter konnte es sich nicht leisten, nicht zu arbeiten, also sagtest du ihr, sie solle uns Kinder auf den Bauernhof deines Bruders schicken. Mein Onkel kam, um uns abzuholen, und danach habe ich mehr als ein Jahr weder dich noch sie wiedergesehen. Ich war viereinhalb Jahre alt, als Mutter dich endlich überredete, uns abzuholen, nachdem du sechs Monate aus dem Gefängnis raus warst. Wenn es nach dir gegangen wäre, hättest du uns ganz dortgelassen! Ich hatte dich ein Jahr nicht gesehen, und du rührtest mich nicht einmal an und sagtest kein Wort zu mir, als du endlich kamst, um uns zu holen. Ich hatte das Gefühl, mit mir stimme etwas nicht. Das war nur der Anfang dessen, was zu einer verrückten, gewalttätigen Fahrt zurück nach San Francisco werden sollte.

Mein Onkel hatte mir ein Hündchen geschenkt, und ich erinnere mich, daß du mir sagtest, du wollest keinen Hund, aber zusammen mit meiner Tante bat ich dich immer wieder. Schließlich gabst du nach. Du wolltest einfach gehen. Das Hündchen hatte keine Chance. Du hattest bereits beschlossen, daß du dich seiner irgendwie entledigen würdest. Daß das Hündchen unter das Bremspedal rutschte, ist verständlich, daß du es über die Klippen warfst, ist jedoch unverzeihlich. Und dann schlugst du mich, weil ich weinte. Es ist kein Wunder, daß ich meine Erinnerungen an diesen Tag so lange verdrängt habe. Ich hatte einen Schock. Du machtest mich glauben, daß du mich auch über eine Klippe werfen würdest, wenn ich nicht aufhörte. Vater, das war der Tag, an dem ich anfing, mich vom Leben zurückzuziehen. Es war der Anfang meines wirklichen Hasses auf dich.

Ich erinnere mich an alle Dinge, die du nicht getan hast, wie du mich gemieden hast. Als ich sechs war, hattest du mir schon sehr klar gemacht, daß ich dich nicht berühren sollte. Du hast mir in einem sehr jungen Alter beigebracht, daß die einzige Art, wie ich Kontakt mit dir haben konnte, war, in Schwierigkeiten zu geraten. Dann hatte ich sie, deine Aufmerksamkeit, und du hast mich wenigstens angefaßt. Es war, als würde man einem dumpfen, beschränkten, trotzigen Gorilla die Zähne ziehen.

Einmal kamst du in mein Zimmer, als ich fest schlief. Du warst sehr streng mit mir, was Ordnung und aufgehängte Kleider anging. Du hattest mir auch klargemacht, ich sollte meine Socken nachts in den Schuhen aufbewahren, und in jener Nacht war eine Socke aus dem Schuh. Da lag ich, in tiefem Schlaf, und du kamst herein, mich zu kontrollieren. Du sahst die Socke, und auch wenn der Rest des Zimmers aufgeräumt und in Ordnung war (das ist es, was mich so wütend machte) und jeder andere sich im Zimmer umgesehen und gedacht hätte: »Was ist schon eine Socke? Er ist erst zwölf«, konntest du es nicht haben. Du gingst und holtest eine Schüssel kaltes Wasser und leertest sie über mich aus. Ich landete total wach aus meinem Tiefschlaf in einem warmen Bett im Nassen und war erschreckt, wie du über mir standest und dich sagen zu hören, ich solle meine Socken nie wieder neben meinen Schuhen liegen lassen, oder du würdest es mir zeigen. Ich setzte mich auf. Mir war vor Entsetzen und Empörung so heiß, daß mein Körper dampfte. Mein ganzes Bett war klatschnaß. Ich stand auf und ging zum Stuhl an meinem Schreibtisch, und ehe du mich aufhalten konntest, warf ich ihn durchs Fenster. Scherben klirrten, alles ging in die Brüche. Ich sagte zu dir: »Was hältst du davon, du verdammtes Riesenarschloch?« Du trautest weder deinen Ohren noch deinen Augen. Du sahst aus, als seist du im Schock, aber das dauerte nur einen Augenblick. Dann fiel mir die Decke auf den Kopf. Es war eine der sadistischsten Abreibungen, die du mir je gegeben hast.

Du tatest alles in deiner Macht Stehende, damit ich meinen Bruder haßte. Du wolltest, daß ich dauernd wütend und aufgebracht war; auch wenn die Dinge gutgingen, warst du nicht glücklich. Du sagtest mir, ich hätte den Ab-

wasch immer zu besorgen, weil es dir nicht paßte, wie mein jüngerer Bruder Essensreste auf den Tellern ließ, wenn er an der Reihe war. Du machtest dich über mich lustig und meintest: »Ich bin schon sehr froh, daß ich nicht abwaschen muß. Das ist Frauensache.« Das sagtest du, während du noch mehr Teller für mich zum Abwaschen in das Spülbecken stelltest.

Ich erinnere mich an ein Mal, als du zwei Tage fort warst. Meine Mutter hatte getrunken, weil sie besorgt und beunruhigt war. Als du endlich auftauchtest, fingst du mit ihr sofort Krach wegen ihres Trinkens an. Du inszeniertest eine große, grobe, endlose Schlägerei. Mutter fing an, mit allem zu werfen, was sie in die Hände bekam, also schlugst du sie und warfst sie auf den Fußboden. All dies geschah so schnell, daß ich keine Gelegenheit hatte, das Zimmer zu verlassen. Ich sah hilflos zu, wie du sie festhieltest und schlugst. Ich war wütend und zornig auf dich, weil du groß warst und ich so klein. Beim Zusehen beschloß ich, daß ich dich irgendwie stoppen würde. Am nächsten Tag ging ich in den Keller, holte ein Brecheisen und stellte es hinter den Fernseher. Als du an jenem Abend heimkamst, war wieder dieselbe Scheiße. Mutter hatte wieder getrunken und griff dich an. Aber sie wog nur fünfzig Kilo und war ein Meter siebzig, wohingegen du einsfünfundachtzig und einhundertzwanzig Kilo schwer warst. Du hättest sie wie ein Baby auf die Arme nehmen und ihr sagen können, daß du sie liebst, bis sie sich entspannte und mit dem Kämpfen aufhörte. Aber nein, das wäre dir nie in den Sinn gekommen. Alles, was du konntest, war, daß wenn dich jemand zurückwies oder nicht ruhig war, wenn du es sagtest, ihn zu schlagen. Also warfst du sie auf den Boden und schlugst sie immer wieder, bis Blut aus ihrer Nase und ihrem Mund kam.

Ich hatte mehr gesehen, als ich ertragen konnte. Ich konnte einfach nicht mehr nur dasitzen und zusehen, was du meiner Mutter antatest. Also ging ich zum Fernseher und holte das Brecheisen. Ich stand genau neben dir und schrie dich an aufzuhören. Du schautest mich an, als könntest du nicht glauben, ich würde versuchen einzugreifen. Ich schlug dich genau zwischen die Augen. Dann rannte ich aus dem Haus und für immer weg. Ich war fünfzehn.

Etwa ein Jahr später griff mich die Polizei auf. Sie sagten, ich hätte die Wahl, nach Hause oder in eine Erziehungsanstalt zu gehen. Ich begann zu lachen. Sie fragten mich, was denn so lustig sei. Ich antwortete: »Das ist keine Wahl.« Ich ging in die Erziehungsanstalt.

Als ich zwanzig war, heiratete mein Vater ein zweites Mal. Etwa fünf Jahre später erschoß er meinen Stiefbruder während eines heftigen Streits darüber, wer der Chef im Hause sei. Dann zielte er auf meine Stiefmutter und -schwester und verletzte sie beide schwer, weil sie sich gegen ihn gestellt hatten. Dies geschah alles vor den Augen der Frau meines Stiefbruders, die derart verstört war, daß sie aus einem offenen Fenster sprang und sich schwer am Rücken verletzte. Später erfuhr ich, daß die Verletzung zu einer lebenslangen Lähmung beider Beine geführt hatte. Das war aber nicht alles. Als die Polizei kam und meinen Vater aufforderte, seine Waffe wegzuwerfen, weigerte er sich. Sie schossen und töteten ihn.

Meine Stiefmutter hatte angerufen und mich gebeten, rüberzukommen und zu sehen, ob ich ihr helfen konnte, Vater zu beruhigen. Bis ich ankam, war alles vorbei. Als ich ins Haus trat, traute ich meinen Augen nicht. Mein Vater war tot. Die Polizei bat mich, aus dem Weg zu bleiben, also setzte ich mich auf einen Stuhl neben die Leiche meines Vaters. Wie ich ihn so ansah und er da am Boden lag, begann ich, über die letzten zwei Jahre nachzudenken und wie sehr ich mir Mühe gegeben hatte, eine Beziehung zu ihm aufzubauen und wie ich es mir einmal mehr so eingerichtet hatte, daß er mich verletzen würde. Als ich so dasaß, machte ich aus meinem Leid Wut, genau wie er es mir als Kind wieder und wieder vorgemacht hatte, wenn er mich schlug, bis ich mich nicht mehr regen konnte, manchmal so schlimm, daß ich am Boden lag und blutete. Ja, er hatte es wirklich geschafft, den Haß in mich reinzuprügeln. Hier saß ich und schaute ihn an, und alles, was ich fühlen konnte, war Haß, ein Haß, der mir das Gefühl gab, man hätte mich darum betrogen, ihn selbst umzubringen für das, was er den Menschen angetan hatte, die ich liebte, und dafür, was er mir als Kind angetan hatte.

Rick war jetzt bereit für die Wutsitzung mit seinem Vater:

Eines der zehn schädlichsten Muster, das ich von meinem Vater übernommen hatte, war sein Hang zu provozieren. In der Sitzung begann ich, mein schweres Kissen gegen die Wand zu werfen, was nicht erlaubt war, weil es den Raum beschädigen könnte. Ein Lehrer kam zu mir und hieß mich aufhören. Weil ich mich zornig und herausfordernd fühlte, machte ich weiter. Bob kam zu mir, hieß mich aufhören und ging dann wieder. Mein Bedürfnis zu provozieren wurde größer. Wieder warf ich das Kissen an die Wand. Nach dem zweitenmal hörte ich auf. Mir war ein Licht aufgegangen. Ich hatte plötzlich begriffen, daß ich nur provozierte, weil mein Vater es mir beigebracht hatte. Diese Art Trotz ist in meinem Leben wie eine Betonmauer gewesen. Sie hat alle von mir ferngehalten. Ich hatte gelernt, die Autorität meines Vaters anzuzweifeln und dann andere als Autoritätspersonen zu sehen, die ich herausfordern mußte. In jenem Augenblick beschloß ich, aufzuhören, in jeder Autoritätsperson meinen Vater zu sehen. Ich schrie: »Scheiß auf dich, Vater, du hast mich so gemacht. Aber jetzt ist Schluß.«

Am nächsten Tag arbeitete ich an den fünfzig schädlichsten Mustern, die mein Vater mir beigebracht hatte: unter anderem feindselig, gewalttätig, körperlich und verbal verletzend, hysterisch und aufbrausend sein. Dann dachte ich an all die Male, wo mein verdammter Vater alles entwertet hatte, was ich tat. Ich war stocksauer, als ich mein Kissen schlug, aber es war nicht länger ein Kissen für mich, es war mein Vater und die negative Dualität seines programmierten emotionalen und intellektuellen Selbst und die ganze negative Scheiße, die er mir beigebracht hatte. Dann fiel mir ein, wie ich, als ich sechs Jahre alt war, zu ihm gesagt hatte: »Papi, ich kann nichts dafür, daß ich geboren wurde«, und er antwortete: »Du hättest tot auf die Welt kommen können, das wäre eine Hilfe gewesen.« Nur daran zu denken, machte mich so verdammt wütend, daß meine Wut, als ich zuschlug und wieder und wieder schrie: »Ich habe ein Recht zu leben. Ich habe ein Recht zu leben!« wie der Vesuv explodierte. Ich machte einfach weiter und fühlte tief in mir, daß ich wirklich ein Recht habe zu leben und daß ich nie wieder das Gefühl haben werde, daß dem nicht so ist. Es war ein sensationelles, befreiendes Gefühl.

Als ich anfing, an all die dummen Kunststücke zu denken, die ich aufgeführt hatte, um zu beweisen, daß ich ein Mann war, wurde ich erst recht wütend. Ich dachte daran, wie nahe ich dem Tod deswegen schon gewesen war, und ich war sehr böse auf meinen Vater. Damit hatte er mich beinahe erwischt.

Aber ich blieb bei meinen Gefühlen, und es kam noch einmal zu einem Durchbruch. Es fühlte sich so gut an, mich zu bestätigen und meine Unabhängigkeit von meinem Vater zu erklären. Ich fühlte mich so leicht, daß ich auf Luft hätte gehen können.

Wenn Rick sagt, er sei »over the top«, dann bedeutet das, daß er seine Kontrolle aufgab, als er seinem Zorn unverhohlen Luft machte. Eingebettet in die schützenden Strukturen des Prozesses, hatte er die Chance, seinen Gefühlen auf den Grund zu gehen, ohne irgend jemandem körperlichen Schaden zuzufügen oder sich schuldig zu fühlen.

Nachdem Rick, Chris und Laura ihren Zorn gegenüber dem Vater ausgelebt hatten, stellte sich bei allen, wie schon vorher bei der Wutsitzung gegen die Mutter, ein Gefühl von Selbständigkeit, Unabhängigkeit, Kraft und großer Zufriedenheit ein. Es ist nicht nötig, lange Jahre mit seiner Wut zu vergeuden. Es ist viel effektvoller, seine Wut ganz gezielt in wenigen Stunden zu verarbeiten. Nur das bringt eine langfristige Befreiung. Probieren Sie es aus. Sie werden Ihren Spaß haben.

12

Endlich Mitgefühl finden

Stellen Sie sich folgende Situation vor:

Nachdem Sie Jahre damit zugebracht haben, Ihre latente Feindseligkeit und Ihren Groll zu verdrängen, widerstrebt es Ihnen, das neue Gefühl von Kraft, Freiheit und Unabhängigkeit loszulassen, das durch die Wutsitzungen entstanden ist. Sie genießen Ihren Sieg und empfinden tatsächlich einigen Widerstand bei dem Gedanken, weiterzumachen. Doch muß in aller Fairneß auch die andere Seite der Münze betrachtet werden, Vaters Verteidigung, die eine radikale Veränderung der eigenen Perspektive verlangt. Um einen starken positiven Eindruck zu hinterlassen, muß dieser Wechsel plötzlich und auf dramatische Weise stattfinden. So wie man sich in die Wutsitzung eingelassen hat, muß man sich auch kompromißlos der Arbeit mit der Verteidigung widmen und sich tief und rasch hineinbegeben.

Nichts ist so, wie es zu sein scheint. Auch Vater hat einen diamantenen Wesenskern, ein »Spirituelles Selbst«, auch wenn es von seinen negativen Mustern fast verdeckt ist. Obschon die Anklage von Vater persönliche Kraft und Selbständigkeit mit sich bringt, geht die Verteidigung doch weit darüber hinaus, indem sie die Wut durch die positive Empfindung des Mitgefühls ersetzt. Verständnis ohne Verurteilung ist der erste Schritt zu innerem Frieden.

Ja, Vater ist wie Mutter schuldig, Sie nicht beständig geliebt zu haben, doch auch er ist nicht zu verurteilen. Um frei zu sein von seinem Beitrag zu Ihren Programmen Negativer Liebe, müssen Sie lernen, ihn von seinen Fehlern freizusprechen und ihm zu verzeihen. Eine der größten Ironien des Syndroms Negativer Liebe ist, daß Kinder von Mutter und Vater und von niemandem sonst lernen, ihren Eltern die Schuld zu geben und ihnen Dinge zu verübeln.

Wenn Ihre beiden Eltern eine Beleidigung nie vergaßen oder nie einen Streich übersahen, lernten auch Sie, intolerant und unbarmherzig zu sein. Wenn Ihre Eltern nie beständig, positiv und liebevoll geben konnten, wie können Sie gelernt haben, Ihre Eltern auf positive Art zu lieben? Was für eine Tragödie für alle Betroffenen! Jetzt halten Sie an Ihrer Wut und an Ihrem Groll fest. Das Resultat ist selbstzerstörerisches Verhalten und noch mehr Scham, Schuld und Selbstbestrafung. Mit etwas zu hadern ist oft das Resultat von elterlichen Ermahnungen, die auf Negativer Liebe beruhen, wie zum Beispiel: »Laß dich von niemandem ausnutzen. Schlag zurück!« Aufgrund dieses Musters haben feindselige Menschen große Mühe, ihren Vater zu verteidigen. »Mir reicht's jetzt«, ist ein Gefühl, das sie mögen. Also fragen wir solche Menschen im Quadrinity-Prozeß einfach: »Bist du nicht schon wütend genug gewesen? Was gibt es dir, und was hat es dir gebracht?«

Wenn Sie scheinheilig sind, haben Sie ein anderes Problem. Sie haben es mit elterlichen Ermahnungen zu tun wie: »Du solltest den Menschen vergeben. Halte ihnen die andere Wange hin. Steh über ihnen.« Da sie dieses Verhalten in der Wutsitzung überwunden haben, mögen diejenigen, die dem scheinheiligen Persönlichkeitstyp angehören, ihre wiedergefundene Wut genießen und an ihr festhalten wollen.

Sind Sie ein gefühlsloser Zombie, wurden Sie wahrscheinlich mit Befehlen programmiert wie: »Sei ruhig. Geh auf Nummer Sicher. Zeig deine Gefühle nicht, gleich was geschieht.« Sie finden es vielleicht schwierig, Ihren Vater zu beschimpfen und ihn dann auch noch zu verteidigen. Haben Sie einmal Kontakt zu Ihrer Gefühlsebene (die immer da ist) aufgenommen, kann diese Energie in Glück verwandelt werden, und es fällt Ihnen leicht, Vater in positiver Form zu verteidigen. Aber auch Sie wünschen vielleicht, am Gefühl der Wut festzuhalten, die Sie gerade entdeckt haben. Bis diese Wut jedoch aufgelöst und Ihre Energie in Mitgefühl, Vergebung und Verständnis umgewandelt wird, bleibt Ihre innere Reifung unvollständig.

Wäre Vater als Kind gelehrt worden, ein liebevoller Mensch zu sein, wären Sie nicht in einem Zustand von Depression und Liebesunfähigkeit gefangen. Um die Wahrheit dieser Aussage zu spüren, müssen Sie einer Reihe von gekonnt geführten Visualisierungen, sogenannten »geistigen Offenbarungen« folgen, in denen Sie sehen, »hören« und erleben, wie Vater Ihnen als kleiner Junge seine Beziehung zu seinen Eltern beschreibt. Der Dialog zwischen Ihrem dreizehnjährigen Selbst und dem dreizehnjährigen Kind, das Ihr Vater wurde, läßt Sie Papi aus einer ganz anderen Perspektive sehen.

Ihr Vater mußte viele Erwachsenenrollen spielen: Vater, Ehemann, Liebhaber, Freund, Sohn, Chef, Angestellter, Steuerzahler, Käufer, Verkäufer, ganz abgesehen von seinen beruflichen Pflichten, in welchem Umfeld auch immer. Doch wer war er wirklich? Und wenn er angab und sich aufplusterte oder feige schwieg, trug auch Ihr Vater in sich ein ungeliebtes, frustriertes inneres Emotionales Kind, genau wie Sie.

Genau wie Sie selbst, war auch Ihr Vater ein Opfer Negativer Liebe, und genau wie Sie brachte auch er seine Liebesunfähigkeit ungewollt zum Ausdruck. Unter dem Zwang seiner Programme Negativer Liebe hatte er keine andere Wahl, als seine eigenen negativen Verhaltensmuster an Sie weiterzugeben. Denn: Die Sünden der Väter suchen die nachfolgenden Generationen heim, so lange, bis die Kette unterbrochen wird.

Die einfache Wahrheit ist, daß Vater Sie nicht beständig, bedingungslos und positiv geliebt hat, weil niemand ihn je beständig, bedingungslos und positiv geliebt hat. Es überstieg seine beschränkten Fähigkeiten als programmiertes Gefühlswesen, Ihnen die Wärme und Geborgenheit zu geben, die Sie brauchten. Ihn weiterhin dafür verantwortlich zu machen, ist nicht nur eine Ungerechtigkeit, es ist Selbstzerstörung. Liebe entsteht aus der Fülle des eigenen Wesens, nicht aus dessen Leere. Es ist offensichtlich, daß Vater nicht geliebt wurde, genau wie Sie, und deshalb nicht verurteilt werden kann.

Dennoch sind diese Bemerkungen intellektueller Natur. Sie müssen auf tiefster Ebene für die Not und das Unglück in Vaters Kindheit emotionales Verständnis finden. Die Arbeit an Vaters Verteidigung bietet eine emotionale, intellektuelle und spirituelle Erfahrung von dessen liebesleerer Kindheitstragödie, so daß Sie auf allen Ebenen Ihrer Quadrinität – der körperlichen, der emotionalen, der intellektuellen und spirituellen – Mitgefühl für ihn empfinden können. Vaters Leiden zu erfahren, statt nur intellektuell davon zu wissen, wird Jahre des Grolls, des Haderns und der Wut beenden. Es wird Ihnen den Weg zeigen zu Selbstannahme, Selbstvergebung und Selbstliebe.

Vaters Verteidigung folgt demselben Ablauf wie Mutters Verteidigung. Mit Hilfe einer Visualisierung nimmt Ihr armes, programmiertes, negatives Emotionales Kind Kontakt zu dem dreizehnjährigen Kind Ihres Vaters auf. »Kind meines Vaters«, fragen Sie, »wie war deine Kindheit? Wo und wie hast du die negativen Eigenschaften gelernt, die ich von dir übernommen habe?« So eigenartig das scheinen mag, das Unbewußte oder die Psyche des Kindes Ihres toten oder lebenden Vaters wird geistig über Einzelheiten berichten, die zu seiner Kindheitsprogrammierung führten, und darüber, wie sie aus ihm den Erwachsenen machte, zu dem er wurde. Im Dialog wird er Ihre spezifischen Fragen zum Ursprung jeder seiner negativen Eigenschaften beantworten. Ihr Kind muß seine Suche nach Wahrheit hartnäckig betreiben.

Anhand der Informationen, die der Dialog zutage fördert, erfahren Sie die Geschichte seiner negativen emotionalen Kindheit der Reihe nach. So werden Sie schließlich mitfühlendes Verständnis ohne Verurteilung für ihn finden und ihm vergeben können.

Rick

Wenn Rick diesen Teil der Arbeit schafft, kann es jeder. Ricks Arbeit während Vaters Wutsitzung gab ihm zum erstenmal in seinem Leben ein zentriertes, starkes und ganzheitliches Gefühl. Er hatte die Quelle seiner destruktiven Muster entdeckt, und indem er seine Wut auf sie lenkte, befreite er sich von ihnen. Indem er Zorn als Vehikel benutzte, um sich von seiner unbeherrschten Wut zu befreien, bekam er ein Gefühl von seiner eigenen Stärke. Nach Überwindung eines gewissen Widerstandes war er willens, die Münze umzudrehen und die Kindheit seines Vaters zu betrachten. Hier ein kurzer Auszug aus seinem Dialog mit dem Kind seines Vaters:

Ricks Kind: *Hallo, du mußt der kleine Junge sein, der zu meinem Vater wurde. Erzähl mal, wie war es, mit deinen Eltern aufzuwachsen?*

Vaters Kind: *Ich war das erste von sechs Kindern und wurde im Januar 1924 geboren, auf einer Farm in Minnesota, im hinteren Schlafzimmer eines alten, heruntergekommenen Bauernhofs. Meine Eltern waren sehr arm, wir hatten kein elektrisches Licht. Es war mitten in der Nacht, und das erste, was ich hörte, war: »Verdammt, dieses Kind wird von Anfang an nichts als Schwierigkeiten machen.«*

Ricks Kind: *Das kommt mir bekannt vor. Das erstemal, als du mich sahst, gabst du mir das Gefühl, etwas stimme nicht mit mir. Wie hast du gelernt, aggressiv und gewalttätig zu sein und Menschen körperlich und verbal anzugreifen?*

Vaters Kind: *Meine Eltern kamen beide aus großen Familien. Beide hatten sie ein hartes Leben gehabt mit wenig oder keiner Bildung und kaum etwas an materiellen Annehmlichkeiten, nicht einmal ein Radio. In ihrer Unzufriedenheit mit ihrer Art zu leben, verhielten sie sich allem und jedem gegenüber feindselig und gereizt. Ich erinnere mich, als mein Vater eines Abends getrunken hatte und ich dabei war, meine Hausaufgaben zu machen. Er warf eine leere Flasche nach mir und schrie mich dann an, Lesen- und Schreibenlernen sei etwas für Mädchen. Meine Mutter warf die Flasche zurück. Er ging zu ihr rüber und warf sie mit einer Ohrfeige zu Boden. Sie war eine stämmige Frau, und es war mehr als ein Schlag nötig, um sie zu bremsen. Sie schlug zurück, und es kam zu einer wirklich schlimmen Keilerei, die erst aufhörte, als mein Vater meine Mutter mit der geschlossenen Faust schlug, bis ihr Mund blutete. Ich war damals erst sechs Jahre alt. Dann kam mein Vater zu mir rüber. Ich war dermaßen verängstigt, daß ich mich nicht regen konnte. Er nahm meine Bücher und Hefte, zerriß sie und trat mich aus meinem Stuhl.*

Ricks Kind: *Jetzt sehe ich, wo du gelernt hast, Kinder zu treten und zu mißhandeln und so aufsässig und einfach gemein zu sein. Ich sehe dich klarer, als ich dich je gesehen habe. Du hast mir dasselbe angetan. Jetzt weiß ich, wo du es gelernt hat. Jetzt weiß ich, warum du mich mißhandelt hast. Kannst du mir jetzt auch sagen, wo du die Eigenschaft gelernt hast, grausam zu Tieren zu sein?*

Vaters Kind: *Das habe ich dort her, wo ich auch meinen Rassenhaß lernte, von meinem Vater, der Farbige haßte. Wir waren sehr arm, und wenn zu viele Katzen oder Hunde auf dem Hof geboren wurden, mußten sie getötet werden. Als ich sehr klein war, pflegte mein Vater sie jeweils zusammen mit einem großen Stein in einen Sack zu stecken, um sie dann in den See zu werfen. Erst taten mir die kleinen Kätzchen und Hündchen schrecklich leid, aber ein unsanfter Fußtritt meines Vaters ließ mich alle meine Gefühle vergessen und hart werden. Wenn ich mir Gefühle für die Kätzchen und Hündchen erlaubt hätte, wäre es nur schwieriger für mich geworden, sie zu töten.*

Ricks Kind: *Ich fange an, dich wirklich zu verstehen, kleiner Junge meines Vaters. Ich möchte jetzt am liebsten weinen, dich in meine Arme nehmen, dich drücken und dir die Wärme und Liebe geben, die du nie bekommen hast.*

Spirituelles Selbst: *Ich höre dich, mein Kind, und es ist in*

Ordnung, wenn du weinst. (Pause.) *Jetzt mußt du aber weitermachen.*

Ricks Kind: *Also Vater, erzähl mir mehr darüber, wo du die Muster »besitzergreifend«, »neidisch«, »eifersüchtig« und »hintertreibend« her hast.*

Vaters Kind: *Ein Teil der Gründe, warum ich besitzergreifend, neidisch und eifersüchtig wurde, war der Tatsache zu verdanken, daß es meinen Schwestern erlaubt war, meine Mutter zu küssen und zu berühren, mir aber nicht. Ich war eifersüchtig, weil meine Schwestern meine Mutter küssen und berühren durften und ich, der ich nur zehn Jahre alt war, schon ein »Mann« sein mußte. Mit dreizehn war aus mir ein kalter, harter, introvertierter und gefühlloser Bursche geworden. Ich fühlte mich sehr schuldig wegen meines Bedürfnisses nach Liebe und Zärtlichkeit. Ich wünsche mir, die Dinge wären anders gewesen. Ich erinnere mich, wie gefangen ich mich als ältestes von fünf Geschwistern fühlte, denn es war mir nie erlaubt, selbst wirklich je Kind zu sein. Ich übertrug meine Wut und meinen Groll auf deine Mutter und dich. Als ich größer wurde, fühlte ich mich vom Schicksal verdammt.*

Ricks Kind: *Warum hast du meine jüngste Schwester weggegeben?*

Vaters Kind: *Mein Vater sagte, wenn es zu viele Mäuler zu stopfen gibt, gib sie weg, und übergab meinen Bruder seiner Schwester.*

Erinnern Sie sich, wie Ricks Mutter hilflos ihr Sexualleben mit ihrem Mann beendete, sich ihm verweigerte und im Alkohol Trost suchte? Das war, als ihr Mann ihre Tochter weggab. Rick wußte nicht einmal, daß er eine Schwester hatte, bis er fünfundzwanzig war. In seiner Visualisierung erfuhr er von den Nöten und von der schweren Verantwortung, die sein Vater in seiner frühen Jugend getragen hatte, und von dem zornigen und von Haß geprägten Familienleben ohne Anerkennung von Liebe und Spiritualität. Als Rick dies einmal wußte, war es ihm möglich, seine Muster Negativer Liebe auf seine Großeltern zurückzuführen. Tief bewegt fand er Verständnis ohne Verurteilung für seinen Vater. Er war bereiter denn je, seinem Vater zu vergeben und seinen Haß loszulassen. Unterschwellig hatte er seinen Vater immer schon geliebt und hatte immer nach seiner Liebe gesucht, wie wir alle. Was noch wichtiger ist: Er fand Verständnis, Mitgefühl, Annahme und Vergebung für sich selbst und entdeckte seinen eigenen Selbstwert.

Laura

Der Autobiographie ihres Vaters entnahm Laura den Ursprung seiner Muster der Zurückweisung. Als ihr Vater, George, ein Kleinkind war, hatte ihr Großvater die Familie verlassen und war in ein anderes Land geflüchtet. Bald kam die Nachricht, daß er sich erschossen hätte. Als sie heranwuchs, hatte Laura die Geschichte von Großvaters Selbstmord gehört, doch das dreizehnjährige Selbst ihres Vaters davon berichten zu hören, wie er es gefühlsmäßig erlebt hatte, gab dem Ganzen eine lebhafte emotionale Dimension. George erklärte, was sie zuvor nicht gewußt hatte, nämlich, daß er sich für den Tod seines Vaters verantwortlich fühlte und während seiner Kindheit glaubte, seine Geburt sei zuviel für seinen Vater gewesen und dieser sei gegangen und habe sich umgebracht, weil er nicht damit fertig wurde. In seiner Autobiographie sagte Lauras Vater: »Ich habe immer schon das Gefühl gehabt, daß Vater vielleicht bei Mutter und den anderen Kindern geblieben wäre, wäre ich nicht auf die Welt gekommen. Vielleicht hätten sie ein besseres Leben gehabt, wenn ich nicht gekommen und ein weiteres hungriges Maul gewesen wäre, eine weitere Anforderung an ihn. Wenn ich meinen Vater nur nicht vertrieben hätte!« Laura sprach mit dem schuldbeladenen Kind ihres Vaters und fühlte sich in die Hoffnungslosigkeit und in den Selbsthaß hinein, den er sein ganzes Leben empfunden hatte. Als sie verstand, daß er irrtümlicherweise angenommen hatte, er sei für den Weg seines Vaters verantwortlich, begriff sie auch, daß ihr Vater sein ganzes Leben so gelebt hatte, als entspräche seine Sicht der Wahrheit. Zum erstenmal war es ihr möglich, an seiner Erfahrung teilzuhaben und sein Leben so zu sehen, wie er es tat.

Klein George beschrieb seine Mutter wie die Mutter aus dem Kindervers: »Es war einmal eine Frau – die lebte in einem Schuh – sie hatte lauter Kinder und schaffte immerzu.« Er wuchs mit dem Gefühl auf, das Leben sei ein Kampf, in dem Lachen und Spaß verkehrt und fehl am Platze seien. Er lernte von seiner Mutter (Lauras Großmutter), sich in seine Arbeit zu flüchten, um schmerzhaften Gefühlen aus dem Weg zu gehen. Georges Mutter programmierte ihn nach der alten Moral von harter Arbeit und wenig Gefühlsausdruck.

Lauras Vater lernte von seinem Vater, die Familie zu verlassen. So wie Georges Vater seine Familie körperlich verlassen hatte, ließ er seine Tochter seelisch im Stich. Laura verbrachte ihre Kindheit hin- und hergerissen zwischen dem Mangel an Liebe und Annahme und dem Hadern in sich, ihr Vater hätte ihr diese geben können, wenn er nur gewollt hätte.

Als sie die Arbeit an Vaters Verteidigung beendet hatte, verstand sie, daß die Programmierung durch ihre Großeltern ihn völlig unfähig gemacht hatte, sich selbst, seine Frau, seine Tochter oder sonst jemanden zu lieben. Er hatte von seinen Eltern so viele negative Botschaften erhalten, daß er unbewußt und automatisch dazu gezwungen war, diese in Form von Zurückweisungen an seine Kinder weiterzugeben.

In dem Versuch, gegen das negative Verhalten und den Selbsthaß ihres Vater zu rebellieren, übernahm Laura die scheinheilige, fröhliche Maske ihrer Mutter. So lernte Laura durch die Muster Negativer Liebe, die sie von ihren Eltern übernahm, ihre Gefühle von Wut und Haß hinter einer Maske von guter Laune und dauerndem Lächeln zu verbergen.

Chris

Chris erfuhr in seinem Dialog, daß die frühe Programmierung seines Vaters im Elternhaus noch viel zombiehafter gewesen war als die seiner Mutter. Chris' Großvater väterlicherseits war Geschäftsmann gewesen, der sich um die Belange der Gemeinde kümmerte, fern und abgeschieden von seiner Familie. Seine Devise war: Arbeit, Pflicht, Kirche und Anstand. Zu Hause war er emotional abwesend und zog sich von seinem Sohn und von seinen Töchtern zurück hinter einen Berg Papier, Bücher und Arbeit. Er gaukelte der Welt ein Bild erfolgreicher Männlichkeit vor, doch eigenartigerweise war er zu Hause ein introvertierter Feigling, der sich seiner Frau unterwarf.

Chris' Großmutter väterlicherseits, verantwortlich für die andere Hälfte von Vaters Programmen Negativer Liebe, war in Vaters Erziehung beherrschend. Chris' Vater beschrieb sie in seinem Dialog mit seinem Sohn als selbstgerechte Pedantin, die ihre ganze Zeit Anlässen in der Gemeinde, der Kirche und wohltätigen Vereinen widmete. »Ich war auf mich selbst gestellt. Sie hielt nichts davon, Kinder zu umarmen und zu küssen, also lernte ich schon früh, daß Weinen mir keine Wärme und Liebe bringen würde. Meine Mutter lehrte mich, herablassend, überheblich und gönnerhaft zu anderen Menschen zu sein. Sie dachte, dies würde ihr Ansehen verschaffen. Sie lähmte mich mit ihren kritischen Blicken. Um auch nur ein bißchen Anerkennung zu kriegen, lernte ich, andere anzuführen und meine eigenen Gefühle und Bedürfnisse zu unterdrücken, um Christus und der Menschheit zu dienen.« Chris erfuhr, daß sein Vater der Sohn einer autoritären, frömmlerischen Frau gewesen war, die verlangte, daß er seine eigenen Gefühle unterdrückte und verleugnete, um nach ihrem Gutdünken zu leben.

Als er die Erziehung seines Vaters näher betrachtet hatte, war Chris in der Lage, das Knäuel der Negativen Liebe zu entwirren, das an ihn weitergereicht worden war. Wie er war sein

Vater von beiden Eltern programmiert worden, ein Zombie und ein Roboter zu sein, der wenig fühlte und noch weniger ausdrückte. Als er verstand, warum sein Vater ihn so programmiert hatte, war es Chris möglich, die verdrängte Wut loszulassen, die er ein Leben lang für seinen Vater gehegt hatte, und wahres Mitgefühl für ihn und für sich selbst zu finden.

In der Zusammenschau dessen, was er durch die Arbeit mit der Verteidigung seines Vaters erfuhr, mit dem, was er bereits von seiner Mutter wußte, konnte Chris zudem verstehen, wie seine Eltern beide als überhebliche, gefühllose, zurückhaltende, oberflächliche und lieblose Menschen programmiert worden waren. Obwohl es einige Unterschiede in der Programmierung seiner Mutter und der seines Vaters gab, verstärkten sie auf viele grundlegende Arten gegenseitig ihr jeweiliges »Zombietum«. Die negativen Eigenschaften, die Chris plagten – sein Mangel an Vertrauen, seine Ungeduld, sein Snobismus und seine ganz allgemein kritisch ablehnende, gefühllose Haltung – waren jetzt auf beiden Seiten seiner Familie zwei Generationen zurückverfolgt worden. Als er das ganze Spektrum Negativer Liebe vor sich ausgebreitet sah und seine elementare Katharsis nach der Wut mit dem tief empfundenen Verständnis für seine Eltern paarte, gelang es Chris, die ursächlichen Faktoren seiner Scham, Schuld und Selbstbestrafung auszumerzen. Er war bereit, den nächsten Schritt zu machen und lieben zu lernen.

Wie die Anklage gegen Vater wirklich empfunden sein muß, um reinigend zu wirken, so muß auch seine Verteidigung tief empfundene Wahrheit spürbar werden lassen, um bleibende positive Auswirkungen zeitigen zu können. Hat es die Erfahrungen seines Lebens in dieser Form mitgeteilt, sind Sie fähig, mit dem armen, negativ programmierten Emotionalen Kind mitzufühlen, das immer noch im erwachsenen Selbst Ihres Vaters gefangen ist. Das Lebensdrama Ihres Vaters zu erleben, hinterläßt einen unauslöschbaren Eindruck in Ihrer Seele.

Den Vater zur Ruhe geleiten

Um das Mitgefühl für Ihre Mutter und Ihren Vater zu vertiefen und Wut und Groll durch warme, mitfühlende Liebe zu ersetzen. Um das Mitgefühl für den Vater zu intensivieren und um für ihn Wärme und mitfühlende Liebe statt Wut und Rachsucht empfinden zu können, muß ein bewegender tränenreicher Weg beschritten werden. (In Kapitel 8 finden Sie Auszüge aus der Mitgefühlssitzung von Chris' Beerdigungsszene.) Der Zweck dieser Visualisierung ist nicht nur der, Schmerz über seinen Tod zu empfinden, sondern tiefes Leid und Trauer über die Tragödie seines Lebens zu spüren, das ohne Selbstliebe und Selbsterfüllung war. Wenn Sie die Tragik des verschwendeten Lebens von Vater betroffen und gefühlvoll erfahren, machen Sie einen großen Schritt, ihn zu lieben, was dazu führt, daß Sie auch sich selbst lieben lernen. Prozeß-Teilnehmer, die beim tatsächlichen Begräbnis ihrer Eltern nicht eine Träne weinten, erlebten während dieser Erfahrung reinigende Ausbrüche von Tränen und Mitgefühl.

Mittlerweile ist Ihnen bewußt, daß diese Arbeit zu 90 Prozent erfahrungsbezogen ist. Aufrichtiges Mitgefühl empfinden zu können erfordert keine intellektuelle Arbeit, sondern Mut und Einfühlungsvermögen.

Als Rick, Laura und Chris die Beerdigungsszene erlebten, empfanden sie tiefe Trauer, Sehnsucht, Reue und ein Gefühl von Sinnlosigkeit für ihren Vater in seinem Sarg, der ein ungeliebtes und liebloses Leben führte, mit seinem armen, negativ programmierten Emotionalen Kind, das in seinem Innern gefangen war. Durch Verständnis gelangten die drei zu tiefem, wahrem Mitgefühl für ihre Väter.

Lauras Vater war in Wirklichkeit während ihrer Jugend gestorben, und dennoch erlebte sie seinen Tod noch einmal in einer gegenwärtigen Form und fühlte mit ihm, als sei er erst kürzlich verschieden. Obwohl ihre Mutter noch lebte, konnte Laura auf diese Weise auch ihren Tod erfahren. Das Gefühl von tiefer Trauer und von Schmerz für statt wegen Vater und für statt wegen Mutter verstärkte Lauras positive Entscheidung, die Vergangenheit loszulassen. Die Beerdigungsszene führte Laura außerdem zu dem Entschluß, das Lebensdrama ihrer Eltern nicht zu wiederholen. Sie beschloß, Frieden und Liebe zu finden und ihre selbstzerstörerischen, negativen Muster, Launen und Einstellungen aufzugeben.

Hier eine stark gekürzte Fassung davon, wie Laura Vaters Beerdigung erlebte:

Die Sargträger ließen Vaters Sarg in das frisch ausgehobene Grab sinken. Als er unten angekommen war, nahm ich eine Handvoll Erde und ließ sie durch meine Finger gleiten. Sie landete mit einem dumpfen Geräusch auf dem Sarg. Als ich das innere Kind meines Vaters visualisierte, strömten die Tränen schneller meine Wangen hinunter, als ich sie wegwischen konnte. (Wie gut ich mich daran erinnere, an der wirklichen Beerdigung meines Vaters keine Trauer empfunden oder Tränen geweint zu haben.)

Armer, kleiner Junge ohne Hoffnung. Du hattest keine Chance. Wer trauert um dich? Deine drei Kinder? Außer mir weiß keiner, daß du gegangen bist, und es ist ihnen auch gleichgültig. Ich bin das einzige deiner Kinder, das dich wirklich versteht und dir nichts nachträgt. Wer hat dich denn geliebt, du selbstbezogener kleiner Junge, der so tun mußte, als sei er erwachsen? Du bist uns ausgewichen und hast uns mißhandelt und programmiert, genau wie deine Eltern es mit dir taten. Du wußtest es nicht besser. Jetzt bist du tot, und die Gelegenheiten deines Lebens sind vorbei. (Weinend.) Du hast es nicht gewollt! Ich wünsche, ich hätte dir helfen können! Ich werde dir helfen. Ich will, daß die Dinge anders für dich aussehen. Ach Papi, Papi! Was war dein Leben doch für ein emotionales Niemandsland! Wie ich mir wünsche, es wäre anders gewesen!

Ricks diesbezügliche Erfahrung sah anders aus:

Ich fand ein Bild meines Vaters und brachte es zu dieser Sitzung mit, außerdem eines seiner alten Hemden und die Fahne, die auf seinem Grab gelegen hatte. Als ich die Biographie seiner Kindheit geschrieben hatte, entstand in mir tiefes Mitgefühl. Zum erstenmal empfand ich Verständnis ohne Verurteilung für ihn und Liebe. Ich war bereit für die Beerdigungsszene, doch es ging nicht wirklich tief. Dabei wollte ich es wirklich, oder dachte es zumindest. Es gab da nämlich noch etwas anderes, das ich an jenem Abend mitbrachte: meine Rachsucht. Ich haderte immer noch mit meinem Vater. Mein inneres Kind wollte nicht wirklich loslassen. Es wollte die ganze Arbeit, die ich getan hatte, unterminieren und sabotieren.

Ich folgte allem, so gut ich konnte. Ich vernahm und hörte alles, was gesagt wurde. Ich empfand Trauer und Mitgefühl, aber ich weinte nicht. (Ich sagte Bob, ich würde nicht weinen, weil man mich deswegen geschlagen hätte: Je lauter ich weinte, desto härter schlug mein Vater zu. Da begriff ich, was wirklich mit mir los war. Bob meinte, mein inneres Kind wolle nicht von seiner Rachsucht ablassen und sei nicht wirklich willens, dem Teufel den Garaus zu machen.) Da bat er mich, ihm vom Tode meines Vaters zu erzählen. Als ich es tat, öffnete ich mich und begann zu weinen, und ich fuhr fort und ging die ganzen Ereignisse von seinem Tod durch. Am Ende ließ Bob mich visualisieren, daß ich meinen Vater in den Raum brachte und ihm erlaubte, durch mich zu sprechen. Mein Vater wandte sich dabei an mein inneres Kind, und zum erstenmal sagte er, daß er mich liebte, und er bedankte sich bei mir, weil ich ihn nicht aufgegeben hatte. Ich brach in lautes Schluchzen aus. Bob bat mich dann, zum Friedhof zu gehen, Blumen auf sein Grab zu legen und Frieden mit ihm zu schließen. Ich ging und tat wie geheißen und fand den Frieden, den ich nie zuvor gefunden hatte. Ich vergab ihm aufrichtig. Ich liebe ihn jetzt und möchte, daß seiner Seele vergeben wird.

Nachdem das Drama des Lebens ohne Liebe von Mutter und Vater erfahren worden ist, gilt es, noch eine ergreifende Tragödie zu bewältigen: Ihr eigenes Leben ohne Liebe. Projizieren Sie sich vor Ihrem geistigen Auge zwanzig oder dreißig Jahre in eine Zukunft, in der Sie frei und masochistisch gewählt haben, sich nicht von den Mustern Negativer Liebe zu befreien, die Sie davon abhalten, sich selbst und andere, ja auch Ihre Kinder zu lieben. Mit fortschreitender Visualisierung können Sie Ihre eigenen verbitterten und bösen Kinder an Ihrem Grab stehen sehen, wo sie zuschauen, wie Ihr Sarg in die Grube hinabgesenkt wird. Ihr lebender Geist ist Zeuge, wie Ihre Kinder Sie verdammen, weil Sie die schreckliche Krankheit der Negativen Liebe, die ihr Leben vernichtet hat, an sie weitergegeben haben. »Gott sei Dank bist du endlich von uns gegangen«, sagen sie. »Mit deinem Scheiß brauchen wir uns nicht mehr auseinanderzusetzen. (Ich frage mich, wieviel Geld er uns hinterlassen hat.)«

Stimmt es Sie traurig, betroffen und verwirrt, wenn Sie sich vorstellen, wie Ihre Kinder Sie verdammen werden, wenn Sie gestorben sind? Die Gesichter und Stimmen jener zu hören und zu sehen, die wegen Ihrer Bindungen Negativer Liebe an Ihre Eltern gelitten haben, kann Ihnen dabei helfen, Ihre Hingabe und Ihre Verpflichtung in der Aufgabe zu verankern, sich selbst, Ihre Eltern und andere lieben zu lernen. Wenn Sie wegen Ihres verlorenen Lebens trauern, wird es einen Moment der Wahrheit geben, wo Sie sich sagen: »Moment mal, das wird mir nicht passieren. Ich werde etwas gegen diesen Morast Negativer Liebe unternehmen, so daß meine Kinder, meine heutigen und zukünftigen Freunde und meine Familie nicht ohne Tränen an meinem Grab stehen und sich sagen: ›Fahr zur Hölle. Wir sind froh, dich los zu sein.‹ Statt dessen mögen sie den Verlust meiner liebevollen Gesellschaft beweinen. Ich werde ein liebevolles und anteilnehmendes Wesen sein. Man wird sich in Liebe erinnern, wenn ich sterbe, denn ich werde mein Leben in Liebe gelebt haben.«

Als der Geist der kommenden Weihnacht in Dickens'

Weihnachtserzählung Scrooge ein vernachlässigtes Grab zeigt, auf dem sein Name steht, jammert dieser: »Ach, wäre mir nur erlaubt wegzuwischen, was auf diesem Stein geschrieben steht!« Dickens verstand die tiefe Furcht davor, ungeliebt ins Grab zu gehen, und den mächtigen Entschluß, der aus einer solchen Vision entstehen kann, ein liebevolles Leben zu leben.

13

Dem Geschwätz in Ihrem Kopf ein Ende bereiten

Haben Sie dieses Jahr gute Vorsätze zum Jahresanfang gefaßt? Haben Sie sich vorgenommen, dieses Jahr würde anders werden? Daß Sie in diesem Jahr dieses lästige Problem lösen oder jene widerwärtige Angewohnheit aufgeben würden? Und was ist passiert? Haben Sie sich an Ihre Vorsätze gehalten und sich gebessert?

Wenn ja, herzlichen Glückwunsch! Der Entschluß, sich von negativen Verhaltensmustern zu befreien (inklusive Süchte), führt zu mehr Verantwortlichkeit.

Die meisten Menschen werden jedoch schwach und geben auf. Sie fassen gutgemeinte Vorsätze und starten eine Unzahl ehrgeiziger Programme, um sich zu bessern, haben großartige Einsichten und finden schließlich keine dauerhafte Lösung. Trotz einer klareren und positiveren Perspektive haften die alten negativen Angewohnheiten an ihnen, und aus dem anfänglichen »Hoch« entsteht noch mehr Selbstverurteilung, Entmutigung und Frustration. Ob die schlechte Angewohnheit nun in zu vielem Arbeiten, Essen, Rauchen, Trinken, in Drogen, Medikamenten, Karriereproblemen, Entschlußlosigkeit oder, was am häufigsten vorkommt, in der Unfähigkeit zu lieben besteht, Sie haben Glück, wenn Sie nicht in Negativer Liebe gefangen bleiben. Haben Sie sich je gefragt, warum Ihre guten Absichten und Bemühungen, sich zu bessern, immer wieder fehlschlagen? Es ist kaum ein Mangel an »Willenskraft« oder Disziplin. Die Bedeutung von Selbstdisziplin und Selbstkontrolle beim Erreichen positiver Veränderungen wird weit übertrieben! Wenn es nur darum ginge, würden viel mehr Menschen ein positives, liebevolles Leben leben, anstatt zu versuchen, Schlagsahne über ihren stinkenden Mist zu häufen.

Bei den meisten von Ihnen sind der Erwachsene Intellekt und das negative Emotionale Kind in einem bitteren, selbstzerstörerischen Konflikt gefangen. Dabei gewinnt das Negative Kind, das sich schlecht fühlt, jedesmal!

Auch wenn Sie es nur ungern zugeben mögen, die Wahrheit ist, daß Ihr Leben nicht von Ihrem Intellekt bestimmt wird. Sie schwanken ständig zwischen Positivität und Negativität. Trotz Ihrer besten intellektuellen Bemühungen und allem, was Sie über ein »gutes Leben« oder einen »rechten Lebenswandel« wissen, wird Ihr Leben kontrolliert vom rebellischen, ungeliebten Emotionalen Kind, das Sie waren, ehe Sie die Pubertät erreichten. Je mehr Sie kämpfen, um das Kind unter Kontrolle zu halten, desto frustrierter sind Sie. Das Syndrom Negativer Liebe siegt jedesmal.

Sie glauben, Sie seien ein zivilisierter Erwachsener, ausgestattet mit der Fähigkeit, rationale Entschlüsse zu fassen. Statt dessen sind Sie zu einem großen Teil ein überdimensioniertes Emotionales Kind, das versucht, sich wie ein denkender Erwachsener zu benehmen. Der Intellekt ist nur ein Tropfen auf dem Ozean der Gefühle und selten in der Lage, das innere Kind unter Kontrolle zu behalten. Wie oft versucht der Erwachsene Intellekt eine Veränderung vorzunehmen, aber das Emotionale Kind geht in Opposition? Das halsstarrige kleine Kind in Ihrem Inneren schafft Hindernisse, Widerstände, psychosomatische Krankheiten, Entschuldigungen, Gedächtnislücken und tut alles, was es kann, um Veränderungen zu verhindern. Die Konsequenz dieser inneren Auseinandersetzung ist ein endloses Hin und Her und ein ständiges Geschwätz in Ihrem Kopf. Psychiatrische Praxen, Therapie- und Meditationsgruppen, die ganze Bewegung für spirituelles Wachstum und zur Entwicklung menschlichen Potentials sind voll von Menschen, die nach einem Ende für den Schmerz suchen, der durch den Konflikt verursacht wird zwischen dem, was sie wissen, und dem, was sie fühlen. Bekämpfen sich Ihr

Erwachsener Intellekt und Ihr Emotionales Kind, sind beide verloren. Der innere Aufruhr, die Verwirrung und Qual, die durch diesen Konflikt verursacht werden, rauben Ihrem Leben Freude und Perspektive. Weder denken noch fühlen Sie das, was Sie denken und fühlen könnten.

Auch wenn der schwerwiegendere Teil des Konfliktes zwischen Gefühl und Intellekt im Erwachsenenalter ausgetragen wird, beginnt er bereits vor der Pubertät. Das vorpubertäre Kind ist trotz der Programmierung, die es täglich von Mutter und Vater bekommt, einiger intellektueller Einsicht fähig. Es kennt den Unterschied zwischen Gut und Böse und weiß, was zu Harmonie oder Disharmonie führt. Auch wenn es die hinterhältigen und oft widersprüchlichen Programme benutzt, die seine Eltern ihm beigebracht haben, weiß das Kind, daß es etwas Besseres gibt.

Wenn Sie erwachsen werden, erfährt Ihr Intellekt von den liebevollen Möglichkeiten zwischenmenschlicher Beziehungen, auch wenn er sie zu Hause nie erlebte. »Andere Familien waren nicht wie meine«, mögen Sie mit schmerzlicher Überraschung feststellen. Es gibt wirklich etwas Besseres als das Leben, das Sie als Kind kannten. Versuchen Sie jedoch, die Verhaltensweisen Ihrer Eltern zu überwinden, erfahren Sie die ganze Macht der Wirkung, die die Kluft zwischen Intellekt und Gefühl hat. Das, was Sie zu wollen glauben, scheint sich Ihnen immer wieder zu entziehen. Während Ihr Erwachsener Intellekt hilflos zusieht, bekommt Ihr negatives Emotionales Kind genau das, was es immer schon wollte: sadomasochistische, Negative Liebe! Der Lohn für dieses Verhalten? Noch mehr Leid, natürlich!

Wenn Sie physiologisch erwachsen werden, wächst Ihr Intellekt weiter und reift an Wissen und Weisheit, während Ihre Gefühle Sie in der Kindheit festhalten. Leider bleibt Ihr Erwachsener Intellekt das kämpfende Opfer Ihres emotionalen Kindes, auch wenn Sie das Chaos und den Schaden verstehen, die durch diesen Konflikt herbeigeführt werden. Im Verlauf der Jahre weitet sich die Kluft zwischen Ihren Gefühlen und Ihrem Intellekt und bewirkt einen beinahe ununterbrochenen Zustand von Spannung, Angst und Verwirrung.

Nach der Pubertät kann Ihr Intellekt seinen freien Willen einsetzen, um negativ oder positiv zu handeln, je nach Sinn für Verantwortung, Verpflichtung, Wunsch und Erziehung. Meistens ist er unbewußt und wählt unter dem Einfluß seiner Kindheitsgefühle unwillkürlich und unwissentlich, negative Programmierung auszuleben. »So bin ich eben«, rationalisiert der Verstand, »ich kann nichts dafür.«

Diese Aussage ist eine der Lügen, die Sie als Ergebnis Ihrer Programmierung Negativer Liebe leben. Sie sind nicht die Konflikte und die Negativität, die Sie von Ihren Eltern übernommen haben. Die Macht des negativen emotionalen Kindes erlaubt es dem Intellekt nicht, die Nabelschnüre der Negativen Liebe zu Mutter und Vater zu durchtrennen. Fragen Sie Ihren Intellekt nochmals: »Wenn du so gescheit und allwissend bist, warum geht es mir dann nicht gut?«

Es ist wichtig, nicht dem Mythos aufzusitzen, Sie müßten »wie eine Mutter (wie ein Vater) zu Ihrem Kind sein«. Wenn Sie an dieses Märchen glauben, steckt Ihr Kopf ein Leben lang in der Schlinge. Das innere Kind ist nicht nur eine Metapher für den negativ eingefrorenen Teil Ihrer Gefühle, sondern das Ziel ist, daß Ihr Kind sich selbst findet und erwachsen wird, wobei es seine positiven, kindlichen Verhaltensweisen beibehält, doch seine negativen, kindischen Manieren aufgibt. Dann braucht es keine Eltern mehr.

Es ist ganz offensichtlich, daß Sie für Ihr inneres Kind nicht die Eltern sind, da Sie sich schließlich nicht selbst gezeugt haben.

Es verhält sich einfach nicht so, daß Sie mit den Karten in den Händen festsitzen, die Ihre Eltern in Ihrer Kindheit für sie gemischt haben. Sie können wählen, etwas dagegen zu tun. Es ist besser, Sie helfen jenem kindischen Teil in Ihnen, erwachsen zu werden, als mit ihm wie mit einer liebgewordenen Schwäche hausieren zu gehen.

Sich von Mutter und Vater zu befreien reicht nicht, um

den beengenden inneren Konflikt und das ewige Geschwätz in Ihrem Kopf zu beenden. Es ist Zeit, daß Ihr Körper (das Haus, in dem die drei Teile Ihres Geistes wohnen) Ihrem emotionalen und intellektuellen Selbst eine klare Botschaft gibt. Diese beiden Teile müssen unmißverständlich erfahren, daß Sie es leid sind.

Hat Ihr Körper nicht schon genug gelitten? Ihr emotionales und intellektuelles Selbst müssen die Kontrolle aufgeben und sich Ihrem Spirituellen Selbst hingeben. Sie müssen davon überzeugt werden, daß sie ihre Macht nicht verlieren, wenn sie es tun. Vielmehr werden sie inneren Frieden und Liebesfähigkeit erlangen. Als erstes müssen Sie Ihrem Intellekt und Emotionalen Kind die Erlaubnis geben, den Konflikt verbal miteinander auszufechten. Wenn die beiden endlich verstehen, daß ihr endloser Konflikt nirgendwo hinführt, werden sie einen Waffenstillstand schließen und endlich Frieden finden.

Erst wenn Ihr Erwachsener Intellekt versteht, daß die wirkliche Quelle seiner Probleme Ihr negatives Emotionales Kind ist, hat er die Macht, Veränderungen herbeizuführen. Mit einer tapferen Auseinandersetzung kann er kleine, hart erkämpfte Fortschritte machen, doch er kann nie bleibenden Frieden finden, solange er nicht den Gegner identifiziert und sich mit ihm konfrontiert hat. Wenn Ihr Intellekt die wahre Ursache Ihrer Probleme versteht – Muster Negativer Liebe –, können Sie Verantwortung dafür übernehmen, Ihr Leben umzustrukturieren, indem Sie dem Widerstand Ihres programmierten Kindes widerstehen. Sie müssen, um es mit Shakespeare zu sagen, »die Waffen ergreifen gegen ein Meer von Problemen und sich ihnen entgegenstellen, um sie zu beenden«.

Diese Entscheidung aus freier Wahl zu treffen und mit Entschlossenheit und Hingabe zur positiven Tat zu schreiten, ist nicht gleichbedeutend mit einem bloßen guten Vorsatz zum neuen Jahr, der bald wieder vergessen sein wird. Diese Entscheidung nimmt eine neuerliche Konfrontation vorweg: Erwachsener Intellekt gegen Emotionales Kind. Die Erwartung eines jeden Kampfes führt zu einer Zeit intensiver Vorbereitung. Ihr unsicheres Emotionales Kind fürchtet, seine Macht zu verlieren, und leistet der unbekannten Zukunft Widerstand. Ihr Intellekt ist berechtigterweise empört über das Emotionale Kind wegen aller Konflikte und Enttäuschungen und wegen allen Unglücks, das es verursacht hat. Auch wenn Angst und Wut Teil der natürlichen Spannung vor dem Kampf sind, muß Ihr Intellekt sich an sein Versprechen halten, zu verhindern, daß Ihr Kind seine negativen Muster weiterhin auslebt.

Deshalb darf in der Konfrontation zwischen dem Erwachsenen Intellekt und dem Emotionalen Kind nichts ungenau oder zweifelhaft erfolgen. Ihr Intellekt muß das zerstörerische, widerborstige Verhalten Ihres Kindes laut und deutlich benennen und verlangen, daß es aufhört, seine negativen Kindheitsprogramme abzuspulen, die Ihnen ein erfülltes Leben verunmöglichen. Ihr Emotionales Kind muß aufhören, den Weg Ihres Erwachsenen Intellekts zu blockieren, wenn dieser versucht, ein besseres Leben für Sie zu gestalten. Die beiden müssen miteinander auskommen. Ihr umerzogener Intellekt, der weiß, was das Beste für Sie ist, muß seinem Zorn auf Ihr Kind Ausdruck verleihen, weil dieses seine Bestrebungen zum Erreichen positiver Zielsetzungen immer wieder sabotiert hat.

Bei dieser verbalen Konfrontation kann Ihr Intellekt so etwas sagen wie: »Schau, Kind! Du bist auch schuld daran, nicht nur meine Mutter und mein Vater. Du tust es uns an, und du wirst jetzt damit aufhören. Dein Schwachsinn aus Negativer Liebe hat alle unsere Probleme verursacht. Du hast auf rachsüchtige Art mit allen gehadert, ja, auch mit dir selbst und mit mir. Du bist ständig gegen mich und läßt nicht los. Du bekämpfst mich immer noch. Ich kann diesen Mist Negativer Liebe in meinem Leben nicht länger brauchen. Von jetzt an wirst du tun, was ich sage, damit du endlich lernen kannst, liebevoll und zufrieden zu sein.«

Um die dramatische Auflösung des Konflikts von Kind und

Intellekt zu illustrieren, habe ich einen Auszug aus den Aufzeichnungen von Chris gewählt. Chris fühlte sich dauernd unwohl und lebte mit einer Angst, die von den widerstrebenden Teilen seiner selbst verursacht wurde. Als Psychologe gestand er sich jetzt ein, daß er von einem sehr zurückgebliebenen Emotionalen Kind behindert wurde, das ihn erfolgreich manipulierte und seine Lösungen für seine Liebes- und Lebensprobleme kindisch sabotierte.

Nachdem er ermutigt worden war, Klartext zu sprechen, sagte Chris' Intellekt, nicht länger ein Zombie, seinem inneren Kind gründlich die Meinung.

Intellekt gegen Kind

Du bist zwar nur ein Kind, aber ein schlechtes. Du führst dich miserabel auf, aber ich werde dir schon sagen, was dich zur Räson bringt. Ich bin schließlich dein Intellekt und viel gescheiter als du. Ich weiß, worum es geht, und ich sage dir, benimm dich endlich. Du hast uns in die Scheiße geritten, bist mechanisch gewesen, hast deine verdammten Rollen gespielt. Immer wenn es ein bißchen hart für dich wird, machst du zu, du dummer Wicht. Du kannst nicht ausdrükken, was in dir vorgeht. Du bringst deine Gefühle nicht offen zum Ausdruck. Und dann kannst du nicht mal eine verdammte Entscheidung treffen. Du legst uns nur rein. Argwöhnisch und mißtrauisch bist du. Wenn jemand dich nicht ganz und gar akzeptiert, verstehst du es als totale Ablehnung und spielst »Ich Armer«. Mir reicht's! Ich habe genug von dir. Mehr als genug!

Du ewiger Zweifler, Skeptiker, Entwerter! Du weigerst dich, an irgend etwas oder irgend jemandem zu glauben. Jedesmal, wenn du es mit jemandem zu tun hast, der ein bißchen Autorität oder Macht hat, ziehst du dich zurück und verschließt dich. Du kannst dich nicht entscheiden. Du lähmst uns.

Es ist unser Leben, du dummer, kleiner, weinerlicher Zwerg. Du wirst keine Angst vor deinem eigenen Schatten mehr haben. Keine Zweifel mehr kennen, keine Unentschiedenheit, keine Selbstentwertung. Du wirst hinhören und endlich verstehen, wie sehr wir deinetwegen gelitten haben.

Denkst du, du verfügtest über Selbstliebe? Blödsinn! Was du hast, ist Angst. Du bist ein frustrierter Hosenscheißer. Und was machst du, wenn du nicht bekommen kannst, was du willst und Schiß kriegst? Du sorgst bei unserem Körper für Allergien, Kopfschmerzen und Erkältungen, du doofer, selbstzerstörerischer kleiner Balg! Ja, sogar impotent machst du uns. Und du meinst, deine niedliche Erscheinung und deine verdammt falsche Pappmaske werden dich schützen, aber das tun sie nicht. Sie verwirren dich nur und lassen dich leiden. Ich werde dir schon noch Vernunft einbleuen, du überaus verwöhnter, negativer Balg. Jetzt wirst du auf mich hören. Keinen Blödsinn mehr. Hör auf mit deinen Spielchen. Du gehst über Leichen, um dich dann umzudrehen und »überverantwortlich« zu spielen. Du denkst, du mußt es mit der ganzen verdammten Welt aufnehmen. Horch her! Hör mir zu! Wir werden miteinander kommunizieren und einander trösten, und du wirst erwachsen werden. Kein Davonlaufen mehr. Werd' endlich erwachsen, du verdammter, selbstzerstörerischer, leidender Trottel! Du kannst Konflikten nicht aus dem Wege gehen, indem du davonläufst.

Verdammt noch mal! Ich werde dich dazu bringen, auf mich zu hören. Du wirst mein Wachstum nicht mehr sabotieren, du leidenslustiger kleiner Scheißer, hörst du mich? Streitest dich gern, was? Meinst, du hättest recht und die anderen nicht. Ich weiß, wo das herkommt, und du weißt es auch, und du wirst aufhören, dich daran zu klammern. Unsere Eltern haben es dir beigebracht, und du weißt, daß sie schuldig waren, aber nicht zu verurteilen. Ich akzeptiere das nicht mehr. Du kannst mich nicht mehr beherrschen.

(Weinend.) Du Scheißkerl, du dummes, negatives, selbstzerstörerisches Stück Scheiße! Nimm es mir übel, wenn du

willst, aber du kannst mich nicht stoppen, und du kannst es mir nicht austreiben. Nein! Nein! Ich werde dich nicht lassen. Ich will nicht mehr, daß du mich sabotierst ... Immer hast du recht, immer hast du Angst, und du fängst an und hörst nie auf, und dein schwächliches Zaudern läßt dich nie zu einem positiven Entschluß kommen!

Kind, du bist schlecht! Du bist wirklich sehr schlecht ... und ich möchte nicht durchs Leben gehen, indem ich alles immer nur im Griff habe und auf mich beziehe. Du bist das zu Tode verwöhnte, negative Abbild aller tödlichen negativen Muster deines Vaters und deiner Mutter.

Während dieser Konfrontation konzentrierte sich Bob auf die Negativität meines Kindes, nicht auf das eigentliche Kind. Ich fühle mich sauber, nicht leer, innerlich rein und leicht. Ich fühle mich so viel reiner als zuvor, mehr sogar, als nachdem ich mich mit meinen Eltern auseinandergesetzt hatte. Ich spüre keine Wut, die für mich eine niederschmetternde und enttäuschende Eigenschaft war. Ich habe das Gefühl, das Kind wird es wirklich nicht mehr tun, und wenn das kleine Schwein es trotzdem versucht, werde ich es ihm schon zeigen.

So kam Chris' Intellekt mit seinem Kind ins reine. Er lud den restlichen Zorn ab, den er seit Vaters Verteidigung mit sich herumgetragen hatte. Als er so weit gekommen war, meinte Chris voreilig, jetzt habe er die Kontrolle über sein Leben erlangt. Er fühlte sich, als hätte er endlich die Monster vernichtet, die ihn so lange geplagt hatten. Doch sein überlegenes Siegergefühl dauerte nicht lange an. Er wurde aus seiner Selbstzufriedenheit aufgerüttelt und erfuhr, daß sein Erwachsener Intellekt, die am wenigsten verdächtige Instanz im Geheimnis seines Lebens, eigentlich die schuldigste von allen war. Ja, der wahre Übeltäter war der Intellekt, der sich gerade in seinem Sieg über das Emotionale Kind sonnte. Er war viel schuldiger und dümmer als das Kind, denn er schob die Schuld und die Verantwortung allen außer sich selbst zu. Er verurteilte Mutter, Vater, das Kind, die Gesellschaft, jeden, den er nur konnte, um zu vermeiden, seine eigene Nachlässigkeit und Schuld zu sehen. Der Intellekt hat sich dickköpfig geweigert, Verantwortung für sein Leben zu übernehmen. Er erlaubte seinem negativen Emotionalen Kind, sich aufzuspielen und die Probleme zu schaffen, die er dann erfolglos zu lösen versuchte. Der Intellekt hat auch keinerlei Anstrengungen unternommen, um das Kind und seine Bedürfnisse zu verstehen oder zu erfahren. Er hat dem Kind kein Verständnis ohne Verurteilung und kein Mitgefühl entgegengebracht. Statt dessen machte der Intellekt das Leben des Kindes gnaden- und vorbehaltlos zur Hölle.

Wie schon bei Mutter und Vater mußte Chris auch hier die andere Seite der Kind-Intellekt-Münze betrachten. Sein Spirituelles Selbst hielt seinen Intellekt zurück und gab seinem Emotionalen Kind die Freiheit, sich furchtlos gegen dessen Anschuldigungen zu verteidigen.

Es ist außerordentlich wichtig, so vorzugehen, weil jeder Teil Ihres Selbst den anderen akzeptieren und verstehen muß, damit das Selbst als Ganzes nicht gespalten bleibt. Abgelehnt von Vater und Mutter, war Chris' Kind auch von seinem Intellekt zurückgewiesen worden. Sein ganzes Leben hatte es sich wie ein unwillkommener Gast in seinem eigenen Haus gefühlt. Jetzt hatte das Kind Gelegenheit, seinen lebenslangen Groll loszuwerden über die Behandlung, die es unter den Händen des intellektuellen Selbst erfahren hatte.

Um Ihnen einen Eindruck davon zu vermitteln, folgt ein Auszug, der zeigt, wie Chris die Münze umdrehte und seinen Intellekt beschimpfte.

Kind gegen Intellekt

Ja, ich bin schuld, dich programmiert zu haben, du großer, neunmalkluger Intellekt. Ja, ich habe alle diese negativen Eigenschaften von unseren Eltern übernommen, aber du hast es zugelassen. Mir war es nicht bewußt, und ich konnte nicht anders. Du hast Gut und Böse unterscheiden gelernt. Du hättest es besser wissen müssen. Du warst intelligenter, größer und bewußter als ich. Es war dein Job, mir zu helfen und mich zu führen. Ich bin nur ein kleines Kind. Kein Wunder, daß ich nicht erwachsen werden will. Ich bleibe auf Distanz zu dir, weil du dich nicht wie ein Freund verhältst. Du hast dir nie wirklich etwas aus mir gemacht. Wie Mami und Papi hast du mich nie geliebt. Du hast mich nur als Sündenbock benutzt, um keine Verantwortung für dich selbst übernehmen zu müssen. Zur Hölle mit dir! Wenn du dir nichts aus mir machst, wer dann? Du brutaler Kerl!

Du hast mich angeschrien. Du hast gesagt, nur ich sei daran schuld, daß es uns beschissen geht und daß ich dir das angetan hätte. Aber ich bin nur ein kleines Kind. Ich habe auf dich gezählt, um mir zu sagen, was ich tun soll und sicherzustellen, daß ich es auch tat, damit wir nicht in Schwierigkeiten gerieten. Wegen dir fühle ich mich jetzt verdammt schuldig. Du hast mich einfach im Stich gelassen. Dir war es egal! Aber es ist auch dein Fehler.

Mir fehlen die Worte, um mit dir zu streiten. Du hast nur wenig Gefühl, aber ich, dein emotionaler Teil, leide zwanzigtausendmal mehr als du. Ich brauche deine Hilfe. Ich brauche dich, und du brauchst mich, verdammt noch mal! Ich bin gescheit genug, um das zu wissen. Ohne mich bist du nichts als ein dummes Stück Beton. Ohne dich bin ich nichts als ein großer Klumpen Gefühl, und ich weiß nicht, was tun oder wohin mich wenden.

Wenn du mich beschuldigst, werde ich dich zwanzigmal mehr bezichtigen. Ich kann nichts dafür, denn ich war nur ein Kind, als Mami und Papi mich programmierten, und du könntest uns helfen, du Scheißkerl. Du mußt uns beiden helfen. Laß mich wissen, daß es in Ordnung ist und daß du dich um uns kümmern wirst ... Ich kann es nicht alleine, verdammt noch mal!

Wenn Sie die Konfrontation zwischen Kind und Intellekt beendet haben, können Sie das Problem der Verantwortung für Ihre Unfähigkeit zu lieben angehen, doch erst müssen sowohl Ihr Intellekt als auch Ihr Emotionales Kind anerkennen, daß beide schuldig, aber nicht zu verurteilen waren, denn infolge der Programme Negativer Liebe wußte es keiner von beiden besser. Erinnern Sie sich: Ihr Intellekt ist eine Ausformung Ihres Kindes und hat seine negativen Programme von ihm gelernt. Wenn er in Ihrer Visualisierung den enormen Schmerz hinter den Klagen und Beschwerden Ihres Kindes versteht, wird er demütig und zerknirscht reagieren. Er wird die Wahrheit in den Protesten des Kindes erkennen und einsehen, daß es Zeit für einen Waffenstillstand ist. Ihr Intellekt wird sich Ihrem Kind nähern, es liebevoll in den Arm nehmen und so etwas sagen wie:

»He, mein Kleiner/s, ich habe die Dinge nie aus deiner Sicht gesehen. Du hast recht. Ich weiß jetzt, daß du nicht zu verurteilen warst. Und ich auch nicht. Wir sind schrecklich dumm gewesen! Es tut mir leid, daß ich dich zurückgewiesen habe. Laß uns mit dem Kämpfen aufhören, uns zusammenschließen und Freunde sein. Man kann wirklich niemandem einen Vorwurf machen. Was meinst du? Laß uns einen Waffenstillstand schließen und mit diesem unsinnigen Verhalten aufhören!«

Ihr Emotionales Kind wird einsehen, daß es sein ganzes Leben mit Ihrem Intellekt auf Kriegsfuß gestanden hat. Es hat auch genug vom Kämpfen und möchte Frieden. Erst wird es den Vorschlag des Intellekts vorsichtig aufnehmen. Erinnern Sie sich daran, daß es sehr unter der allseitigen Verurteilung und dem Mangel an Verständnis gelitten hat, besonders von Ihnen, dem Erwachsenen Intellekt. Das Kind wird wahrscheinlich vorsichtig sagen: »Wenn du willst, werde ich es versuchen, aber es sollte dir besser verdammt ernst damit sein, wenn du sagst, daß du dich meiner annehmen und mich nicht wieder verlassen willst. Du wirst es mir beweisen müssen, weißt du!«

Ist der Waffenstillstand einmal geschlossen, kann Ihr Emotionales Kind sowohl die freundlichen Motive des Intellekts in Betracht ziehen als auch die Möglichkeit, nicht mehr kindisch zu sein und auf eine positive Art erwachsen zu werden. Auch mit seinem bescheidenen Ausmaß an intellektuellen Fähigkeiten wird es erkennen, daß es keinen Grund mehr gibt, ein Kind zu bleiben. Es hat Vater und Mutter angeklagt und verteidigt, und es hat den Konflikt mit dem Intellekt gelöst. Ihr Kind wird keinen legitimen Grund mehr haben, um an seinem Leiden festzuhalten. Es kann nun wirklich verstehen, daß es nicht mehr entsprechend den alten, übernommenen Mustern Negativer Liebe leben muß. Hat es diese Wahrheit erfahren, wird es mit Hilfe von speziellen Werkzeugen für die Zeit nach dem Prozeß in der Lage sein, eine positive Alternative zu wählen. Auch Ihr Intellekt wird an einem Wendepunkt angelangt sein. Endlich wird er Verantwortung dafür übernehmen, Ihr Kind in der Vergangenheit nicht verstanden, angenommen und unterstützt zu haben.

So werden Ihr Intellekt und Ihre Gefühle endlich lernen, daß keiner der natürliche Feind des anderen ist. Wie Ihre Eltern sind auch Sie schuldig, aber nicht zu verurteilen. Ihr beobachtendes, allgegenwärtiges Spirituelles Selbst wird überglücklich sein, wenn dieser Lernprozeß stattgefunden hat. Dann werden alle Aspekte Ihrer selbst zur Verfügung stehen, um bedingungslos zu lieben, und Ihr Spirituelles Selbst wird Sie mit seinem starken, allwissenden, allumfassenden und heilenden Licht füllen. Dann werden Sie wissen, daß Ihr innerer Krieg zu Ende ist, und Sie können wirklich triumphieren.

14

Die Gabe kindlicher Verspieltheit

Die positive emotionale Autobiographie

Ihr Waffenstillstand ist noch kein Liebesbündnis, aber die Feindseligkeiten haben ein Ende, und Ihr Erwachsener Intellekt und Ihr Emotionales Kind haben das Fundament gelegt für weiteres Wachstum und Freundschaft. Es ist Zeit für den nächsten Schritt. Um den hoffnungsträchtigen, doch vorsichtigen Waffenstillstand durch gegenseitiges Vertrauen zu stärken, müssen die lebenslangen Gegner lernen, miteinander zu spielen.

Was bedeutet Spiel für Sie? Welchen Teil Ihres Lebens, wenn überhaupt, betrachten Sie als spielerisch? Spielen Sie wirklich leichten Herzens, fröhlich und unbeschwert? Können Sie sowohl alleine als auch mit anderen spielen? Erfrischt und entspannt Sie das Spiel, und erfüllt es Sie mit Lebenslust?

Wenn wir überhaupt spielen, sind die meisten von uns allerdings nicht in der Lage, es auf diese positive Art zu tun. Und Sie? Spielen Sie auch aus ernsten und nicht spielgerechten Gründen? Wenn Sie beim Golf zum Beispiel um jeden Preis gewinnen wollen, nur der geschäftlichen Kontakte wegen spielen, oder auch, um Ihrer Familie zu entkommen, ist das ein negatives Spiel. Sie fühlen sich danach nicht erholt wie beim positiven Spiel, denn negatives Spiel führt lediglich zu mehr Angst und Spannung.

Wenn Sie sagen, es mache Ihnen keine Freude, wenn Sie nicht gewinnen, spielen Sie nicht aus Spaß am Spiel. Beim wirklichen Spiel spielt das Resultat keine Rolle. Dennoch sind viele Sportanlässe gekennzeichnet von intensiver Konkurrenz und Feindseligkeit, die häufig zu Gewalt auf dem Spielfeld führen.

In Bars verkehren und sich mit Alkohol und Drogen aufzuputschen ist auch kein Spiel. Der Zweck solcher Handlungen ist Flucht aus Einsamkeit und Depression. Viele sind unterwegs in der Hoffnung, einen Bettgenossen zu finden, um den leeren Kelch der Liebe vorübergehend zu füllen. Und nach dem Sex, was dann? Noch mehr Einsamkeit.

Das Bedürfnis nach Aufmerksamkeit oder Anerkennung im Spiel ist, wie bei der Arbeit, unweigerlich auf das Syndrom Negativer Liebe zurückzuführen. Menschen, die sich ungeliebt und nicht liebenswert fühlen, tragen diese Last in alle Bereiche ihres Lebens, als würden sie sagen: »Schaut, Mami und Papi: Wenn ich gewinne, werdet ihr mich dann lieben und anerkennen?«

Manche von Ihnen mögen Ihre Arbeit als Spiel sehen. Das ist ein Mißverständnis. Wie das Spiel ist auch die Arbeit entweder positiv oder negativ, aber sie hat immer einen Zweck. Positives Spiel ist Selbstzweck. Ein Schwimmbecken bauen ist Arbeit. Es fertigzustellen kann und sollte Ihnen ein Gefühl von Zufriedenheit und Stolz auf Ihre gute Leistung geben, aber es ist kein Spiel. Im Wasser plantschen, das ist Spiel. Ein harmonisches Leben braucht sowohl die Arbeit als auch echtes Spiel.

Beim positiven Spiel drückt der spontane, kindliche (und nicht kindische) Aspekt des Selbst fröhliche Unbeschwertheit aus. Ob Sie über einen Tennisplatz rennen oder ruhig Ihre Lieblingsmusik hören, wirkliches Spiel wird an und für sich genossen.

Es ist traurig zu sehen, daß manche Kinder nicht aus Spaß spielen. Oft fühlen sie sich ungeliebt und zurückgewiesen und fliehen in eine Phantasiewelt. Sie erfahren Spiel negativ, indem sie kämpfen, mit Dingen werfen, zerstörerisch sind und anderen Kindern den Spaß an ihrem Spiel verderben. Negatives Spiel ist eine weitere Form von Programmierungen Negativer Liebe durch lieblose Eltern. Es liegt in der Natur des Kindes, dagegen zu rebellieren, sich nicht geliebt zu fühlen.

Wenn Sie als Kind nie positives Spiel erfahren haben, werden Sie es schwierig finden, den Reichtum des erwachsenen Spiels zu genießen. Ohne Spiel werden Sie nicht nur viel Spaß am Leben verpassen, sondern auch nicht in der Lage sein, Ihr eigenes, glückliches, kindliches Selbst als natürlichen Teil Ihrer selbst zu erfahren. Sie mögen argumentieren, kindliche Verspieltheit sei nicht wichtig, da das »ernste« Sie das wirkliche Sie sei. Nichts könnte weiter von der Wahrheit entfernt sein! Das wirkliche Sie ist fröhlich und spontan, während das »ernste« Sie ein Produkt des Syndroms Negativer Liebe ist. Wenn Sie selten von Herzen lachen, nie einen Witz erzählen und im allgemeinen wenig Spaß am Leben haben, steht fest, daß Sie nie gelernt haben, daß es in Ordnung ist, diese positiven menschlichen Eigenschaften als Teil Ihrer selbst zu akzeptieren. Aber Sie können trotz der negativen Erfahrungen mit Spiel in Ihrer Kindheit lernen, glücklich und spontan zu spielen. Sie können mit dem verdrängten, fröhlichen und kindlichen Teil Ihrer selbst zusammenkommen. Genau wie das Emotionale Kind lernen kann, mit seinem negativen Verhalten aufzuhören, kann der Erwachsene Intellekt lernen, die positive, kindliche, spielerische Spontaneität des Kindes anzunehmen und zu genießen. Um ein ganzer Mensch zu werden, müssen Sie gleichzeitig weniger kindisch und dafür kindlicher werden. Nur wenn Sie Ihr längst vergessenes, fröhliches Selbst erleben, kann Ihr Erwachsener Intellekt das Wertvollste an Ihnen annehmen: Ihren unbeschwerten, spielerischen, liebenswerten, kindlichen Persönlichkeitsanteil.

Es ist ein Glück, daß Sie trotz Ihrer negativen Erfahrungen mit dem Spielen während der Kindheit lernen konnten, frei und glücklich zu spielen. Sie können eine Wiederbegegnung mit dem unterdrückten, ausgelassenen Kind in sich herbeiführen.

Genau wie das Emotionale Kind lernen kann, sein negatives Verhalten einzustellen, kann auch der Erwachsene Intellekt lernen, die positive, kindhafte Spontaneität zu akzeptieren. Um ein vollkommener Mensch zu werden, müssen Sie als Erwachsener auf der einen Seite weniger kindisch werden, auf der anderen Seite aber immer dann, wenn es angezeigt ist, kindhaftes Verhalten an den Tag legen können. Bei der Wiederentdeckung Ihrer lange unterdrückten heiteren Seite kann Ihr Erwachsener Intellekt Ihre unbekümmerte, spielerische und liebenswerte Seite als einen wesentlichen Teil Ihrer Persönlichkeit akzeptieren.

Im Quadrinity-Prozeß wird auch gespielt. Der Raum wird dekoriert, und es wird Stimmung gemacht für einen besonderen Anlaß, bei dem Ihr Emotionales Kind Ehrengast ist. Wie wär's, wenn auch Sie Ihre Freunde zu einem Kindergeburtstag für das Kind in Ihnen einladen würden?

Die Party fängt mit einer Visualisierung an, in der Ihr Erwachsener Intellekt Ihr Emotionales Kind auf den Schoß nimmt und es bittet, ihm zu zeigen, wie man spielt. Das Kind ist einverstanden und von seiner neuen, positiven Verantwortung begeistert, dem Erwachsenen Intellekt die Freuden des Spiels zu zeigen. Die Sitzung endet mit einer Mischung aus Geburtstags- und Weihnachtsfeier, mit allem, was ein Kinderherz begehrt: Spiele, Spielsachen und Süßigkeiten, liebevoll vorbereitet und gerne geteilt. Alle sind ausgelassen und lachen zusammen, erzählen Geschichten und tanzen. Auch die, die es zunächst schwierig finden zu spielen, werden bald von der Ausgelassenheit der anderen angesteckt und machen mit.

Am Ende der Spielesitzung nimmt Ihr Erwachsener Intellekt das Emotionale Kind wieder auf den Schoß und bedankt sich bei ihm dafür, daß es ihm gezeigt hat, wie man spielt. Er sagt dem Kind, wie toll es für beide sein wird, wenn das Kind erwachsen wird und seine glückliche, kindliche Positivität in das Erwachsenenleben einbringt. Der Erwachsene Intellekt weiß, daß Spaß und Ernst, Lachen und Verantwortung, Freude und Engagement jetzt alle Teil seines Lebens sein können. Das Emotionale Kind erkennt jetzt wirklich, daß es nicht zu Schaden kommen oder von seinem Intellekt weiter kritisiert oder verurteilt werden wird. Es versteht, daß es darum geht, nicht mehr kindisch zu sein, während es seine positiven, kindlichen Eigenschaften beibehalten soll. Das Emotionale Kind weiß jetzt, daß es nichts zu verlieren hat, wenn es erwachsen wird – außer seinem Schmerz.

Wenn gleich und gleich sich gern gesellt, so gilt das insbesondere für glückliche Menschen. Die Spielesitzung bietet die Gelegenheit, positive Erfahrungen in einem sozialen Kontext auszuleben. Nach dem Spiel lernen das Kind und der Intellekt eine weitere Wahrheit: daß andere auf dich zukommen und ihre Freude mit dir teilen, wenn du es zuläßt. Das Leben alleine zu genießen genügt nicht, ein erfülltes Leben will geteilt sein. Die Spielesitzung ist der Wendepunkt auf dem Weg zur Integration der vier Aspekte des Selbst: Gefühl, Intellekt, Körper und Spirituelles Selbst. Durch unmittelbare Erfahrung können sowohl das Emotionale Kind als auch der Erwachsene Intellekt lernen, daß die Negativität ihres Lebens nur von außen übernommen war – das wahre Selbst ist sowohl positiv als auch freudvoll. Wenn diese Wahrheit einmal wirklich verstanden worden ist, wird eine Wandlung zum Besseren unumgänglich. Wenn Sie Probleme beim Spiel haben, können Sie diese Form von Negativer Liebe auf Ihre Kindheit und bis auf Ihre Großeltern zurückführen.

Im Gegensatz zu früheren Teilen des Buches spiegeln die Aufzeichnungen zur Spielesitzung die Leichtigkeit glücklicher Kinder. Nehmen wir das Beispiel einer Prozeß-Teilnehmerin, die als Kind gespielt hatte und dies manchmal auch als Erwachsene tat, sich deshalb aber insgeheim schämte. Wegen ihrer negativen emotionalen Programmierung glaubte sie, Spielen sei kindisch und verantwortungslos. Ihre Erfahrungen mit der Spielesitzung zeigten ihr den lebensbejahenden Wert positiven Spiels.

Es war wie ein wunderschöner Traum, aber es war noch mehr. Es war eine Wirklichkeit, die ich zu schaffen half, weil ich es war, wie ich jetzt bin, und ich, wie ich sein werde. Ich fühlte mich allen Menschen dort nah und war im Kontakt mit den Kindern in ihnen und dem Kind in mir, das das Leben jetzt staunend und furchtlos betrachtet. Das war das Kind, von dem ich wußte, daß es da war. Es war das sprühende, wundervolle Kind, das so lange zurückgewiesen und verdrängt worden war. Ich bin so froh, daß es immer noch da ist. Ich wünsche mir, daß dieser Teil meiner selbst in enger Verbindung mit meinem Erwachsenen Intellekt bleibt und jeder dem anderen vertraut und willens ist, die Fähigkeiten, die beide haben, miteinander zu teilen.

Um sich weiter Ihrem Ziel der Integration und Selbstliebe zu nähern, müssen Sie Ihre Beziehung zu Ihrer Mutter und Ihrem Vater aus einer neuen Perspektive sehen lernen. Waren sie wirklich so schlimm? Um sich darauf vorzubereiten, Ihre Eltern zu lieben, ist es wichtig und notwendig, Momente aus der Vergangenheit aufzudecken und neu zu erleben, in denen sie zärtlich, beschützend und aufmerksam waren (oder es zumindest versuchten). Falls das nicht der Fall sein sollte, müßte Ihr Mitgefühl für die erbärmliche Liebesunfähigkeit Ihrer Eltern um so größer sein.

Es ist an der Zeit, Ihre negative Gefühlsbiographie durch eine positive Gegendarstellung auszugleichen. Ihre positive Gefühlsbiographie könnte sich ungefähr wie der folgende Auszug lesen:

Meine Eltern waren beide aktive, athletische Leute, und von ihnen lernte ich, meinen Körper zu genießen und ihn in guter Form zu halten. Mein Vater war stark, schnell und wendig. Von ihm lernte ich die Liebe zu meinem Körper. Ich spiele sehr gerne Tennis und Baseball und genieße es auch sonst, meinen Körper zu trainieren. Das habe ich ihm zu verdanken.

Meine Eltern mochten beide schöne Dinge. Sie schätzten subtile Details und Nuancen, etwas, was ich als Fotograf übernommen habe. Mein Vater war originell, kreativ und erfinderisch beim Lösen von Problemen. In meinem Leben habe ich oft große Befriedigung im Umgang mit kniffligen Fragen oder in der Schöpfung von neuen Entwürfen gefunden, die Flair, Schlichtheit und Schönheit aufweisen, eine Eigenschaft, die mein Vater sehr schätzt.

Das Beste ist, daß meine Eltern gerne lachten und fröhlich waren. Wie sie erzähle auch ich gerne gute Geschichten und lache gern. Die Menschen mögen mein herzliches Lachen und mein schönes Lächeln. Mein Vater lachte so, und von meiner Mutter habe ich das Lächeln. Gott segne sie für die Schönheit, die sie an mich weitergegeben haben ...

Jeder Teilnehmer erinnert sich an etwas Positives, manche werden von Erinnerungen überrascht, die sie verloren hatten. Sogar Rick mit seiner alptraumhaften Vergangenheit schrieb:

Die ersten wirklich positiven Gefühle, die ich hatte, erlebte ich in den Armen meiner Mutter. Sie hielt mich sehr eng an ihre Brust gedrückt und sagte mir, wie sehr sie ihr kleines Baby liebte. Sie legte mich oft auf den Boden und spielte dann stundenlang mit mir und breitete kleine Spielzeuge vor mir aus. Wenn mein Vater von der Arbeit nach Hause kam, nahm er mich als erstes auf den Arm und sagte: »Hallo, kleiner Mann.« Es fühlte sich großartig an, vom ihm gehalten zu werden. Er war so groß und stark. Ich fühlte mich sehr sicher, wenn er mich in seinen Armen hielt.

Als ich fünf Jahre alt war, war ich zu einem Geburtstagsfest für ein Kind aus der Nachbarschaft eingeladen. Mir gefiel das so sehr, daß ich meine Mutter bat, ob ich zu meinem Geburtstag nicht auch eine Party haben könnte. Meine Mutter sagte, sie würde es sich überlegen, daß wir zwar kein Geld für Feste übrig hätten, aber daß sie sehen würde, was sich machen ließe. Einen Monat vor meinem Geburtstag meinte sie, mein Vater wäre einverstanden, und es sei in Ordnung. Es war das erste Fest, das je für mich gegeben wurde. Meine Mutter schrieb die Einladungen und gab sie allen meinen kleinen Freunden und Freundinnen. Sogar mein Va-

ter kam und erzählte ein paar blöde Witze, die uns alle zum Lachen brachten. Meine Mutter backte einen Geburtstagskuchen, und es gab Eis und Luftballons. Wir spielten Spiele, und ich bekam sogar ein paar Spielsachen und auch ein paar Kleider. Es war das einzige Geburtstagsfest, das ich je hatte, aber es war großartig. Meine Eltern amüsierten sich, und ich auch. Alle Kinder genossen es. Als die Party vorüber war, bedankte ich mich sehr bei beiden Eltern.

Als ich acht war, nahmen meine Eltern mich und meinen Bruder mit zu einem See in der Nähe von Redwood City. Einer der Gründe, warum ich mich so gut daran erinnere, ist, daß ich beinahe ertrank. Ich stand auf einer Seite der Sandbank und wurde umgeworfen und ins tiefe Wasser gezogen. Damals konnte ich noch nicht schwimmen, und ich wurde nach unten gezogen, ehe ich überhaupt wußte, was los war. Meine Lunge war voller Wasser. Ich konnte den dunklen Grund sehen. Ich wußte nicht, was tun. Ich fühlte mich sehr hilflos. Dann, als ich schon das Schlimmste erwartete, packte mich jemand und zog mich an die Oberfläche und zurück an Land. Wasser spuckend und würgend sah ich auf, um zu sehen, wer mich herausgezogen hatte. Es war mein Vater. Ich hatte keine Ahnung gehabt, daß er ein Auge auf mich gehabt hatte. Hätte er es nicht getan, wäre ich vielleicht nicht da, um diese Autobiographie zu schreiben. Sobald ich mich besser fühlte, meinte mein Vater, es sei Zeit für mich, schwimmen zu lernen, da ich jetzt wüßte, wie wichtig das sei. Er unterwies mich den ganzen Nachmittag, und am Ende des Tages schwamm ich wie ein Fisch. Mein Vater brachte mir das Schwimmen bei, und das war etwas vom Besten, das er je für mich getan hat, abgesehen davon, daß er mein Leben rettete. Mich überrascht und erstaunt, daß ich vergessen hatte, daß er das tat. Es ist wie ein unerwartetes Geschenk, mich zu erinnern, daß mein Vater mir einst das Leben rettete.

Als ich neun war, kündigte mein Vater an, daß wir alle miteinander nach Oregon in Urlaub fahren würden. Es war das erstemal, daß er je irgendwohin wollte. Wir waren alle sehr aufgeregt. Meine Mutter bereitete eine Menge Essen vor. Wir verbrachten tolle Ferien, einfach super. Wir machten sogar genau auf der Grenze zwischen Kalifornien und Oregon halt und ließen uns neben einem großen Mammutbaum fotografieren, auf dem »Willkommen in Oregon!« stand. Wir sind kein einziges Mal in ein Restaurant gegangen, und das war überhaupt das Beste. Es war viel lustiger, draußen zu kochen und um ein Lagerfeuer zu sitzen. Sogar Papa machte mit. Er legte seinen Arm um Mama und saß so stundenlang mit ihr. Es tat mir sehr gut, sie so nahe beisammen und so liebevoll miteinander umgehen zu sehen.

Das Erntedankfest war ein weiteres positives Ereignis in meinem Leben. Wir aßen immer einen Truthahn mit allem, was dazugehört. Der Geburtstag meines Bruders ist am 23. November, und so fiel dieser Tag alle sieben Jahre mit dem Erntedankfest zusammen. Als ich zu Hause lebte, kam das zweimal vor, und da aßen wir nicht nur Truthahn, sondern es gab einen Kuchen und Geschenke für meinen Bruder. Das letztemal lud mein Vater einige Bekannte ein und meine Mutter auch. Ich war damals etwa zwölf. Mein Vater trank beinahe nie, aber an jenem Abend gönnte er sich ein paar Gläschen Wein, was ihn auflockerte und umgänglich und warm werden ließ. Er hatte einen phantastischen Sinn für Humor, und an jenem Tag kugelten sich alle am Boden seinetwegen. Er erzählte sogar schmutzige Witze vor uns Kindern. Wir hatten schon Schlimmeres gehört, aber daß mein Vater so etwas erzählen konnte, war einfach unglaublich. Ich hatte ihn noch nie zuvor in so guter Laune gesehen. Wir hatten Spaß wie noch nie. Manchmal saßen wir auch zusammen vor dem Fernseher, und meine Mutter machte Popcorn. Es gibt nicht viel mehr zu erzählen. Ich weine beim Schreiben. Ich bin sehr froh, daß ich mich jetzt daran erinnern kann, daß es diese guten Momente gab.

Diese Erinnerungen sind wichtig, weil Sie dabei die Gelegenheit haben, die positive Vergangenheit unbeeinträchtigt von

Mustern Negativer Liebe zu erleben. Rick sah seine Kinderjahre aus positiver Sicht und mit echter Wertschätzung für das Maß an Güte, das er damals erlebte. Er beschrieb diese Qualität, ohne zu intellektualisieren oder unerwünschte Gefühle wie Wut, Angst oder Groll zu verdrängen. Er sah genau, was geschehen war und wie er sich dabei gefühlt hatte. Befreit von den Gefühlen der Negativen Liebe bezüglich seiner Kindheit, wird er die positiven Assoziationen und Erinnerungen an seine Eltern zeitlebens bewahren.

Als er seine positive emotionale Autobiographie geschrieben hatte, fühlte Rick sich positiver integriert als je zuvor. Die Veränderung war auffallend. Seine deprimierte Stimmung verschwand, und sein Gesicht zeigte eine neue Offenheit. Seine Augen hatten jetzt einen wachen und jugendlichen Ausdruck.

Im Quadrinity-Prozeß bilden die Spielesitzung und die positive emotionale Autobiographie eine solide Grundlage für die schließliche Integration der vier Aspekte des Selbst in der Abschlußsitzung. Doch werden die Teilnehmer noch ein weiteres Mal in die Dunkelheit geführt, um den letzten Drachen zu bekämpfen, der dort lauert.

15

Überwältigung und Kontrolle der Dunklen Seite

Wie sich Negatives durch Recycling in Positives umwandeln läßt

Um sich selbst wirklich lieben zu können, müssen Sie alle verbleibende Rachsucht und allen Groll ausmerzen. Nachdem Sie offene und versteckte Rachsucht gegenüber Ihren Eltern durchgearbeitet haben, geben Sie sich selbst die Erlaubnis, eine längst fällige, wütende, anklagende Abrechnung mit dem Licht zu haben (das manche Gott nennen). Warum gibt es Haß auf der Welt? Warum gab es den Holocaust? Warum werden behinderte Babys geboren? Warum gibt es Epidemien? Warum sterben weltweit so viele Menschen? Warum gibt es so viele korrupte Politiker? Warum werden so viele Verbrechen begangen, und warum gibt es so viel Ungerechtigkeit? Warum gibt es Negative Liebe? Fragen über Fragen! Bevor ein organisches Ganzes entstehen kann, muß zuerst aller Haß und Zorn auf Gott eliminiert werden. Nachdem der Zorn ausgedrückt werden konnte, wird etwas Wunderbares geschehen. Es wird zu einer tränenreichen Versöhnung mit dem Licht kommen, und ein neuer, noch tieferer innerer Frieden wird einkehren.

Diese bahnbrechende Erfahrung können viele Tausende bestätigen. Vielleicht können sie nur diejenigen ganz verstehen, die sie tatsächlich im Prozeß erlebt haben.

Nach der tiefbewegenden Entdeckung, daß auch Gott nicht verurteilt werden kann, seid ihr bereit, euch mit eurer eigenen Dunklen Seite zu konfrontieren und sie zu verwandeln. Es ist kein Geheimnis, daß keiner von uns rein wie ein

Engel ist. Wir alle sind Dr. Jekyll und Mr. Hyde. Wir haben bis jetzt stets vier Aspekte des Selbst erörtert: Körper, Gefühle, Verstand und Spirituelles Selbst. Jetzt fragen Sie sich vielleicht, ob denn diese Dunkle Seite unseres Wesens einen fünften Aspekt des Selbst darstellt? Die Antwort ist: Nein. Wo also ist der Ursprung dieser Dunklen Seite? Woher kommt sie?

Obwohl die Programmierung Negativer Liebe (wie in Kapitel 4 beschrieben) ihr eigentlicher Nährboden ist, heftete sich die Dunkle Seite während der Pubertät wie ein Parasit an den Intellekt.

Die Dunkle Seite muß ein intellektuelles Konstrukt sein, um so hinterhältig und schlau herauszufinden, wie sie Negative Liebe zu ihrem eigenen Vorteil und zum Erlangen negativer Macht einsetzen kann.

Sie ist eine Meisterin, wenn es darum geht, ihre Vormachtstellung durch Rationalisieren zu verteidigen.

Auch wenn es auf den ersten Blick nicht so aussieht, versteckt sie ihren monströsen, niederträchtigen, giftspeienden Kopf hinter dem positiven Intellekt. Doch als Ihr positives Ich ins Licht reiste, blieb die Dunkle Seite auf der Erde, denn sie wußte, daß Bosheit und Negativität im Licht so wenig existieren können wie Dunkelheit. Als Ihr positiver Intellekt aus dem Licht zurückkehrte, klammerte sich Ihre Dunkle Seite parasitär an ihn, versteckte sich hinter seinem Gesicht und bohrte ihre Fangarme tief in Sie hinein.

Ihre Dunkle Seite ist immer auf Macht aus und verwendet negative Rationalisierungen, um die Kontrolle über Sie zu behalten. Oft versteckt sich das Böse auch hinter der Maske der Spiritualität oder Religion. Die Geschichte strotzt von Berichten über Millionen Tote, verursacht von der Dunklen Seite, die hinterhältig die Maske der Religiosität oder selbstgerechter Frömmigkeit trug, wie zum Beispiel während der Kreuzzüge, der Inquisition oder anläßlich von verschiedenen anderen »heiligen Kriegen«.

Sie ist der Teil von Ihnen, der an seinen Süchten und Mustern Negativer Liebe festhalten will, der rebellisch ist und störrisch, selbstzerstörerisch und sadomasochistisch und der Sie dazu bringt zu zweifeln, zu entwerten, skeptisch und pessimistisch zu sein; der Teil von Ihnen, der wertend und intolerant ist, der Angst hat, die Kontrolle zu verlieren, und Sie deshalb daran hindert, in Liebe und vollkommenem Frieden zu leben; der sehr geschickt ist, wenn es darum geht, die Wahrheit zu verdrehen und Sie auf diese Weise dazu zu zwingen, sich seinen Wünschen zu unterwerfen.

Trotzdem ist es Ihnen möglich, die Dunkle Seite zu überwinden und zu kontrollieren und Ihren positiven Intellekt aus dieser parasitären Umklammerung mit Ihrer destruktiven Kraft zu lösen. Wenn Sie von den negativen Auswirkungen der Dunklen Seite auf Ihr Leben endgültig genug haben, können Sie ihr auf visuellem, verbalem oder physischem Weg den Kampf ansagen. Ihre Lichtseite, die Sie bei Ihrer Arbeit bislang hilfreich unterstützt hat, hat die Kraft zu siegen.

Schließen Sie die Augen und stellen sich vor, wie Ihre Lichtseite Kontrolle über die Dunkle Seite gewinnt. Beobachten Sie, wie Ihre Lichtseite lacht, wenn es ihr gelungen ist, die Dunkle Seite in die Flucht zu schlagen. Registrieren Sie, wie gut Sie sich dabei fühlen. Verfahren Sie immer dann auf diese Weise, wenn Sie die Stimme Ihrer negativen Dunklen Seite vernehmen, wenn sie versucht, Sie davon zu überzeugen, daß es für Sie besser ist, ihre Gebote einzuhalten.

Eine weitere, äußerst wirkungsvolle Methode, die Dunkle Seite zu kontrollieren, ist das sogenannte »Recycling«. Man kann lernen, durch Recycling negative Eigenschaften in positive, nützliche umzuwandeln.

Machen Sie sich bewußt, daß sich mit Recycling nur dann anhaltende Wirkungen erzielen lassen, wenn die vorangegangenen Prozesse erfolgreich abgeschlossen wurden. Ohne diese intensive Vorarbeit kann das Recycling lediglich eine zeitweilige Verhaltensänderung bewirken.

Die Methodik des Recycelns

»Visualisiere dich selbst und deinen spirituellen Führer. Denk an eine Situation, die dich stört. Es kann eine deiner persönlichen Fehlhaltungen sein oder eine schwierige Beziehung, zu Hause oder bei der Arbeit. Was immer es ist, gib ihm einen Namen, wie zum Beispiel AUFSCHIEBEN.

Nun siehst du vor deinem inneren Auge das Kennwort für die negative Situation in großen, häßlichen schwarzen Buchstaben. Deine spirituelle Führerin oder dein spiritueller Führer gibt dir eine große, durchsichtige Plastiktüte. Du hältst sie auf, und deine spirituelle Führerin oder dein spiritueller Führer packt die Buchstaben einen nach dem anderen und läßt sie in die Tüte fallen. Wenn alle Buchstaben in der Tüte sind, schnürt er oder sie sie fest zusammen. Schau, wie die Buchstaben wild in der Tüte tanzen und versuchen, auszubrechen und zurück in deinen Kopf zu gelangen. Die in Buchstaben gefaßte negative Situation versucht, dich weiterhin zu quälen. Sie möchte aus der Tüte entkommen, doch die Macht deiner spirituellen Führerin oder deines spirituellen Führers hält sie dort zurück.

Weiße, laserartige Lichtstrahlen schießen jetzt aus den Fingerspitzen deiner spirituellen Führerin oder deines spirituellen Führers. Sieh, wie das Licht die Tüte umflutet und ihr alle Energie entzieht. Die Buchstaben fallen jetzt auf den Boden der Tüte, wo sie sterben. Dann wirkt das weiße Licht noch stärker und verwandelt die Buchstaben in winzige, leuchtende, fruchtbare Samen. Deine spirituelle Führerin oder dein spiritueller Führer öffnet die Tüte und streut die Samen über den fruchtbaren Boden deines heiligen Hains. In dem Augenblick, wo sie die Erde berühren, schießen Blumen in allen Farben empor und buchstabieren eine positive Alternative zur negativen Situation.«

Aus AUFSCHIEBEN ist vielleicht »ICH TUE ES JETZT« geworden, oder es steht dort vielleicht BEWUSSTSEIN, weil Sie möglicherweise bewußter leben müssen, um Aufschübe zu vermeiden. Jetzt legen Sie sich in dieses Blumenmeer. Sie riechen an den Blumen und berühren sie.

Ganz gleich, wie das Ergebnis Ihrer Visualisierung ausfällt, Hauptsache, es geschieht spontan und nicht, indem Ihr Intellekt Ihnen die Lösung diktiert.

Um die Wirksamkeit dieses Verfahrens zu vergrößern, gehen Sie erneut innerlich in die ursprüngliche Problemsituation und durchleben sie dieses Mal mit Hilfe der positiven Alternative. Statt zum Beispiel etwas zu verschieben, sehen Sie sich das, was getan werden muß, sofort und effektiv erledigen. Wenn die Alternative BEWUSSTSEIN war, richten Sie Ihre Bewußtheit auf Ihre Unbewußtheit und widerstehen dem Drang aufzuschieben. Dabei fühlen Sie sich im Frieden mit der Szene und der Situation. Recycling kann immer dann eingesetzt werden, wenn es nötig erscheint, mit negativen Situationen und Verhaltensweisen fertig zu werden. Mit Hilfe dieser Technik gelingt es, für die Zukunft ein positives Verhaltensmuster zu gestalten.

Jedesmal, wenn Sie ein Muster recyceln, nehmen Sie ihm seine Energie und seinen Einfluß auf Sie, bis es ganz verschwindet.

Ein Prozeßteilnehmer schildert, wie er seine Eifersucht recycelt hat:

Nachdem ich die Buchstaben EIFERSUCHT in die durchsichtige Plastiktüte gesteckt habe, die mein Führer für mich aufgehalten hat, sehe ich, wie meine Eifersucht wütend in der Tüte kämpft, um sich durch das weiße Licht meines Führers wie durch ein Wunder in Luft aufzulösen. Das Energiefeld der Negativität wird der Tüte durch diesen Lichtstrahl entzogen. Funkelnde Samen bleiben übrig. Doch (nicht genug der Wunder?) nachdem die Samen auf der Erde ausgestreut worden sind, sprießen daraus Feldblumen in allen Farben und mit verschiedenen Düften. Die Negativität wird in Positivität verwandelt. Ich sehe die Worte SICHERE LIEBE dort stehen. Dann sehe ich mich zu Hause mit dem

Abendessen auf meinen Mann warten. Ich weiß, daß ich mich selbst liebe, gleich, was geschehen mag, und daß ich nicht zurückgewiesen werden kann. Mein Mann weiß, daß er mir zugetan und treu ist. Ich fühle mich sicher und habe Vertrauen, daß er auf dem Heimweg zu mir ist. Ich lächle in freudiger Erwartung seiner Ankunft. Ich bin sehr beeindruckt von diesem Vorgang. Meine Eifersucht ist weg, übrig bleibt ein noch größeres Vertrauen in die Fähigkeiten meines spirituellen Führers. Ich fühle mich geläutert und erfrischt.

Es gelang ihr, ihre negative Eifersucht durch Recycling in ein Gefühl von sicherer Liebe umzuwandeln.

Mit jedem recycelten Muster verringert sich die Energie der Dunklen Seite. Sie verliert ihre Kraft, und ihr Einfluß auf Sie nimmt kontinuierlich ab.

Eine Teilnehmerin, die Schwierigkeiten bei der Arbeit hatte, machte eine ähnliche Erfahrung. Als sie die Recycling-Technik täglich anwendete, stellte sie nicht nur fest, daß die Qualität ihrer Arbeit besser wurde, sondern auch ihre Beziehung zu ihren Vorgesetzten. Innerlich zu sehen, wie sich eine negative Situation in eine positive verwandelt, hat in diesem Augenblick eine positive Wirkung und kann Ihnen helfen, mit einem Problem umzugehen, bis Sie sich vom entsprechenden Muster Negativer Liebe befreit haben.

Ihre Spirituelle Führerin oder Ihr Spiritueller Führer kann Ihnen ebenfalls behilflich sein, mit einem negativen Menschen umzugehen:

Denken Sie an jemanden in Ihrem Leben, mit dem Sie nicht gerne zu tun haben, aber umgehen müssen. Lassen Sie Ihre Spirituelle Führerin oder Ihren Spirituellen Führer diesen Menschen vor Ihr geistiges Auge bringen. Ihre Spirituelle Führerin erklärt Ihnen, dieser Mensch habe eine Dunkle Seite und eine positive, helle Seite. Sie sehen, wie Ihre Spirituelle Führerin die positive und die negative Seite voneinander trennt, so daß beide Teile jetzt nebeneinander stehen.

Schauen Sie sich die negative, feindselige, zornige Dunkle Seite an. Jetzt verbannt Ihre Spirituelle Führerin diesen Aspekt nachdrücklich aus Ihrem Bewußtsein und wirft ihn aus Ihrer Wohnung hinaus. Der negative Aspekt des betreffenden Menschen kann versuchen, wieder in Ihrem Kopf aufzutauchen, doch ohne Erfolg. Es ist schlicht unmöglich, daß der negative Aspekt dieses Menschen wieder in Ihr Bewußtsein dringen kann (es sei denn, Sie lassen es zu). Ihm bleibt nichts anderes übrig, als aufzugeben. Jetzt wenden Sie sich der guten Seite dieses Menschen zu. Was Sie sehen, wird Sie vielleicht überraschen. Erweisen Sie dieser positiven Seite Ihre Achtung. Erlauben Sie sich, den wahren Wesenskern des positiven Menschen in Ihrem Gegenüber zu spüren. Sie werden feststellen, daß Ihre negativen Gefühle verschwinden. Jetzt erlauben Sie dem positiven Aspekt des anderen, sich dem negativen wieder anzuschließen, und bitten Sie den Spirituellen Führer des betreffenden Menschen um Hilfe. Das ist gewiß keine leichte Aufgabe, aber sie kann Ihnen das Leben leichter machen.

Machen Sie diese Visualisierung so oft wie nötig, um Ihren Geist und Verstand von den negativen Auswirkungen von Menschen zu reinigen, mit denen Sie Schwierigkeiten haben. Sie werden sehen, daß das Wunder wirkt.

Um sich vorübergehend von Blockierungen oder anderen negativen inneren Bedingungen zu befreien, führen Sie folgende Visualisierung durch:

Beispiel EIGENWIDERSTAND

Sie sehen Ihren Spirituellen Führer (oder Ihre Spirituelle Führerin) mit einer großen Spritze in der Hand. Er setzt sie sanft an und entnimmt Ihnen auf schmerzlose Art eine dunkle, häßliche Flüssigkeit. Während die Spritze sich füllt, erscheint ein Schild, auf dem EIGENWIDERSTAND steht. Die Spirituelle Führerin/der Spirituelle Führer wirft die volle Spritze hoch in die Luft, wo sie explodiert und zu kosmi-

schem Staub wird. Sie oder er setzt jetzt eine weitere Spritze an und entzieht Ihnen mehr von dieser negativen Flüssigkeit.

Als nächstes nimmt er nun eine Spritze, die mit einem weißen, leuchtenden Serum gefüllt ist, dem Gegenmittel zu Ihrer Negativität, und injiziert Ihnen schmerzlos diese heilsame Flüssigkeit. Spüren Sie, wie sie Ihre Trinität durchflutet. Fühlen Sie die warme und positive Vitalität, nachdem Ihnen ein Gefühl von Negativität entnommen und dieses durch ein positives, bejahendes Gefühl ersetzt wurde. Sehen Sie Ihre positive Trinität gefüllt mit der positiven Schönheit, die sie braucht, um das Negative zu ersetzen. Benutzen Sie diese schmerzlose Visualisierung so oft Sie wollen.

Eine achtunddreißigjährige Hausfrau setzte sie ein, um damit den Streß zu Hause abzubauen. »Ich meine, daß ich um meine Kinder eine gewisse Harmonie aufrechterhalten sollte. Kurz bevor meine Kinder aus der Schule kamen, versuchte ich einmal, UNGEHALTEN und IRRITIERT durch AUSGEGLICHENHEIT und GÜTE zu ersetzen. Danach fühlte ich mich viel besser und konnte auch besser mit meinen Kindern umgehen; also wiederhole ich dieses Vorgehen jetzt jeden Morgen, bevor ich sie wecke, und dann wieder am Nachmittag. Es hilft mir wirklich!« Bleibende Heilung kam, als sie lernte, sich selbst zu lieben. Danach übertrug sich ihre Liebe auf ihre Kinder, ohne daß sie ungeduldig oder ablehnend wurde.

Im folgenden Beispiel sehen Sie, wie eine Einundzwanzigjährige mit dieser Visualisierung umging:

Am letzten Samstag saß ich abends zu Hause und fühlte mich irgendwie einsam. Der Grund war, daß ich mich einige Wochen zuvor von Peter getrennt hatte und an jenem Abend keine Verabredung hatte. Doch dann dachte ich, daß es wirklich nicht nötig sei, sich deswegen so niedergeschlagen zu fühlen. Also ließ ich meine Spirituelle Führerin mir eine große Spritze voller EINSAMKEIT entnehmen. Als sie sie in die Luft warf und sie explodierte, fühlte ich mich nicht viel besser, aber sie kam sofort zurück und entnahm mir eine weitere Spritze und dann noch eine dritte. Es war mir vorher nicht bewußt, daß ich so voll von meiner Einsamkeit war, aber es waren drei Spritzen nötig, um alles aus mir herauszuholen. Dann nahm sie eine große, warm funkelnde Spritze voll von GUTEN GEFÜHLEN. Ich konnte genau spüren, wie sie sich in meinem Körper ausbreiteten, und dann kam mir sofort mein Macramé in den Sinn, das ich nicht hatte fertigmachen können, und ich hatte plötzlich Lust, es fertig zu machen. Ich holte das Macramé und hatte Spaß bei der Arbeit. Ich muß noch sagen, daß ich mich immer noch gut fühlte, als ich am nächsten Tag meine Freundin Sherry traf, um mit ihr wandern zu gehen. Wir haben auf unserer Tour zwei wirklich nette Typen kennengelernt, und jetzt bin ich für nächsten Samstag mit dem einen verabredet!

Die Visualisierung kann besonders nützlich sein, um sich an vergessene Kindheitserlebnisse zu erinnern. Lassen Sie Ihren Spirituellen Führer/Ihre Spirituelle Führerin die Spritze benutzen, um ICH WEISS ES NICHT MEHR abzuziehen. Fahren Sie fort, bis kein Verdrängen mehr in Ihnen ist. Dann füllt Ihr Spiritueller Führer oder Ihre Spirituelle Führerin Ihre Trinität mit der reinen, weißen Lösung AUSGEZEICHNETES GEDÄCHTNIS. Sie werden nach ein paar Wiederholungen feststellen, daß diese Visualisierung Ihnen enorm hilft, sich an viele Einzelheiten aus der Vergangenheit zu erinnern.

Negative Muster verschwinden nicht automatisch, wie durch Zauberei, nur weil Sie kein Bedürfnis mehr nach ihnen haben. Sogar wenn das Bedürfnis nicht mehr da ist, bleiben schlechte Gewohnheiten bestehen. Der Austausch erlaubt Ihnen, selbstzerstörerische Muster in positive, günstige Verhaltensweisen zu verwandeln, so wie gebrauchte Flaschen eingeschmolzen und zu klarem neuen Glas verarbeitet werden.

16

Ein gemeinsamer Nenner: Integration und Auflösung

Das Syndrom Negativer Liebe nährt sich aus der ebenso fehlgeleiteten wie unbewußten Hoffnung, daß Ihre Eltern, wenn Sie sich wie sie verhalten, Sie eines Tages endlich lieben werden. Doch gehen Sie tief in sich, wissen Sie, daß Sie sich nicht liebenswert fühlen. Das ist die Neurose. Sie hoffen vergeblich, daß Mami und Papi endlich deutlich mit »Ja!« auf Ihre unausgesprochene, kindliche Frage antworten werden: »Jetzt, da ich genauso bin wie ihr, liebt ihr mich jetzt?«

Solche Hoffnungen können nicht in Erfüllung gehen. Negatives Verhalten führt nie zu positiver Liebe. Gleich wie sehr Sie wie Ihre Eltern werden oder wie unermüdlich Sie kämpfen, um zu rebellieren und sich über deren negatives Beispiel zu erheben: Mutter und Vater können Sie nie so bedingungslos lieben, wie Ihr inneres Emotionales Kind geliebt werden wollte – selbstlos, ohne daß etwas dafür verlangt wird.

Ein leerer Kelch kann den anderen nicht füllen. Bis Sie diese Wahrheit anerkennen, sind Sie hoffnungslos gefangen. Solange Sie endlos nach der Liebe suchen, die Sie nie von Ihren Eltern bekommen haben, werden Sie nie Erfüllung finden. Meinen Sie nicht, es wäre an der Zeit, diese Suche zu beenden?

Es war ein langer Weg zur Selbsterfahrung. Sie wissen jetzt, daß Ihre Mutter und Ihr Vater, auch wenn sie die Ursache für Ihr Leid waren, selbst unschuldige Opfer sind. Nach einer intensiven Auseinandersetzung mit sich selbst haben Sie eingesehen, daß auch sie nicht zu verurteilen sind. Sie haben gelernt, daß Lebendigkeit bedeutet, fröhlich spielen zu können. Nehmen wir an, Sie haben Ihre Rachsucht beseitigt und Ihre Dunkle Seite in Licht verwandelt.

Das alles war die Vorbereitung für die Entdeckung der letzten Wahrheit: Sie sind liebenswert. Sie sind Liebe. Sie sind vom »Licht« (der universalen Quelle, die Liebe ist), und deshalb sind Sie im Licht. Unter den Schichten der Negativität haben Sie jetzt Ihr wirkliches, vollkommenes, diamantengleiches, positives Wesen gefunden; Ihr Spirituelles Selbst in der Reise in das Licht. Sie haben entdeckt, daß Sie Positivität sind und es Ihrem Wesen möglich ist, zu wachsen und zu gedeihen.

Wenn Sie die Negative Liebe als die Lüge entlarven, die sie ist, und sie dann recyceln und ignorieren, wird sie mangels Energie sterben, wird die innere Leere von tiefer Selbstliebe ausgefüllt, verliert die zwanghafte Motivation hinter dem negativen Muster ihre Kraft. Warum vergeblich nach Pseudo-Liebe aus vergangenen Zeiten suchen, wenn Sie in der Lage sind, sich, Ihren Eltern und anderen im Hier und Jetzt aufrichtige Liebe entgegenzubringen.

Die Psychiatrie, die Humanistische Psychologie und eine Reihe religiöser Lehren betonen alle dieselbe Wahrheit: Die Antwort liegt in dir. Das Problem besteht darin, wie Sie es bewerkstelligen, in Ihr Inneres hineinzuhören und die positiven Anteile zu erleben. Die Lösung dieses Dilemmas gelingt mit dem HQP. Die erfolgreiche Teilnahme am Prozeß erleichtert Ihnen den Zugang zu Ihrem Inneren.

Mit diesem Buch wird der Versuch unternommen, eine einzigartige Methode zur Erlangung positiver Liebe zu beschreiben. Sind die Ursachen der Negativen Liebe erst einmal beseitigt, kann sie in einem krönenden Ereignis, der »Abschlußfeier«, durch wahre Liebe ersetzt werden.

Auch wenn Ihre Muster Negativer Liebe verschiedene Arten von Recyclings (Wandlungen) durchgemacht haben, ist Ihr positives Emotionales Kind immer noch von den anderen Teilen getrennt. Ihr inneres Kind muß jetzt lernen, erwachsen zu werden und seinen Platz als liebevoller, integrierter emotionaler Aspekt Ihrer erwachsenen Trinität einzunehmen.

Der Erfolg der bisherigen Arbeit gilt als Vorbereitung für diesen Höhepunkt. Die schweren, leidgeprüften Jahre werden durch das Glück von Selbstannahme, Selbstvergebung und Selbstliebe aufgewogen, in einer Huldigung der bedingungslosen Liebe und der Erneuerung.

Die Abschlußfeier ist eine feierliche Bestätigung Ihrer liebevollen Verpflichtung gegenüber sich selbst. Es ist die Bejahung Ihres Einsseins mit dem Licht. Diese Erfahrung dient dazu, die Abmachung zu bestätigen, die Sie mit sich selbst getroffen haben: die Tür zur negativen Vergangenheit zu verschließen und freudig in ein neues Leben mit einer positiven Gegenwart und Zukunft zu gehen. Eine Lebensphase geht zu Ende, eine andere beginnt.

Ihr Emotionales Kind kann jetzt endlich die Liebe anerkennen, die es von der wichtigsten Instanz seines Daseins benötigt – nicht von Mutter und Vater, sondern von Ihrem Erwachsenen Intellekt und von Ihrem Spirituellen Selbst. Jetzt kann sogar eine eigenresistente Blockade die Liebe nicht mehr daran hindern, in allen Bereichen Ihres Wesens frei zu fließen.

In der Abschlußfeier fängt der Austausch von Liebe zwischen diesen Instanzen mit einer Visualisierung an, die Ihr Kind Jahr für Jahr bis zu seiner Geburt zurückführt. Mit vollkommener Zuneigung und großem Mitgefühl streckt Ihr Intellekt seine Arme nach Ihrem Kind aus, hält es fest und spürt die Körperwärme Ihres Babys. Da Ihr Erwachsener Intellekt weiß, daß Ihr Kind nicht länger verurteilt werden kann, da es nicht wußte, was es angerichtet hatte, kann er sein Verständnis von Herzen und ohne Verurteilung voll entfalten. Er kann Mitgefühl, Annahme, ehrliche Vergebung und wahre Liebe für Ihr Kind empfinden. Der Liebeskelch Ihres Kindes wird vom wichtigsten Wesen auf dieser Welt gefüllt, Ihrem eigenen, Erwachsenen Intellektuellen Selbst. Ihre Suche nach Selbstliebe kann endlich in die Tat umgesetzt werden.

Jetzt ist Ihr Kind bereit, erwachsen zu werden. Ihr Intellekt und Ihr Spirituelles Selbst unterstützen Ihr Kind liebevoll und schauen zu, wie es allmählich erwachsen wird, bis es, Jahr für Jahr, Ihr heutiges Alter erreicht. Tränen der Freude und Erleichterung werden fließen, wenn Ihr Kind zum erstenmal die Sicherheit liebevoller Annahme fühlt, nämlich von Liebe geprägte Selbstakzeptanz.

Vor Ihrem geistigen Auge werden Sie Ihren neuen, positiven emotionalen Erwachsenen anstelle Ihres negativen Emotionalen Kindes sehen und erleben. Wenn Ihr Erwachsener Intellekt und Ihr Erwachsenes Emotionales Selbst einander gegenüberstehen, erleben sie wieder gemeinsam die fünf Schritte der Liebe: Verständnis ohne Verurteilung, Mitgefühl, Annahme, Vergebung und Liebe. In einem erhabenen Erlebnis werden Ihr positives Emotionales Selbst, ihr umerzogener Erwachsener Intellekt und Ihr vollkommenes Spirituelles Selbst symbolisch in einem Akt im »Licht« vereint und integriert. Das Ziel der Selbstliebe ist erreicht.

In diesem neuen, fest gegründeten, zentrierten Zustand des Wohlbefindens ist die nichtmaterielle Trinität Ihres Geistes bereit und willens, einen dauerhaften Frieden zu schließen und eine neue, positive, liebevolle Beziehung mit Mutter und Vater aufzubauen. Es spielt dabei keine Rolle, ob Ihre Eltern leben oder gestorben sind. Mutter und Vater Liebe zu geben ist der letzte Schritt beim Durchtrennen der negativen Nabelschnüre, die Sie an Ihre Eltern binden. Wenn Ihre Eltern gestorben sind, kann Ihr nichtmaterieller Geist sich ihnen anschließen und die Schönheit der verwirklichten Liebe tief miterleben. Sofern sie noch leben, sollte so bald wie möglich nach Ihrer Abschlußfeier ein Austausch von Liebe zwischen Ihnen und Ihren Eltern stattfinden. Danach sind Sie wie von einer großen Last befreit.

Ihre neu integrierte Trinität kann jetzt mit Ihrem Körper eine lebendige, liebevolle Quadrinität bilden. Nun kann die geläuterte Trinität Ihr Gehirn deprogrammieren, damit Ihre gesamte Quadrinität ein positives, liebevolles Leben führen kann.

Ihre Quadrinität ist nun endlich frei von den Ursachen Negativer Liebe und kann mit Hilfe der Werkzeuge, die zwanghafte negative Verhaltensweisen in positive umwandeln, Ihrem »Lebensfluß« in Liebe und Frieden folgen, bis er ins Meer der Ewigkeit mündet.

Der Tod von Mustern Negativer Liebe führt zum Absterben vieler negativer Muster, aber er birgt nicht das unmittelbare oder automatische Ende aller negativen Verhaltensweisen. Das Fortbestehen negativer Muster, auch nachdem ihre Ursache beseitigt worden ist, läßt sich mit den Phantomschmerzen vergleichen, die ein Amputierter weiterhin fühlt, als wäre das abgetrennte Glied immer noch da, und er könne den Schmerz darin spüren.

Das erfordert Bewußtseinsarbeit und Geduld. Sie sind jetzt in der Lage, die erlernten Techniken verantwortungsvoll einzusetzen, um Ihr Ziel zu erreichen. Entweder Sie benutzen diese Techniken, oder Sie werden immer das Opfer der negativen Verhaltensweisen Ihrer Dunklen Seite bleiben.

Ein Prozeßteilnehmer schildert seine Erfahrungen nach Abschluß des Prozesses:

Unter der Woche hörte ich den perfektionistischen Zweifler (aus negativer Liebe zu beiden Eltern) in mir sagen: »Visualisierungen sind nichts als Autosuggestion. Sie haben keinerlei Substanz. Ich kann sie scheitern lassen, wenn ich will. Es sind keine perfekten Techniken.« Später begriff ich, wie sehr ich mich geirrt hatte. Will ich, daß sie fehlschlagen, verliere ich. Will ich, daß sie funktionieren, gewinne ich. Sie können funktionieren, wenn ich das möchte, denn sonst könnte ich die Wutsitzungen und jeden anderen Aspekt der Arbeit nicht erfolgreich hinter mich gebracht haben, wo sie doch einen so tiefen Eindruck auf mich gemacht haben. Ich möchte, daß diese letzte Visualisierung funktioniert, damit ich ein Leben in Liebe leben kann. Dann erinnerte ich mich an die Visualisierung mit der Zitrone, als Bob uns bat, uns vorzustellen, wir würden eine Zitrone aufschneiden und an ihr saugen. Meine Speicheldrüsen reagierten, und ich merkte, daß es nicht nur Einbildung war. Warum verzog ich den

Mund und warum floß mein Speichel, als ich die imaginierte Zitrone aß? Konnte ich so weit gegangen sein, um jetzt zu scheitern? Ja, das konnte, aber das wollte ich nicht. Ich werde siegen. Es ist eine Tatsache, daß alle meine Probleme in meinem Kopf bestanden haben, also werde ich die geistigen Offenbarungen annehmen, um meinen Geist zu reinigen und Liebe zu finden.

Er tat es wirklich. Dieser Mann ist ein international bekannter Konzertpianist. Früher waren seine Auftritte zwar makellos, aber er schwitzte dabei an den Händen, und sein Mund war ganz trocken. Heute ist sein Lampenfieber verschwunden: Er spielt mit entspanntem Selbstvertrauen und war entzückt, als eine Zeitungskritik nicht nur sein musikalisches Genie lobte, sondern auch seine gute Haltung und seine größere Präsenz auf der Bühne.

Wir hörten von einigen Teilnehmern, daß sie, nachdem sie einen gewissen Entwicklungsstand erreicht hatten, entdeckten, daß sich ihr neugewonnenes geistiges Bewußtsein auch positiv auf ihr körperliches Wohlbefinden ausgewirkt hat.

Sobald sich Ihr Zustand der Selbstliebe organisch festigt, werden Sie tiefgreifende Veränderungen in Ihrem Leben feststellen können. Probleme wie Liebesunfähigkeit, Angst, Schuldgefühle, Abhängigkeit, Verzweiflung, Zorn und psychosomatische Störungen werden deutlich abnehmen oder aber ganz verschwinden. Ebenso machen Ihnen gesundheitliche Probleme wie Magersucht, Eßsucht, Migräne, Magengeschwüre, Impotenz, Frigidität, Paranoia und andere Krankheiten nicht länger zu schaffen.

Es kann nicht überraschen, daß wahre Liebe auch Ihre Haltung gegenüber allen Beziehungen verändert. Ihre Eltern zu besuchen ist keine pflichtbewußte Qual mehr, sondern wird zu einem Ereignis voller Wärme und Liebe. Ihre Eltern sind überglücklich, diese Art von Liebe zu bekommen, die sie selten erfuhren. Natürlich werden sie automatisch versuchen, »Ihre Knöpfe zu drücken«, doch Sie haben einen geistigen

Schraubenzieher benutzt und die Drähte herausgezogen, so daß die Alarmleuchte nicht aufleuchtet, wenn das geschieht.

Ehepartner werden sich entweder in Liebe näherkommen oder sich in Liebe voneinander trennen, nämlich dann, wenn ihre Beziehung ganz auf einem Bedürfnis gegenseitiger Abhängigkeit aufbaut, Negative Programme elterlicher Liebe auszuleben.

Wenn Menschen, die Kinder haben, entdecken, wie sehr Programme Negativer Liebe sie selbst in der Vergangenheit behindert haben, fassen sie den festen Entschluß, diese Muster nicht an ihren Nachwuchs weiterzugeben. Wenn Sie selbst Kinder haben, werden diese Sie nach dem Quadrinity-Prozeß testen, um zu sehen, ob Sie sich wirklich verändert haben. Doch dann werden Sie in der Lage sein, die Elternrolle zu akzeptieren, sich hinzugeben, positiv darauf zu reagieren, um so eine neue, liebevolle Beziehung aufzubauen.

Die erwachsene Tochter einer fünfundsechzigjährigen Frau schrieb mir: »Lieber Bob, meine Mutter ist eine echte Mutter für mich geworden, die mein Leben mit viel Liebe und Trost erfüllt. Sie sagt, sie verdanke diese Entwicklung dir, und deshalb dank ich dir für alles, was du für uns getan hast.« Sie fügte folgendes Postskriptum bei: »Wenn die Bäume Früchte tragen, lächelt der Gärtner und genießt den Erfolg seiner Bemühungen.« (Das tue ich, zusammen mit den Quadrinity-Lehrern und -Lehrerinnen in bis jetzt elf weiteren Ländern.)

Mit Liebe können Sie auch lernen, Menschen zu verstehen, ohne sich Illusionen hinzugeben. Wenn andere negativ sind, können Sie klar hinter ihre Fassade schauen und vermeiden, sich auf ihre zwanghaften Muster einzulassen.

Ich werde oft gefragt, wie es möglich ist, in einer negativen Welt so positiv zu sein: »Auch wenn ich mich selbst liebe, wie kann ich mein Leben in Liebe leben in einer Welt, die keine Liebe kennt?« Sich zu weigern, ganz und gar Teil dieser Welt zu sein, bis sie perfekt ist, ist ein weiterer Aspekt des Programms Negativer Liebe Ihrer Eltern. Wenn Ihre Trinität umerzogen worden und frei von den Scheuklappen Ihres Kindheitsprogrammes ist, akzeptieren Sie, daß die Welt einfach so ist, wie sie ist. Jeder von uns hat nur Macht über einen kleinen Teil davon. Wenn die großen spirituellen Lehrer der Vergangenheit, Moses, Buddha, Jesus und Mohammed, nicht in der Lage waren, die lieblose, dunkle, böse Seite aus der Welt zu schaffen, warum denken wir, wir könnten es? Es ist schon viel, das Böse in sich selbst auszumerzen.

Vielleicht ist die Welt gar nicht so lieblos, wie Sie glauben. Muster Negativer Liebe machen Sie blind für viel Güte, Schönheit und Liebe in Ihrer Umwelt. Sie sehen nur das, was Sie kennen. Wenn Sie als Kind nur Angst, Wut, Eifersucht und Dummheit kannten, konnten Sie vielleicht als Erwachsener immer nur diese Dinge sehen. Erleben Sie jedoch Liebe auf allen vier Ebenen Ihres Wesens, werden Sie erfahren, daß Sie selbst von Liebe umgeben sind.

Selbstliebe und Liebe für andere zu erreichen ist kein vorübergehendes »Hoch«. Wirkliche Liebe ersetzt den bekannten Zyklus von Höhen und Tiefen durch ständiges Wachstum. Sie können sich zu jeder Höhe entwickeln, die Sie anstreben. Das heißt nicht, daß Sie nie Augenblicke von Unglücklichsein, Trauer, gerechter Empörung, Schmerz oder Leid erleben werden. »In Liebe leben« heißt durch die Hindernisse des Lebens fließen und sie erfahren, ohne sich überflutet, überschwemmt, deprimiert und erledigt zu fühlen. Wenn Sie sich in einem Tief befinden, werden Sie in der Lage sein, sich binnen kürzester Zeit selbst hinauszumanövrieren.

Der Tod eines nahen Verwandten oder einer Freundin kann Sie zum Beispiel um den Verlust seiner oder ihrer Gegenwart trauern lassen. Wenn Sie sich selbst lieben und das »ewige Licht« erfahren haben, wird der Tod jedoch nicht zu schwerer Depression und schuldbewußter Reue wegen vergangener Fehler führen, die nicht berichtigt wurden, oder wegen liebevoller Zuwendung, die unterlassen wurde. Der Ausdruck von liebevoller Trauer macht dann bald einer liebevollen Form der Annahme Platz.

Wenn in Ihrem Arbeitsalltag Probleme auftreten, sei es wegen einer Fehlkalkulation oder wegen der Unehrlichkeit anderer, wird Ihre Bereitschaft, die Dinge zu akzeptieren, und Ihr Entschluß, Fehler beim nächstenmal zu vermeiden, bestehende Hindernisse aus dem Weg räumen.

Gerechte Empörung gegenüber Menschen, die Sie unfair behandeln, ist angebracht und sollte erlebt und ausgedrückt werden.

Selbst Jesus brachte seine verständliche Entrüstung zum Ausdruck, als er die Geldwechsler aus dem Tempel vertrieb. Auch Moses war entrüstet über den Ungehorsam des israelischen Volkes und zerbrach die Tafel mit den Zehn Geboten. Wie gesagt, es macht einen Unterschied, ob Sie von einer Verhaltensweise benutzt werden oder ob Sie eine Verhaltensweise benutzen.

Von jemandem zurückgewiesen zu werden, den Sie lieben möchten, kann auch zu ehrlicher Betroffenheit führen, doch mit wahrer Selbstliebe wird dies nicht in eine endlose, schwächende Depression münden. Annahme ist das Schlüsselwort, und so können Sie in aller Aufrichtigkeit zu der Erkenntnis gelangen, daß das Problem bei dem liegt, der zurückweist, und nicht bei Ihnen.

Menschen, die die Reise aus dem Morast der Muster Negativer Liebe zur wahren Selbstliebe unternommen haben, schreiben mir oft Dankesbriefe. Der folgende, stark gekürzte Bericht stammt von einem Verhaltenswissenschaftler auf dem Gebiet der Neurologie:

Gleich nach der Abschlußfeier fühlte ich mich ausgelaugt. Ich ging dann auf meinen alten Entwertungstrip und sagte mir: »Das hier ist nicht so anders, wie ich erwartet hatte.« Und doch fühlte ich, wie etwas anderes in mir stattfand, ein weiterer, undefinierter, innerer Prozeß, der angefangen hatte, aber sicherlich nicht zu Ende war.

Später war ich deprimiert und wütend, mit dem Gefühl, ich hätte in diesem Prozeß nur wie ein kleines Kind nach einer magischen Antwort gesucht und sei wieder einmal be-

trogen worden (meine alten Muster des Zweifelns und der Entwertung). Mir stieß sogar sauer auf, daß ich zuletzt eine schriftliche Aufgabe erfüllen und eine Zusammenfassung der Abschlußfeier schreiben sollte.

Langsam wurde mir jedoch bewußt, daß ich mich organisch veränderte. Ich benutze die Werkzeuge des Prozesses weiterhin. Während des Prozesses war ich mir bewußt gewesen, Entwertungsspiele mit mir selbst zu spielen und mich auch auf andere Art niederzumachen. Jetzt, nach dem Prozeß, verlieren diese Muster erstaunlicherweise die Kontrolle über mich. Ich habe versucht, zu meinen alten Gefühlen zurückzukehren und zu flüchten, indem ich mir sagte, ich sei nicht wirklich für mein Leben verantwortlich, und daß die Welt eine zu große und komplexe Maschine sei für einen machtlosen Menschen wie mich, aber das funktionierte nicht. Ich stand da mit dem Wissen, daß ich wirklich für mein Leben Verantwortung übernehmen mußte und daß die Muster Negativer Liebe keine Bedeutung mehr hatten.

Wenn ich jetzt, einige Zeit nach der Abschlußfeier, zurückblicke, kann ich die Veränderungen in mir sehen – viele, die ich in mir spüre, und solche, von denen andere Menschen mir gesagt haben, daß sie sie sehen. Ich habe einen großen Teil meines Lebens damit verbracht, krank und erschöpft im Bett zu liegen, doch erstaunlicherweise bin ich seit dem Ende des Prozesses kein einziges Mal krank gewesen und habe auch keine Erkältungen oder grippalen Infekte gehabt.

Ich fühle mich in allen Bereichen meines Lebens sicherer denn je zuvor. Unzählige kleine Fragen und paranoide Ängste wie: »Und wenn er oder sie jetzt böse auf mich ist?« oder »Bin ich in Ordnung?« treten einfach nicht mehr oft auf, und wenn sie es tun, sind sie so offensichtlich lächerlich, daß sie zusammenfallen, wenn ich sie ansehe und meine Prozeßwerkzeuge einsetze.

Ich habe mich mein ganzes Leben versteckt und habe mich persönlich angegriffen und bedroht gefühlt, wenn je-

mand nicht mit mir einverstanden war. Jetzt höre ich einfach zu und bin offen und einverstanden oder auch nicht, ohne meine gewohnte Abwehrhaltung und ohne zum Angriff überzugehen.

Die Enttäuschungen und Begrenzungen, die ich in der Vergangenheit erlebte, kommen immer noch vor, doch es deprimiert mich nicht mehr. Während des größten Teils meines Lebens haben die Menschen mir gesagt, daß ich kalt, teilnahmslos, überheblich und kritisch wirke, wenigstens bis sie mich kannten. Und bei einem derartigen Anschein machen nur wenige den Versuch dazu. In den vergangenen Monaten haben die Menschen Bemerkungen über meine Umgänglichkeit und Anteilnahme gemacht. Sie sagten Dinge wie: »Du bist so locker geworden, einfach großartig!«

Vor dem Prozeß vermied ich aus Wut und Angst, mit meiner Mutter zusammenzusein. Ich machte »Pflichtbesuche« an den Feiertagen und empfand dabei immer starke Gefühle von Schuld, Intoleranz sowie den Wunsch, so schnell wie möglich wieder abzuhauen. Sie drückte meine Knöpfe so sehr, daß ich oft nicht einmal durch die Türe kommen konnte, ohne mich angegriffen zu fühlen. Anrufe brachten mich zum Kochen und Fluchen, was ich an meiner Familie abreagierte.

Seit ich den Hoffman-Quadrinity-Prozeß gemacht habe, ist mir wohl mit meiner Mutter gewesen, und ich bringe meine Liebe für sie zum Ausdruck. Ich bemühe mich aktiv um sie und fühle mich dabei warm und liebevoll. Sie sagt immer noch dieselben Sachen und beklagt sich auf dieselbe Weise, mit ihren subtilen und weniger subtilen Bemerkungen. Ich sehe sie klarer denn je, doch sie weckt jetzt in mir nicht mehr das Gefühl von Wut und den Wunsch, davonzulaufen. Sie ist auch nur ein Mensch mit Wünschen, Bedürfnissen, Schmerzen, Gefühlen, Negativer Liebe und schlechten Angewohnheiten wie alle anderen.

Auch wenn mein Vater früh starb, habe ich endlich Frieden mit ihm geschlossen. Es tut mir leid, daß er starb, ehe ich die körperliche Erfahrung seiner Nähe machen konnte, und daß ich keine Gelegenheit hatte, ihm ein aufmerksamer, liebevoller Freund und Sohn zu sein.

Meinen drei Töchtern bin ich ein strengerer, aber auch liebevoll unterstützender Vater geworden. Meine Frau hat mir von den großen Veränderungen berichtet, die sie bei mir sieht. Sie sagt, ich sei viel stärker geworden, eine Eigenschaft, die sie als gemischten Segen bezeichnet. Sie kann mehr auf mich zählen, aber es ist schwieriger geworden, mich zu manipulieren. Sie sagt auch, ich sei viel empfindsamer geworden für ihre Launen und Gefühle. Meine alte Art, mich selbst zu verleugnen, zu verstecken und sie nicht wissen zu lassen, wie ich den Dingen gegenüberstand, verändert sich jetzt auch. Unsere Beziehung, die steif und unwirklich war und unter dem Zeichen gegenseitiger Abhängigkeit stattfand, verwandelt sich allmählich in einen vitalen, menschlichen Austausch zwischen zwei lebendigen Wesen.

Ich weiß und fühle ganz tief in mir, daß niemand außer mir für mein Leben verantwortlich ist. Was ich mache, liegt an mir. Die wirklichen Schranken und Begrenzungen, die ich antreffe, sind nicht da draußen, sondern in meinem Innern. Ob es mir gefällt oder nicht, ich bin verantwortlich für meine Einstellungen und mein Leben, also besser, es gefällt mir. Ich kenne nun lange Perioden, in denen ich mich achte und liebe, wie ich es früher selten erlebte. Ich wünsche mir, jeder könnte das Beste von dem erfahren, was ich in den letzten beiden Jahren erlebt habe.

Schließlich möchte ich sagen, daß ich mich weiterhin verändern und wachsen werde. Mein Leben ist im Fluß, und ich befinde mich auf einer Reise, wobei ich nicht genau weiß, wohin dieser Pfad mich führt, doch freudig bereit bin, meinem Herzen zu folgen. Meinen liebevollen, spirituellen »Lichtkern« zu akzeptieren, hat mich mich selbst akzeptieren und lieben lassen.

Der Quadrinity-Prozeß zieht ganz gewöhnliche Menschen, gestandene Vertreter des Bürgertums an, aber auch Kriminelle, Künstler und bekannte Rebellen. Jerry Rubin, dessen Namen man mit der politischen Protestbewegung der Sechziger in Verbindung bringt, machte den Prozeß anfangs der siebziger Jahre. Als man ihn kürzlich in New York interviewte, sagte Jerry, heute ein erfolgreicher Geschäftsmann und Unternehmer:

Der Quadrinity-Prozeß hat mein Leben verändert. Er brachte Aspekte meines Wesens zutage, von denen ich nicht wußte, daß sie existierten. Es war erschreckend festzustellen, wie sehr ich wie meine Eltern war, von denen ich so verschieden zu sein dachte. Der Prozeß befreite mich von den negativen Mustern, die ich als Kind von ihnen gelernt hatte. Zum erstenmal konnte ich sie als Menschen wie mich sehen.

Die Auswirkungen des Prozesses sind geblieben. Vor dem Prozeß waren meine Beziehungen zu Frauen extrem negativ. Jetzt bin ich glücklich verheiratet und habe keine Mühe mehr, mit Frauen zu sprechen. Ich fühle mich emotional und psychologisch gesund. Ich habe gelernt, mich selbst anzunehmen. Ich habe ebenfalls erkannt, daß ich Dinge nicht mehr aus negativer Rebellion gegen meine Eltern tun muß. Das bedeutet nicht, daß ich keine radikalen Ansichten mehr habe.

Ich glaube immer noch daran, beim Aufbau einer besseren Welt zu helfen und mich gegen Ungerechtigkeit zu wehren. Ich sehe jetzt, daß es möglich ist, die gleiche Handlung auf verschiedene Arten durchzuführen. Es ist möglich, aus Negativer Liebe zu den Eltern gegen den Krieg zu sein. Aber es ist auch möglich, aus tiefer Menschenliebe dagegen zu sein. Heute zweifle ich nicht mehr an dem, was meine gesellschaftliche Anteilnahme motivierte, und ich weiß, daß radikal zu sein nicht eine Sache der Klamotten ist, die man trägt, des Arbeitsplatzes oder ob man Geld auf der Bank hat. Ich kann mich auch um Bürgerrechte kümmern, wenn ich einen Anzug und eine Krawatte trage. Worauf ich hinaus will, ist, daß ich jetzt weiß, was wirklich wesentlich ist und was nur eine Frage der Form. Der Quadrinity-Prozeß hat eine wichtige Rolle dabei gespielt, mir diesen Punkt zu verdeutlichen.

Durch dieses ganze Buch hindurch haben wir drei Teilnehmer begleitet (Chris, Laura und Rick). Rick ist tatsächlich im Gefängnis gewesen. Er schrieb von seinem Leben nach dem Prozeß:

Der Quadrinity-Prozeß hat mein Leben auf drei wichtige Arten verändert. Erstens einmal hatte ich zwölf Jahre lang nach einer Antwort auf die Frage gesucht, warum ich meine Stieftochter mißbraucht habe. In einer Einzelsitzung fragte mich mein Prozeß-Lehrer: »Was wäre das Schlimmste, das man einem Kind antun kann?« Ich dachte darüber nach, und plötzlich ging mir ein Licht auf: Ich war selbst ein mißhandeltes Kind gewesen, und die schlimmste Mißhandlung, die man einem Kind antun könnte, ist die sexueller Art. Zum erstenmal in zwölf Jahren hatte ich das Gefühl, zu verstehen, warum ich meine Stieftochter mißbraucht hatte, und dieses Wissen half mir, den ersten Schritt zu unternehmen, um mir zu vergeben.

Zweitens war ich durch die Wutsitzungen in der Lage, die Wut loszuwerden, die ich sechsunddreißig Jahre geschluckt hatte. Es war eine Explosion intensiver aufgestauter Gefühle, die lange darauf gewartet hatten, rausgelassen zu werden. Als ich meine Wut losgelassen hatte, konnte ich meinen Eltern vergeben, und von da an war es sehr leicht, Liebe für sie zu empfinden. Von dem Augenblick an begann ich, meinen Groll gegenüber Autoritäten loszulassen.

Die dritte große Veränderung fand in meinen Beziehungen zu Frauen statt. Meine Eltern hatten mich gelehrt, aus jeder Verletzung eine Szene zu machen, und mein Vater hatte mir beigebracht, eine Frau zu schlagen, wenn sie die Oberhand gewinnt. Diese Eigenschaften kosteten mich zwei Ehen und zwei enge Beziehungen. Der Prozeß half mir zu verstehen, daß ich nicht meine Eltern bin und daß ich mich nicht von ihren Mustern Negativer Liebe beherrschen lassen muß.

In den acht Jahren, seit ich den Prozeß gemacht habe, habe ich meine Frau nicht ein einziges Mal geschlagen (ich habe wieder geheiratet), und das will wirklich etwas heißen. Aber was entscheidend wichtig ist: Gewalt ist kein Bestandteil meiner gedanklichen Muster mehr, wenn meine Frau und ich mal nicht gleicher Meinung sind.

Auch stelle ich mir nicht mehr vor, ich würde Kinder sexuell mißbrauchen. Ehe ich den Prozeß machte, hatte ich meine Impulse unter Kontrolle gehalten aus Angst, wieder in die Klinik zu müssen. Doch seit ich den Prozeß gemacht habe, habe ich diese Impulse oder Gedanken nicht mehr, weil es nichts mehr unter Kontrolle zu halten gibt.

Meine Gefühle gegenüber meinen Eltern haben sich völlig verändert. Mein Vater war schon zehn Jahre tot, aber ich war immer noch so böse auf ihn, daß ich sein Grab nie besuchte. Nun gehe ich schon seit drei Jahren an seinem Geburtstag mit Blumen auf den Friedhof. Ich habe gelernt, offen um meinen Vater zu trauern, zu weinen und zu sagen, daß ich ihn liebe.

Meine Mutter war dreißig Jahre lang Alkoholikerin. Ein Jahr vor dem Prozeß hatte ich beschlossen, jeden Kontakt mit ihr abzubrechen. Sie lebt ziemlich weit weg von mir, also konnte sie nicht wissen, daß ich den Prozeß machen würde. In derselben Woche, als ich ihn begann, meldete sie sich bei einer Anlaufstelle der Anonymen Alkoholiker und hat seither keinen Tropfen mehr getrunken. Niemand kann mir weismachen, wir hätten keine spirituelle Verbindung zu unseren Eltern. Jetzt besuche ich sie, wann ich kann, und ich rufe sie oft an. Zum erstenmal in meinem Leben habe ich das Gefühl, eine Mutter zu haben.

Nun mag dies alles sehr normal und alltäglich scheinen – eine gute Beziehung zu seiner Frau zu haben und sie nicht zu schlagen, die Gegenwart von Kindern ohne Hintergedan-

ken an sexuelle Handlungen zu genießen und den Eltern Liebe und Anteilnahme entgegenzubringen anstatt Haß –, aber für mich wird es immer ein Wunder bleiben.

Die meisten von unseren Teilnehmern haben weniger unter offener Gewalt gelitten als Rick, aber die Veränderungen bei ihnen sind genauso dramatisch. Tom, ein junger Jurastudent, beschreibt einen Besuch bei seinen Eltern kurz nach dem Prozeß:

Als ich zu Hause ankam, sah ich sofort, daß sich bei meinen Eltern nichts verändert hatte. Ich sah all die alten Muster, doch anstatt mich auf Dummheiten einzulassen, empfand ich Verständnis ohne Verurteilung, Mitgefühl, völlige Annahme, Verzeihung und selbstlose Liebe für ihr inneres Kind. Ich fühlte mich jeden Tag besser.

Am ersten Tag war meine Mutter sehr geschäftig, um alles für Weihnachten vorzubereiten. Ich sagte ihr, ich hätte ihr etwas Wichtiges zu sagen, und sie möchte doch einen Moment innehalten. Sie antwortete: »Mein Sohn, sogar die wichtigsten Dinge im Leben müssen warten ...« »Ich möchte nur, daß du dir ein paar Minuten Zeit nimmst, deine Arbeit unterbrichst und zuhörst«, wandte ich ein. »Ich möchte, daß du mich anhörst.« Schließlich gab sie nach. Daß es so schwer war, sie dazu zu bringen, einen Augenblick innezuhalten, machte das Mitgefühl, das ich für sie empfand, noch größer. Wir saßen im oberen Stock, sie mit verschränkten Armen. Sie war sehr angespannt und fing ein bißchen zu weinen an.

»Ich möchte, daß du dich entspannst und mir zuhörst, Mami.«

»Ich kann nicht. Du wirst mir doch nicht sagen wollen, wie ich zuhören soll!«

»Schon gut, Mutter, ich versteh' dich ja. Ich wollte dir einfach sagen, daß ich dich liebe.«

»Ist das alles?« fragte sie ungläubig.

Ich nahm sie in die Arme. »Ja, Mutter. Du weißt, daß ich dich immer lieben werde.«

»Du brauchst nicht ›immer‹ zu sagen, das ist in deiner Aussage bereits enthalten.« Ich verstand ihre Bedenken wegen dieses »immer«.

»Ich liebe dich wirklich«, sagte ich und ließ sie meine selbstlose Liebe spüren, und da brach etwas in ihr auf – ihre Schuldgefühle.

»Es war dumm von mir, dich zu bekommen, als ich noch so jung war«, weinte sie, als ich sie in den Armen hielt und spürte, wie Liebe zwischen uns floß. Ich wußte jetzt, daß ich Liebe geben konnte, und es war wunderbar.

»Ich bin achtundvierzig und immer noch nicht erwachsen«, weinte sie. »Du aber bist sechsundzwanzig und scheinst es geschafft zu haben.«

»Das stimmt, Mami, ich bin sechsundzwanzig und habe es geschafft, und ich liebe dich.«

»Du fühlst dich an, als hättest du alles auf der Reihe, als hättest du irgendwie gepackt, wie es geht.«

»Richtig, Mami!«

»Ich hatte Angst, du seist krank oder irgend etwas ganz Schlimmes sei passiert. Ich bin froh, daß du mir gesagt hast, daß du mich liebst. Ich liebe dich auch.«

An jenem Abend lag Vater im Bett und las vor dem Einschlafen die Zeitung. Ich überlegte mir, wie ich meine Liebeserklärung in seinem Herzen und seinem Verstand Feuer fangen lassen könnte. Ich war dabei, einige Geschenke einzupacken, als ich mir sagte: »Jetzt oder nie. Ich warte keine Minute länger. Ich sag' es ihm jetzt.« Also ging ich in sein Zimmer, und folgendes geschah:

»Papi, es gibt etwas Wichtiges, das ich dir sagen möchte.« Er legte seine Zeitung weg. »Vater, ich möchte einfach, daß du weißt, daß ich dich liebe.« Und ich nahm ihn in meine Arme und küßte ihn. Es fühlte sich sehr warm an. Auch wenn es zu keinem großen Gefühlsausbruch kam, war er offensichtlich bewegt. Während des ganzen Besuchs empfand

ich Verständnis ohne Verurteilung, Mitgefühl, völlige Vergebung, Annahme und selbstlose Liebe für Vater »Ich liebe dich«, war nur ein Teil dieses Kontinuums. Bevor ich ging, sagte Mami, sie verstehe es einfach nicht. Seit meinem vierten Lebensjahr, als mein Bruder geboren wurde, wäre ich nicht mehr so liebevoll mit jemandem umgegangen. Einige Monate später beschloß ich, daß ich nicht in die Fußstapfen meines Vaters treten und statt Anwalt Bauunternehmer werden wollte. Meine Eltern verschlossen sich und regten sich auf. Anstatt defensiv zurückzuschlagen und mich zurückzuziehen, ließ ich sie weiterhin meine selbstlose Liebe spüren. Diese Liebe tröstete sie über ihre Enttäuschung hinweg und half ihnen, meine Entscheidung zu akzeptieren. Unsere Beziehung ist seither nur gut und entwickelt sich immer noch.

Erreichen Sie diesen Zustand der Liebe für sich selbst, Ihre Eltern und andere, sind Sie in der Lage, positive Veränderungen für den Rest Ihres Lebens vorzunehmen. Sie können eine andere Berufswahl treffen wie Tom oder entdecken, daß Sie mit Ihrer Arbeit zufriedener sind, als Sie dachten. Ihre bestehenden Beziehungen werden enger, oder Sie finden neue Menschen, denen Sie in Liebe begegnen können.

Karl, ein weiterer Prozeßabsolvent, schrieb mir folgendes:

Es ist erst ein Jahr her, daß ich den Prozeß abgeschlossen habe, und ich erfülle Deine abschließende Bitte, Dich wissen zu lassen, wie es mir ergangen ist.

Die Nachrichten sind unglaublich gut. Ich konnte endlich die Art von Liebesbeziehung mit einer Frau eingehen, die ich mir immer gewünscht habe. Ich bin nicht mehr ängstlich und abweisend gegenüber Frauen, wie ich es früher war. Die Hölle von Selbstzweifel und Leere existiert nicht mehr. Meine Tendenz, argwöhnisch und kritisch zu sein als Vorwand, um mir andere Leute vom Leib zu halten, hat sich aufgelöst. Ich bin nicht mehr ständig auf der Hut. Ich kann mich erinnern, wenn ich mit Menschen zusammen war, gelacht, gewitzelt und Begeisterung verbreitet zu haben, um die alten negativen Gefühle zu verdecken und dann nach Hause zu gehen und mich so einsam und unzulänglich zu fühlen, daß ich mir vorstellte, ich würde mich umbringen, um den Schmerz nicht mehr zu spüren. Gott sei Dank ist das alles vorbei.

Alles hat sich für mich verändert, Bob. Wenn ich mich jetzt mit Menschen unterhalte, sei es bei der Arbeit oder in der Gesellschaft, amüsiere ich mich wirklich. Ich fühle mich immer noch gut, auch nachdem ich gegangen bin. Ich bin sicherer und offener gegenüber anderen Menschen geworden. Zum erstenmal in meinem Leben habe ich sowohl Männer als auch Frauen als Freunde, und das Leben ist wirklich schön. Die liebevolle Sally kam auf solch eine leichte, fließende Art in mein Leben, als sei es das Natürlichste auf der Welt. Wir sind Freunde, Gefährten, Liebende und Hausgenossen, und wir wollen bald heiraten. Wir sind sehr glücklich und wollen einander Liebe geben, weil das Geben jetzt so wirklich und so gut ist. Es ist so einfach, wie Du gesagt hast.

Sie liebt die Natur genauso sehr wie ich. Vergangenen Monat während einer Reise nach Oregon haben wir das Grundstück gefunden, von dem wir beide geträumt haben, und es wird nächste Woche geschätzt. Wir erwarten, in ein paar Jahren so weit zu sein, daß wir dort ständig wohnen können. Wir senden Dir beide unsere Liebe und tiefe Dankbarkeit, verbunden mit der Hoffnung, daß Du an unserer Hochzeitsfeier teilnehmen wirst. Alles Liebe

Wenn Sie die Fülle der Selbstliebe erfahren, werden Sie feststellen, daß SIE die Antwort sind, auf die Sie gewartet haben. Sie brauchen nicht länger Liebe zu suchen oder vergeblich um die Liebe anderer zu buhlen. Wenn Sie lernen, die Lichtquelle in sich selbst anzuzapfen, können Sie von Ihrem eigenen Liebeskelch trinken und ihn mit anderen teilen, wenn er schäumend überfließt.

Die größten Geschenke, die das Leben bietet, folgen auf die Annahme der Wahrheit, daß wir alle vom Licht kommen. Es ist mein Traum, daß die Menschen dieser Erde eines Tages anerkennen, daß sie vom Licht kommen, und die Wahl treffen, in Harmonie mit dem Licht zu leben, statt Religionen gegeneinander kämpfen zu sehen, von denen jede behauptet, den einzigen Weg zu Gott darzustellen. In der Zwischenzeit wäre ich schon zufrieden, wenn der Quadrinity-Prozeß jedem emotional heranwachsenden Menschen zugänglich wäre, um zu lernen, erwachsen zu werden. Wenn diese Entwicklung einmal eingesetzt hat, werden wir eine neue Generation heranwachsen sehen, die selbst inneren Frieden kennt und dadurch mehr Frieden in die Welt tragen kann.

So sieht es aus. Wenn die Liebe als Sieger herrvorgeht, bleibt die Dunkle Seite auf der Strecke. Ich wünsche Ihnen, daß Sie Ihre »Reise des Helden« mit dem Ziel Selbstentdekkung in Lichtgeschwindigkeit absolvieren und daß Ihre Scham, Schuld und Selbstbestrafung und die Probleme mit Ihrer Dunklen Seite ein Ende haben mögen.

Nachwort

Vor einigen Jahren begann ich als Chefarzt einer staatlichen Nervenheilanstalt einzusehen, daß diese Institution sowohl ein Mikrokosmos der Außenwelt als auch eine Quelle für den Schmerz darstellt, den zu heilen sie die Aufgabe hat.

Ich hatte ein Team um mich geschart, das sich zum Ziel gesetzt hatte, die traditionellen Beschränkungen der Psychiatrie zu durchbrechen. Zusammen untersuchten wir neue und alte Heilverfahren und schufen eine Abteilung, die wir passenderweise Toad Hall (Krötenhalle) nannten, nach dem englischen Kinderklassiker *Wind in the Willows (Wind in den Weiden)* von Kenneth Grahame.

Nach Toad Hall luden wir als Klienten Menschen ein, die willens waren, es ohne Medikamente zu versuchen, und anfangen wollten, Verantwortung für sich selbst zu übernehmen. Erstaunlicherweise waren die meisten unserer Klienten solche, die in den bestehenden Abteilungen nicht erwünscht waren, schwierige Fälle mit schweren Persönlichkeitsstörungen, schwer therapierbare Schizophrene, Rückfällige und ernsthaft Behinderte.

Mit diesen Menschen fingen wir in dieser Abteilung an, Aktivitäten auszuprobieren wie die Katharsis, Visualisierungen, Körperübungen, Encounter, Co-Therapie und Psychodrama, ohne daß zwischen den Angestellten und den Klienten ein Unterschied gemacht wurde. Sie waren sich selbst Rechenschaft schuldig und für sich selbst verantwortlich und übernahmen mit der Zeit sogar Verantwortung füreinander.

Die Klienten blieben sechs bis neun Monate lang, und bei den meisten fanden dramatische Veränderungen statt. Ich habe immer noch Kontakt zu einer Reihe früherer Patienten aus dieser Zeit, die heute noch von der Wirksamkeit dieses Programmes sprechen und die positiven Ergebnisse bestätigen, die sie in ihrer Zeit in Toad Hall erreicht haben.

Nachdem ich die Heilanstalt verlassen hatte, suchte ich nach Wegen, wie ich den Menschen, mit denen ich in Kontakt kam, etwas Ähnliches anbieten könnte, aber es wurde nichts daraus, bis ich auf Bob Hoffmans Quadrinity-Prozeß stieß und fand, wonach ich suchte. Der Quadrinity-Prozeß gab mir sogar mehr, als ich zu finden versucht hatte, denn obwohl mir bewußt war, daß unsere frühere Arbeit Umerziehung war, hatte ich es versäumt, auch nur die leiseste Andeutung einer spirituellen Dimension zu vermitteln. Dieser Mangel machte Toad Hall weniger effektiv, als es vielleicht hätte sein können. Im Vergleich dazu bringt Hoffmans Quadrinity-Prozeß alle vier Aspekte unseres Alltags auf einmalige Weise zusammen: den spirituellen, den intellektuellen, den emotionalen und den physischen. (Wenn ich darüber nachdenke, erstaunt mich meine frühere Unfähigkeit zu sehen, was jetzt so offensichtlich scheint.)

Das, wofür wir im speziellen und intensiven Umfeld der Heilanstalt mehrere Monate brauchten, kann jetzt im Quadrinity-Prozeß in sieben Tagen erreicht werden.

Die Erfahrung ist transformierend und löst den Griff der Vergangenheit. Dank der Werkzeuge, die der Prozeß bereitstellt, macht er anhaltende Integration und Entwicklung möglich. Natürlich kann jede Veränderung verlorengehen, wie man Gipfelerfahrungen trivialisieren oder wegrationalisieren kann. Wenn der Klient keine Verantwortung übernimmt und den Prozeß nicht als Weg mit Türen zu neuen Möglichkeiten sieht, kann es geschehen, daß die Selbsterkenntnis, wie triumphal auch immer, in der großen Rumpelkammer der Aha-Erlebnisse untergeht.

Im Quadrinity-Prozeß sind Folge- und Recycling-Techniken Hilfsmittel, mit denen sich alte Muster und das, was Bob die Dunkle Seite nennt, identifizieren und angehen lassen, wenn sie auftauchen. Wie Bob seinen Klienten so schön sagt: »Ich verspreche dir, daß du, wenn du die Werkzeuge benutzt, immer stärker wirst, und wenn nicht, dann halt eben nicht.«

Bezüglich der Ursache für so viele seelische Probleme konzentriert sich die Psychologie mehr und mehr auf die »vergiftete Atmosphäre im Elternhaus«, an der unsere Eltern uns als Kinder teilhaben ließen. Dieser Stellenwert einer »prekären Pädagogik«, wie Alice Miller es nennt, wurde von Hoffman vor einem Vierteljahrhundert bereits erkannt. Sogar wo eine anscheinend normale Erziehung stattfindet, enthüllt eine nähere Betrachtung allgemein Unterdrückung der kindlichen Gefühle. Selbst wohlmeinende Eltern entmutigen ihre Kinder oft, Wut, Trauer, Aufregung, Sexualität und so weiter verbal oder körperlich zum Ausdruck zu bringen.

Es sollte auch bei oberflächlichster Betrachtung offensichtlich sein, daß das Wohlbefinden normaler Menschen sich unterhalb der Grenze des Annehmbaren bewegt. Gebrauch und Mißbrauch von Alkohol, Medikamenten, sogenannten Freizeitdrogen, Essensstörungen, sexuelle Probleme, Selbstmord, das Gemetzel auf unseren Straßen, die tägliche Botschaft von Gewalt und Zorn in den Medien, die Unfähigkeit, tiefe Beziehungen einzugehen, wie die Scheidungsraten beweisen und die wachsende Anzahl von Kindern geschiedener Eltern zeigt – all dies deutet auf einen ernsthaften Mangel an Bewußtsein und Verständnis von uns selbst als den wertvollen Wesen, die wir sind.

Es gibt zahlreiche Kurse, die sich dieser Fragen annehmen, doch ohne eine transformierende Erfahrung und Werkzeuge, um uns neu zu gestalten, werden die Verzweiflung und die Resignation, die in unserer Kultur herrschen, uns wieder verschlucken.

Im Quadrinity-Prozeß nimmt man sich dieser Fragen mit Nachdruck an. Ich empfehle den Prozeß Menschen, die eine neue Dimension in ihrem Leben suchen. In meinen Eingangsbemerkungen habe ich mich auf die wirklich kranken Mitglieder unserer Gesellschaft beschränkt, doch der Quadrinity-

Prozeß eignet sich auch für Menschen, die sich als »normal« betrachten, aber nach etwas Überdurchschnittlichem suchen, und die sich mit Themen auseinandersetzen wollen wie Integrität, Liebesfähigkeit, Abschließen und Vergeben. Wie Bob sagt: »Wenn du deinen Eltern und dir selbst nicht vergibst, dich und sie nicht annimmst und liebst, kannst du anderen Menschen nicht geben, um zu geben.« Wie sein Begründer lädt der Prozeß die Menschen dazu ein, großzügig zu sein und ihr Herz für andere zu öffnen. Kurz gesagt, an einer Welt zu arbeiten, die für alle gut ist, einer friedlichen Welt.

William McLeod

William McLeod, M.D., Psychiater am St. Vincents Hospital, Victoria, Australien, ehemaliger Vorsitzender der Psychiatrischen Abteilung der Universität Auckland, Neuseeland

Dankesbriefe

Die Dankesbriefe von meinem Sohn Michael und seiner Frau Pam, die hier mit ihrer Genehmigung abgedruckt werden, waren für mich das größte Lob für meine sechsundzwanzigjährige Arbeit.

10. Oktober 1992

Lieber Vater,

heute morgen gegen 5 Uhr 20 erhielt ich einen Brief von Dir, oder besser gesagt, eine Botschaft, wenn Du so willst. Ich kann mich nicht mehr an alle Einzelheiten erinnern, aber der erste Satz lautete: »Sieh die Dinge so, wie sie sind.« Das habe ich getan. Das Erlebnis der letzten Woche hat mir nicht nur die Augen geöffnet, sondern ich machte eine Reihe von Erfahrungen, die mir beinahe unwirklich vorkamen. Da ist zum einen der negative Teil meines Intellekts, der all das zu entwerten versucht, aber mittlerweile weiß ich es besser. Es sind zu viele Dinge passiert, als daß ich länger leugnen könnte, daß etwas in Gang gesetzt worden ist. Ich kann voller Überzeugung behaupten, daß ich noch nie im Leben größere Unterstützung erfahren habe als in dieser Gruppe – damit meine ich nicht nur die Lehrer, sondern auch die Teilnehmer. Sie wissen nicht, wer ich bin – und daß ich inkognito bleiben muß, paßt mir irgendwie nicht so recht. Vielleicht werde ich es ihnen eines Tages bei einer Wiederbegegnung sagen.

Es ist für mich nicht einfach, mit meiner Sturheit fertig zu werden, wie Du wohl weißt. Aber eines weiß ich genau – Du hattest immer recht. Die positiven Äußerungen der Menschen über den Prozeß haben mich mit Stolz erfüllt. Wenn sie doch bloß gewußt hätten, wer ihnen zugehört hat.

Ich schäme mich, und es ist mir heute noch peinlich, daß ich Dich runtergemacht und Deine Arbeit ins Lächerliche gezogen habe. Ich hoffe, Du kannst Dir ein Herz fassen und mir verzeihen. Das gehört jetzt der Vergangenheit an. Ich kann die Zeit nicht zurückdrehen, aber ich hätte mir gewünscht, meine Kindheit wäre besser verlaufen. Oh, wie sehr hätte ich mir das gewünscht. Aber heute weiß ich, daß es einfach nicht möglich war. Vielleicht ist dies das Karma, mit dem wir drei leben müssen.

Ich wünschte wirklich, Mutter könnte sich vom Prozeß einen Eindruck machen und meine Verzweiflung nachvollziehen, als ich noch klein war. Diese Chance hat sie möglicherweise vertan, aber trotzdem möchte ich alles daransetzen, daß ihr Leben einfacher und friedvoller verläuft als bisher.

Genau wie Pam habe auch ich im Moment keinen Job, aber ich werde all meine Ersparnisse zusammenkratzen und ihr damit den größten Liebesbeweis ihres Lebens zukommen lassen, sofern sie es annehmen kann. Ich möchte ihre Teilnahme am Prozeß finanzieren. Was unsere wunderbare Tochter Courtney betrifft, werden die Fehler, die an ihr begangen worden sind, nicht so sehr ins Gewicht fallen, und sie wird später wohl keinen Prozeß nötig haben.

Ich muß jetzt aufhören. Wir essen gleich, und ich muß mich auf meine Abschlußfeier vorbereiten. Das wird der größte Augenblick meines Lebens sein. Endlich werde ich den Schritt auf den Menschen zu machen, der ich schon immer sein wollte – ich selbst! Vater, ich liebe Dich.

Wir treffen uns im Licht wieder
Mike

Mai 1993

Lieber Bob, lieber Vater (Schöpfer des Prozesses und Freund)

Ich will mich nicht länger gegen die Liebe und die Lehre stellen, die ich aus Deinem Prozeß gezogen habe. Denn – durch diese eine Woche habe ich endlich das Licht und auch mich selbst kennengelernt. Das hast Du bewirkt, und dafür möchte ich Dir von ganzem Herzen danken. Ich habe in mir Freude und Frieden gefunden – beides war lange Zeit verschüttet.

Ich habe Dir und anderen die Verletzungen der Vergangenheit vergeben.

Für die Verletzungen aus der Vergangenheit kann ich jetzt mir und anderen verzeihen.

Mögen wir eine neue Verbindung eingehen, die von Leben und Liebe geprägt ist.

In Liebe
Deine Freundin und Schwiegertochter Pam

Die Zentren des Hoffman Instituts

Im Hoffman Institut und seinen lizenzierten Niederlassungen auf der ganzen Welt arbeiten ausschließlich autorisierte Lehrkräfte des Hoffman-Quadrinity-Prozesses. Der Hoffman-Quadrinity-Prozeß wurde, wie bereits im Vorwort dieses Buches erwähnt, von Bob Hoffman gegründet und weiterentwickelt. Die Prozesse werden regelmäßig während des ganzen Jahres in Europa, Lateinamerika, Australien, Kanada und den USA abgehalten.

Quadrinity Institut – Deutschland
Dr. Werner Middendorf
Postfach 304 004
D-10725 Berlin

Tel.: 030 / 2 17 66 13
Fax: 030 / 2 17 77 19

Hoffman Institut – Deutschland
Martin Kremer und
Jochen Windhausen
Bredelaerstraße 59
D-40474 Düsseldorf

Tel.: 0211 / 45 23 65
Fax: 0211 / 4 70 79 50

Hoffman Institut – Schweiz
Michael Harlacher
Seestraße 15 A
CH-8805 Richterswil

Tel.: 0041 1 / 7 86 14 84
Fax: 0041 1 / 7 86 15 30

Hoffman Institut – Österreich
Reisnerstraße 35
A-1030 Wien

Tel.: 0043 1 /7 13 99 80
Fax: 0043 1 /7 13 99 81

Hoffman Institut –
Frankreich
Karin Reuter
Jägerhäusleweg 32
D-79104 Freiburg

Tel.: 0761 / 55 45 85
Fax: 0761 / 5 68 43

Hoffman Institut – Italien
Lisa Wenger
Via Arnaboldi 2
I-20149 Mailand

Tel.: 0039 2 / 32 56 73
Fax: 0039 2 / 3 27 22 77

Hoffman Institut – Spanien
Luis Fernando Camara
San Francisco 1–3
E-01001 Vitoria

Tel./Fax: 0034 45 / 27 17 33

Hoffman Institut –
Argentinien
Berta Sperber
Santa Fe 3796 2°F
(1425) Capital Federal,
Argentina

Tel./Fax: 0054 42 / 8 33 28 72

Hoffman Center –
Australien
Volker Krohn und
Marie Burrows
Suite 3, 230 Toorak Road
South Yarra, Victoria 3141
Australien

Tel.: 0061 39 / 8 26 21 33
Fax: 0061 39 / 8 26 21 44

Hoffman Institut – Brasilien
Marisa Thame
Av. Padre Pereira de Andrade, 100 Boacava
Sao Paulo, SP,
CEP 05 469-000
Brasilien

Tel.: 0055 11 / 8 32 78 92
Fax: 0055 11 / 2 61 95 70
oder 0055 11 / 8 31 26 80

Hoffman Institut – Brasilien
Arlindo Gabriel
Rua Souza Lima,
27 Apto. 501
CEP 22 081-010
Copacabana, Rio de Janeiro
Brasilien

Tel.: 0055 21 / 2 27 53 72
Fax: 0055 21 /2 27 28 47

Hoffman Institut – Brasilien
Jaime Marciel Bertolino,
Luiz Jungueria, Monica Dias
und Dalva Maria de Paula
Rua Hapemirim, 433-Serra
30. 240/000 Belo Horizonte,
MG Brasilien

Tel.: 0055 31 / 2 27 85 12
Fax: 0055 31 / 2 23 27 86

Hoffman Institut –
Rio de Janeiro
Jose Geraldo S. de
Mendonca,
Avenida Rio Branco,
156 sala 707
Centro 20 040-003
Rio de Janeiro
Brasilien

Tel./Fax: 0055 21 / 2 62 23 43
Email: mendonca@rio.com.br

Hoffman Institut –
Rio de Janeiro
Christiana Baptista
Rua Igarapava, 75,
75 apt. 301 Leblon
Rio de Janeiro, FJ 22 450-200
Brasilien

Tel. 0055 21 /5 12 50 26
Email: crist@ax.ibase org.br

Hoffman Institut – USA
Raz und Liza Ingrasci
223 San Anselmo Ave., Unit 4
San Anselmo, CA 94960
USA

Tel.: 0014 15 /4 85 22 20
Fax: 0014 15 / 4 85 55 39

Hoffman Institut –
International
Beryleen Andrea
Administration
11080 Hot Springs Road
Middletown,
CA 95461 – 9729
USA

Tel.: 0017 07 / 9 87 20 56
Fax: 0017 07 / 9 87 36 00

Hoffman Institut – Kanada
Maureen und Peter Kolassa
15 Parkwood Drive
Cambridge, Ontario
N1S 3K6 Kanada

Tel.: 0015 19 / 6 22 40 60
oder 0018 00 / 7 41 34 49
Fax: 0015 19 / 6 22 96 84

Hoffman Institut – England
Tim Laurence
66 Calstor Road
London SW 11 8 P2
England

Tel.: 0044 18 1 / 3 33 22 22
Fax: 0044 18 1 / 3 33 92 22

Hoffman Institut –
Hong Kong
Lisa Stephany und
Neale Rodrigues
4/FL Dina House Ruttonjee
Center
11 Duddell Street
Central, Hong Kong

Tel./Fax: 0085 2 / 26 88 53 07

Glossar

Die nachstehenden Ausdrücke werden hier benutzt, wie sie auch im Quadrinity-Prozeß ihre Anwendung finden. Demzufolge können sie als Informationen für potentielle Teilnehmer dienen, aber auch als Überblick für den Leser.

Anklage – Der Teil des Quadrinity-Prozesses, in dem Sie die Negative Dualität Ihrer Eltern in allen Einzelheiten beschuldigen, Ihnen **Negative Liebe** vermittelt zu haben und Sie so gelehrt zu haben, sich nicht liebenswert oder neurotisch zu fühlen (siehe auch Verteidigung).

Ableger – Organisationen in verschiedenen Ländern, die dazu befähigt sind, den authentischen Hoffman-Quadrinity-Prozeß zu lehren. (Siehe Liste von den Zentren des Hoffman Instituts.)

Abschlußfeier – Sitzung, während der das Emotionale Kind wirklich zu einem positiven emotionalen Erwachsenen wird und sich seinem neu erzogenen Intellekt anschließt, der sich dann in einer Vermählung der seelischen Anteile mit dem Spirituellen Selbst und dem Körper vereint, um eine positive Quadrinität zu werden.

Bedingungslose Liebe – Das, was Eltern in einem steten Strom und bedingungslos geben sollten, ohne dafür etwas zu wollen, um ihre Kinder nicht durch **Negative Liebe** zu neurotisieren, was beinahe unmöglich ist.

Beerdigungs-Szene – Teil der Sitzung, in der Sie visualisieren, wie Ihre Eltern zu Grabe getragen werden, beide mit ihrem ungeliebten inneren Kind in sich, was in Ihnen tiefes Mitgefühl für sie hervorruft.

Dialog – Die geistige Unterhaltung, in der Ihr Kind mit dem Kind spricht, das Ihre Mutter oder Ihr Vater waren, um die Ursachen ihrer oder seiner negativen Programmierung zu erfahren.

Dunkle Seite – Die negative, schlechte Seite Ihrer Persönlichkeit, deren Wunsch nach Kontrolle und Macht Sie in negativem Verhalten gefangenhält.

Durchbruch – Erleben Sie die transformierende Erfahrung des Quadrinity-Prozesses tief und bewußt, führt Sie das zu einem Aha-Erlebnis.

Entwertung – Das negative Verhalten der Abwertung oder Zerstörung Ihrer positiven Errungenschaften.

Emotionale Autobiographie – Die geführte Visualisierung, in der die erwachsenen Eltern, die Sie zur Zeit Ihrer Pubertät kannten, Ihrem Kind die emotionalen Verletzungen und die Geschichte ihres eigenen Lebens diktieren.

Emotionales Kind – Der vorpubertäre Aspekt Ihrer Persönlichkeit, die emotional mit den negativen (und den positiven) Mustern Ihrer Eltern programmiert wurde (siehe auch Erwachsener Intellekt, Körper, Spirituelles Selbst).

Ermahnungen – Unausgesprochene oder ausgesprochene negative Botschaften, die einem Kind von seinen Eltern übermittelt werden.

Erwachsener Intellekt – Der Teil unseres Geistes, der sich rational verhält (siehe auch Körper, Emotionales Kind, Spirituelles Selbst).

Experimentelle Erziehung – Ein Lernprozeß, der nicht nur stattfindet, indem man von etwas hört, sondern indem man es spürt und von innen her untersucht, wie zum Beispiel durch die Visualisierungen und andere Techniken des Quadrinity-Prozesses.

Feindselige/r – Ein zorniger Charakter (siehe auch Scheinheilige/r, Zombie)

Geben, um zu geben – Von sich selbst etwas geben, ohne die Erwartung, dafür Vorteile oder Liebe zu bekommen.

Geben, um zu nehmen – Sich liebevoll verhalten, um gemocht und geliebt zu werden.

Geistige Offenbarung – Eine Visualisierung oder ein Bilderleben, das tiefere Wahrheiten zutage fördert.

Heiliger Hain – Ein wunderschöner Ort in Ihrer Vorstellung, Ihr Seelengarten, wo Sie sich geistig hinbegeben können, um Erholung und Frieden zu finden.

Hoffman-Quadrinity-Prozeß – Ein siebentägiges, intensives, geschlossenes psycho-spirituelles Programm zur geistigen Umerziehung und vor allem, um Sie von negativem Verhalten in Ihrem Gefühls-, Ihrem Familien- und Ihrem Arbeitsleben zu befreien.

Kindliche Verspieltheit – Vergnüglicher Spaß, kreatives, reifes Spiel mit dem herangewachsenen Emotionalen Kind.

Körper – Der physische Teil der Quadrinität, der den nichtphysischen Erwachsenen Intellekt, das Emotionale Kind und das Spirituelle Selbst beheimatet.

Lichtreise – Eine Visualisierung, die es Ihnen möglich macht, sich als Teil des »Lichtes« zu erfahren, und Freude und Frieden bringt.

Mitgefühl – Trauer über den Schmerz oder die Lage eines anderen, begleitet von dem starken Wunsch, dessen Leid zu verringern und die Ursache dafür zu beheben.

Mutter – Weiblicher biologischer Elternteil (oder Ersatzperson), wie Sie sie während Ihrer Kindheit kannten, nicht wie sie heute ist.

Negative Aufmerksamkeit – Erhalten Sie durch Verhaltensweisen, aufgrund derer Sie beachtet werden, wenn keine positive Aufmerksamkeit gegeben wird.

Negative Dualität – Der Erwachsene Intellekt und das negativ programmierte, innere Emotionalc Kind innerhalb der Gesamtpersönlichkeit.

Negative Liebe und eine Liste wesentlicher Charaktereigenschaften: Eine Auflistung mehrerer hundert Persönlichkeitsmuster, von denen Sie diejenigen abhaken, die auf jeden Elternteil und auf Sie selbst zutreffen.

Neurose – Ein Zustand, in dem man sich zutiefst nicht liebenswert und nicht geliebt fühlt.

Pflege- oder Ersatzeltern – Erwachsene, die nicht Ihre biologischen Eltern sind und für Sie in den Jahren bis zur Pubertät verantwortlich waren.

Pseudoliebe – Die Rolle des liebevollen Menschen zu spielen, anstatt »Liebe zu sein« (siehe auch Geben, um zu nehmen).

Quadrinität: Die vier Aspekte Ihres Seins: nämlich (1) Körper, (2) Erwachsenen-Intellekt, (3) Emotionales Kind und (4) Spirituelles Selbst. All diese Aspekte werden während des Prozesses gebraucht, um die Negative Liebe zu verwandeln.

Quelle – Das »Licht«, das manche Gott nennen.

Rachsucht – Das Gefühl, es jemandem heimzahlen zu wollen, der Impuls, es Eltern oder anderen »zu zeigen«, was meistens wie ein Bumerang wirkt und zur Rache an sich selbst bzw. Selbstbestrafung wird.

Rebellion – Sich seinen Eltern widersetzen oder ihnen nicht gehorchen, weil man sich ungeliebt fühlt, eine Strategie, die leicht zu Sucht, Scham, Schuld und Selbstbestrafung führt.

Recycling – Eine Visualisierung, durch die einem negativen Verhaltensmuster Energie entzogen wird und eine positive Alternative erkannt und angenommen wird.

Scham, Schuld und Selbstbestrafung – Das unweigerliche Ergebnis von Negativer Liebe mit allen Formen seiner Ausprägung.

Scheinheilige/r – Jemand, der äußerlich die Maske der Spiritualität trägt, um seine oder ihre Neurose zu verdecken, also Schlagsahne über den Mist häuft, wie ich das gerne nenne (siehe auch Feindselige/r und Zombie).

Schuld – Ein Gefühl, einen Fehler gemacht und anderen damit geschadet zu haben, das oft aus Scham entsteht.

Selbstliebe – Ein Zustand, in dem Sie sich selbst annehmen, vergeben und lieben.

Spiritueller Führer (Spirituelle Führerin) – Ein nichtphysisches Wesen, das sich Ihnen (vor Ihrem geistigen Auge) während Ihrer Lichtreise nähert, sich Ihnen mit Namen zu erkennen gibt und Ihnen danach jederzeit zur Verfügung steht und geistig beisteht.

Spirituelles Selbst – Der vollkommene Teil Ihres Wesens, der keine Negativität kennt, aber oft verdeckt wird von den negativen Eigenschaften des negativ programmierten Erwachsenen Intellekts und des Emotionalen Kindes.

Syndrom Negativer Liebe (oder Muster) – Die Übernahme von negativen Eigenschaften, Launen und (unausgesprochenen oder ausgesprochenen) Ermahnungen von einem der Elternteile oder beiden, als wollten Sie sagen: »Seht ihr, Mami und Papi, ich bin genau wie ihr, werdet ihr mich jetzt lieben?«

Dies führt zu Rebellion, Scham, Schuld und Selbstbestrafung.

Trinität – Der nichtphysische Teil der Quadrinität, nämlich der Erwachsene Intellekt, das Emotionale Kind und das Spirituelle Selbst.

Übernahme – Das Erlernen von nicht ererbtem Verhalten (insbesondere von den Eltern) durch das Kind.

Vater – Männlicher biologischer Elternteil (oder -ersatz), wie Sie ihn vor Ihrer Pubertät kannten, nicht wie er heute ist.

Verteidigung – Verschiedene Techniken, darunter auch Visualisierungen, die es Ihnen ermöglichen, die Kindheit Ihrer Eltern zu erfahren und Mitgefühl zu finden für die Kinder, die sie waren (siehe auch Anklage).

Verurteilen – Den Fehler bei anderen suchen.

Waffenstillstand – Eine Vereinbarung, die das innere Geschwätz zwischen dem inneren Emotionalen Kind und dem Erwachsenen Intellekt beendet.

Wutsitzung – Kathartische Erfahrung im Quadrinity-Prozeß, bei der Sie sich auf die zerstörerischen Verhaltensweisen konzentrieren, die Sie von der negativen Seite Ihrer Eltern übernommen haben, und die zu einer Auflösung und zu innerem Frieden führt.

Zombie – Jemand, der emotional leblos ist (siehe auch Feindselige/r und Scheinheilige/r).

Das Buch

Der Quadrinity-Prozeß ist ein mächtiges Werkzeug zur Entfaltung der Liebe für sich selbst und andere. Dieses Buch war schon für manche Menschen der erste Schritt zu einem besseren und erfüllteren Leben.

Das Buch zeigt, wie wir – neben den positiven – auch die negativen Verhaltens- und Denkweisen von unseren Eltern übernommen und in unser Selbst-Bild integriert haben. Diese »Übernahme« kann unendlich viel Leid im Leben eines jeden Kindes – und später Erwachsenen – bewirken. Aus »negativer Liebe«, wie Bob Hoffman sie nennt und beschreibt, übernehmen wir die Verhaltensweisen der Eltern, in der Hoffnung, daß sie uns mehr akzeptieren und lieben, wenn wir uns so verhalten wie sie. *Entfaltung der Liebe* zeigt an zahlreichen Fallbeispielen, wie wir so daran gehindert werden, als erwachsene Menschen das eigene, kreative und schöpferische Potential zu leben, das in jedem von uns steckt. Es zeigt auf, wie wir uns von diesen Mustern befreien können, um die bewußten und liebevollen Menschen zu werden, die wir wirklich sind.

Der Autor

Bob Hoffman ist nicht nur Autor dieses Buches, sondern auch der Schöpfer des seit über 20 Jahren erprobten Quadrinity-Prozesses, der zu den transpersonalen Therapieformen gehört. Bob Hoffman entwickelte den einwöchigen Quadrinity-Prozeß zusammen mit namhaften Vertretern der Transpersonalen Therapie, wie etwa Claudio Naranjo. Seitdem widmet er sich der Optimierung dieser Methode und leitet zeitweise die Ausbildung der Prozeßleiter auf der ganzen Welt.